前　言

第二次世界大战（简称二战）是迄今为止，人类社会所经历的规模最大、伤亡最惨重、造成破坏最严重的全球性战争。

据不完全统计，战争最高峰时期，全球有60%的国家参战，20多亿人口被卷入其中，参战兵力超过了一亿人，作战区域面积达2200万平方公里。大约9000万士兵和平民伤亡，3000万人流离失所，四万多亿美元付诸流水。战火遍及亚洲、欧洲、美洲、非洲及大洋洲；交战双方同时在太平洋、大西洋、印度洋及北冰洋四大洋展开战斗。二战的交战双方是以美国、苏联、中国、英国、法国等国组成的反法西斯同盟与以德国、日本、意大利（及芬兰、匈牙利、罗马尼亚等国）组成的法西斯国家轴心国集团。第二次世界大战最后以美国、苏联、中国、英国等反法西斯国家和世界人民战胜法西斯侵略者赢得世界和平与进步而告终。

第二次世界大战爆发的根本原因是资本主义经济政治发展的不平衡。经济上，一战后德国不甘心《凡尔赛和约》对其的严惩和限制，由于希特勒政府干预经济政策，德国经济再度超过了英、法；意大利在一战后经济衰落。日本侵略亚洲国家的同时，美、英等国禁止向日本输送石油等战略物资，导致日本经济发展受到阻碍；政治上，1929—1933年，资本主义世界严重的经济危机引起了政治危机，德国和日本建立了法西斯专政，而英、法、美继续坚持资产阶级民主制度。 世界大战一触即发。

尽管在1939年9月前，中国的抗日战争、埃塞俄比亚的抗意战争等反法西斯的抵抗已经开始，但一般认为第二次世界大战从1939年9月1日德国入侵波兰开始，到1945年9月2日日本向同盟国投降而告结束。

在这场血腥的战争中，无辜平民的伤亡是历史上最惨重的，其中包括了纳粹德国对犹太人和其他东欧人种的大屠杀、日本对无数中国与朝鲜平民的屠杀，以及战争末期盟军针对德国与日本境内民用目标的轰炸。 第二次世界大战总共导致了全球五千万人死亡，超过历史上任何一次战争。 所以，第二次世界大战因其空前的广度、深度和烈度，成为人类战争史上的一次大革命，给予军事战略和战争观以巨大的影响。 回首二战，那一幅幅残酷而血腥的历史画面，永远震撼着人们的心灵，令人难以忘怀。

二战对人类产生了深远的影响，战争所带来的血腥杀戮及造成的巨大破坏，长久地反映在战后人类社会生活的各个方面。 战争使得法西斯这一人类社会的毒瘤被铲除，教育了各国人民，争取和平和进步的思想日益深入人心。 战后世界的政治、经济格局很大程度上是战争所带来的，战后帝国主义阵营严重削弱，社会主义阵营形成，民族解放运动高涨。 在军事领域，战争发展了现代军事技术，并产生了大规模使用装甲部队进行作战的战争方式，同时，战略轰炸也成为一种直接影响战争结局的重要军事手段。 战争后期，核武器第一次投入战争并体现了其巨大的杀伤力。 二战的结果充分证明，在现代技术条件下，战争的胜负与交战双方的科技实力、经济实力、工业技术水平、人员素质有着直接的关系。 二战也对军事武器的发展起到了重大推动作用，雷达、喷气式战斗机、火箭及导弹、电子计算机、核武器等高科技产物都在战争中投入使用并发挥了重大作用，而这些军事领域的突破又直接催生了战后人类的第三次科技革命。因此，第二次世界大战不仅是一般意义上的战争，也是一场深刻的社会变革。

罗马史学家波里比阿曾经说："最具有教训意义的事情莫过于回忆他人的灾难。要学会庄严地忍受命运的变化，这是唯一的方法。"瑞典文学院于1953年也做出一项很不寻常的决定：把该年度诺贝尔文学奖授予英国在任首相温斯顿·丘吉尔爵士，因为那一年丘吉尔恰好完成一部卷帙浩繁的《第二次世界大战回忆录》。

在第二次世界大战已经过去70多年的今天，我们更应该了解第二次世界大战的始末，以古鉴今。当代日本，右翼分子活动猖獗，他们不承认第二次世界大战日本对中国的侵略，不承认南京大屠杀等暴行，妄图煽动法西斯主义复活，对此我们都应该予以警惕。有鉴于此，我们特组织一批经验丰富的编者对二战全史进行了编写。本书成书之际，得到了广大读者的热情关注，一些专家学者也提出了宝贵意见，使得本书有机会趋于完善，在此谨表真挚的谢意！当然，由于编者能力有限，书中不尽如人意之处，恳请相关专家学者继续批评指正。

2018年3月

图书在版编目(CIP)数据

二战全史／姚丽主编. —汕头：汕头大学出版社，2018.4(2022.8 重印)
　ISBN 978－7－5658－3500－1

　Ⅰ. ①二… Ⅱ. ①姚… Ⅲ. ①第二次世界大战－历史 Ⅳ. ①K152

中国版本图书馆 CIP 数据核字(2018)第 013868 号

二战全史　　　　　　　　　　　　　　　　ERZHAN QUANSHI

主　　编：	姚　丽
责任编辑：	邹　峰
责任技编：	黄东生
封面设计：	松雪图文　王进
出版发行：	汕头大学出版社
	广东省汕头市大学路 243 号汕头大学校园内　邮政编码：515063
电　　话：	0754－82904613
印　　刷：	三河市兴达印务有限公司
开　　本：	880mm×1230mm　1/32
印　　张：	18
字　　数：	400 千字
版　　次：	2018 年 4 月第 1 版
印　　次：	2022 年 8 月第 4 次印刷
定　　价：	42.00 元

ISBN 978－7－5658－3500－1

版权所有，翻版必究
如发现印装质量问题，请与承印厂联系退换

二战全史

姚 丽 主编

汕头大学出版社

目 录

第一章
硝烟密布——第二次世界大战的两个战场 / 001
第一节
凡尔赛—华盛顿体系下的世界格局 / 002
凡尔赛—华盛顿体系的建立 / 002
德国战后重建 / 005
世界范围内的经济危机 / 008
第二节
意大利法西斯的崛起 / 011
意大利法西斯的建立 / 011
意大利法西斯势力扩张 / 013
第三节
德国法西斯的猖獗 / 015
从德国工人党到纳粹党 / 015
德意志法西斯的形成 / 016
德国法西斯扩军备战 / 017
第四节
阴云笼罩下的远东地区——日本侵略中国 / 021
日本法西斯的形成 / 021

022 / 日本侵占中国东北

023 / 第二次世界大战亚洲战场形成

第二章

025 / 日本法西斯全面侵华

第一节

026 / 日本对中国发动全面进攻

026 / 七七事变——日本发动全面侵华战争

028 / 庐山谈话——抗日统一战线正式形成

029 / 淞沪会战

第二节

034 / 中国全民抗战

034 / 平型关大捷——中国抗日战争敌后战场第一次胜利

035 / 南京保卫战——日本在中国的大屠杀

039 / 血战台儿庄——中国正面战场第一次胜利

041 / 重庆大轰炸

043 / 武汉会战——中日双方规模最大的会战

044 / 中国敌后抗日根据地的反扫荡斗争

第三章

047 / 德国屠虐欧洲

第一节

048 / 闪击波兰

048 / "白色方案"的出台

049 / 德国闪击波兰

050 / 奇怪的战争

第二节

北欧诸国惨遭闪击战 / 056

丹麦、挪威相继遭殃 / 056

德国法西斯进攻荷兰和比利时 / 058

第三节

德国掉头攻打西线 / 061

丘吉尔上台 / 061

法国沦陷 / 062

戴高乐宣传"自由法国"的思想 / 064

意大利趁火打劫 / 066

第四节

不列颠空战 / 067

"海狮"计划出台 / 067

德军目标转向伦敦 / 068

美国向英国伸出援助之手 / 069

第五节

争夺巴尔干与东北非 / 071

意大利趁机进攻巴尔干和希腊 / 071

激战东北非 / 074

第四章
震惊世界的战争——苏德大战 / 077

第一节

"巴巴罗萨"计划的出台 / 078

"巴巴罗萨" / 078

079 / 苏德战争爆发

第二节

082 / 大战初始——德国占尽上风

082 / 攻占布列斯特要塞

083 / 强渡第聂伯河

085 / 斯摩棱斯克防御战

088 / 基辅大会战

092 / 保卫列宁格勒

第三节

096 / 德国进攻莫斯科

096 / 希特勒发动"台风"攻势

098 / 莫斯科保卫战

第四节

105 / 国际反法西斯同盟的形成

105 / 英国向苏联伸出了橄榄枝

107 / 反法西斯同盟的形成

第五章

111 / 太平洋战争的爆发

第一节

112 / 日本的"宏图大志"

112 / 日本加强自身法西斯势力

日美谈判 / 114

第二节

日本偷袭珍珠港 / 119

山本五十六的偷袭计划 / 119

珍珠港遇袭——美国向日本宣战 / 121

第三节

日本对西南太平洋的侵略 / 125

日本侵占泰国及马来亚 / 125

日本偷袭菲律宾 / 128

日本侵占荷属东印度及缅甸 / 132

日本垂涎澳大利亚 / 140

第四节

日本在战场上丧失了主动权 / 143

美国空袭日本 / 143

珊瑚岛海战 / 145

日本中途岛海战失败 / 149

第五节

胜负立分 / 154

日本在瓜达尔卡纳尔岛惨败 / 154

山本五十六的死亡 / 164

第六章

169 / 斯大林格勒保卫战

第一节

170 / 德国与苏联的战前工作

170 / 希特勒宣布"不能撤退"

172 / 斯大林的战略认识

174 / 双方大备战

第二节

181 / 斯大林格勒保卫战的序幕

181 / 斯大林"以攻代守"

183 / 顿河边上的战役

188 / 寸步不退——第227号密令

191 / 艰苦卓绝的8月23日

第三节

194 / 坚持才能取得胜利

194 / 朱可夫坐镇指挥

197 / 市中心争夺战

201 / 保卢斯大难临头

207 / 苏军大举反攻——30万德军被消灭

第四节

214 / 库尔斯克坦克大战

214 / 德军兵力集结,准备"堡垒计划"

坦克的战场 / 217

苏德战场1943年小结 / 231

第七章

北非战场激战白热化 / 233

第一节

英、德、意初战北非 / 234

英美联军登陆北非 / 234

墨索里尼妄图夺取埃及 / 244

希特勒援助意大利军队 / 254

沙漠之狐隆美尔登台 / 257

第二节

闪击北非 / 265

隆美尔偷袭欧盖莱 / 265

英德对托布鲁克的相互争夺 / 271

韦维尔"战斧行动"失利 / 285

第三节

北非的长期作战 / 290

丘吉尔换将 / 290

"十字军战士行动" / 295

隆美尔的老谋深算 / 298

托布鲁克大决战 / 314

第四节

320 / 大战阿拉曼

320 / 蒙哥马利的上台

322 / 隆美尔补给不足

325 / 阿拉姆哈勒法岭战役

327 / 阿拉曼大捷

第五节

336 / 北非战事结束

336 / 英美联军的"火炬行动"

342 / 德意军队在北非战场投降

第八章

349 / 光复欧洲——黎明的曙光

第一节

350 / 西西里岛的登陆

350 / "赫斯基"计划

352 / 巴顿和蒙哥马利进攻西西里岛

361 / 意大利投降

第二节

364 / 1943年——第二次世界大战转折的一年

364 / 赫尔访问莫斯科

367 / 开罗会议

370 / 德黑兰会议——成立联合国

第三节

诺曼底登陆 / 374

- 欧洲第二战场的开辟 / 374
- 盟军向诺曼底大举进发 / 386
- 解放巴黎——法国重建 / 390
- 刺杀希特勒计划失败 / 395

第四节

苏军与德国法西斯的最后较量 / 399

- 列宁格勒战役的胜利 / 399
- 苏联全线大反攻 / 415
- 苏军在东欧痛击德军 / 437

第五节

德国——盟军进攻的下一个目标 / 442

- 盟军挺进德国边境 / 442
- 希特勒在阿登地区的反扑 / 444
- 艾森豪威尔战略性放弃柏林 / 470

第六节

雅尔塔会议——为战后重建做准备 / 474

- 马耳他会议 / 474
- 雅尔塔会议的召开 / 477

第七节

德国法西斯投降 / 478

- 苏军攻打柏林 / 478

494 / 柏林陷落

第九章

507 / 日本投降——第二次世界大战结束

第一节

508 / 菲律宾战场的反攻

508 / 美军进攻中太平洋

510 / 美军攻下塞班岛

512 / 美军重返菲律宾

514 / 东条英机下台

第二节

518 / 盟军在太平洋上的最后攻势——日本投降

518 / 美军攻陷硫黄岛

521 / 冲绳岛陷落

526 / 《波茨坦公告》

527 / 美国向日本投射两颗原子弹

533 / 苏联向日本宣战

537 / 日本宣布无条件投降，第二次世界大战结束

第三节

543 / 正义的审判

543 / 纽伦堡审判

545 / 东京审判

546 / 附：第二次世界大战大事记

第一章

硝烟密布——第二次世界大战的两个战场

第一节　凡尔赛—华盛顿体系下的世界格局

凡尔赛—华盛顿体系的建立

第一次世界大战结束后，经过三个多月的激烈争吵，战胜国列强最后拟定了对德和约。1919年4月30日，德国代表团被召至巴黎。德国代表团试图利用战胜国之间的分歧，争取把和约条件向有利于德国的方向修改，但都遭到拒绝。6月28日，战胜国与战败的德国在巴黎近郊凡尔赛宫最终签订《凡尔赛和约》。和约共15部分，440条，主要内容是：

关于领土问题，和约规定：萨尔煤矿由法国开采，国际联盟代管萨尔区15年，期满后举行公民投票决定其归属；协约国占领莱茵河西岸5～15年，其东岸50千米以内为不设防地区；并且比利时、德国、丹麦、波兰、捷克斯洛伐克之间的领土重新划定。总共1/8的领土和1/10的人口不再属于德国。

关于军事问题，和约规定：德国废除普遍义务兵役制；而且德国陆军、海军的人数以及装备都有裁定数目。

关于赔偿问题，由于战胜国列强在这个问题上不能达成一致，所以和约只在原则上要求德国承担战争责任并对战胜国提供赔偿，但会议上并未解决关于赔偿总额及各战胜国应得赔款数的比例等问题，它们留待赔偿委员会在1922年5月1日前予以确定，在此之前德国应偿付的金马克为200亿。

关于德国殖民地和势力范围问题，和约规定：英、法、日、比等国以"委任统治"形式瓜分战前德国的全部海外殖民地。被瓜分的原德属殖民地面积共300万平方公里，人口1300多万。和约不顾中国是战胜国，竟决定由日本占领德国原在中国山东的一切特权和胶州湾租借地。以陆征祥、顾维钧等5人组成的中国北洋政府代表团在和会上虽曾正式提出收回德国在山东全部权益的要求，并力促修改上述规定，但一无所获。中国人民对和会粗暴践踏中国主权的行为表示强烈的义愤，由此引发了轰轰烈烈的反帝反封建的五四运动。在人民反帝爱国怒潮的推动下，中国代表刻意忽略北洋政府决定妥协的电令，并拒绝在和约上签字。

《凡尔赛和约》确立了英法两国在欧洲的主导地位，维持了英国的海上霸权，日本在远东和太平洋地区的优势得以进一步巩固，而美国攫取世界霸权的计划遭到了失败，因此和约遭到美国参议院的抗拒。1921年8月，美国与德国单独签订了和约。

《凡尔赛和约》签订后，战胜国和德国原来的盟国又相继签订一系列和约。

1919年9月10日，对奥地利的《圣日尔曼和约》签订，地点是巴黎近郊的圣日尔曼宫。和约确认奥匈帝国的解体。根据和约，奥地利被迫承认匈牙利、波兰、捷克斯洛伐克和南斯拉夫的独立与这些国家的疆界，这样，奥地利保留的土地和人口只及原来的1/4。和约还规定：禁止德奥合并；奥地利在欧洲以外地区的一切利益和特权都不再拥有；废除强迫征兵制，交出全部军舰，不得拥有空军，陆军最高限额3万人；支付赔款。

1919年11月27日，对保加利亚的《纳依和约》在巴黎近郊签订。 和约规定：保加利亚将其所属马其顿划归南斯拉夫；保加利亚的全部军舰都归其他国家所有，拆毁正在建造中的军舰，取消义务兵役制，陆军最高限额为2万人；支付赔款。

1920年6月4日，对匈牙利的《特里亚农和约》在凡尔赛的特里亚农宫签订。 和约其实就是对奥和约的主要条款的重复。 匈牙利和奥地利一样，承认了战胜国确定的几个新国家的疆界线；禁止强迫普及征兵制，限制保留陆军3.5万人和3艘巡逻艇，被迫支付赔款。

1920年8月10日，一方为战胜国，另一方为战败的土耳其素丹政府，在巴黎附近的色佛尔签订《色佛尔和约》。 和约规定：美索不达米亚、巴勒斯坦、叙利亚和黎巴嫩作为奥斯曼土耳其帝国在西亚、北非的属地脱离土耳其，在委任统治的名义下成为英法的殖民地。 同时，土耳其武装力量不得超过5万人，不准有空军和炮兵；由战胜国列强监督土耳其的财政、关税、工业、交通，并维持各战胜国的领事裁判权制度。 这个奴役性的和约遭到以凯末尔为首的大国民议会政府的反对，并在取得民族革命战争胜利后，迫使协约国重订和约。

战胜国对德国及其盟国签订了一系列极其苛刻的和约，它们把亿万人置于奴隶地位，被列宁称为"掠夺性的和约"。

1920年1月10日，《凡尔赛和约》生效，国联成立。

威尔逊首先倡议并极力促成国联建立，但国联成立后，美国因没能达到控制它的目的而拒绝参加。 这样，最终由英法操纵国联。

一个新的国际关系体系由《凡尔赛和约》与其他诸和约及国联盟约结为一体构成，即凡尔赛体系。

凡尔赛体系是不牢固的，从它产生的那一天起，各种矛盾频频发生，暴露出各种裂痕。

第一，这一体系建立的基础是掠夺战败国，这就必然加深战败国和战胜国之间的矛盾。《凡尔赛和约》的压制使拥有极大经济潜力的德国难以忍受，随着力量的恢复和增长，必然会拒绝履行和约直至撕毁。

第二，战胜国列强之间的重重矛盾，削弱了凡尔赛体系。凡尔赛体系是战胜国列强妥协分赃的产物，帝国主义争夺世界霸权的矛盾不可能避免。法国对巴黎和会没有完全实现其肢解德国、奴役德国的计划不满，为了使它在欧洲大陆上的霸权得到巩固，继续采取削弱德国的政策成为必然。英国则继续在欧洲大陆推行"均势政策"，在经济上、政治上支持德国，希望以此达到削弱法国的目的。

第三，由于凡尔赛体系的帝国主义性质，遭到殖民地半殖民地人民反对。五四运动在中国爆发，北洋军阀政府的代表没有在和约上签字。土耳其人民通过民族解放战争，使《色佛尔和约》没有达到预期效果，打开了凡尔赛体系的缺口。而凡尔赛体系也被殖民地半殖民地人民的民族解放运动以及战败国人民的革命斗争有力地冲击着。

德国战后重建

第一次世界大战结束后，一个短暂的相对和平时期出现了。这个和平只是前后两次世界大战之间的"暂时休战"，它实际上是下一次世界大战的准备时期。所谓的"凡尔赛—华盛顿体系"是通过巴黎和会和华盛顿会议建立的，帝国主义列强完成了一次对世界的重新瓜分。这个划分适应于当时的实力对比。但是，由于资本主义发展不平衡，帝国主义国家间的实力对比变化得很快，它们打破了战后形成的相对均势，重新瓜分世界的问题必然要再次提上日程。

德国实力的迅速恢复是这个时期资本主义发展不平衡的一个重要表现。德国的实力虽然因为战败而被严重地削弱了，但它还是一个欧洲大国，拥有6000多万人口，而且德国科学技术仍然高度发展，其经济潜力依然巨大。但是，单靠德国本身的力量，不可能在很短的时间内恢复实力。德国的再度崛起是和美、英垄断资本的扶持分不开的。而德帝国主义很快东山再起，回到争夺世界霸权的行列，是大量的外国资本同德国巨大的工业潜力和先进的科学技术结合的产物。

出于帝国主义的目的，美、英统治阶级扶持德国：第一，通过德国的困难经济，它们要把德国变成美、英垄断资本有利可图的投资场所和推销商品的市场，以控制德国经济，剥削德国人民；第二，美、英统治集团企图将德国作为推行霸权主义政策的工具；第三，妄图使德国革命终结，使德国成为反对社会主义苏联的反动堡垒。

美、英对德国的扶持是多方面的，而"道威斯计划"作用是值得特别指出的。这个计划是以美国银行家道威斯为首的协约国赔款委员会下属的一个专家委员会提出来的，在伦敦会议上通过实行，时间是1924年8月。"道威斯计划"方便外国资本（其中70%是美国资本）进入德国。除了根据计划向德国提供的8亿马克贷款外，大量的外国资本流入德国。德国利用这些资本恢复了信贷制度和商品流通，恢复了生产，更新了工业设备，使主要工业更加现代化和合理化，德国很快地恢复和发展了自己的重工业。

西方垄断资本，特别是美国，还对德国的技术、装备、燃料和原料方面予以支持。英国及其自治领地向德国提供了它急需的有色金属、稀有金属和合金等战略物资；美国把大量石油供应给德国；英、法等国也提供德国需要的生铁、废铁、铁矿石。

在美、英资本的支持下，从1925年起，德国的经济就开始迅速发展，并以比英国快得多的速度增长。与此同时，德国资本的集中和垄断也有明显的发展，蒂森、克虏伯、法本等一小撮垄断巨头完全控制了国家的经济命脉，而对德国重新走上军国主义化和侵略扩张的道路起了重要作用的也是他们。

在逐渐恢复经济实力的同时，《凡尔赛和约》也是德国统治阶级竭力摆脱的对象。归还德国的殖民地，修改德国的东部边界，废除赔款和取消对德国的军备限制等是他们经常提出的口号之一。

1925年10月，对助长德国的扩张野心起了很大作用的会议在瑞士洛迦诺召开，此次会议由英、法、德、比、意、波、捷七国主持。在这次会议上，《莱茵保安公约》得到七国认可，它规定各方单独或集体地维持德—法、德—比边界的领土现状（包括莱茵区的非军事化），且互不侵犯和互不进行战争，遇到争端通过调解和仲裁解决。但是洛迦诺会议不顾法、波、捷三国的要求，拒绝对德国东部边界的现状做出相应的保证。洛迦诺会议向德国敞开了向东方邻国和苏联侵略扩张的大门。会议还决定让德国加入国联。这样，德国就在政治上取得了和战胜国平等的权利。德国军国主义开始复活，这也为德国铺平了通向战争的道路。

在德国加入国联以后，德国国内修改《凡尔赛和约》的呼声日益高涨。德国统治阶级的各种代表人物及其喉舌开动宣传机器为军国主义辩护。战前的各种殖民主义组织又复活，一些新的殖民主义协会再一次应运而生，原来的殖民地又开始被德国资本积极地渗入。

在恢复经济实力的同时，为了重整军备，德国还采取了种种手段。它不顾《凡尔赛和约》的限制，把总参谋部的班底变相地保存，在各种"俱乐部""民间组织"的名义下，准备建立空军和扩充陆、海军。它秘密或公开地储存了大量有战争经验的军官，作为扩充军队的骨干，它以不合法的方式训练正规的军队，以作为战时扩军的基础。

综上所述，我们可以看到，随着经济实力的膨胀，战败国的地位被德国一步一步地摆脱，它开始走上与其他帝国主义列强争夺世界霸权的道路。

世界范围内的经济危机

一、危机的爆发及其主要表现

1929年10月下旬，美国率先遭受资本主义经济危机的冲击，不久这场危机又扩大到加拿大、德国、日本、英国、法国等国，并使许多殖民地、半殖民地和不发达国家都遭到了冲击，迅速席卷了整个资本主义世界。这次危机持续到1933年，资本主义世界工业生产被迫下降了40%以上。危机遍及工、农、商、金融等各行各业。资本主义各国的失业率分别高达30%到50%，大约有3000多万人失业，几百万小农破产，无业人口颠沛流离。这次危机的基本特点是生产下降幅度大，危机范围广，失业率高，持续时间长，而这也使它成为资本主义发展史上最严重的一次世界性经济危机。

危机的又一大特点是农业危机、信贷货币危机与工业危机并发，相互交织，也是这次危机比历次危机更深刻的一个原因及表现。农业在战后一直处于慢性危机状态，到1929年经济危机爆发时，情况更加恶化。农产品大量"过剩"，这些大大加速了粮食价格的下降。美国资本家用小麦和玉米代替煤炭做燃料，大量牛奶被倒进密西西比河，使这条河变成了"银河"。巴西一年就有2200万袋咖啡倒入大海。当大量农产品被资本家销毁的时候，贫苦农民却挣扎在饥饿死亡线上。危机年代，世界的贸易额也猛烈缩减着，货币信贷危机也迅速波及各国。

危机结束后，经济并没有复苏也是危机的另一特点。1929年的大危机到1933年才开始进入"特种萧条"，到1936年各国生产和就业水平才与1929年持平。新的危机从1937年下半年起又在美、英、法等国爆发了，任何一个国家在这段时间内都没有出现繁荣局面。

二、危机的根源

深刻的社会经济根源导致大危机的爆发。资本主义国家在第一次世界大战后经历了1919到1920年短暂的经济危机，而相对稳定时期却等到了1924年。1925年欧洲工业产量恢复到1913年的水平并继续快速增长。但是，许多矛盾也在这一时期潜伏，国际金融状况比1914年以前更为薄弱。

第一，由于生产社会化与生产资料私人所有制之间的矛盾，贫富差距越来越大。

第二，即使繁荣时期，工业部门的工作量也严重不足，大批工人失业，社会购买力因为失业而降低，这为危机提供了条件。

第三，国际市场上堆积的农产品、初级工业产品越来越多。这又导致许多国家的农业处于慢性危机之中。

第四，伴随着20年代频繁出现的地产和股票的投机狂热，使得本就不稳定的金融市场更为动荡。

第五，自1924年执行"道威斯计划"起，美国给予德国大笔借款，德国以此向其他国家支付战争赔款。但是，这也成为德国经济不稳定的主要原因。一旦美国"伤风",德国经济就会"感冒"。

正是上述种种矛盾的综合作用导致世界经济大危机不可避免地到来了。

三、危机的后果

首先,资本主义社会的各种矛盾在危机的冲击下大大激化。资本家千方百计地把危机后果转嫁到工人阶级和劳动人民身上,削减工资,提高捐税,等等,从而使阶级矛盾越来越激化了。1930年,法国就爆发了1700次罢工,在1930—1932年间,德国每年都有几十万工人举行几百次罢工,资产阶级的统治地位越来越不稳。

其次,帝国主义与殖民地、半殖民地之间的矛盾也在经济危机的冲击下变得尖锐起来。危机年代,资本主义国家竭力压低殖民地半殖民地原料和农产品价格,并将工业品倾销到这些地区,殖民当局还增加了捐税,这些措施严重破坏了殖民地半殖民地经济,人民生活日益恶化,殖民地、半殖民地的民族解放运动进一步高涨。

第三,进一步激化帝国主义国家之间的矛盾。惊恐万状的各国垄断资产阶级为了转嫁和摆脱危机,争夺市场和原料产地,从而导致一场空前激烈的经济战。

第四,战后建立起来的赔款制度和债务关系被危机打破。

德国为防止金融体系崩溃,要求取消赔款。美国出于对自己在德国的投资和贷款安全的担心,支持德国的要求。1933年协约国赔款会议宣布废除赔款,这就使各国债务关系被打乱。法国宣布停止向美国偿还战争债,英国等美国的其他债务国也效法法国,从而使帝国主义国家之间的矛盾及国际金融的不稳定性更加剧烈。

第五,在危机的影响下,国际格局发生了急剧变化。

第二节 意大利法西斯的崛起

意大利法西斯的建立

1883年，墨索里尼出生于一个铁匠家庭，早年倾向社会主义，加入意大利社会党。1912年担任社会党机关报《前进报》的主编，并成为社会党的领导人之一。第一次世界大战爆发后，墨索里尼因公开表示支持政府参战而被赶出《前进报》，此后社会党将他开除。之后，他参加了意大利第一个法西斯组织——国际行动革命法西斯，并在三个星期后成为一份新报纸《意大利人民报》的创办者。1915年1月，"国际行动革命法西斯"更名为"革命干涉行动法西斯"，并且建立了全国性的组织。墨索里尼很快成了这个组织的核心人物。意大利政府正式对奥宣战的时间是1915年5月24日，墨索里尼与其他领导人立即应征入伍，虽未正式宣布革命干涉行动法西斯解散，但它已名存实亡。

1919年3月，"战斗的意大利法西斯"的成立大会由墨索里尼主持，并在米兰召开，这次会议发表了政治声明和纲领。"实行八小时工作制""确定最低工资标准""把工厂或公共事业机构的管理权交给无产阶级的组织""对资本课以累进性特别重税""没收宗教团体的全部财产""实行普选"等激进的社会改革措施也在这次纲领中提出。这表明此时战斗的意大利法西斯代表的是意大利中小资产阶级的利益，一个能维护他们利益的政权也是他们长期希望建立的。但是，作为一支新兴的政治力量，战斗的意大利法西斯还难以同在工农中间有广泛影响的社会党和人民党相抗衡；垄断资本、封建残余势力和权势集团由于它纲领中的反资本、反教会的措施而对其心怀不满。因此，在1919年11月的意大利大选中，法西斯分子一无所获。竞选失败使法西斯分子失去信心，而这个运动也遭到了许多人的相继放弃。到1919年底，战斗的意大利法西斯成员从9000多人减少到870人。

墨索里尼终于发现法西斯运动的政治方向不对，他决心改变，投靠统治阶级，以求东山再起。意大利法西斯运动的重要转折点是1920年5月24日，战斗的意大利法西斯在米兰举行第二次全国代表大会，选出新的党的领导机构，通过了新的《法西斯纲领的基本要点》。无论在政治上、经济上以及社会、军事各方面的主张，都表现出了这个新纲领明显的向右转趋向。从此，法西斯运动转向反动。以反对社会党为首要目标的法西斯行动队迅速建立，由过去同情和支持工农运动转而镇压工农群众的反抗，而且社会党和工会领导人也被法西斯持续迫害，它公开参与军警对群众运动的镇压，制造白色恐怖。由于法西斯运动的新动态，垄断资产阶级以封建王室为主体的统治阶级把对它的疑虑统统打消，转而大力支持它的发展。在统治阶级的扶持与资助下，法西斯运动在此后的时间里发展充分。到1920年底，战斗的意大利法西斯成员已达20 615人；到1921年5月底已经有18 7098人；到1922年5月，已更名为"国家法西斯党"的党员人数为322 310人。由一个微不足道的运动而兴起的意大利法西斯已成为拥有武装的全国第一大党。

很快，战斗的意大利法西斯在罗马举行了第三次代表大会，时间是1921年11月7日，这是意大利法西斯运动发展的一个里程碑。法西斯运动从依靠统治阶级转向夺取全国政权、建立法西斯独裁统治的转变也从这次会议开始。这次代表大会，战斗的意大利法西斯更名为国家法西斯党，这次会议上确定党徽是古罗马的"棒束"，选举墨索里尼为党的领袖。大会通过的纲领表明，极力主张恢复罗马帝国的霸业，从而使一个对内实行极权统治，对外进行侵略扩张的法西斯政权正式建立。

罗马代表大会之后，墨索里尼开始了夺取全国政权的准备活动，并军事化武装法西斯党的各级组织，实行全党皆兵；以帮助政府恢复秩序为名，加紧恐怖活动，使地方政权牢牢掌握在他们手中。经过这番准备之后，他们决定向罗马进军，将中央政府取而代之。1922年10月27日，"进军队伍"由3万名法西斯行动队员组成，分三路向罗马进发，法克特总理要求国会颁布全国戒严令，遭到国王拒绝，法克特政府被迫辞职。29日，墨索里尼被国王埃马努埃莱三世授权，担任总理组阁。31日，第一届法西斯政府在墨索里尼的主持下正式组成，法西斯党终于上台执政。

意大利法西斯势力扩张

国家制度加以完善和强化，法西斯党严密控制了国家机器和整个社会经济生活。1932年11月12日法西斯党把党章重新修订，规定："执行领袖的命令，为法西斯国家服务的民兵组织便是全国法西斯党。"

在社会生活方面，在法西斯的控制下，国民经济军事化陆续推行。政府还在1935年发行强制性公债。

法西斯的政治和思想文化控制也大大强化。1934年12月，

《国民军事化法令》通过了法西斯政府的审核，它规定：18~55岁的公民必须承担应征前军训、正式服兵役和后备役等军事义务，而中学生必须通过军官考试才能取得毕业证书。同时，在青年中加紧灌输沙文主义思想和法西斯思想，并且强令知识分子积极宣传法西斯制度，学校教师也被强令必须宣誓忠于法西斯政权。

意大利共产党领导意大利人民与法西斯侵略者做斗争。1934年8月，《反法西斯统一行动公约》由处于非法地位的共产党同社会党人在巴黎签订。这一时期，工人群众和民主人士不顾法西斯恐怖统治，始终坚持示威游行和各种集会以反对法西斯的高压政策。在意大利侵略埃塞俄比亚期间，意共组织的反战活动波及整个意大利。德意武装干涉西班牙后，3000多名反法西斯战士在意共领导人陶里亚蒂和隆哥以及社会党领导人南尼率领下开赴西班牙，参加了国际纵队。

第三节 德国法西斯的猖獗

从德国工人党到纳粹党

由于德国在第一次世界大战中战败，当时国内一片混乱，涌现出一大批政党和团体，其中挂着马克思主义和工人阶级招牌的为数不少。

当时的临时政府因为签署《临时条约》成为众矢之的，保守派利用经济实权来资助各个政党和政治派别与临时政府作对，破坏政府的名誉。共产党强烈要求建立布尔什维克国家。即使有民主分子支持，当时的共和国仍然摇摇欲坠。德军开始躲避和约的限制，对临时政府保持独立地位，成为"国中之国"，在德国广泛兴起民族主义的、反民主的、反共和的浪潮。

1919年9月，军方一直很怀疑工人团体，认为它们往往受到共产党的控制。军方想调查一下有些特别的"德国工人党"。于是，希特勒被命运之神垂青，因为希特勒奉希埃尔少校的命令调查这个"德国工人党"。这是"德国工人党"被希特勒调查的开始，并且由于他也参加了这个党的集会，他的从政之路从此开始了。

弗德尔在政治上不怎么样，但在经济问题上是个专家。资本被其分成"创造性""生产性"和"投机性"三大形式，他认为必须禁止德国的投资性资本。希特勒恍然大悟,把弗德尔的"打破利息奴役制度"作为新政党争取民心的重要砝码。

德莱克斯勒有心结识希特勒,他来到希特勒面前,把一本小册子《我的政治觉悟》递给了他,并做了自我介绍。

第二天一大早,希特勒一边看一边吃惊地发现,这本小册子中的想法与他的竟然不谋而合。

建立以工人阶级为基础同时保持日耳曼民族主义的政党是德莱克斯勒的主要思想,这不同于社会民主党。德莱克斯勒认为,工人和社会问题完全不被资产阶级领导的所谓民主国家所关心。他十分仇视犹太商人控制的共和国,总想重振神圣罗马帝国的国威。希特勒对此十分赞同,大有一种拨云见日的美好感觉。接着,希特勒成为了"德国工人党"的一员。

希特勒说,在无法养活全体公民的情况下,必须赶走异民族;"民族军队"和"强大的中央集权"将被民族国家建立,且它对地方政府拥有绝对权力,犹太人和外国人的舆论自由被取消;在国家内部,公益先于私益的原则被实行,只有德国强大了,每个公民才能过上好生活。

4月1日,希特勒接受了罗姆的建议,"国家社会主义德国工人党"取代德国工人党,简称"纳粹党"。经过这次改名,更多的人开始支持希特勒。

德意志法西斯的形成

垄断资本家会议于1932年1月27日在杜塞尔多夫召开,对希特勒夺取政权起了重要作用。垄断巨头蒂森主持了这次会议。希特勒在会上发表长篇讲话,并将纳粹党的反动纲领和盘托出。本着资本家的初衷，希特勒在内政方面提出要彻底取消德国劳动人民的民主和自由，他向与会者保证，帮助资本家攫取更多的利润。用武力夺取"生存空间"是希特勒提出的对外政策纲领，然后全面利用被奴役国家的工业、人力和物力，为德国统治阶级谋利。

从1932年1月起，希特勒及其党羽同德国有代表性的工业巨头开始互相勾结谈判，他们已经迫不及待。为了换取垄断资本家的支持，希特勒许下了各种诺言。

1933年1月28日，刚当总理不久的施莱歇下台，希特勒随即组织政府。1933年1月30日，希特勒成为帝国总理。1934年8月2日，兴登堡病死，希特勒攫取政权。这样，世界上一切帝国主义者中最富有侵略性的帝国主义者的党全面掌握了德国的军政大权，法西斯独裁统治建立了。

垄断资本集团最残暴的统治形式是法西斯专政，它是"金融资本的极端反动、极端沙文主义、极端帝国主义分子的公开恐怖独裁"。在政治上德国垄断资本集团主张暴力统治，每个政党只需有一个独裁官，经济上主张高度垄断和军国主义化，在对外战争上，他只有前进、前进，希特勒上台后正是这样干的。沙文主义和准备战争被德国式的法西斯主义定为对外政策的基本方针；在对内政策方面，建立了德国法西斯专政，欧洲上空的战争乌云迅速密布，扩军备战推进到一个新阶段。

德国法西斯扩军备战

希特勒上台后，德国的革命力量立即被残酷镇压，且全面实行国家的法西斯化。1933年2月1日，内阁召开会议，商讨对付共产党。2日，宣布"禁止共产党的示威运动"。27日晚上，"二号头目"戈林阴谋策划了"国会纵火案",由一群纳粹冲锋队员从戈林官邸通往国会大厦的秘密地道潜入国会,并在国会大厦放火。纳粹党的目的是要炮制一个"国会纵火案"作为借口,镇压德国的民主力量。他们贼喊捉贼,纵火的罪名被加到共产党身上,诬蔑这是共产党计划暴力反抗政府的信号。可是,在27日中午,柏林的全部冲锋队员就已经全副武装。法西斯分子在起火两小时之后便大量逮捕和大肆屠杀共产党员和进步人士。仅仅27日晚上,纳粹政权一上台就将1万多名民主党人杀害。在国会纵火的第二天,宪法中有关人身不可侵犯和言论、通信、出版、集会、结社自由的条款被终止实行。在以后的三四个月里,被捕人数累计达六七万人。"国会纵火案"完全是有预谋的迫害革命者和进步人士的大阴谋。

此外,希特勒政府通过一系列法律和法令,取消各州人民代表机构和一切地方选举,声称政府要严格审查全国官员。

希特勒政府颁布许多加强法西斯专政的法律,例如严密的特务组织"冲锋队"(身着褐色衬衫、佩带纳粹党徽"卐")、"党卫军"(其最明显的标志就是黑色骷髅头)和"盖世太保"(国家秘密警察),整个德国处在白色恐怖当中。

在文化教育方面,法西斯化成为唯一的目标。德国每个年满10~14岁的少年都必须加入"少年国民"组织,从14岁至18岁,必须接受"希特勒青年团"的教育,对其他的一些青年组织必须放弃。18岁至25岁的青年必须服劳役,20岁后还要服两年兵役,然后才进入大学学习。由于青少年从小接受法西斯训练,学习军事,"优胜劣汰、弱肉强食"的法西斯观念深深印在其脑海中。

希特勒实行焚书政策,焚毁的大量书籍中有一大部分是宣扬革命以及进步的书籍。1933年5月10日在柏林国立歌剧院门前广场，马克思、恩格斯和李卜克内西、卢森堡、海涅、高尔基、爱因斯坦等的大量书籍被公开烧毁。

纳粹政府设置的国民教导和宣传部以戈培尔为首，报刊、电台、电影、出版公司等舆论工具都被其置于纳粹党的严密控制之下，并监督一切娱乐活动。

希特勒宣扬德国是地球上最高级的人种，其他民族应当纳于自己的统治之下。他还伪造德国"人口过剩"的"理论"，消除"人口过剩"的唯一选择就是夺取"生存空间"，要"集结全民族政治力量"去"寻求新的生存空间"。

希特勒上台伊始，就积极谋划争夺世界霸权的战争。1933年10月14日，希特勒以军备的不平等为借口，退出了日内瓦裁军会议，5天后又退出国际联盟。1934年10月，他秘密下令把陆军由《凡尔赛和约》规定的限额10万人增加到30万人，海军人数增加一倍，还秘密建造了两艘26 000吨的战斗巡洋舰。1935年3月，戈林宣布重建德国空军。

1932年时，全德国总共有36架飞机，到1935年已上升到3183架，而1939年则达到了8295架。超过英国、法国、波兰三国空军力量的总和。

经过紧张的扩军备战，德国军国主义得到复活，纳粹政府便行动起来了。1936年3月7日，德国政府宣布不再受《洛迦诺公约》的约束。与此同时，德国派三个营的军队为前锋，以闪电般的速度占领莱茵非军事区，再一次破坏了《凡尔赛和约》，且将《洛迦诺公约》撕毁了。

热衷于反对布尔什维克主义的英法政府，对于德国的侵略无动于衷。在德国为进占莱茵非军事区制造舆论的时候，向德国让步是英、法决策人物的决定。他们认为，战事已经结束将近20年，不让德国在其领土范围内行事是没有理由的。意大利发动侵略埃塞俄比亚战争后，与英、法关系紧张起来，这使得接近德国成为其唯一选择，它当然更无意制止德国的行动。德国出兵莱茵后，英、法、比等国谴责德国的方式仅仅是口头上，实际上任何制裁措施都没有。

这样，希特勒在德国建立法西斯独裁统治以后，第一次世界大战后形成的凡尔赛体系被破坏殆尽，使德国变成了欧洲最危险的战争策源地。

第四节　阴云笼罩下的远东地区——日本侵略中国

日本法西斯的形成

1919年8月，一本初名《国家改造案原理大纲》，后改名《日本改造法案大纲》的小册子被北一辉（1883—1937）写出来了，后来日本法西斯分子把它奉为经典。

北一辉狂热鼓吹天皇制，一切民主主义被其反对，包括资产阶级民主，说德谟克拉西是"极其幼稚的主张"，选举制是以"投票神权"来反对"帝王神权"，是与低能之辈的"低能哲学"相适应的。他叫嚣侵略有理，认为中国、印度等均应在日本的"保护"之下。他还伪装"反垄断""限制资本"，但限额极宽，对私人企业资本的限额是1000万日元，而当时资本最雄厚的日本银行拥有的资本额也不过6000万日元。

明治以来日本右翼军国主义思想在新形势下的发展形成北一辉的理论。它立即与民间右翼势力结合，并迅速获得军部的支持。各种公开的和秘密的法西斯团体相继成立，形成了强大的法西斯势力。

在形形色色的法西斯组织中，力量最强、影响最大的是军部法西斯势力。20世纪20年代，比民间法西斯运动的产生略晚一些时候，法西斯运动也在日本军队中兴起了。

进入30年代，国内外的形势非常恶劣，日本法西斯势力发展猖獗。当时的日本，农村破产，城市工人失业，中小企业生产萎缩。法西斯分子迎合群众心理，针对政党腐化，财阀聚敛，官僚堕落等现象，把不满分子和野心家纠集起来，在军部支持下，阴谋策动政变，制造恐怖暴乱。他们公开反共，并在"防止赤化"的口号下摧残一切进步力量，甚至为达到建立法西斯专政的目的不惜杀死统治集团首脑人物。

日本侵占中国东北

1929年，全球性的经济危机爆发了，再加上早前关东大地震带来的破坏，日本的经济受到严重打击。国民经济的亏损，不断外流的黄金，工业萎缩，农业告急，使得日本法西斯对觊觎已久的中国更是垂涎三尺。为了迅速摆脱世界经济危机所造成的深重困扰，转移国内的注意力，日本帝国主义急不可待地走上了侵略道路。

中国东北地区是日本的首选。不仅仅因为它在地理位置上是日本的近邻，还因为这块土地资源丰富，土地肥沃，有充足的原料提供给日本。侵占东北可以巩固对朝鲜的殖民统治，它还是日本进入中国和北上苏联的跳板。这样，东北地区成为日本的战略基地和日本军国主义前进的"生命线"是毫无悬念的。

1931年9月18日，经过了一系列的精心策划和准备之后，日本帝国主义突然袭击中国东北。当晚10时30分，一段路轨随着一声巨响被炸毁了，这是日军事先就策划好的，并立即以此为借口，污蔑是中国士兵所为，之后北大营遭到了从旅顺运来的大口径榴弹的轰炸。在翌日凌晨，北大营被占据，当天，沈阳城失守。

9月21日,日军占领吉林市和吉长、吉敦两段铁路;22日侵占辽源四洮铁路;11月,日寇占领黑龙江省;1932年1月2日,占领锦州,中国军队全部撤至关内。仅仅三个多月的时间,日本帝国主义者便吞噬了美丽富饶的东北三省。

日军挥舞着屠刀,马不停蹄地冲向中国,国民党当局的不抵抗政策,更是纵容了日本侵略者的侵略行为,使他们肆无忌惮。此起彼伏的事端,一场席卷东亚地区的侵略战争已经慢慢地铺展开来。

第二次世界大战亚洲战场形成

自"九一八"事变后不到一百天,我国东北三省约80万平方公里的土地被日军占领了。1932年3月1日,日本一手炮制的伪"满洲国"登场。1933年1月3日,日军占领山海关。2月23日起进攻热河,十天之内,热河省被占。新世界大战的远东策源地就此形成了。

日军在东北扩大进攻并阴谋炮制伪"满洲国"之时,"一·二八"事变在上海爆发,并借以压迫蒋介石政府且转移了国际视线。由于中国人民和十九路军爱国官兵的坚决抵抗,日军至2月底被迫三易主将,逐次增加兵力,由6000人增至10万人。日军进退维谷,十分不利,但蒋介石一意妥协,《淞沪停战协定》于5月5日签订了。

"华北事变"之后,日本的注意力进而转向华北。1932年6月和8月,石原莞尔在两个有关"满蒙"侵略方针的文件中就一再声称:"开发南满"并不仅仅是"占领南满"的唯一目的,而且要开发"支那本部",并进而解放"东亚诸民族",最后与盎格鲁撒克逊人进行"世界争霸战"。

政治、军事侵略同时，日本武装走私在华北盛行。据中国海关统计，自1935年3月至1936年5月，15个月走私额达3亿元。鸦片在走私商品中占大宗，其次为人造丝等。大量中国黄金外流，自1934年10月至1935年8月，近3000万两银币因走私而外流，使中国的财政经济被严重破坏。

1936年11月25日，《反共产国际协定》签订。协定之所以采用这个名称，是为了利用英法统治集团惧怕共产主义的心理，但反对苏联和各国革命运动则是其真正目的，并同英、法、美争夺势力范围，重新瓜分世界的斗争被重新展开。

广田内阁执政仅仅一年时间便下台。1937年2月，林铣十郎组阁，但只存在了四个月。不久，近卫文麿上台，全面侵华战争正式爆发。

第二章

日本法西斯全面侵华

第一节　日本对中国发动全面进攻

七七事变——日本发动全面侵华战争

在经过一系列的准备之后，日本帝国主义于1937年夏天对中国不宣而战。7月7日晚，日本驻在平津地区的一支侵略部队，在中国地方当局未知的情况下，在北平西南郊卢沟桥以北一公里的龙王庙附近举行所谓"军事演习"。这次"演习"就在中国二十九军三十七师所属部队驻地的营房附近，蓄意挑衅中国军队。日寇在"演习"中制造了一个莫须有的借口，说有从中国驻军方面飞来的实弹的声音，旋即"失踪"一名日本士兵，日寇当即搜索宛平县城。当这种无理要求遭到中国方面拒绝后，日寇便蛮横地开枪。中国军队忍无可忍，起而应战，日军就这样点燃起中日之间一场新的战火。

7月9日，3项口头协议在战斗中达成了：双方立即停止射击；日军撤退到丰台；中国军队撤退到宛平以西。但停火协议很快就被日军破坏了，日寇增派援兵来华北前线。7月25日、26日两天在北平近郊四处挑衅，中日双方军队先后发生激烈战斗。26日，驻天津的日寇侵华部队司令部将最后通牒递交到中国二十九军军部，限三十七师48小时内撤出北平，否则就要攻城。27日，在中国军队严词拒绝后，日寇便攻打北平。28日，日寇又从本土抽调3个师团以上的兵力开赴华北。驻守北平的二十九军三十七师及其他各部队广大官兵，奋力抵抗日寇的进攻。但是，由于蒋介石政府不予支援华北地方驻军的抗战，艰苦奋战的中国军队终于失利，被迫撤退。7月30日，北平沦陷，天津也在同一天弃守，日寇完全占领平津。

日寇的侵略气焰嚣张至极，依恃它的法西斯武力，利用德意法西斯支持、英美帝国主义的对日绥靖政策，以及蒋介石政府抵抗不积极等有利条件，决定扩大入侵中国的规模。但是，为了欺骗国内外舆论，日本政府还大放烟幕，对"华北事变"采取"不扩大方针"。在这种烟幕的掩盖之下，日本全国的战时动员开始实行，同时以其在华北地区的30万兵力分四路长驱直入，进犯中国内地：一路由平绥路、同浦路进攻山西省；一路由平汉路进攻河南省；一路由津浦路、胶济路进攻山东省；一路由平绥路进攻绥远省。日寇兽蹄所到之处，残忍蹂躏中国的土地。

日本发动全面侵华战争后，在世界上引起极大的反响。社会主义苏联在斯大林领导下，站在无产阶级国际主义立场上，积极主张制裁日本法西斯，中国抗战得到苏联的大力支援。1937年8月21日，《中苏互不侵犯条约》签订，苏联严厉谴责日本的侵略行径，保证支持中国反侵略的正义斗争。之后不久，苏联政府帮助中国人民以千百万美元的大批军火贷款获得飞机大炮等武器装备运抵中国，并派遣军事顾问团、航空志愿队来帮助中国人民抗击日本法西斯。

但是，全面侵华战争爆发之后，美英等国统治集团采取了不同的态度。它们对日寇全面侵华实行所谓"不干涉"的绥靖政策。美国国务卿赫尔于7月16日发表《和平原则十六条》，侈谈"维持国际和平""维持国际条约之尊严"，对于日寇的侵华战争只字不提，甚至期望中日战争能够"和平解决"。

9月12日，中国向国际联盟申诉，要求各国制裁日本，把持国联的英国对此百般拖延、阻挠。11月16日英国邀请美国共同"斡旋"，替日本转达所谓的"和平条件"，也就是促使蒋介石政府投降，把布鲁塞尔会议变成牺牲中国、搞国际政治交易的阴谋。这次会议，因英美拒绝苏联政府的正义主张，制裁日本的问题最终被拒绝讨论，两国由于日本拒绝出席并声称废除《九国公约》，而且德国也不愿出席会议等原因，终于不了了之。

美英不仅在政治上纵容日本侵略者，而且通过贸易渠道，在经济上供给它大批战略物资，不断给它输血。日本从美国进口大批重要军事物资如石油、钢铁、废钢铁、机器、飞机、汽车等，尤其是石油更离不开美国的供应。英国不仅把大批军用器材供给日本，而且租船给日本做军事运输之用。

美英帝国主义如此热衷于搞绥靖政策，要把法西斯侵略势力这股祸水引向社会主义苏联是其目的，以便它们火中取栗。为此，以牺牲中国为手段，纵容侵略，挑拨战争，坐山观虎斗，以收取渔人之利。它们的这种做法，实际上是使法西斯侵略者的气焰更加嚣张。日本法西斯有恃无恐地发动全面侵华战争的重要原因之一即在于此。

庐山谈话——抗日统一战线正式形成

在内外交困的情况下，蒋介石于1937年7月17日在庐山就卢沟桥事变及中日关系问题发表谈话，表示对日应战。这是蒋介石自"九一八事变"后发表的对日态度最强硬的一次外交谈话，也是第一次准备抗战的谈话。

在这次著名的"最后关头"演说中，国民政府对处理卢沟桥事变及中日关系的基本原则被蒋介石阐述得很清晰。要点如下：

一、任何解决不得侵害中国主权与领土之完整。

二、冀、察行政组织，不容任何不合法之改变。

三、中央政府所派官吏，如冀察政务委员会委员长宋哲元等，不能受任何的约束。

蒋介石说，上述三点立场是弱国外交的最低限度，并敦促日本政府"设身处地为东方民族做一个远大的打算，不想促成中日两国关系达于最后关头，不愿造成中日两国世代永远的仇恨，对于我们这最低限度的立场，应该不至于漠视"。他警告日本侵略者，如果继续一意孤行，中日战端一开，则"地无分南北，年无分老幼，无论何人，都有责任守土抗战，皆应抱定牺牲一切之决心"。

"庐山谈话"确定了南京国民政府抗战的决策，得到全国的响应。从此，全国掀起了团结抗日的新高潮。

淞沪会战

1937年7月，日军决定在中国华东实施作战，进攻上海，企图一举攻占中国经济、政治重要城市上海及其附近地域，并将中国海上补给线切断，以策应华北战场，南北呼应，歼灭中国军事力量，迫使国民党政府屈服，结束侵华战争。日军实施上海作战之兵力，开始约1.5万人，30余艘舰艇，100余架飞机。在整个作战过程之中，后期达11个师团、约30万人。

淞沪会战前，南京国民政府受《上海停战协定》的限制，仅有保安部队两个团及一些警察在上海市区驻扎。卢沟桥事变后，上海的形势异常严峻，国民政府当局虽抱"不扩大事态"的方针，希望"和平解决",但仍顾虑上海兵力薄弱。原驻苏州、无锡、常熟一带的第87、88两个师被隐蔽调进上海市区,任命张治中为京沪警备总司令,由上述部队改编成以后的第9集团军,归第3战区指挥。国民政府军事委员会和第3战区(冯玉祥接任战区司令)的企图是,在敌军援兵未到之前,先集中兵力迅速歼灭在沪日军万余人,使其后援部队失去依托,对日军登陆给予有力打击,坚守上海,消耗日军。第3战区兵力在战役初期为第8、第9、第10集团军,第15、第19、第21集团军在战役过程中增加进来,战役后期共6个集团军70个师,飞机250架,舰艇40余艘。

8月上旬,驻沪日军(主要是陆战队)不断挑衅,制造事端,借口发动侵略,如举行武装示威,在夜间进行军事"演习"并越界,谎称士兵走失,并要求中国战机停飞,等等。上海市政府的应对方针是按照国民政府"不扩大事态"政策,与日寇周旋。8月9日,一个日本士兵在其军官带领下,无理闯入虹桥机场,担任机场警卫的中国保安队卫兵对其制止,但是被日军军官开枪打死。中国保安队激于民族义愤,严正还击,当场将日军军官与士兵击毙。为此事,国民党上海市市长抱着的方针仍为"不扩大事态",并与日方交涉。日军因援兵未到,也表示用和平方式"解决",但无理要求中国保安队撤离上海,拆除保安队所构工事。中国当局予以拒绝。日军谈判调兵同时进行。8月13日,大规模进攻开始了,第3战区军队进行抵抗,由此展开淞沪会战。

上海遭到日军侵略之后,第3战区确定行动部署如下:第9集团军在上海市区实施进攻,力图扫荡在沪日军兵力,阻止日军登陆;杭州湾北岸防御由第8集团军担任,阻止日军登陆,保障上海右翼安全;浙江省沿海海防由第10集团军担任,防止日军由浙东登陆；以1个军负责长江口南岸江防，1个师负责长江口北岸江防与海防，使上海左翼安全得到保障。

8月15日，张治中指挥的第9集团军在短时间准备后，以第87、第88两个师并列发起攻击，部队士气旺盛，奋勇冲杀，并得到了中国空军与海军的积极支援，经过3天攻击，有所进展。8月20日，第9集团军增加1个师继续进攻，战事非常顺利，突破了日军防御，从虹口公园打到汇山码头，在沪日军陆战队的巢穴即将遭到扫荡。但由于部队经过长时间消耗，伤亡很大，又没有预备队投入战斗以增强突击力量。此时，由日本向上海运送的日军大批主力行将登陆，第9集团军遂停止攻击。中国军队江防兵力不足。8月23日晨。日军主力3个师团分别在吴淞、川沙港等地登陆。日军登陆后，以飞机、火炮、舰艇火炮、坦克的猛烈火力，支援步兵冲击，向宝山城、月浦、罗店、浏河镇等阵地发动猛烈进攻，并扩大登陆场，上海左翼安全被威胁。此时，第15集团军抵达上海前线，原在市区作战的部队也调到长江南岸一线，战事重心由市区移至江边一带。战区组织4至5个师的兵力，连续对登陆日军实施反击，双方在江岸一线展开激烈的登陆、反登陆激战。随后，后续的日军部队不断登陆；登陆后，一面向纵深发展，一面合击宝山城等地，企图连接扩大登陆场。日军30余艘舰艇炮击、飞机分批轰炸扼守宝山城的第98师第583团第3营，在日军坦克四面冲击、城内一片火海的情况下，全营官兵坚决死守，在经过3天苦战后壮烈殉国。宝山失守，日军登陆场已连成一片。

9月上旬，第3战区鉴于日军援兵源源抵沪，沿江防御遭到了日军舰炮的轰炸，于是迅速改变作战方针：实施持久战，阻止日军扩张，防御部队撤至日军舰炮射程以外，做"韧性抵抗"，等待援兵到达再行决战。于是，各部队全线停止反击，开始进行防御作战，依托每个阵地抗击日军。日军由于连续突击而不断增兵。10月上旬，日军渡过温藻浜。正在激战之际，第21集团军到达上海前线。10月下旬，对温藻浜南岸日军的反击战打响，力图将其逐回北岸或予以歼灭。由于第21集团军训练不足，实战锻炼少，甚至将日军施放的烟幕误认为毒气，反击未奏效，反被日军突破阵地。大场、江湾、真如等地被日军相继攻占，切断了沪宁铁路，严重威胁上海左后方。

10月26日，战区命令部队撤至苏州河南岸。在主力撤至苏州河南岸后，第88师第524团谢晋元副团长指挥800余人担任掩护任务，在四行仓库阵地完成掩护任务后，誓不向苏州河南岸撤退，与日军血战到底。该部官兵在日军包围之中，坚守阵地，四行仓库大楼顶上高悬着上海童子军送与他们的旗帜。日军猛攻四昼夜未能攻克。苏州河畔的中国人眺望这一悲壮场面，无不为之感动。他们曾被毛泽东高度赞誉为"八百壮士"，与平型关、台儿庄的勇士同列为"民族革命典型"。

10月底，已有20万兵力被日军从日本国内和华北战场抽调至上海。第3战区军队顽强抵抗，杀伤大量日军。此时，日军大本营为加速攻占上海，在杭州湾北岸实施登陆，侧击上海守军之右翼。11月5日，日军3个师团在金山卫登陆成功。第8集团军在该线只配置少数兵力，日军登陆未能被阻止。日军登陆后，中国想在第3战区从浦东、枫泾、苏（州）嘉（兴）线各地抽调部队，堵击上陆日军。因动作迟缓，部队尚未到，松江城被日军侵占。至此，在上海市区防御的军队便处于日军夹击之下，后方的主要交通线也被切断。三个月的防御战之后，前线部队已精疲力竭，伤亡重大，缺乏补充，被敌人包围歼灭的可能性很大。国民党军事当局也无兵可调。上海战区下令放弃，向苏（州）福（山）线既设阵地转移，企图在苏福线再行抗击。11月9日，第3战区军队从上海撤离。

在淞沪会战惊心动魄的三个月当中，全中国万众齐心，"纵使战到一兵一枪，亦决不终止抗战"。这是中华民族历史上最为悲壮的决定。中国抵抗日寇达百日之久，使得世界各国对于中国的抗日实力与决心都刮目相看。淞沪会战的意义更在于，打破了日军"三个月灭亡中国"的妄言，将中日战争拖入持久战。一旦日军无法速战速决，它最后失败的命运也就不可避免。

第二节　中国全民抗战

平型关大捷——中国抗日战争敌后战场第一次胜利

在中国人民反抗日本法西斯侵略的伟大战争中，八路军在中国共产党领导下，率先深入敌后，冲锋陷阵，百战不殆，成了抗战的先锋队。八路军115、120、129三个师，共计46 000人左右。很快就陆续从陕西韩城、潼关两处东渡黄河，开赴抗日前线。在日寇疯狂扩大战火，华北战场的七八十万国民党军队节节失利的危急时刻，八路军进入山西，分兵晋西北和晋东北两路迎击南下的敌军。林彪、聂荣臻、罗荣桓领导的115师开赴晋东北，其主力在9月中旬赶到平型关以西大营镇集结待机。敌人选中山西和河北两省交界的要隘平型关这个薄弱地方作为攻打山西的突破口。这时，八路军的另一支部队120师在贺龙、肖克领导下，掩护雁门关一线，进行策应。9月25日，平型关战斗打响后，国民党军队溃逃，敌军受到八路军的侧背伏击，打得英勇顽强。经过两天战斗，号称"皇军精锐"的板垣第五师团所属第21旅团1000多人被歼灭，击毁敌人汽车100多辆，缴获包括野战炮、轻重机枪等在内的大批各式武器，以及为数甚多的军用品、食品和军服。这是八路军出师后第一个大胜仗，也是中国抗战开始后第一个大胜仗，全国人民抗战的士气都受到了极大的鼓舞。

南京保卫战——日本在中国的大屠杀

一、国府南京保卫战

上海沦陷后不久，1937年11月16日，国防最高会议召开，为长期抗战计，决定迁都重庆。20日，国民政府宣布迁都。但是，蒋介石仍欲固守南京，唐生智被任命为南京卫戍司令长官、城防总司令官，担负保卫南京的重任。先后参加南京保卫战的有第78军军长宋希濂等中国将领，总兵力共计10万余人。唐生智就任南京卫戍司令长官、城防总司令官之后，"誓与南京共存亡""不惜牺牲"。12月4日，蒋介石飞抵南京，南京卫戍军师以上将领被召集，蒋介石发表讲话，要求前线将领抱定不成功便成仁的决心，努力固守南京。翌日蒋介石飞离南京。但是，参加南京保卫战的中国军队却几乎都是前线上败退下来的，部队损失惨重，将士疲惫不堪。投入战斗中的部队有的还来不及补充，有的补充大批新兵尚未经过训练，没有战斗力。面对来势凶猛的20万日寇大军，中国守军屡战失利。而且也没有现代化防御设备，在日寇三面包围下难以固守，其势已洞若观火。

1937年12月5日，进攻南京的日寇部队已到达中国卫戍军外围防线附近，进抵南京城郊，并不断攻击守军。中国卫戍军奋力与日寇苦战，损失奇重，节节后退。8日，淳化镇和镇江炮台被日寇攻陷后，日军向南京城突进。日军很快突破南京外围防线，守军不得不退守城廓阵地。9日，敌酋华中方面军司令官松井石根派飞机到南京上空遍撒最后通牒，即《劝降书》，要求中国守军投降。唐生智拒绝。10日下午2时，日寇地面部队在飞机、大炮掩护下，以坦克战车为先导，开始攻击南京城廓阵地。这一天，日寇向雨花台、通济门、光华门、紫金山第三峰几处同时发起进攻，来势十分猛烈。守军拼死抵抗，冲入光华门一小部日寇被歼灭。同一天，日寇攻占芜湖，切断中国军队后路。11日，日军继续猛攻雨花台、紫金山，一小部日军闯入中华门城门，被守军歼灭。12日，日寇猛攻雨花台，中国军队主阵地被占领。一小部日军与守军在中华门城墙反复争夺，并登城得逞。12日晚，唐生智按照蒋介石的电令"相机撤退"，召集开会，下令一部渡江，大部向城郊各处突围。然后，唐生智率长官部少数人员渡江撤走。但是，撤退安排不周，秩序极为混乱，遵命突围的只有第66军、第83军等部，其余部队一下子拥至下关，冒死争着渡江，损失严重。结果，仅有第36师一部及教导总队等少数部队渡江撤退成功。而其余大部守军撤退不及，被困在城内，城破时横遭日寇杀戮。这时，浦口被日寇一支部队占领。第16师团一部开进下关，中国军队的退路被切断了，日军出动舰艇横扫江面上利用船只、木排渡江的中国军人。在下关那里遭到敌寇枪炮打死或敌舰艇撞翻坠入江中溺死的中国军人大约有三四千名。

13日，日寇入城，南京沦陷，这也宣告国民政府的南京保卫战结束。战事虽已结束，但日寇带给南京的浩劫才刚刚开始。

二、惨绝人寰的侵华日军南京大屠杀

1937年12月13日，日寇侵占南京，到翌年2月上旬，在长达6周时间内，发生了震惊世界、骇人听闻的大屠杀。

根据后来学者的反复查证确认，自1937年12月13日起历时6周的侵华日军南京大屠杀，杀害中国人总计30余万，其中集体屠杀者计28案19万多人。

至于零散屠杀，由1947年中国军事法庭查证有据的就有858案，15万余人被杀，尸体掩埋工作进行了数月之久。慈善机构世界红十字会南京分会掩埋43 071具尸体，南京崇善堂掩埋尸体112 266具。以上集体屠杀与零散屠杀合计杀害34万余人，通称"三十万"。这个数目相当大，但它却是实实在在的数目。近年来，日本的南京大屠杀否定论者妄图说这个数字是假的，胡说这是"白发三千丈"式的夸大之词。甚至有睁眼说瞎话的人，胡诌这个数字比当时南京人口还多，企图将惨杀30万人这笔大血债一笔勾销。然而，这是徒劳的。当时南京人口数字是有案可查的。南京的人口，"1937年6月份计为200 160户，1 015 450口"，依据是1937年11月南京市政府致国民政府内政部公函，至11月23日，仍有"50余万"。1938年6月，金陵大学教授史密斯博士调查知"一年前，南京市人口恰好超过100万，到八九月份，人口急剧减少，11月初，又升到50万"。南京沦陷后，据当时南京国民政府立法院立法委员王鸿恩于1939年4月27日在上海参加日本《朝日新闻》召开的一次座谈会时说："南京市人口在事变以前，即国民党政治的全盛时代，计有107万之多，及至事变后，人口骤减至17万之数。""沦陷前后南京人口相差如此之大，除逃跑之外，实际上是日军疯狂屠杀所致。惨遭日军屠杀的肯定有30万人。"

1937年11月，一位名叫亚奎诺·德·贝桑日的神父，为战乱地区的20万难民在上海市南部成功地建立了一个"国际安全区"。同年同月，南京为数不多的一批热心公益事业的外籍人士聚在一起，仿效上海的做法在南京也要建立同样的安全区。当月下旬，他们成立了南京安全区国际委员会，建立起南京的国际安全区。这个位于南京市内西北部的安全区，自南至北约3公里，自东至西约2公里，有3.8平方公里的总面积。四面以马路为界，南以汉中路、东以中山路、北以山西路（实际上还在山西路以北)、西以西康路为界。日、美、意大使馆、荷兰公使馆,以及司法院、最高法院、金陵大学、鼓楼医院、金陵女子文理学院与南京神道学院等在这个范围内,尚包括山西路高级住宅区在内。1937年12月10日,日寇大举攻进南京时,难民如潮水般涌入安全区,大有人满之患。整个安全区内难民最多时达29万人。然而,在日军的血腥屠刀之下,只有安全区内的少数难民幸免于难。日军以"搜捕便衣队"为借口,设下罪恶的陷阱,安全区内早已放下武器的中国士兵及平民百姓被大肆杀害。他们还明目张胆地强奸难民中的妇女,并抢夺民财,之后将受害者枪杀、刀劈或活埋。残暴的日军在屠杀中国军民时,各种杀人游戏及杀人比赛丧心病狂地进行着。

南京大屠杀绝非自发的,而是日军有组织有计划的暴行。据日本著名历史学家洞富雄的调查研究,日军是带着"不留俘虏""将俘虏处理掉"的命令进入南京的。况且这命令是从华中方面军到师团、旅团直到联队(团)逐级下达的。俘虏都要杀掉,于是他们就杀红了眼,见到中国人就杀。因而南京大屠杀暴行的发生,完全不是偶然的。

在南京大屠杀中,中国妇女被野兽般的日军肆无忌惮地在光天化日之下强奸,并予以杀害。日本士兵或军官,不分昼夜、不分场合与地点强奸中国妇女,并且往往实行轮奸。例如,一位少女被13个日本兽兵轮奸。有的妇女竟被轮奸17次或40次之多。这其中既有十来岁的女娃娃,也有七八十岁的老妪,即使是孕妇也未能幸免。日军在强奸时往往枪杀中国妇女身边的孩子,甚至以剖腹等极端残忍的手段杀害中国妇女。

侵华日军在南京除了屠杀和强奸外,还大肆劫掠中国的公私财物,而这又是在指挥官的指挥下集体有组织地进行的犯罪行为。

大都由长官指挥日军士兵，驾着大卡车、汽车开到大公司、大商店门前，将货物洗劫一空，然后放一把火把房屋烧掉。日军见到什么东西都不放过，他们将布匹、书籍、银圆、衣服、古玩字画、自行车、箱柜、金银首饰、金条、钱币、手表、家具以及粮食、牲畜等抢到手，然后装船运走。日军不仅抢劫贵重物品，就连火柴、手电筒、手套等一般日用品也见了就抢光，甚至连难民的东西都劫掠一空。

放火是侵华日军对南京人民犯下的另一重大罪行，而这同样是有计划、有领导地进行的。因此，可以想见其破坏程度之大。日军进城后，好几个星期内南京城还到处是大火。侵华日军纵火绝非偶然不守纪律的行为，而是按照预定计划进行的，这已被战后远东国际军事法庭在判决书中认定。这类纵火行为持续了6周之久，烧毁南京全市的1/3。

血战台儿庄——中国正面战场第一次胜利

为保卫华中地区，国民党在1938年1月重新划分了战区：以平汉线及陇海线中段为第1战区；第2战区为山西；以浙赣沿线为第3战区；以两广为第4战区；以津浦线方面为第5战区；以甘肃、宁夏、青海为第6战区。

战区调整后，加强了国民党军队在武汉和以徐州为中心的苏鲁豫皖边区的力量。

在日军的进攻面前，国民党第5战区副司令兼第3集团军总司令韩复榘为保存实力，不顾蒋介石"务必死守黄河，绝不可放弃济南"的命令，不战而逃。几日之内，大半个山东和济南、济宁等战略要地被丢失殆尽，韩复榘因此获得"长腿将军"的称号。山东被日军占领后，津浦路正面大门洞开。蒋介石知道之后愤怒异常，于是以违反战时军法、擅自撤退等罪名，逮捕韩复榘，并判处其死刑，改任原韩部所辖第12军军长孙桐萱为第3集团军总司令。

南线日军自1938年1月中旬开始，由滁县、扬州一线北犯。至2月上旬，淮河南岸的蚌埠、临淮关、盱眙等地相继失陷，把以徐州为中心的国民党第5战区的防御地域挤压得愈来愈小，纵深仅200千米，至此徐州会战迫在眉睫。国民党军事当局为中原战场的安全考虑，徐州被作为必守之地，此时驻守在徐州的是桂系将领李宗仁。

1938年1月26日，日军第13师团向安徽凤阳、蚌埠一带进攻。日军以为拿下蚌埠易如反掌，不料李宗仁部署的第11集团军和第51军利用淮河、淝河、浍河等地形堵截敌军，双方血战月余，难分胜负。李宗仁遂命部队：敌进我退、敌退我进，牢牢地守住津浦线。淮河两岸日军首尾难顾，于津浦沿线与中国军队胶着。徐州以南地区之战，歼灭日军达三四千人，中国军队取得的战绩显著。

2月下旬，日军东路第5师团从山东潍县南下，沂水、莒县、日照被接连攻占，敌军直扑临沂。中国军队顽强抵抗。庞炳勋部在临沂建立防御阵地，挡住日军正面攻击，然后张自忠的第59军被迅速调派驰援临沂。

日军未料到张自忠部队的驰援速度如此之快。59军日夜兼程，以西北军吃苦耐劳与豪气干云的特质，在一日一夜之内，提前赶到临沂。59军在敌军毫无准备下，从天而降般地向日军第5师团背侧发动猛攻，庞炳勋部将士同时奋起反击。

在3月14日到18日的临沂决战中，日军第5师团受到极其惨重的损失，以致无法继续作战，只得先退回莒县以困守待援。临沂之战得胜，使津浦路北段日军的左臂被斩断了。

当板垣伤痕累累之时，日军西路第10师团长矶谷仍然固执地向南推进。川军邓锡侯、孙震等部被李宗仁调来赶往滕县，拒敌南下。日军以数十架飞机、30余门大炮狂轰滥炸，但在中国守军的英勇抗击下，损失也极大，死伤达2000多人。22集团军以劣势之装备与兵力，阻击绝对优势之敌达3天半，从而争取了会战需要的有利时间。

4月3日，总攻击令下达，围攻的各军在台儿庄附近向敌军展开猛烈攻势。4日，中国空军以27架飞机轰炸台儿庄东北、西北日军阵地。当晚，日军濑谷支队无力再战，炸掉不易搬动的物资，向峰县溃逃。经过4天的激战，日军濑谷支队、坂本支队被中国军队重创，其余日军残部于7日向峰城、枣庄撤退。至此台儿庄战役以中国军队的胜利结束。

重庆大轰炸

重庆大轰炸指中国抗日战争期间，由1938年2月18日起至1943年8月23日，日本对战时中国陪都重庆进行了长达5年半的战略轰炸。据不完全统计，在5年多的时间里日军对重庆进行轰炸218次，出动9000多架次的飞机，投弹11 500枚以上。

1937年11月，国民政府迁往重庆，重庆遂成为战时首都。1938年2月18日至1938年底，日本对重庆主要为试探性的轰炸。出动的架次较少，多数为陆军航空队。1938年10月日军攻陷武汉后，日军大本营对华中方面军下令开始向重庆实施"由空中入侵对敌军战略中枢加以攻击同时进行空中歼灭战"，这一命令为日军正式对重庆进行战略轰炸的开端，目的是希望震撼作为战时首都的重庆，打击中国政府抗战的意志。同年12月底起，由陆军对重庆开始实施战略轰炸。1939年5月，改以海军实行轰炸。5月3日及4日，日机从武汉起飞，轰炸重庆市中心区，并且大量使用燃烧弹。重庆市中心大火两日，商业街道被烧成废墟，3991人死亡，2323人受伤，损毁建筑物4889栋，约20万人无家可归；罗汉寺、长安寺也被大火吞噬，同时被炸的还有外国教会及英国、法国等各外国驻华使馆，连挂有纳粹党旗的德国大使馆也未能幸免。

1940年5月，日本大本营发动"101号作战"，由陆、海军同时对中国后方实施轰炸。陆军主要以山西运城为基地，海军主要基地为汉口。轰炸重庆的日机超过2000架次。8月19日的轰炸尤为惨烈，日本海军投入超过140架轰炸机，重庆2000多户民居被毁。到1940年为止，日军对重庆投掷了4333吨炸弹。

1941年初，日军在发动太平洋战争前先向中国集中力量空袭，发动名为"102号作战"的大规模轰炸。在1月至8月，超过3000架次飞机空袭重庆，当中包括夜间空袭。6月5日，从傍晚起至午夜连续对重庆实施多小时轰炸。重庆市内的一个主要防空洞部分通风口被炸塌引致洞内通风不足，洞内市民因呼吸困难挤往洞口，造成互相践踏，以及大量难民窒息，估计数千人死亡。1941年中期以后，日军为准备在太平洋发动战争，陆、海军航空队主力从中国抽出。之后对重庆只有零星轰炸。到了1943年8月以后，日军再无能力空袭重庆，重庆大轰炸告一段落。

武汉会战——中日双方规模最大的会战

日军占领徐州后，更加不可一世，决定攻占当时中国抗战的政治、军事和文化重心——武汉三镇。1938年8月初，日军在长江南北两岸，在日本第11军司令官冈村宁次、第2军司令官东久迩宫稔彦王的指挥下分多路进攻武汉。日军投入武汉战场的兵力为24个师团，约占总兵力的70%。而中国军队防守武汉三镇的军队有60万，在数量上大大超过日军。

中国军队未在武汉城内弹丸之地做困兽之斗，而在武汉外围的广阔天地运用灵活、坚强的作战战术，重创日军，作战逾4个多月。中国军民在历时4个多月的血战中，以40万人的伤亡，造成日军近10万人的死伤，不但使日军迅速解决"中国事变"的企图被粉碎，也激励了全国抗战的决心。

双方在武汉对阵时，广州被偷袭了。本来青岛、上海等地陷落后，广州就成了中国最重要的港口。但它的防卫力量与重要性却不成正比，粤军的半数都被抽调去参加武汉会战。日军大本营迅速抽调三个师组成21军，由古庄干郎大将统领，在海军第5舰队司令盐泽幸一的支援下，奇袭广州。

广东省长得知日军即将偷袭之后，向蒋介石汇报。蒋介石以为这是日本人故意制造出来的"假"情报，他试图让国军从武汉战场抽出兵力支援广东。10月11日晚，日军7万多人在广州大亚湾登陆成功，淡水、惠州、博罗和增城等地相继被攻占，21日就攻到广州近郊。无奈之下，余汉谋下令广州守军撤退，21日下午广州沦陷。

广州一失，粤汉铁路被切断，防守武汉的意义就不大了。于是蒋介石在吸取南京保卫战的教训之后，主动放弃武汉。10月25日，日军占领汉口，次日武昌被占领，27日汉阳沦陷，至此武汉保卫战结束。

中国敌后抗日根据地的反扫荡斗争

迫于国内的压力和中国共产党的积极争取，1937年7月15日，中国共产党的合法地位被蒋介石承认。8月22日，蒋介石公布中国工农红军改编为国民革命军第八路军的命令，他任命朱德为总指挥，彭德怀为副总指挥。

8月25日，中共中央革命军事委员会发出改编命令，宣布中国工农红军第一、第二、第四方面军和陕北红军等部，改编为国民革命军第八路军，简称"八路军"。红军前敌总指挥部改为八路军总指挥部，而正副总指挥由朱德、彭德怀担任，叶剑英、左权为正副参谋长，任弼时、邓小平为政治部正副主任，下辖3个师和1个特务团。八路军总部直属队3000多人，全军共有4.6万人。115师、120师、129师，每师15 000人。

1937年10月12日，国民党政府军事委员会又宣布，南方8省和14个地区的红军游击队被改编为国民革命军陆军新编第四军，简称"新四军"。1938年1月，在南昌成立新四军军部，叶挺任军长，项英任副军长，张云逸、周子昆任正副参谋长，政治部正副主任由袁国平、邓子恢担任。军部下辖4个支队，全军共有10 300余人。

完成改编之后，八路军很快东渡黄河，开赴抗日前线，冲锋陷阵，奋勇杀敌，开辟敌后战场。

从太原失陷到徐州会战期间，日军在华北遭到了八路军猛烈袭击，大小战斗达 400 多次，打死日军 2 万多人，缴获步枪 3000 多支、轻重机枪 100 多挺，500 多辆汽车被击毁。在日军进攻武汉时，为配合武汉保卫战，八路军在所有干线上炸毁火车，破坏铁路，大小战斗进行 1000 多次，打死日军 2 万多人，缴获步枪 8000 多支、轻重机枪 150 挺，击毁敌人汽车 800 多辆。日军 30 万人、13 个半师团被八路军遍地开花的游击战拖在了华北战场上。1938 年，日军曾两次更换主帅，仍然不能摆脱困境。

当八路军在华北抗击日军时，新四军在华东地区英勇抗战。1938 年 6 月间，新四军进至南京、镇江、丹阳、句容、金坛、武进、深水、高淳、芜湖一带，四处打击日寇，并且将敌伪占领的广大农村地区解放出来，建立起以江苏南部茅山山区为中心的抗日根据地。在江北，新四军进至安徽的巢县、武威地区，解放了淮南铁路和津浦铁路南段两侧地区，开辟了皖中和淮南根据地。

在华南地区，国民政府军队撤走后，广东琼崖抗日自卫队独立队由海南岛红军游击队改编，在中国共产党领导下积极开展对日寇作战，守卫着祖国的南大门。

在东北各地，抗日游击战也遍地开花。东北的抗日游击队和抗日义勇军转战于白山黑水之间，使用大刀、红缨枪等各种武器，广泛袭击日军，烧毁日军的机场，破坏敌伪的铁路和发电所，打得日军惶恐不安。

日军对深入敌后作战的八路军和新四军感到万分惊恐，被迫改变侵华战略，开始对国民政府正面战场采取以政治诱降为主、以军事进攻为辅的方针，而军事重心转向大规模"扫荡"共产党领导的抗日根据地。正面战场降为次要战场，而主要战场是敌后战场。

1942年以后，华北解放区被日军重点"扫荡"。有些"扫荡"长达两三个月，出动的兵力多达5万~10万人。仅1942年1月，日军对解放区就发动了1600多次"扫荡"，平均每天五六十次。残酷的杀光、烧光、抢光"三光政策"致使"无村不戴孝，到处闻哭声"的凄惨场面在很多地方出现。

第三章

德国屠虐欧洲

第一节 闪击波兰

"白色方案"的出台

1939年3月底，德军总部制订进攻波兰的"白色方案"。

4月3日，代号为"白色方案"的秘密指令下达，要求德国三军部队于9月1日前完成对波兰作战的准备工作。"一切努力和准备工作，必须集中于发动巨大的突然袭击。"

"白色方案"是想利用德军快速兵团和优势航空兵，实施突然袭击，"闪击波兰"，一举灭亡波兰。

希特勒计划用快速兵团和强大空军突然袭击，使波军防线被闪电般地摧毁，从而占领波兰西部和南部工业区，然后长驱直入波兰腹地，使各个孤立的波兰军队被围歼，力求在半个月之内结束战争，然后回师增援可能发生战事的西线战场。

在下达"白色方案"后，方案的制订工作必须涉及1939年9月1日以后的一切军事行动，而作战计划的详细时间表必须于5月1日前送到最高统帅部。

德国有越来越明显的侵略波兰的意图。波兰惧怕战争，但又不想投降，也没有来自苏联的支援。因而，波兰政府只想求得英法两国的保护。

4月6日，波兰总统贝克走访英国，双方的临时互助条约签订。双方宣布，长期条约会在双方细节问题商量好以后签署。

希特勒听说波英签署了互助条约，希腊、罗马尼亚由英法出面保护后，开始感到不安。不久，戈林被希特勒派赴意大利访问，他想让戈林询问意大利总理墨索里尼是否下决心打大战。

4月15日、16日，墨索里尼与戈林在意大利首都罗马两次见面。

墨索里尼将意大利目前遇到的困难放大，说意大利现在经济不景气、国内兵力缺乏、军队装备落后，还需要两三年的时间才能去打一场大的战争。

5月23日，希特勒下定了决心发动波兰战争。这一次，德国高级将领们没有提出任何异议。这一天军事会议在希特勒的总理府书房召开。参加此次会议的有最高统帅部长官凯特尔、空军司令戈林、海军司令雷德尔、陆军司令布劳希奇、陆军参谋长哈尔德、空军总监米尔西、海军参谋长奥托·施尼温等高级将领。

希特勒在会上提出，只有在欧洲夺得更多生存空间后才能将德国的经济危机缓解。要摆脱经济危机，只有夺得其他国家的领土。

德国闪击波兰

1939年9月1日凌晨4时45分，希特勒按照蓄谋已久"白色方案"，闪击波兰。8月31日晚，德国边境城市格利维策（今格莱维茨）的电台被一群穿着波兰军服的德国党卫队员"袭击"了，并用波兰语做"反德"广播，在离开现场时，身穿波兰军服的德国囚犯的尸体被丢下，充当被"侵犯"的证据，以此制造借口，混淆视听。德国遭到"侵略"，希特勒随即下令"以武力对付武力"，开始进攻。9月1日拂晓前，事先停泊在港口城市但泽（今格但斯克）进行"友好访问"的德国军舰，首先开炮轰击当地的波军基地，约半小时后，德军以160万兵力、2000多架飞机和2800辆坦克，陆空配合，侵入波兰。德国拒绝英法两国政府提出停止军事行动的要求，而英法两国在国内外舆论的压力下，不得不根据以前同波兰签订的条约，于9月3日先后对德宣战，第二次世界大战在欧洲爆发了。

波军本来就已三面受敌、兵力分散又缺乏纵深防御，犹如处于上下颌之间的舌头。面对采用装甲机械化部队和空军联合作战新战术的德军，匆忙动员起来的70%的军队却仍被波兰当局部署到1600公里长的国境线上。这种布局无异于将其大部分军队放在舌尖上，形成挨打的局面。在德军快速突进的闪击战打击下，波军主力被分割包围。尽管指挥不当，英勇顽强、可歌可泣的战斗仍在波兰各地发生。

此时德军在西线与法英对峙只有23个师，而法军则超过80个师。德军统帅部长官凯特尔认为，"假使法国发起进攻，德国的防御只是军事纸屏，而不是真正的防御"。由于英法的宣战是被迫的，加上长期以来受绥靖政策的影响，和德国作战的准备没有做好，不想也不敢真打，所以行动不力，坐视波兰败亡。

9月17日，波兰政府流亡，首都华沙四面被围，又遭狂轰滥炸，28日沦陷。波兰之战共进行了35天，军队有组织的抵抗结束于10月5日，但这并不意味着波兰军民反侵略的斗争也一并停止。

奇怪的战争

一、英国人不想为波兰而战

9月1日，德军入侵波兰，英国人不是害怕英国与德国交战，而是英国政府不敢出兵。9月3日，张伯伦发表广播演讲，英国人听到英国向德国宣战非常欣慰，但大多数英国人不愿意为波兰的利益而战。

英国人比法国人更愿意相信法国牢不可破的马奇诺防线。不料，西线马奇诺防线不是德国的目标，而是波兰。在一个多月的德军装甲部队横扫波兰的过程中，波兰没有受到驻守西线的英法盟军支援。在漫长的西线，双方的巡逻兵在无人地带偶然发生冲突是唯一的军事行动。

英法两军的按兵不动，严重影响了部队的士气。当德军屠杀波兰人时，英法两军仍不肯去救助。

1939年10月6日，和平谈判的建议曾被德国提出，但英法两国都拒绝了。两国认为，不能宽恕德国吞并波兰一事，战争要继续下去，直到希特勒政府垮台。

这种不战不和的奇怪战争，其深层原因在于，恢复和平仍是英国人民的愿望。英国想利用那条被认为是坚不可摧的马奇诺防线和经济上的长期封锁，迫使德国屈服。英国一贯采用的王牌是封锁，英国看不出还有什么比封锁更好的牌。

第二次世界大战初期，德国不像一战时那样被包围，因为这次德国的帮凶是苏联，德国通过苏联的支持，可以在欧亚大陆获得战争资源。

英国人听说，1940年春季到来时，严重的反战倾向在法国社会出现。法国政府对许多经军部检查过的信件表示担忧，许多农妇写信给在马奇诺防线当兵的丈夫，气冲冲地质问，既然不打仗为什么浪费时间？很多法国人也越来越无法忍受这种情况。

法国政府主张阻止苏芬战争，英法已经向德国宣战，这时难道还要再跟苏联作战吗？无论是法国人还是英国人，政府中的好战分子都不被欢迎。

德国和苏联瓜分波兰后，法英两国政府反对苏芬战争，会有同时与苏联交战的危险。如果法英两国想援助芬兰的军事，必须在芬兰军队还能坚持战斗时，把这些援助及时送到芬兰。事实上，法英两国总是拖拖拉拉。

英国人有理由同情芬兰，英国援助芬兰不会使自己的信誉受到损害，在帮助芬兰时，英国将得到各国人民道义上的支持。

但英法两国政府认为，营救芬兰可以给它们一个去封锁挪威的航道的借口，占领瑞典的铁矿，并在斯堪的纳维亚半岛开辟一个对德作战的新战区。而挪威和瑞典宣布严守中立，不愿加入任何一方。但法国政府希望自己的国家不要成为战区，而想战场在瑞典和挪威一带被开辟。

法英两国仍顾虑出兵挪威和瑞典，万一遭到攻击，是否用武力占领两个国家？在这个问题上，两国的意见并不一致。法英政府在推行一些支援芬兰的计划，但推行的速度仍像乌龟爬一样缓慢。

在"假战争"时期，在政府的折中政策上体现了英国民众的意愿。食品没有实行配给，衣着配给就更不会被实行了。在这个时期，英国政府听任海外进口的库存量减少，他们认为，德国潜艇的封锁不会造成严重威胁，应付战争英国的船舶足够了。

1940年5月以前，英国政府没有严格控制进口，使大量货舱被奢侈的进口货物占据。另外，把民用生产转变为国防工业生产的工作进行得极其缓慢。这场战争将是在经济和财政方面的持久战争，而英国人没有真正意识到这一点。

1940年3月12日，英国与法国终于达成一致，向挪威派少量远征军去防守挪威南部的三个港口。然而为时已晚，就在这一天，芬兰政府被迫接受苏联的条件，与其签署和约。而在英法远征军准备去防守挪威南部的三个港口时，1940年4月8日晚，丹麦和挪威被德国大举入侵。

英国人和法国人的计划落空，战争是他们必须正视的。

二、"我们决不开第一枪"

法国在第一次世界大战后为防止德军入侵而在其东北边境上构筑了一个永久防御工程——马奇诺防线。它于1929年始建，1940年全部竣工，耗资2000亿法郎，以陆军部长马奇诺（1877—1932年）的名字命名。

马奇诺防线在法国东部的国境线上绵延。自卢森堡附近的隆维起，经提翁维尔、维桑布尔，再南下循莱茵河西岸，经斯特拉斯堡，到瑞士边境的贝耳福，全长750余公里。

防线内密布各种大大小小的防御工事，一个一个的防御区域由许多火力据点聚结而成。各火力据点相互配合，组成绵密的火力封锁通道，并设置各种防步兵和防坦克障碍物。

在主要作战方向上，马奇诺防线还筑有堡垒据点数处，多数堡垒据点内配有75厘米炮数门、机枪10余挺。各种火器皆安置在可以旋转的钢塔内，可以左右旋转，据点之间的死角也被涉及。据点的上面筑有钢筋水泥掩体，厚达3米。据点四周筑有外壕，铁栅在据点内部架设，以防步兵强攻。

各据点之间有相通的地下走廊，可以相互支援。在各地道中装有多道铁门，如遇火警等意外事故，铁门可自动启闭。完善的卫生设备、外科手术室和输血室等在据点内应有尽有，地下室内还有大型现代化防毒设施。

就当时来讲，世界上工事构筑最完善、障碍设置最完备、火力配置最严密的防线之一可谓是马奇诺防线。因此，法国军界人士普遍认为有马奇诺防线，法国可以高枕无忧，万无一失。"我们的体系虽然不利于进攻，但在防守方面却是呱呱叫的。"

在这场"奇怪的战争"中，敌我双方近在咫尺，却任何开枪射击的命令都没有。

如此一来，西线的形势日益喜剧化，莱茵河两岸的德法士兵可以隔河相望，彼此看得很清楚。双方士兵在野战工事或炮兵掩体里乱七八糟地干活，不时地停下来"欣赏"一下河对岸敌人的活动。德军每天通过高音喇叭和巨幅标语进行宣传，一块粗布做成的表示同意的标语牌也在法国阵地偶尔升起。在一些地方，士兵们秘密地进行食品交换，法国葡萄酒和德国啤酒换换口味也不错。

为使防线士兵不致太过无聊，军队娱乐服务处增拨文娱器材，增加酒类供给，给士兵们送去了1万多个足球，巴黎歌舞明星们在前线频繁地活动。

一个真正的娱乐场是马奇诺防线。在德军的炮口下，法军看着电影，踢着球，唱着歌，悠闲的战地时光被其慢慢悠悠地消磨着。尽管德法两军对战争的理解会有不同，但对足球的理解却是较为一致的，河对岸德军有时会为法国士兵踢球时的精彩动作大声喝彩。

与德军相比，英法联军拥有绝对优势，但他们始终按兵不动。直到9月7日至8日晚，甘末林才虚张声势地沿着萨尔布吕肯东南的"卡登布伦"突出部分，在一条24公里长的战线上越过边界，结果什么抵抗也没有，只有一些轻微的接触。

法军用了几天时间，才小心地推进8公里，萨尔布吕肯西南的文特森林还被"成功"地占领了，以及20多个空无一人的村庄。至此，法军不敢继续向前了，甘末林将军命令部队停止前进。

后来，萨尔出击只是一个小小的试验，一个把戏而已。不过是装装样子，摆出对波兰援助的姿态。

而德军的认识却是清醒的。他们认为，波兰战争期间，英法没有在西线进攻他们是最大的失策，"错过了千载难逢的良机"。

西线除萨尔和洛林边境上发生过巡逻队的几次冲突外，几乎听不到任何枪声。最初的"战争"是在1939年12月9日，联军有了伤亡记录——一名英国巡逻班长被流弹击中致死，西线无伤亡的"伟大"纪录被打破了。

从1939年9月至1940年4月，从波兰灭亡到德国闪击北欧，8个月的"无战争状态"或"假战争""静坐战争"被英、法和德国在西线持续着。

这场"奇怪的战争"是英法推行绥靖政策的恶果。英法两国政府缺乏果敢的气魄，也没有真正打仗的意图。正是他们放纵了希特勒，让德军的力量和野心不断膨胀起来。德军灭亡波兰之后，迅速西进的铁甲洪流表明英法搬起石头砸了自己的脚。

第二节　北欧诸国惨遭闪击战

丹麦、挪威相继遭殃

丹麦、挪威和瑞典对于英法和德国的战略意义都非常大。德国占领丹麦和挪威就可以打破英法对德国海军的封锁，使德国海军舰艇进入北海和大西洋可以畅通无阻；海空军基地在挪威西海岸建立，可以限制英国海军活动，从北面威胁英国。

1940年4月9日清晨，丹麦人还在睡梦之中，在丹麦首都的上空突然出现德国的轰炸机。同时两个师的德军也越过边界，狼奔豕突，冲进丹麦，哥本哈根12个小时后便被占领了。

在德国法西斯军队进犯丹麦的同时，德国舰队也进攻挪威各重要港口，它们以大胆、欺诈和突然袭击等诡计占领了挪威西海岸的纳尔维克、卑尔根和南海岸的克里斯丁等港口。德寇在进攻挪威首都奥斯陆时，原来打算长驱直入，进港逮捕其国王和政府人员。德国驻奥斯陆使馆甚至派出海军武官一伙人在码头等候德舰到来。但当德舰进入奥斯陆附近的港口时，英勇的挪威海军和海岸炮台的战士猛烈开火，几艘德舰被打沉打伤，德国舰队的残部不得不暂时撤退。

在两国军舰交火于奥斯陆附近时，挪威国王和政府人员主动撤离首都，转移到北方。德寇派出两个伞兵连追捕，但遭挪军伏击，伤亡惨重，被迫撤退。

这时希特勒采取两手策略，一方面命令他早已收买、豢养的挪威卖国贼、前国防部长吉斯林出台活动，发表广播，并且自封为新政府的"首相"，以扰乱军心，从内部进行破坏；另一方面命令德国驻挪威公使于4月10日单枪匹马赶到国王和政府的临时驻地艾尔佛鲁姆小镇同国王谈判，威逼利诱，软硬兼施，要求他告诉吉斯林政府，他将回到奥斯陆去。但挪威国王哈康七世和政府成员并不屈服，断然拒绝德寇的要求，并通过电台发表广播，号召全挪威抵抗侵略者。不言而喻，挪威军民的抗德战争是反法西斯的、民族解放的正义战争之一。

此后，挪威国家领导人又向西海岸的翁达尔斯内斯转移，并组织起分散在各地的挪军，继续抵抗，同时还希望能得到英国的支援。

但长期奉行绥靖政策的张伯伦政府，这时仍对希特勒抱有幻想，他认为希特勒一定不会进攻英法，所以徘徊观望，犹豫不决，以致坐失战机，挪威的良港和空军基地被德军抢先占领了。从4月17日到27日这10天中，在挪威西海岸中部的翁达尔斯内斯和纳姆索斯一带，先后登陆英军以及法军约13 000人，支援挪军抗击德寇。应当指出，这是英法真正进行反法西斯战争的开始，也是第二次世界大战性质转变的开始。但这支军队既无坦克、大炮，又缺乏空军支援，连遭失败，到5月2日即从挪威西海岸的中部退出了。

5月10日，德国在西线发动了大规模的攻势，这时英法自顾不暇，已无力再去支援挪威了。不久，英法决定放弃挪威。为了保证有个安全的退路，盟军决定将纳尔维克控制在自己手中。5月27日夜间，由法国贝图亚尔指挥的盟军，在挪威军队和波军的配合下，一度攻克了纳尔维克，赶走了德国兵。但这时法国前线危急，6月初，在挪威的盟军相继退出。

希特勒轻易地侵占丹麦和挪威之后，未等挪威战役完全结束，蓄谋已久的计划便开始实行，德军向西线大举进攻。

德国法西斯进攻荷兰和比利时

位于德、法之间的国家是比利时与荷兰，由于比、荷濒临北海和英吉利海峡，"尼德兰"是卢森堡以及北部的部分地区的称呼，即"低地"，比、荷被人们习惯称为"低地国家"。

希特勒入侵低地国家蓄谋已久。早在1939年9月27日，华沙陷落前夕，将军们就被他召集在总理府开会，并决定："尽快在西线发动进攻，因为英法联军现在还没有做好准备。"

由于马奇诺防线的修筑，希特勒决定打开进入法国的突破口只能从低地国家开始。

为了抵御德军的侵略，荷兰、比利时和法国在战前各自修筑"荷兰要塞"、"埃本·埃马尔炮台"和"马奇诺防线"。这三条防线自北向南，互相衔接，连绵数百千米。

"荷兰要塞"地区有海湾、河流和大面积水域，重重天然水道防线，是荷兰的中枢神经所在地。德军将领为解决这个问题煞费苦心，不知道该怎么办。最后五个人伪装的谍报局特别营成立，这个营要按荷兰边境警察的服饰装扮自己。保护桥梁，阻止荷军炸桥是他们的任务。

5月10日拂晓，荷兰战役开始后，他们化装成荷兰警察，押送几名犯人来到默兹河上的格内普桥，突然向荷兰哨兵扑去，德军占领了桥梁。

与此同时，德军的空降兵从天而降，荷军被打得措手不及。随后，德国伞兵空降到荷兰各处，他们装扮成警察、农民、官员、神父和修道士，无孔不入，扰乱交通，往井中投毒，甚至还拉假警报。德国人所期望的正是这种混乱和不安状况。

但荷兰人并未放弃抵抗，仍在顽强地坚持着。虽然通往鹿特丹的桥梁已被德国部队占领了，但荷兰的防御部队也封锁了北端的桥头，占领了桥头堡，德军坦克不能轻易通过。荷兰还是有一线希望的，尤其当盟军的增援部队能及时赶到时。

由于比利时和荷兰恪守中立，没有举行联合参谋会议，以致不能充分协调自己的计划和力量。尽管以法国甘末林将军为首的盟军最高军事委员会秘密制订了对付德军的"D 计划"，但这是一个重阵地防御、轻机动作战的消极防御计划。在对付有航空兵支援，实施多向、高速、大纵深开进的德军上根本没有效用。

5 月 14 日，在德军强大攻势的压力下，荷兰武装部队总司令温克尔曼将军下令部队放下武器，并签署了正式投降书。至此，荷兰也被希特勒占领了。

1940 年 5 月 10 日拂晓，一架滑翔机被德国 42 架容克运输机拖拽着起飞，滑翔机上载着一支受过特殊训练的空降兵小分队，悄悄地飞到了比利时平原的上空。

当德国轰炸机在荷兰上空呼啸之际，一份内容为德国部队即将开进比利时，以保卫他们的中立，抵御英法军队即将进行的进攻的电报被德国使节送交给比利时大使。

比利时大使气愤地说："你们刚刚进攻了我们的国家，侵略了奉行中立的比利时。德方既没有向比利时政府提出最后通牒，也没有提出照会或任何抗议。对此，比利时下定决心保卫国家。"

这时，德国最后通牒才被德国大使宣读。但是比利时大使打断了他的话,轻蔑地说道:"把文件交给我吧,这是一个痛苦的责任。"

5时30分,天刚破晓。A、B、C三个集团军群全面进攻西线。

这时,西方两大强国英国和法国却在睡大觉,一直等到德国轰炸机的咆哮声划破了春天黎明前的宁静的时候,才得知德国的进攻。

过了一会儿,天大亮了,荷兰和比利时政府拼命求救的声明再次传到。可是英、法两国却"宣而不战"。

此时,德空降师也展开了空降行动。炮台的表面阵地和运河桥上的守军被德国的空降兵乘滑翔机在10分钟之内就控制了。

5月11日晨,德国装甲兵先头部队赶来包围了炮台,连续爆破和突击坑道、暗堡、炮塔,要塞工事被破坏殆尽。几十门巨炮一弹未发,德比两军相撞。双方一阵枪战,比军损失惨重,其余的人又退回了地堡。比军成了瓮中之鳖,德军不顾一切地冲进地堡。在一场坑道白刃战后,最终比军不得不在炮台里扯起了白旗,1200名惊慌失措的比利时守军只好投降。5月28日,德国最终占领比利时。从此沉重的褐色阴云笼罩在"低地国家"上空。

第三节　德国掉头攻打西线

丘吉尔上台

希特勒进攻荷、比、卢，既是他称霸欧洲计划的一部分，也是进攻英法的序幕。英法祸水东引政策彻底破产。早在希特勒发动西线战争前，英国下院就对英军在挪威的败局展开了辩论，不仅张伯伦政府受到了反对派批评，保守党人也对它进行抨击。

正是由于在慕尼黑问题上的所作所为，以及政府的若干内政，内阁大臣们和整个社会舆论强烈指责张伯伦。希特勒进攻西线的消息传到伦敦不啻于火上浇油，张伯伦政府立即垮台。自始至终要求对德强硬的保守党人、原海军大臣温斯顿·丘吉尔组成了保守党、工党、自由党等的联合政府。

1940年5月13日，丘吉尔向下院满怀激情地发表演说，表明自己对英国的忠诚和把反法西斯战争进行到底的决心。

丘吉尔说："用上帝所能给予我们的全部能力和全部力量在海上、陆地上和空中进行战斗；同一个在邪恶悲惨的人类罪恶史从未发生的穷凶极恶的暴政进行战斗。胜利——不惜一切代价去争取胜利就是我们的目的……"

法国沦陷

一、巴黎不设防

1940年6月5日,希特勒发表了《告军人书》,德军加紧侵占巴黎,说这是"历史上一次最大的战役"。天刚亮,就在法国上空出现德军庞大的轰炸机群。随着阵阵震天动地的爆炸声,法军的许多重要目标遭到破坏。这严重损害了巴黎附近的空军基地,数百架战斗机来不及起飞便被炸毁,巴黎的制空权被德军掌握。

6月5日这一天,千架德机盘旋俯冲在天空中,地面上2000多辆德国坦克横冲直撞,100多个德国师如入无人之境。

就在法国摇摇欲坠之际,意大利在背后又插了一刀。

6月10日,墨索里尼在匆忙宣布对法宣战后,诉诸军事行动。

6月11日,乌姆贝托指挥的西方集团军群对法开战。西方集团军群由22个师32.5万人、约3000门火炮和3000余门迫击炮组成。

而这时法意边界上的法军只有6个师,总共17.5万人,意军人数远比其多。由于法军占据着有利地形,加上意军的无能,在战场上意军没有取得什么显赫的战果,但却给法国增加了压力。

德军渡过马斯河后,巴黎被包围了。为了避免无谓的伤亡和文物古迹受到损毁,魏刚于6月11日下令法军撤出巴黎,搬到图尔,只有警察留下维持治安。

当时,丘吉尔、雷诺和他们的首席军事顾问在布里阿尔附近的米居厄堡召开了作战会议。丘吉尔认为,如果没有军队,法国应该坚持打游击战。贝当说,这样做会使法国受到更深的伤害。法国并不愿意采取丘吉尔游击战的建议。

丘吉尔和大臣们离开后,巴黎成为"不设防城市"。以副总理贝当和总司令魏刚为首的投降派向德国政府正式提出停战请求,法国和法兰西人民被出卖了。

巴黎城防司令不战而交出巴黎,人民反抗被严令镇压,并向群众宣布:凡从事抵抗者格杀勿论。当政府要放弃保卫首都的命令被四处传播之时,法国作家莫鲁瓦这样说道:"就在那一刻,一切都完了,法国失去了巴黎,成了一个无头的躯体,我们战败了。"

此时丘吉尔仍极力主张法国应该积极建立防御阵地。很快,英军在法国西部集结一支部队,由阿兰·布鲁克将军指挥。

由于将军们没有信心执行这个计划,6月14日晚,法国西部的英国军队撤退了。

与此同时,6月14日早晨,德军第18集团军一部开进巴黎。B集团军群司令博克在香榭丽舍大街举行阅兵仪式。这个丰富、快活、喧闹的大都市此时竟成了死城,很难找到除了警察外的人,多数人逃到了县市和乡间,少数人躲在家里。协和广场前,德国军官座车的声音不时打破沉寂。

二、法国投降——又见贡比涅森林

1940年6月21日,对法国人而言,那是一个充满耻辱的夏日。在法国首都巴黎被德国贪婪地攻陷之后,在贡比涅森林中的一块小小的空地上举行希特勒和法国的停战谈判。

这个地方是1918年11月11日德意志帝国向法国及其盟国投降的地方。希特勒将在这儿一雪前耻,因为他复仇的快感在这个地方本身也会被增加。

1940年6月21日下午3时15分，希特勒驱车前往贡比涅森林。他在离空地近300米的一座一战结束时树立的塑像前走下汽车。他缓缓地在塑像外围绕行了一周，注视着1918年议和的纪念碑和福煦的半身塑像。后来，在福煦的塑像前，希特勒的手下树立了一尊希特勒本人的塑像。

在停战条款的序文被凯特尔将军对法国人宣读了以后，希特勒和他的随行人员马上离开了车厢。谈判工作交由最高统帅部长官继续进行，但没有留出丝毫的回旋余地。

在贡比涅举行停战会谈的第二天，拖延和争论还在继续。到傍晚6时30分，凯特尔发出了最后通牒：德国的停战条件必须在一小时之内接受或者拒绝。在这一小时内，法国政府屈服了。

1940年6月22日傍晚6时50分，亨茨格和凯特尔分别签字。这个曾经拥有300万大军、号称欧洲头号陆军大国，这个曾在"一战"中四年不败的法兰西，仅仅在二战爆发一个半月之后就投降了。这是法国统治集团长期推行绥靖政策造成的。

戴高乐宣传"自由法国"的思想

法国名存实亡后，戴高乐的事业几乎陷入绝境，这时，他的事业最重要的支持只剩下英国。

1940年6月18日傍晚6时，在英国广播电台的播音室里，戴高乐面向全世界、面向沦亡的法国发表了演说。

戴高乐宣告："法国并非孤军作战，它的后盾是一个庞大的帝国，它还可以与控制着海洋并在继续作战的不列颠帝国结成同盟，美国巨大的工业资源也可以像英国一样被其充分利用。"

戴高乐号召："我，戴高乐将军，现在在伦敦。号召正在英国领土上和将来可能来到英国领土上的持有武器或没有武器的法国官兵，向目前正在英国领土上和将来可能来到英国领土上的一切军火工厂的工程师和技术工人发出号召，请你们联系我。"

几千万法国人民的心灵被他的声音震撼着。在戴高乐的旗帜下，集中了来自法国各方的自由战士，在打败德国的过程中他们的贡献非常重要。

7月14日上午，7000多人的"自由法国"部队在白城体育馆聚集。戴高乐全副戎装地站在台阶上，巨大的福煦元帅画像在身后悬挂着。

在伦敦公众的围观下，"自由法国"部队走过主席台。戴高乐检阅了这支忠诚的部队，心中仿佛燃烧着一团火！

这是戴高乐的部队第一次在伦敦公开亮相，更是公开挑战德国。紧接着，对德国鲁尔区的轰炸由第一批"自由法国"的飞行员执行。

早在6月28日，丘吉尔就承认戴高乐是"自由法国的领袖"。戴高乐以"自由法国领袖"的身份与丘吉尔进行"必要的谈判"。通过艰苦的努力，《丘吉尔—戴高乐协议》达成。

1941年，"自由法国"运动在戴高乐的领导下，不仅取得了较大的发展，而且建立起来一支精悍的海陆空武装部队。

1941年9月24日，"法兰西民族委员会"宣布成立，代行政府职能。在戴高乐的影响下，法国本土的抵抗运动也发展起来。

当时，德国正是气焰嚣张之时，对于戴高乐的自由法国之路来说，任重而道远。

意大利趁火打劫

在法国国内,贝当上台的第二天就在电台上宣布,法国将停止战斗,并且通过西班牙大使向德国转达。

两天以后,法、意停战协定在罗马签字。法、意停战协定,使意大利所占领的法国的部分地方得到了承认。另外,在法、意边境和突尼斯,设置了50英里长的非军事区。更具有重要意义的是,东非吉布提港的控制权和使用法属索马里兰境内铁路的权利被意大利攫取了,这为墨索里尼屯兵埃塞俄比亚,同英国争夺东、北非洲提供了便利条件。

第四节 不列颠空战

"海狮"计划出台

从进攻波兰开始到不列颠空战爆发这段时期,德国逐渐加强空袭英国的力度。在攻打波兰以前,希特勒极力避免英法卷入波兰战争,因此空军袭击英国被禁止。戈林知道,对伦敦市的任何空袭都完全取决于希特勒。希特勒准许侦察英格兰中部及南部地区。

1939年9月10日,空军空袭进入德国海军基地或者布雷区附近海域的英海军舰队的命令被希特勒正式下达。10月18日,希特勒准许空军对英海军舰队进行空袭。10月1日,空军袭击英国商船。10月底,戈林召开会议,商讨空袭英国的计划,但毫无进展,因为害怕英国空军轰炸德国。12月,德国威廉港被英国空军空袭,希特勒仍不敢空袭英国。

7月初,英国仍不肯投降。7月16日,德国统帅部制订的对英登陆作战的计划被批准,若有必要,立即登陆作战。但是希特勒这时仍然希望英国人能认清形势,接受和谈。

"海狮"是此次作战行动的代号。与戈林用空降部队入侵英国的计划相比,"海狮"计划的构想过于庞大,而且经过一个月的准备,英国的防御力量大大加强了。

用25万德国陆军在英国南部海岸长达320公里的战线上登陆，大部队由驳船、拖船、汽艇和运输船运送，少量的部队用运输机运送，这就是"海狮"计划。登陆部队将分三批运送，首先夺取滩头阵地，再进攻内陆，将伦敦与各地的联系切断。出动秘密警察抓捕2000名英国的精英人士，从丘吉尔到作家赫胥黎，把所有17岁至45岁的英国男子都绑起来，运到欧洲大陆。

这时，希特勒还没有下定决心实施"海狮"计划，还想给英国一段时间考虑，再给丘吉尔采取"理智"态度的机会。

德军目标转向伦敦

一、目标：转向伦敦

从1940年8月19日至8月22日，气候骤然变坏，能见度极低，德国空军飞机起飞是不可能的。戈林利用这个机会召集空军将领开会，在前几天对英作战的情况分析的基础之上，研究下一步的作战任务。最后决定将对英国飞机制造厂和重要军事目标的袭击变为夜袭。

8月24日，天气转好。当晚，大批德国空军飞机出动，飞过海峡，实施"夜袭"。但由于一个轰炸机中队迷航了，遭到防空炮火打击后，把准备投到伦敦城外飞机制造厂和油库的炸弹，投到了伦敦市内。结果炸死8名伦敦市民！

从这一天起，不列颠空战进入第二阶段。

9月15日德军空袭英伦达到了高潮，德国空军继14日的两次猛烈空袭后，伦敦再次遭到昼间空袭。在作战的过程中，德国损失飞机60架，英国只损失了26架。从此，9月15日被英国人定为"不列颠战役日"，每年都进行庆祝活动。这次空战足以说明，德国的空军根本没有空中优势。两天以后，德军不得不再次推迟"海狮"计划。

二、不列颠战役终于结束了

不列颠空战第三阶段作战一直持续到1940年11月底。德国空军对于失败非常不甘心，继续轰炸伦敦，同时持续的夜间轰炸被扩大至考文垂、伯明翰、利物浦、南安普敦等城市。

在不列颠之战中，德国空军共出动飞机4.6万多架次，向英国掷下了6万吨炸弹，自己损失飞机约1500架。英国空军损失飞机915架，约8.6万余居民被炸死炸伤，大约有100多万栋建筑物遭到破坏，许多城市被摧毁。但是英国没有屈服，不列颠军民在保卫祖国的斗争中表现出高昂的士气和大无畏精神，希特勒妄图迫使其退出战争的狂妄企图被粉碎了。

美国向英国伸出援助之手

面对德国的一次次侵犯，丘吉尔为了保卫英国，力争与美国结盟，让美国援助英国。早在1940年5月15日，刚上台的丘吉尔就给罗斯福发电报，希望美国提供四五十艘旧驱逐舰以救急需。

1940年6月15日，美国国防研究委员会设立。罗斯福向丘吉尔表示，他正尽最大努力使英国得到急需的物资。最初，美国国会不批准对英国的援助。

但军火库中几乎所有的库存仍然被罗斯福借给了英国：50万支步枪，8万挺机枪，900门野战炮，大量的炮弹、子弹、炸弹和无烟火药。许多议员在国会吵个不休，称罗斯福的疯狂做法等于自杀。

英国坚决执行抗击德国法西斯的政策，得到的支持和援助也越来越多。1940年9月2日，美英正式达成"以驱逐舰交换海空军基地"的协议，即美国把50艘第一次世界大战后退役的旧驱逐舰"租给"英国，美国在纽芬兰和西印度群岛的8个地方建立海空军基地，租期99年。这个协议使美国由中立国变成交战一方。

美国这时虽然已事实上成为交战一方，但希特勒还不敢宣战美国，因为德国法西斯的侵略矛头已转向东方，准备去进攻苏联。

第五节　争夺巴尔干与东北非

意大利趁机进攻巴尔干和希腊

一、墨索里尼的"新罗马帝国"美梦

1940年6月，英国退守英伦三岛之后，墨索里尼认为，抢夺英国在非洲殖民地的时机成熟，便积极备战，力图扩大侵略非洲，以实现他"新罗马帝国"的美梦。他在意大利首相府，与外交大臣齐亚诺、意军总参谋长巴多格利奥、意大利驻阿尔巴尼亚军事顾问帕里阿尼等人讨论针对阿尔巴尼亚的军事行动计划。

他决定：陆海空三军必须在周六前完成准备；并找准时机开进阿尔巴尼亚领海，发出最后通牒，直到屈服；如果阿尔巴尼亚国王一味拒绝，我们就鼓动部族暴动，发表声明，并且实施登陆；占领地拉那以后，召集阿尔巴尼亚头面人物组成国民议会，阿尔巴尼亚王冠被奉献给意大利国王。

当这些规定以条约的形式送达阿尔巴尼亚王宫后，佐格国王拒绝签署这项无论在形式上还是实质上均有损阿尔巴尼亚领土和主权完整的条约。

后来，墨索里尼收到佐格的电报，称国王决心达成军事协议，要求举行谈判。当天下午，远征军司令古佐尼接见谈判代表，拖延了很久才发现此人没有被授予全权！墨索里尼恼羞成怒，意军开始远征。

墨索里尼派大军进入非洲与英军交战。意大利部队攻入英-埃苏丹，占夺法属索马里兰及英属索马里兰，进兵肯尼亚。

在肯尼亚，从1940年11月起，由陆军中将坎宁汉接替戈德温·奥斯汀统率英军，兵力增至3个师7.5万人，分别是第1南非师、第11非洲师和第12非洲师。同时，英国在苏丹境内的兵力也增至2.8万人。英国认为时机成熟，便分南北两路向意军发起进攻。

由普拉特将军指挥北路英军，于1941年1月向厄立特里亚发起进攻。开战后，英军第4和第5印度师即在克伦山地遇到意军的顽强抵抗。英军受阻后，于3月中旬再次发起进攻。3月27日，英国皇家坦克联队的一个重装甲坦克中队终于插入了意军防线，攻占了克伦。

经过长期战斗，最终于4月6日，埃塞俄比亚首都亚的斯亚贝巴被英军解放，随同回国的还有流亡国外的皇帝海尔·塞拉西。奥斯塔公爵率领的意军残部陷于绝境，于5月19日被迫向英军投降，总计有23万人成了英军俘虏。至此，东非战役实际上已经结束，墨索里尼建立"新罗马帝国"的美梦也就此破灭。

二、进攻希腊，意大利偷鸡不成蚀把米

德军进占罗马尼亚后，墨索里尼决定如法炮制。于是进攻希腊，向希特勒示威，以重新建立心理上的平衡。

1940年6月10日，墨索里尼在向西方国家宣战时，意大利并不想把它的邻国瑞士、南斯拉夫、希腊、土耳其和埃及卷入战争。这完全要看这些国家是否愿意继续保持和平。

由于墨索里尼向西方国家宣战的时间太迟了，因而很多人都不相信意大利能打败法国。因此，墨索里尼想借机对南斯拉夫或希腊挑起事端。

10月上旬，希腊人一直忙于向意大利政府提出抗议，意大利飞机不断侵入希腊领空，破坏了它的中立。希腊人忧心于一批又一批的阿尔巴尼亚非正规军被征召入伍并且经常侵犯希腊边境。

由于希特勒于9月17日已经放弃了入侵英国的计划，他成立的轴心国——西班牙—法国集团和夺取直布罗陀的计划显然正被他一心一意地实现。因此，他在9月28日接见齐亚诺和10月4日在勃伦纳会晤墨索里尼时，都没有去讨论巴尔干地区的问题。

但是，德国人却有时间去占领罗马尼亚，墨索里尼为了对此进行报复，他在10月15日召集他的军事将领到威尼斯宫，决定入侵希腊。

10月28日，意大利第3集团军在普拉斯加的指挥下，开始对希腊的战争。意军共有157万人，坦克103辆，火炮686门，380架飞机。

希腊军在北部共有12万人，坦克20辆，火炮220门，有36架飞机负责火力支援。意军的突然袭击使希军节节败退。希腊军民奋起抵抗，到11月上旬，意军的攻势终于被希腊军遏制。

1941年元旦过后，意大利军再次进攻，进攻长达3个月，却毫无结果。墨索里尼进退维谷，只好派齐亚诺飞往伯希特斯加登，求援于纳粹元首希特勒。

1月29日，科里西斯出任希腊首相，并向英国提出军事援助请求。英国遂于2月组建希腊远征军，3月初抵达希腊。

4月6日，在利斯特元帅指挥下，德国第12集团军开始从保加利亚向希腊进攻，德意军队夹击希腊之势形成。

4月12日，阿尔巴尼亚境内的希军开始向国内撤军回援，但回天乏术。4月18日，科里西斯首相自杀，希腊军撤退。但第1集团军还未来得及撤到南部港口,就被迫投降。

德国通过在罗马尼亚和保加利亚扶植亲德势力,先后控制其经济与政治命脉,随后达成军事占领,使之与纳粹战车捆在一起。希特勒向南斯拉夫首相提出参加德意日军事同盟的要求,首相被迫同意。会见之后,德军奉命进入保加利亚和塞尔维亚边境。

至此,墨索里尼的愿望彻底落空,希特勒捡了大便宜,偷鸡不成反而蚀把米即是如此!

激战东北非

为了加强对意大利这个"小伙伴"的控制,希特勒迫使墨索里尼撤掉了北非意军总司令格拉齐亚尼的职务,把北非意军交给德国将领指挥,并要墨索里尼允许德军进驻意大利。1941年2月,欧文·隆美尔被希特勒派到北非统一指挥意大利。2月12日,隆美尔到达的黎波里,意大利驻利比亚部队的指挥官被重新任命了。经过一番准备之后,3月30日,德军坦克部队和意军在昔兰尼加发起进攻,不久全省被占领。英军退守埃及,法西斯重新占领利比亚边境重镇巴尔迪亚。

希特勒在进攻北非的同时,于3月底向希腊发动侵略,实施"马丽塔"计划。以援救意大利法西斯为名,将巴尔干霸占。

对于南斯拉夫,希特勒企图强迫南斯拉夫参加德意日三国同盟,将它绑在法西斯战车上,用"和平"方式奴役南斯拉夫人民。希特勒分子通过南斯拉夫国内"第五纵队"的积极活动和不断施加外交压力,南斯拉夫被迫就范。1941年2月,南斯拉夫首相茨维特科维奇和外相马尔科维奇应召前往伯希特斯加登会见希特勒;3月4日,南斯拉夫摄政王保罗亲王亲自飞往德国谈判。保罗回国后宣布，他很快做出选择，但在以后几天同英国的谈判中，他得知英国无法向南斯拉夫提供多少援助，而希特勒的军队已待命在南斯拉夫的北部和东部。于是南斯拉夫在1941年3月25日派首相茨维特科维奇和外相前往维也纳，在德、意、日、保、匈、罗和斯洛伐克代表们的同意之下，加入德、意、日三国同盟。

然而，在茨维特科维奇签署三国同盟条约时，南斯拉夫人民群情愤慨，举国沸腾，这种卖国行径被强烈谴责。拥有30多万会员的贝尔格莱德全国体育协会的54名理事联名给政府写信，反对参加轴心国。南斯拉夫共产党更是站在斗争的最前列，大量散发宣言、传单，揭露政府的卖国政策。在南斯拉夫共产党的领导下，首都贝尔格莱德和其他许多城市都举行了声势浩大的反法西斯游行示威。旧政府最终被愤怒的群众推翻了，首相茨维特科维奇和外相马尔科维奇等政府高级官员被逮捕，与摄政王保罗一起被驱逐出境。17岁的王子彼得二世宣布即位。

第二天，即1941年3月27日，德国最高统帅部召开紧急会议，希特勒决定进攻南斯拉夫。

3月27日半夜，希特勒急电墨索里尼，要求墨索里尼用一切可以动用的部队来掩护南斯拉夫—阿尔巴尼亚之间最重要的关口，增援他在意大利—南斯拉夫战线上的军队。3月30日，希特勒的代表又强迫匈牙利也拿出5个师的军队听从德国指挥。这样总共32个师（德军9个师，意军23个师）被希特勒拼凑起来侵略南斯拉夫和希腊。

在德寇侵入南斯拉夫的同时，希腊的马其顿也被驻扎在保加利亚的德国第十二集团军左翼入侵，4月9日占领萨洛尼加。从南斯拉夫南下的德军迅速突入希腊国境，进逼科尼扎。4月16日，英国远征军和希腊军队撤向奥林匹斯山以南一线，从阿尔巴尼亚撤退回国的希军主力处于孤立境地，并被德军包围，4月21日，这支希军被迫投降了。这时，在以前几个月被希军打败的意大利侵略军也狐假虎威，又从阿尔巴尼亚打进。英希军队的处境每况愈下，只能迅速撤退，就像11个月以前在敦刻尔克那样，丢下了重型武器和车辆，仓皇逃命。

在英军决定撤退之后，希腊军更加孤立，1941年4月23日北部希腊军队发表投降宣言。

希特勒在占领了南斯拉夫和希腊之后，"巴巴罗萨"成为他的首选。虽然他的海军司令雷德尔元帅和隆美尔都建议他增援北非，把英国一举从北非和中东赶出，给大英帝国以致命性打击。但希特勒还是固执己见，准备走上更大的冒险之途，向斯大林领导的苏联发动背信弃义的进攻。

然而，希特勒的侵略部署却被南斯拉夫和希腊人民的反法西斯斗争打乱了，从而迫使他不得不把进攻苏联的计划推迟了5个星期。从这个意义上说，南、希两国人民的反法西斯斗争也支援了苏联人民。

第四章

震惊世界的战争——苏德大战

第一节 "巴巴罗萨"计划的出台

"巴巴罗萨"

斯大林在希特勒印象中是：这个家伙和我一样，会使用欺诈的手段，在对自己有利时会背弃任何的条约，苏联的主动进攻也是说不定的事情。事实上，《苏德互不侵犯条约》签订以后，希特勒对背后这根刺感觉越来越明显。

随着战争规模的不断扩大，德国对于原材料的依赖越来越大，其中一大部分原料仅能由苏联供应，如橡胶、石油、铜、铂、锌、石棉、黄麻和钨等。尽管苏联当时还根据签订的条约进行供应，但毕竟让人难以放心。

如果毫无终止地将对英战争打下去，而美国的军事实力会像希特勒估计的那样，在1943年充分地显示出来，那么，德国将彻底依靠于苏联的原料。一旦苏联变卦，等于是釜底抽薪。一旦打败苏联，情况就不同了，德国可从苏联安心获取原料和农产品：乌克兰的小麦，顿巴斯的煤炭和矿石，高加索的石油，科拉半岛的镍，白俄罗斯的木材，等等。

德国的战争潜力绝对处于下风，而且，随着战争的拖延，苏美参战是早晚的事情，德国将无法抗衡美英苏这三个大国联合从两方面进攻。与其如此，不如先集中兵力将苏联以闪击的方式解决掉。这样一来，就能彻底稳固自己的背后，资源优势便明显增大。

希特勒另一个如意算盘就是，迅速解决苏联能为日本消除隐患，可更好地支援日本。而支援日本，等于牵制了美国，美国想分兵对抗德国就不可能了，同时将英国逼上孤立无援的绝路，英国将被迫放弃抵抗，与德国合作。假使希特勒实现了这一想法，那么对苏作战就是以一箭双雕的妙计取代两线作战的险招。

为此，"巴巴罗萨"这一希特勒侵略苏联的计划逐渐浮出水面。

8月，"巴巴罗萨"计划被德军初步拟订，拟订工作在德军两次军事演习后宣告结束。德国参谋总部下达"重建东方"密令，在东线开始大军调集工作，沿苏联西部边界大量修筑战略公路、铁路、桥梁和屯兵点。之后几个月，德军参谋总部对于作战计划已连续修订了好几次，但都只是设想阶段，没有付诸实施。

随着不列颠空战的失败，希特勒再次把目光转向苏联，对于消灭社会主义苏联再次下定决心。

12月5日，希特勒主持召开秘密会议，听取了哈尔德等陆军高级将领们汇报攻打苏联的计划。这个计划是以陆军参谋部的演习成果为依据制订的。希特勒和布劳希奇及哈尔德、最高统帅部的凯特尔和约德尔归纳了进攻苏联的计划中的每一步骤和战术细节，并最终确定了下来。

1941年4月30日，德国统帅部将6月22日定为"巴巴罗萨"计划开始的时间。

苏德战争爆发

6月18日，苏联一个边防分遣队的指挥员给自己的军长费久宁斯基上校打电话说:"刚才一个德国士兵跑到我们这边来。他谈了一个非常重要的情况,但我们无法判断他的话是否可信,但他谈的情况非常重要。"

在边防分遣队指挥部,一个高个子的年轻德国士兵出现在费久宁斯基眼前。这位士兵在喝醉酒时打了一个军官,逃跑是因为怕被枪毙,他告诉费久宁斯基说,很快就要开始战争了,6月22日凌晨4时,德国部队将沿着整个德苏边境发动进攻。见对方不怎么相信自己的话,这个年轻的德国士兵急了,他说:"上校,到6月22日早上5点钟,如果我说的话不真实,那就把我枪毙!"

费久宁斯基见他这样说,便当即决定将情况转告给第5集团军司令员波塔波夫将军,这位将军衔着烟斗懒洋洋地说:"相信这种挑拨是没有必要的,也没有必要使部队进入戒备状态,那样只会是一场虚惊。"费久宁斯基仍然坚持要加强防备,波塔波夫将军见拗不过这位上校,便勉强同意调两个团靠近边界,并将一个炮兵团从靶场上调回。在第87边防支队的地段上,苏军又抓到了一个德军特务小分队。据他们交代说,破坏火车和在卢尼涅茨车站造成阻塞以利于德军轰炸,是他们的任务。

6月21日夜11时,苏军总参谋长朱可夫从基辅打来的电话称,苏联指挥员听一名越过防线的德军司务长讲述,德国军队将在次日凌晨发动进攻。斯大林和最高国防委员铁木辛哥随即听朱可夫做了报告。"也许德国将领们把这个逃兵送来,目的在于挑起冲突吧!"这是斯大林的第一个反应。"不,我们认为逃兵所说属实。"总参谋长坚持说。随后政治局委员们都来了,一番审慎的讨论和研究之后,斯大林才同意发出一项命令:命令列宁格勒、波罗的海、西部、基辅和敖德萨各军区的前线部队,对于德国可能发动的突然袭击做好抗击准备。但为时已晚。

斯大林做了这样的处理后，拖着疲惫的身子在卧室的沙发上想要休息一下，门突然响了。门声刺痛了他的心：任何时候都不曾有人这样唤醒他，这预示着发生了最糟糕的事情，难道战争爆发了？斯大林把睡衣勒紧走了出来，卫士长向他报告说，朱可夫有急事把电话打来了。随后，在电话里总参谋长向他报告了德军空袭基辅、明斯克等城市的情况。这一切表明，他最不愿意看到的情况——战争终于爆发了。

第二节　大战初始——德国占尽上风

攻占布列斯特要塞

保卫莫斯科西大门的重任由苏联西部特别军区负责。战争爆发前几天，苏联西部特别军区对于德军在边境地带的异常现象有所发现。

巴甫洛夫派他的参谋长克里莫夫斯基向国防部报告，苏联领空受到德军侵犯，并且坦克发动机的巨大轰鸣声从对面的德国边境森林中传来。巴甫洛夫收到国防部的回复："严禁给德军以任何挑衅的借口！"

在这种指示下，巴甫洛夫放松了警惕，丝毫没有意识到德军正在做进攻前的最后准备。

6月22日凌晨3时，苏联受到德军6000门大炮轰炸，一千多架德国作战飞机进攻苏联境内。800多架苏军的飞机一天之内全部被摧毁在机场上了，其中隶属于巴甫洛夫的飞机有500多架。

德军一共分三路进攻苏联，除了南路和北路以外，从中路进攻的是德军的中央集团军群，由身经百战的将军博克指挥。中央集团军群是德国三路大军中实力最雄厚的一支，分配给它的是包围和消灭白俄罗斯境内苏军的任务。

当时，对苏军纵深突破是由向白俄罗斯推进的德军中央集群分成两路进行的：从东普鲁士的苏瓦乌基地区出发的是北路德军，从布勒斯特-里托夫斯克地区出发的是南路德军，顺着普里皮亚特沼泽地区北部边缘继续突破。

北路德军是由施特劳斯率领的德军第9集团军的12个步兵师和霍特的第3装甲集群组成的。霍特的第3装甲集群又由两个装甲军组成。

南路德军是由克鲁格率领的第4集团军的21个步兵师和古德里安的第2装甲集群组成的。古德里安的第2装甲集群又由3个装甲军组成，两个装甲集群均受步兵集团军指挥。

中央集群的战略目标是以钳形突击方式从东普鲁士的苏瓦乌基省和波兰的华沙地区向比亚韦斯托克突出部、明斯克方向实施，对巴甫洛夫的方面军主力进行围歼，得手之后，向斯摩棱斯克方向推进，攻取莫斯科。

从位于白俄罗斯与波兰边境的布列斯特要塞到白俄罗斯首都明斯克有349公里。德军从布列斯特要塞进攻苏军，布列斯特要塞是苏联卫国战争的始发地。布列斯特要塞里面的苏军，在情况恶劣时，凭借着要塞堡垒奋勇阻击德军。月余后，守卫要塞的苏军几乎全部牺牲，在苏联卫国战争史上留下了光辉的一笔。

强渡第聂伯河

德军入侵苏联后，苏联统帅部为了加强莫斯科方向的防御，预备队集团军群在西德维纳河与第聂伯河上游一线展开。这时，西方面军总司令由铁木辛哥担任。但1941年7月初西方面军出现更加严峻的形势，总司令铁木辛哥几乎变成了"光杆司令"。在战争初期的边境战中，大部分部队已经损失殆尽，西方面军的第3、第4、第10及第13集团军已经进行后撤并整顿补充。铁木辛哥在沿着西德维纳河、第聂伯河中游布防的部队只有37个师，大部分师的兵力装备占10%～30%的编制份额，以及不到200辆坦克和370架飞机。

1941年7月2日，苏联西方面军将24、第28预备队集团军并入，并打算将西南方面军的第16集团军调往斯摩棱斯克地区，将第16集团军也编入西方面军。这样一来，大大增加了铁木辛哥的实力。

1941年7月3日，德军第4装甲集团军继续追击避开包围的苏军，分别沿东和东南方向追击，向斯摩棱斯克方向推进。

7月6日，苏军在日洛宾附近渡过第聂伯河，对德军第46装甲军的右翼发起进攻，苏军被德军第10摩托化步兵师逼回对岸。这时，德国空军有关部门立即报告给古德里安，苏军从奥廖尔-布良斯克地区调动更多的部队前往戈梅利。另外，德军从无线电侦听中发现苏军有一个军团司令部设在奥尔沙地区。可见，苏军正在沿着第聂伯河建立稳固的防线，古德里安认为立即采取渡河行动是很有必要的。

7月9日，由第2航空队进行掩护，刚结束白俄罗斯之战的德军两个装甲集群趁着胜利的余威，对第聂伯河、别列津纳河与西德维纳河一线进行强渡。

对于进攻斯摩棱斯克，德军统帅部的看法相当乐观，以陆军总司令布劳希奇和陆军参谋长哈尔德为首的德军统帅部认为，苏联西方面军刚在白俄罗斯损失惨重以至于仅剩一点点部队，再加上西方面军后方预备队并不是很多，苏军坚持下去是不可能的事情，而强大的德国中央集团军群能够将西方面军的残部轻而易举地歼灭。

至1941年7月，德国中央集团军群共有60个师1个旅，把北方集团军的 6 个师也计算在内，有不少于 120 万人的兵力。装甲集群可用的坦克约 1000 辆，虽然比开战时少了一半，但战斗力依旧较强，而且，德国第 2 航空队可以将制空权牢牢地控制住。

古德里安的第 2 装甲集群对第聂伯河中段和南段的莫吉廖夫－奥尔沙地区发起进攻，遭到了苏军的顽强抵抗。第 2 装甲集群被迫绕开此地，从罗加乔夫至什克洛夫以北的 3 个渡口进攻，在那里只有一个师的苏军坚守。

德军摩托化步兵搭乘冲锋舟很快渡过第聂伯河，那个苏军师的防守很薄弱。德军步兵将一小块登陆场攻下后，工兵立即在河上架设浮桥。几个小时后，装甲车和坦克依次渡河。

7 月 10 日清晨，依旧是几万辆车和几十万部队在渡河。在第聂伯河两岸，挤满了德军机械化部队和摩托化步兵部队，一眼望不到边。第 2 装甲集群先后渡河的部队对第聂伯河岸南部的苏军并未理睬，他们快速前进。德军成功强渡第聂伯河，就此打通了中央集群进攻莫斯科的道路。

斯摩棱斯克防御战

在斯摩棱斯克会战的第一阶段（7 月 10 日—20 日），苏军西方面军的右翼和中央防线被德军突破。从 7 月 12 日起，苏军第 16、19、20 集团军开始对斯摩棱斯克和奥尔沙附近的德军发起进攻。在爱国主义精神鼓舞下的苏军官兵，完全不顾生死，迎头对抗高速突进的德军装甲部队。

为了斯摩棱斯克大包围战的实现，德军两个装甲集群继续向东突进，并调来部队对苏军对其侧翼的进攻进行抵挡。德军抽调少量部队防守斯摩棱斯克包围圈的东面。德军第 9、第 2 步兵集团军在长途急行军之后终于追上了装甲集群，他们负责包围圈的其他三面，德军装甲部队在亚尔策沃附近守住。这次包围战并不成功，苏军于夜晚从东边突围了。德军装甲部队对在第聂伯河畔沼泽地带的作战的确很不适应。

7月13日，德军将包里索夫的第4集团军克鲁格的司令部搬到托洛钦。在司令部里，克鲁格接待了日本驻柏林大使大岛浩将军。大岛浩坚持到奥尔沙附近参观第聂伯河，但苏军在那里进行炮火袭击。后来，大岛浩回到司令部，在克鲁格元帅面前对他的武士刀进行炫耀。

当天，古德里安来到第聂伯河岸的赛恰德，东南约4英里便是什克洛夫。他对在河岸作战的第17装甲师进行视察。

接着，古德里安又对帝国师渡河进行督促。帝国师向莫纳斯特尔希纳的推进速度很快，但根据德国空军的报告，戈尔基西南地区的苏军正在集结，准备对第聂伯河一带进行反攻。德军第29摩托化步兵师经过长途奔袭，到达的地方距离斯摩棱斯克只有18公里。

为将德军装甲集群堵住，苏军官兵在德军前进的道路上冒死布设了大量的地雷，几乎将所有的桥梁炸毁了。苏军使用了秘密武器"喀秋莎"火箭炮，向正在奥尔沙铁路集结的德军第5步兵师进行了一次齐射，重创了德军第5步兵师，该师所到之处"钢铁在融化，大地在燃烧"。

经过双方激烈交战，7月20日，德军第46军将斯摩棱斯克以东70公里的叶利尼亚攻下，构筑了一个面向莫斯科的突出部。在叶利尼亚城的后面，从那个唯一的缺口处，被围苏军突围出来。

至此，苏军已有30余万人阵亡，8万余人受伤，平均每天伤亡

2万余人。在侵苏战争前期德国中央集团军达到了希特勒预想的目的，极大地震慑了苏军，闪击初战告捷。

斯摩棱斯克会战开始了第二阶段（7月21日—8月7日）。苏联最高统帅部第29、第30、第28、第24集团军的4个集团军级战役集群和集团军级战役集群中由罗科索夫斯基率领的部分，全面编入西方面军。

西方面军从别雷、亚尔采沃、罗斯拉夫利一带反攻斯摩棱斯克，目的是与第16、第20集团军会师，将斯摩棱斯克地区的德军粉碎。由3个师组成的骑兵集群在苏军第21集团军防线内不断偷袭德军后方。

双方主要在斯摩棱斯克、叶利尼亚展开激战，索日河、第聂伯河与别列津纳河之间是另一个激战地域。

8月5日，德军将斯摩棱斯克包围圈内的苏军彻底消灭了，几乎全歼苏军第19、第20、第16集团军。

斯摩棱斯克会战进入第三阶段（8月8日—21日），开始向南转移会战中心。

8月8日，古德里安的第2集群和德军第2集团军的进攻从正面向南进行。得到总指挥铁木辛哥的批准，苏军中央方面军开始向东南和南方撤退。

8月21日，德军第2装甲集群在南边已经推进了120～140公里，到达戈梅利-斯塔罗杜布一带。在布良斯克方面军与中央方面军之间插入的德军，严重威胁着苏军西南方面军翼侧和后翼。

9月10日，西方面军、布良斯克方面军和预备队方面军转入战略防御。斯摩棱斯克会战结束，粉碎了德军闪击苏联的全盘计划是苏军的主要战果。

基辅大会战

从 1941 年 7 月 7 日到 9 月 26 日，第二次世界大战的苏德战争中，德军在基辅地域大规模围歼苏军西南方面军。

苏军参战部队有西南方面军、布良斯克方面军和南方面军一部，德军参战部队有"南方"集团军群和"中央"集团军群一部。

在杜布诺—卢茨克—罗夫诺坦克交战和边境地区一系列战斗失利后，苏军最高统帅部认为德军进攻的主要方向是西南方向，因而在乌克兰部署了苏军大部分的兵力，有西南方面军（第 5、第 6、第 26、第 12 集团军）、南方面军（第 18、第 9 集团军），集团军 6 个，步兵师 69 个，骑兵师 11 个和装甲旅 28 个，由西南方向总司令苏联元帅布琼尼指挥。最高统帅部大本营号令苏军西南方面军，开始在 6 月 30 日从西乌克兰退却。在 7 月 9 日前以野战军队占领构筑于旧国界的沃伦斯基新城、科罗斯坚、舍佩托夫卡、普罗斯库罗夫、旧康斯坦丁诺夫等筑垒地域，并在这一线组织坚固防御的是西南方面军的任务。预定在基辅方向行动的德军"南方"集团军群基本兵力的目的，是将苏军在旧筑垒地域一线的正面突破，前出至基辅地域，夺取第聂伯河的登陆场。然后突击集团转向东南进攻，对西南方面军主力向第聂伯河对岸的退却进行阻止，并从后方实施突击将其消灭，其中有 44 个西南方面军业已在战斗中严重削弱的师与德军 40 个师（内有坦克师和摩托化师 10 个）对峙。德军步兵、迫击炮和火炮是苏军的两倍多，飞机多一半。7 月 5 日，德军开始进攻，在主要突击方向，德军在该方面军的退却前即已到达。早在 7 月 7 日，坦克兵团作为德军的第一梯队，将苏军在新米罗波尔以北的防御突破了，傍晚夺占了别尔季切夫。次日又突破沃伦斯基新城以南，7月9日，夺占了日托米尔。7月11日，在两昼夜内坦克第1集群先遣部队前进了110公里，进抵基辅以西15～20千米的伊尔片河。在此，苏军将坦克和摩托化步兵阻于基辅筑垒地域的外层围廓，打破了德军从行进间夺取基辅的企图。

此时，朱可夫大将作为苏军总参谋长建议斯大林放弃基辅，将西南方面军撤到第聂伯河对岸，以避免被德军合围，然后对莫斯科实施全力保卫。但斯大林断然拒绝了，朱可夫总参谋长职务被解除，担任预备队方面军司令员。

德军深远的正面突击和随后的翼侧突击，使西南方面军被其割裂成若干孤立集团。基辅西北该方面军右翼的第5集团军，约一个半月时间都在科罗斯坚筑垒地域进行阵地战斗，以其行动牵制德军约10个师。该集团军对直接进攻基辅的德军集团翼侧实施反突击，守城苏军的处境得到了大的改善。遵照最高统帅部大本营的指示，8月下旬集团军在基辅以北新的防御地区退守。第6、第12集团军及第18集团军一部共20个师苦战在基辅西南方面军左翼进行。8月3日，德军以两翼突击将该集团合围在乌曼地域。8月8日，"乌曼口袋"消除，103 000名苏军被德军俘虏，内有第6集团军司令穆济琴科中将和第12集团军司令波涅杰林少将，317辆坦克、858门火炮被德军缴获。战斗行动直到8月13日才结束。这些行动的失利，极端复杂化了西南方面军和南方面军接合部的情况。第37、第26集团军在中央防守。7月19日—29日，第26集团军企图进行一个战役将德军坦克第1集群的包围机动破坏掉，但仅阻止了数天该集群，随后在德军突击下亦被迫退却。第37集团军在8月上半月将德军重兵集团为攻占乌克兰首都而从西南实施的强大突击成功地击退了。德军突至基辅近郊茹利亚内、梅舍洛夫卡。但是，沿筑垒地域外层围廓的战线在苏军实施的反突击下于8月15日前几乎完全恢复。参加保卫城市的基辅市民及附近居民相当积极。根据乌克兰共产党中央委员会、共和国最高苏维埃主席团和人民委员会的决定，城防司令部成立了。短期内，苏军有20万基辅人志愿参加。

苏军的顽强抵抗和多次反突击，阻止了南方集团军群左翼的进攻，迫使德军统帅部把中央集团军群的一大部分兵力——第2集团军（魏克斯上将为司令）和坦克第2集群（司令为古德里安上将）从莫斯科调来，与西南方面军进行对抗。德军的计划是，坦克第2集群从图比齐夫斯克以西渡过杰斯纳河向南挺进，在基辅后方的罗姆内直接插入。第2集团军从戈梅尔向南运动，作为坦克第2集群右翼的掩护。坦克第1集群则从第聂伯河河湾的任务上的克列缅丘格向北进攻，在罗姆内和洛赫维察地区与坦克第2集群会合，把第聂伯河西岸的苏军切断在大河曲一带。把苏军牵制在切尔卡瑟以北第聂伯河河湾的任务由第17集团军负责，同时作为坦克第1集群左翼的掩护。第6集团军向东渡过第聂伯河，进入基辅，并开始对这批苏军重兵集团实施围歼。7月21日，德军统帅部下令对苏德战场南北两翼加强攻势，并对西南方面军从南北两面沿第聂伯河东岸进行深远迂回。8月8日，德军坦克第2集团和第2集群军开始向斯塔罗杜布、戈梅利和科诺托普方向、切尔尼戈夫方向发展进攻。此时，德军的企图被苏军识破了，苏军于8月19日命令将西南方面军各集团军撤至第聂伯河对岸，沿东岸组织防御。在西岸，对于基辅地域的阵地苏军应该坚守。为了掩护方面军右翼，由其他地段撤下来的兵团重新组建的第40集团军，在科诺托普以北沿杰斯纳河展开。德军从北面突向西南方面军后方，由大本营责成布良斯克方面军做出防备，但该方面军未能完成所受领的任务和对德军的翼侧运动的阻止。9月初，德军进抵杰斯纳河，并在绍斯特卡、科罗普、维布利等地域进行了强渡。9月10日,坦克第2集群先遣部队于西南方面军后方夺取罗姆内市。

9月11日,苏军西南方向总司令布琼尼元帅对处境危险有所察觉,向斯大林请求东撤,同样被斯大林断然拒绝,斯大林命令死守基辅。13日,斯大林认为布琼尼是消极避战,将其免职,接替他的是西方向总司令和西方面军司令员苏联元帅铁木辛哥。

在苏军西南方面军南翼,德军于9月11日强渡了第聂伯河,并夺取了一个克列缅丘格地域的登陆场。在此地行动的第38集团军(由大本营预备队转隶该方面军)未将这个登陆场清除。9月12日,坦克第1集群从该登陆场向卢布内总方向发起进攻。虽然被合围是苏军所面临的危险,但是苏军西南方面军司令员基尔波诺斯上将为将苏军有生力量得以保存,即便被送上军事法庭也在所不辞,自行下令部队全线后撤,但苏军最高统帅部很快撤销了这一命令,反而要求西南方面军要实施更加积极的战术,对德军发起反攻。因此最后的时机也被苏军错过了。9月15日,在洛赫维察地域德军坦克第2、第1集群相对推进并实施会合。于是,西南方面军4个集团军,即第21(9月6日之前隶属于布良斯克方面军)、第5、第37、第26集团军,处于被合围的危险境地。9月17日,苏军总参谋长苏联元帅沙波什尼科夫受斯大林指示下令表示西南方面军突围得到同意,但为时已晚。9月19日,基辅陷落。西南方面军继续战斗于被合围之中,为其解围的尝试由于兵力不足而无结果,仅部分军队分成小群向东突围,最后得以突出德军重围的共有15万官兵。9月20日,在突围战斗中阵亡的有西南方面军司令基尔波诺斯上将、军事委员会委员布尔米斯坚科和参谋长图皮科夫少将,第5集团军司令波塔波夫坦克兵少将被俘。9月26日,德军基本歼灭了西南方面军。9月27日,西南方面军由苏联元帅铁木辛哥接替指挥，在别洛波利耶、希沙基、克拉斯诺格勒一线组织坚固防御的任务被其受领。

保卫列宁格勒

苏德战争爆发时，德军兵分三路进攻苏联，北路由德军北方集团军负责，由勒布元帅指挥，以第4装甲集群为中路，左右两翼为第18和第16集团军。在第1航空队支援下，德军北方集团军实施进攻的方向是自东普鲁士的哥尼斯堡以东地区向陶格夫匹尔斯、普斯科夫、列宁格勒，企图消灭波罗的海沿岸地区的苏军，将那里的港口和海军基地占领，攻取列宁格勒，与芬兰军队会师。

苏联波罗的海沿岸特别军区在波罗的海沿岸组织防御，改编为西北方面军的时间是苏德战争爆发当天，下辖第8、第11和第27集团军，共44万人。

1941年6月22日，战争爆发后不久，德军北方集团军将苏军防御顺利突破，到达杜比萨河一线的是第4装甲集群的先遣部队。

6月23日，总军事委员会命令苏军西北方面军司令库兹涅佐夫上将，对于突入第8、第11集团军接合部的德军第4装甲集群，由以第8集团军的机械化第12军和第11集团军的机械化第3军实施反突击，希奥利艾西北地域向南实施反突击由机械化第12军完成，凯代尼艾地域向西实施反突击则由机械化第3军完成。由于时间仓促，在未经必要准备的情况下，苏军西北方面军实施反突击，未能成功。

6月26日，苏军的混乱被德军北方集团军所利用，德军先以一部兵力混入苏军运输队，将西德维纳河渡口夺占。守卫维拉河渡口大桥的苏军士兵，突然发现远处驶来一列车队，车上装满了苏军士兵。车队被哨兵拦住询问，车上的人自称是从前线撤退回来的苏军伤兵，哨兵挥手放行。这些车在驶过大桥的时候，车上的人突然跳下来，苏军守卫分队被缴了械，然后被迫脱下身上的苏军服装。

就这样，曼施坦因弃国际公法于不顾，让士兵利用缴获的苏军车辆，扮成苏军攻下了维拉河的桥梁。渡过西德维纳河的德军第4装甲集群第56装甲军，在陶格夫匹尔斯北部建立了登陆场。

通过战斗另一座大桥也被攻占，德军消灭了苏军派出的引爆炸药的工兵。

苏军仓促之中采取不稳固的防御，第27集团军被迫放弃陶格夫匹尔斯，向韦利卡亚河方向溃退。为使正面防御得以恢复，并制止德军北方集团军向北和东北方向的突进，苏军统帅部大本营于6月29日命令西北方面军在西德维纳河一线组织防御，并将在普斯科夫、奥斯特罗夫、新勒热夫和波尔霍夫地区集中部署预备队和北方面军调来的部队，准备组织稳定的防御在韦利卡亚河一线。因此，苏军西北方面军命令第8、第11集团军在西德维纳河右岸撤退后设防固守。

苏军西北方面军抽调预备队第27集团军空降兵第5军和机械化第21军前往陶格夫匹尔斯地区封闭突破口，对德军北方集团军所占登陆场进行反突击。

但是，由于苏军的仓促防御并不稳固，第27集团军未能阻止德军北方集团军的猛烈攻击，陶格夫匹尔斯被迫向韦利卡亚河方向后退。

苏第8集团军被严重削弱，于7月1日放弃里加，向爱沙尼亚方向后退。第11集团军被德军北方集团军击溃后，处于群龙无首之势，乱糟糟地向谢别日和涅韦尔方向撤退。这样一来，在普斯科夫方向苏军防线重新出现缺口。

7月6日,机械化第1军和2个步兵军从苏统帅部预备队调派后还没有进入普斯科夫和奥斯特罗夫地区,德军北方集团军先遣部队就已经将奥斯特罗夫占领了。

为了将普斯科夫和奥斯特罗夫地区的突入之敌肃清,7月9日,苏军新编制的第11集团军(其由预备队调来的3个军组成)与德军北方集团军激战于普斯科夫接近地和新勒热夫西北地区,为列宁格勒方向的苏军部队做掩护。

到了7月中旬,德、芬两军只向前推进了25~30公里,被迫停止进攻。7—8月,列宁格勒州的大部分地区被北路德军占领。

9月8日,德军突入拉多加湖南岸,占领什利谢尔堡,对列宁格勒的陆上封锁彻底完成。之后,德军开始将夹住列宁格勒的巨钳收紧,用大炮轰击,用飞机轰炸,企图借此将苏联人的抵抗决心消磨殆尽。此时的伏罗希洛夫作为西北方向总指挥部司令以为一切都完了,跑到火线上去,希望被德国人打死。9月10日前后列宁格勒处于一片混乱的防御之中。

在整顿了指挥系统,使士气和纪律问题得以解决后,朱可夫指挥他的庞大军队开始了反击,首先把头一天丢失的村庄、车站或高地从敌人手里收复回来。

此时,德军北方集团军总指挥勒布心乱如麻,为了包围列宁格勒,从芬兰湾到拉多加湖,再到诺夫其罗德,绵延400多公里都是德军的战线,因此只有12个师直接用于进攻列宁格勒,并且这些部队损失惨重。

经过一周的较量,朱可夫的厉害算是被勒布领教了。苏军几乎是不顾一切地拼死抵抗,而且明显加强了相互间的策应。实际上,德军部队没能在主攻方向上推进一公里,只是增加了伤亡,消耗了给养。希特勒在督战过程中几乎是一天一通电话，他如坐针毡。

9月下旬，德军在整个列宁格勒的进攻已是强弩之末。以现有的兵力，德军北方集团军已经没有办法向前推进半步，只好沿着整个战线停下来，转入战略防御。德军集中兵力建立了一道包围圈，希望列宁格勒的300万军民最后会被饿死。

在德军攻势减弱之后，朱可夫整编了列宁格勒现有的后备军事力量，波罗的海舰队的水兵、空防部队、国民警卫队和预备队编成许多师、旅和营，都被投入到损失较大的战线，使第一梯队的力量得以加强，纵深防御系统也被建立起来。9月底，德军强攻列宁格勒的计划彻底破产。

第三节 德国进攻莫斯科

希特勒发动"台风"攻势

莫斯科是苏联的首都，是全国铁路交通枢纽，是全国政治、经济、军事和文化中心，从战略意义上讲是极其重要的。占领莫斯科，消灭红军主力，结束对苏战争是德军进攻的目的。

早在8月中旬，希特勒就被德陆军总司令勃劳希契建议集中兵力进攻莫斯科。中央集团军群的司令官们和陆军总司令部也一致要求，允许他们集中全部兵力去进攻莫斯科。他们认为，苏军将把一切可用的兵力集结在首都外围，进行一次大决战。但这个建议被希特勒拒绝了，他主张将集中兵力进攻莫斯科放在解决南、北两翼的战事之后。因此，在斯摩棱斯克战役之后，德军暂时采取防御措施来对付莫斯科方面。

9月19日，正当德军在西南战场占领基辅之后，越过第聂伯河，向克里米亚半岛和乌克兰东部推进，在北方围困列宁格勒时，在莫斯科的苏德双方也都在积极地进行着紧张的准备。

苏联方面准备3个方面军：西方面军、预备队方面军和布良斯克方面军。这3个方面军总共有95个师，人员125万，坦克990辆，飞机677架，大炮和迫击炮7600门。德中央集团军群的兵力有74个半师，人员180万，坦克和强击火炮1700辆，飞机1390

架，大炮和迫击炮14 000多门。德军集中了最精锐的部队，与原定计划相比数量多了1/2，在苏德战场上的4个坦克集团军中，投入莫斯科战役的就有3个。同时，还有第二航空大队支援德军地面部队。

苏军指挥部采取建立纵深防御的措施。但对于德军的意图、部队的部署和主攻方向，苏军几个方面军都未能及时识破。维亚济马以西是西方面军的主力所在，而德中央集团军群的两支突击部队却放在杜霍夫施纳和罗斯拉夫尔，以便从南、北两边深深地包围和迂回攻击西方面军主力。

布良斯克方面军和西方面军拥有相同的情况，它几乎把所有的预备队都放在布良斯克附近，而德军却是从朔斯特卡发动主攻。

9月30日，以"台风"为代号的德中央集团军群，从南翼向莫斯科发起进攻。10月2日，德军从中部突破苏军防线，从南、北两方面包围了维亚济马。在南翼，德军3日内占领奥廖尔，6日占领了布良斯克。与此同时，维亚济马防线被德坦克部队从北面突破。7日，维亚济马又被德第四坦克集团军从南面突入，南、北合围，苏联4个集团军全部被包围起来。被围苏军顽强抵抗，将德军二十几个师牵制住。10月中旬，部分苏军突围，退到莫日艾斯克防线，为国捐躯的战士极多，留在敌人后方的还有许多指战员参加游击队，还有不少人被俘。据西方史学家记载，从10月2日到10月中旬的"两周之内，德军中央集团军群完成三个大包围圈，两个在布良斯克附近，另一个在维亚济马以西。在这三次作战中，663 000个俄国人被德军俘虏"。在这危急关头，在莫斯科以西约80公里的莫日艾斯克苏军很快组织了防线。10月7日，莫日艾斯克开始受到苏联国防委员增援，很快调去了步兵师11个、坦克旅16个、炮兵团40多个、地雷和火焰喷射器连10个以及其他作战部队。苏联红军的顽强防御，暂时将德军的进攻阻止住了。苏军利用这些争取到的时间，对莫日艾斯克防线的侧面防御进行组织，防止德军攻占莫斯科。

莫斯科保卫战

1941年6月22日，苏联遭到德军兵分三路的突袭，由于苏军所调兵团散在各地，加上准备时间仓促，必要的通信器材又很缺乏，所以未能对德军形成突击，德军一路势如破竹。而受到严重损失的苏军反突击部队燃料、弹药消耗殆尽。

截止到7月4日，德军在南路推进了300～350公里。苏军共17万人在南路阵亡，7万余人受伤，平均每天伤亡1.6万人。

截止到7月10日，德军在中路几乎占领了白俄罗斯的全部领土，在西方向前推进了450～600公里。苏联西方面军共阵亡人员34万，7.6万余人受伤，平均每天2.3万人伤亡。

德军在北路向前推进了400～450公里，向苏联的西北重镇列宁格勒逼近。苏军西北方面军阵亡7.4万人，1.3万人受伤，平均每天4845人伤亡。苏联立陶宛、拉脱维亚和俄罗斯联邦的部分领土丧失。

德军在侵苏战争前期达到了希特勒预想的目的，极大地震慑了苏军，闪击战初战告捷。

德军中路在7月底进入了拉锯战阶段的是斯摩棱斯克城周围的战斗。辖于德军中央集团的古德里安指挥的第2装甲集群部队，同苏军展开了自开战以来最激烈的战斗。为了捍卫莫斯科面前的最后一个要塞，反复冲击德军的苏军不惜投入大量兵团。

经过一个多月的连续作战后，古德里安的装甲集团精疲力竭，中央集团各部德军也已是损兵折将，继续进攻的能力已经不存在了，被迫暂停进攻，转入防御。

9月8日，苏军前进至乌斯特罗姆河与斯特丽亚那河一带，并在斯摩棱斯克附近以4个集团军的强大兵力再次转入进攻。

虽然苏军最终没能收复斯摩棱斯克，没能守卫住莫斯科前面的"最后一道大门"，但是，德军中央集团在这一地区却被牵制达两个月之久，德军对莫斯科的进攻速度得到极大的延缓，德军装甲兵团的战斗力消耗极大，德军"装甲闪击"的战车在苏军阵地前第一次抛锚。

在德军北路，到9月初，列宁格勒与苏联其他地区的铁路联系中断，德军突入拉多加湖南岸。德军占领什利谢尔堡，对列宁格勒实施了陆上封锁。之后，德军夹住列宁格勒的"巨钳"，用大炮轰击，用飞机轰炸，企图以此将苏联军民的抵抗决心消磨殆尽。

在德军南路，由于德军南方集群的大合围已经形成，有效的补给无法供应给大多数苏军。至9月中旬，基辅附近的形势恶化了，德军南方集群分割包围了很多苏军西南方面军的主力部队。

9月19日，南路乌克兰首府基辅被攻陷。据西方史学家记载，在希特勒称之为当时"世界上史无前例的最大战役"——基辅战役中，围歼了苏军4个集团军，65.5万名苏军指战员被俘虏。

整个苏联陷入危急之中，依旧有德国的战车向莫斯科隆隆地驶来。一场猛烈的"台风"刮来，就要拉开保卫莫斯科战役的帷幕了。

9月30日，进攻莫斯科的军事行动计划由希特勒亲自签发，此计划的代号为"台风"。不顾损失惨重的德军依旧猛烈进攻，每日以俯冲轰炸机为先导，在苏军后方投弹轰炸，把苏军兵力的集结调动和补给运输给破坏掉，将其战场各部分的联系也切断了；再以大炮、迫击炮火力破坏苏军前沿工事，压制苏军火力；然后在摩托化步兵的协助下，以坦克为前锋疯狂推进。

为加强莫斯科前线苏军的指挥能力，斯大林亲自与朱可夫这位正在列宁格勒前线指挥对德作战的常胜将军通话，要他立即飞到莫斯科，对莫斯科保卫战进行指挥。

9月30日，由古德里安统帅的德军坦克集群宛如一张弯弓上的利箭，直指布良斯克和维亚济马。古德里安的部队从乌克兰到莫斯科进展神速，不到3天，古德里安就将布良斯克战线以东200公里的奥廖尔占领了。

古德里安占领奥廖尔后，指挥德军将布良斯克—奥廖尔公路迅速切断，将卡拉切夫一举攻占，紧接着向布良斯克迂回包抄前进。10月6日，布良斯克被古德里安攻占。

与此同时，在杜霍夫希纳和罗斯托夫方向，德军第4和第9集团军分别以第3和第4装甲集群实施猛烈进攻，迅速突破苏军的防御阵地，并从南北两面急速向维亚济马冲去。

古德里安南进的德第2集团军与坦克第2集团军一起，于10月7日在布良斯克以南将苏军第13集团军和第3集团军一举包围，在布良斯克以北包围苏军第50集团军的部分兵力。

10月13日，苏联3个集团军被德军包围后经过英勇抵抗，大部被歼，余部退守莫扎伊斯克防线，在敌后有部分人员展开游击战。

至此，希特勒"台风"计划的第一阶段行动完成，德军铁甲将莫斯科的第一道防线冲开了一道可怕的缺口。

从10月13日起，几乎所有通往莫斯科方向的重要战场都开始了激烈的战斗：13日位于莫斯科西南160公里的卡卢加陷落；德军夺占了离莫斯科150公里的加里宁；离莫斯科100公里的鲍罗季诺遭到了德军的致命一击。

当时，莫斯科有一句很流行的话："强大的苏联已无处可退，因为后面就是莫斯科。"当时的危急情况和莫斯科军民的士气高涨已充分说明了这一点。

但是，由于德军过于强大，无奈之下西方面军开始向后撤退，莫斯科的危险与日俱增。

10月底，希特勒集中51个师，包括13个坦克师和7个摩托化师的兵力，再次对莫斯科进行强攻。

古德里安的第2装甲集团军从南面逼近莫斯科，并向高图拉、卡希拉、科洛姆纳进攻。莫斯科以西宽大的正面，实施攻击的是德军第4集团军。

希特勒对于这个计划极为满意，很快向部队下达了指令：从11月13日起，全线进攻，目标——莫斯科！

德军在最初的几天总算争气，频频得手，向莫斯科逼近的速度不快不慢。随着德军的逼近，苏军也越来越顽强地抵抗，常常是把整营、整团打到不剩一个人。

12月3日，在遭受重大损失后德军第4坦克集团军攻占红波利亚纳。红波利亚纳就是今天的梅季希，距莫斯科只有27公里，位于莫斯科西北郊。坦克从这里到莫斯科城最多需要一个小时便可抵达。

博克作为德军元帅，手拿望远镜，当他看到克里姆林宫尖顶那颗闪闪红星的时候，他不禁低声道："看到了，红星……我总算看到了……"

然而，博克无论如何也没有想到，这是他此生此世所能到达的距莫斯科最近的地点，也是德国军队看到莫斯科的第一次和最后一次。

德军越逼近莫斯科城，苏军抵抗越激烈。希特勒隐隐感到，供应线大大拉长，德军连续作战，十分疲劳，必须及时解决这一切。

然而此时，苏联的酷寒降临，冰雪覆盖着莫斯科。希特勒原以为占领莫斯科指日可待，对于在酷寒条件下作战没有丝毫准备，因此德军逐步陷入进退不得的困境。

莫斯科的第一场雪是在10月6日深夜落下的，与平常年份相比，这场初雪提前了一个月。对大雪中的德军来说，天气的突然变冷真是雪上加霜。

大雪把莫斯科周围绵延上千公里的河流、山谷、村镇以及桥梁、道路都覆盖了，也将希特勒军队的营帐、野战机场、坦克、大炮和车辆覆盖了。

大炮上的瞄准镜在寒冷的天气中失去了作用；大雪冻裂了纳粹军队的飞机油箱；坦克因燃油冻结，必须在底盘下烧火烘烤才能发动；必须装上防滑链后坦克及随行车辆才可行进，否则无法控制，随时会打滑横行，翻落沟底；由于冰冻，步兵的步枪、机枪等自动武器也无法使用。

更为悲惨的是德军官兵的处境，由于冰雪封冻，伤员运不走，补给送不来，他们身穿单衣，挨冻受饿，龟缩在战壕里。

严寒同样给苏联军民带来了巨大的困难，即使在寒冷彻骨的天气里，他们也要挖防坦克壕、设置障碍物等。

但是，苏军本来就是在严寒中长大的，况且穿得暖暖的，足以御寒；与德军相比，苏军供给和适应力要强得多；为防止冻坏，苏军的机枪都披着枪套；武器上涂有冬季润滑油，使用起来非常灵活。

这时，国防委员会以斯大林为首做出了在莫斯科近郊歼灭德军的决定，转入反攻，对敌人实施歼灭。

12月4日，在红波利亚纳地区的苏军第16集团军发起反击。红波利亚纳镇几次易手，苏军与德军之间的坦克战在镇外展开，镇内则进行着巷战。战斗异常激烈，整整持续了一天，天黑时，德军终于被苏军逐出了红波利亚纳。

12月8日下午，苏军解放了克留科沃及其邻近的几个居民区。德军向西逃窜，丢下了坦克54辆、汽车120辆及很多武器、弹药和军用器材，还有两门300毫米火炮。显然，这武器是德军准备用来轰击莫斯科的。

从12月8日开始，德军无奈之下转入防御。此时，德国军官中悲观情绪越来越浓厚。

希特勒决定将陆军总司令布劳希奇元帅等高级将领的职务解除，自任陆军总司令，命令东线德军坚守待援。但是，苏军的脚步仍然不能被德军挡住。

从12月7日起，苏军不断加快反攻速度，前3天推进了30～50公里，而且攻势一浪高过一浪，苏军取得了越来越大的战果。

12月8日，苏军第16集团军将克留科沃解放后，开始向伊斯特拉水库发起进攻。另外，积极向前推进的还有苏联戈沃罗夫将军指挥的第5集团军，从而有力地保证了第16集团军的进攻。

到了12月13日，苏军粉碎了德军在克林和索尔涅奇诺戈尔斯克地区的抵抗，德军丢下了大量的大炮和车辆，仓皇撤退。一路上，苏军飞行员对撤退的德军进行轰炸，德军损失惨重。

在莫斯科战役胜利的鼓舞下，斯大林作为最高统帅决定乘胜追击，发动全线反攻。斯大林说："在莫斯科附近的失败使得德军惊慌失措，而且他们没有很好的过冬装备，现在正是我们转入进攻的最好时机。"

1月8日，苏联波罗的海舰队、黑海舰队的舰桅高昂，炮弹由海军战士们填进炮膛，野战机场上的战鹰满载航空炸弹，在莫斯科郊外振翅待飞。

从静静的顿河流淌过的乌克兰平原，到黑海北岸的克里木岛，从列宁格勒城外雪深齐腰的森林，到莫斯科以西冰封的大地，苏军在这条纵贯南北的战线上，9个方面军110多万将士整装待发，即将拉开收复失地大总攻的战幕。

1月10日，苏联以9个集团军和2个骑兵军的西方面军在勒热夫-维亚济马实施进攻。

1月20日，苏联西方面军中线部队第5、第33集团军收复了莫扎伊斯克，并在尤赫诺夫向第43集团军发起进攻。

为了与围歼维亚济马德军的正面部队相互配合，苏军从1月中旬至2月中旬先后空降了1万多人在维亚济马东南地区。

接着，苏军又向西推进了100～350公里，将莫斯科州、加里宁州、图拉州等莫斯科以西大部地区收复。至此，希特勒占领莫斯科的企图完全化为泡影了。

第四节　国际反法西斯同盟的形成

英国向苏联伸出了橄榄枝

1941年6月22日凌晨3时传出一个震撼整个世界的消息——德军大规模突袭苏联。早上8时,英国首相温斯顿·丘吉尔便获悉了这一消息。这时,他深深感到,英国在苏联参战以后就"再也不是孤立的了"。他立即把军事内阁中的亲信艾登、英国驻莫斯科大使斯坦福克里普斯以及军需供应部长比威布鲁克勋爵召集来,请他们着手草拟一份支持苏联的声明。

当晚9时,丘吉尔通过电台猛烈抨击残酷的、贪婪的法西斯制度及其所追求的种族统治,他说:"我看到了守卫在自己国土大门的俄国士兵,他们保卫自古以来他们父辈耕耘过的田园……我看到了罪恶的纳粹军事机器正在蹂躏成千上万个俄罗斯庄稼汉。"

法西斯德国对苏联的威胁程度丘吉尔是知道的,而且也了解德国对英国和美国的威胁程度。在一次小范围的会议上,沉稳而冷静的丘吉尔极富号召力地说:"苏联面临的危险与我国面临的危险是一样的,这也是美国面临的危险。苏联人为保卫自己的家园而战的事业,也就是地球上每个角落的自由人和自由民族的事业……

希特勒对俄国的进攻，仅仅是对进攻英伦三岛的前奏做个尝试而已。"

英国国会议员和各阶层人民广泛支持丘吉尔反对法西斯德国和给予苏联以援助这一立场。6月24日，就"德国侵犯苏联"问题英国议会举行了专门辩论。在宣布辩论开始后艾登作为外交大臣，以政府名义声明说："对苏联的阴险进攻以及对庄严的承诺三番五次地破坏无非是向人类证明……一个夺取世界统治的纳粹计划确实是存在着……大家应当懂得……纳粹主义的存在是对本国安全构成的最大和最直接的威胁。"

丘吉尔作为政治上的现实主义者深深懂得，没有苏联的决定性支持，英国不可能取胜。毋庸置疑，苏联同法西斯国家的斗争结局决定着英国、欧洲乃至全世界的命运。1941年6月23日的《泰晤士报》写道："准备对英国实施决定性打击的进一步措施是对苏联发起进攻，德国入侵苏联是朝着建立希特勒法西斯的全球统治迈出的新的一步。"英国和美国不会受到苏联的威胁，而法西斯国家德国、意大利和日本却在对英、美等国造成威胁。因此，英国为击溃德国法西斯，应当率先援助苏联。

1941年7月12日，根据苏联政府的倡议，苏英两国在莫斯科签署《关于苏联和英国政府在对德战争中联合行动协定》。该协定规定，在目前反对希特勒法西斯德国的战争中两国政府相互承担互相帮助和给予各种支持的义务。双方郑重发誓，未经双方同意，不得擅自举行谈判，签订停战协定或和约。苏联和英国在反对希特勒德国的斗争中因为这个协定而结成战斗的同盟。

反法西斯同盟的形成

一、苏、美、英莫斯科三国会议

1941年9月29日至10月1日,苏、美、英三国会议在莫斯科召开。苏联代表团团长是外交人民委员莫洛托夫,军需大臣比弗布鲁克作为英国代表团团长,美国代表团团长是罗斯福总统特使哈里曼。这次会议斯大林也参加了。讨论美英向苏联提供武器装备和战略物资问题是这次会议的主要内容。斯大林和丘吉尔在会前的通话中,斯大林曾要求英国在1941年内于巴尔干或法国开辟第二战场,迫使德国从东线调走30到40个师。但英国当时无法这样做,因为其已经自身难保。这时即使在提供武器装备方面,美英也各有困难。由于美国还没有直接参与战争,它的强大工业还没有转入战时轨道。英国既要维护庞大的殖民帝国,又要保卫本土,兵力和武器装备都感到不足。但尽管如此,对于苏联提出的一些要求,美英两国还是尽力满足了,以支持它把反法西斯战争坚持下去。经过谈判,苏、美、英三国的第一个议定书于1941年10月1日签订。议定书规定,从1941年10月1日到1942年6月30日,苏联接受英美两国每月向其提供的400架飞机、500辆坦克以及其他各种武器和军用物资,由苏联提供原料。

莫斯科会议取得了很大的成果。1941年10月30日,美国政府由罗斯福作为代表写信给斯大林,宣布苏联可得到美国政府的10亿美元无息贷款。11月7日,美国把苏联囊括到租借法之中,这样就为向苏联提供军事援助创造了更加有利的条件。到1941年底,苏联接受美国援助飞机204架,坦克182辆;苏联接受英国供给飞机669架,坦克487辆,反坦克枪301支。"将飞机、坦克、卡车、吉普车这些项目除去之外,我们还给苏联送去了一些较小的作战装备,但其中包括了很重要的三样东西。野外电话设备和电话线算作是第一项……我们送去了18.9万部战地电话,67万英里长的电话线,围绕地球27周绰绰有余。送去45 000吨带刺铁丝算是第二项……我们送去的手提机关枪(即冲锋枪)就是红军早期最喜欢的第三项作战物资。"

莫斯科三国会议使苏、美、英三国合作得到了进一步加强,从而也加强了整个反法西斯同盟。它所起的积极作用,在苏联伟大的卫国战争中,甚至在反法西斯战争中都是不可磨灭的。

二、26国的《联合国家宣言》

1941年底,在莫斯科保卫战中苏联红军取得了伟大胜利,彻底破坏了希特勒的闪电战。同年12月7日,日本偷袭珍珠港,对英、美、荷在东南亚的属地发起了进攻,发动了太平洋战争。太平洋战争爆发后,对美英共同作战协定在德、意、日三国之间签订。被迫之下英美开始对日宣战,德美也互相宣战。从此,美国正式参加了第二次世界大战。接着,荷兰、加拿大、澳大利亚、新西兰、南非联邦、萨尔瓦多、尼加拉瓜、古巴、巴拿马、哥斯达黎加、"波兰政府和自由法国"民族委员会也相继对日宣战。中国也向德、意、日宣战。战争将世界4/5的人口席卷其中。德、意、日法西斯不断扩大侵略战争,使反法西斯力量得到了进一步壮大和发展,国际反法西斯同盟得到加强。

1941年12月22日,在华盛顿,美英两国首脑进行代号为"阿卡迪亚"的集会,意为"世外桃源",对两国整个作战计划进行商讨。会议期间,美国倡议签署《联合国家宣言》,即由所有对轴心国作战的同盟国家签署的一项共同宣言。英国和苏联政府对美国提出的宣言草案进行磋商并加以修改后，用急电发给各同盟国政府。12月27日，各同盟国驻华盛顿大使分批受到罗斯福和丘吉尔会见，把关于这个宣言的内容告知给他们。

美利坚合众国总统与大不列颠和北爱尔兰联合王国首相于1941年8月14日所作联合宣言称业已赞同为《大西洋宪章》内所载宗旨与原则的共同方案，深信完全战胜它们的敌国对于保卫生命、自由、独立和宗教自由并在保全其本国和其他各国的正义和人权方面非常重要。同时，它们现在正在共同抗争力图征服世界的野蛮和残暴的力量，兹宣告：

（1）每一政府各自保证对与各该政府作战的三国同盟成员国及其附从者，不论在军事还是经济方面都将使用其全部资源。

（2）每一政府各自对与本宣言签字国合作做出保证，并不与敌人缔结单独停战和约或协定。

其他现在或可能将在战胜希特勒主义的斗争中给予物质上援助和贡献的国家得加入上述宣言。

1942年1月1日于华盛顿签字。

《联合国家宣言》的签订，表明反法西斯同盟发展到了一个新阶段。它标志着该组织的进一步壮大和加强了该同盟，同时也为联合国组织的建立奠定了初步基础。对于这个宣言的发表，美国国务卿热烈欢呼，他说："在历史上最大的共同作战努力中联合国家的宣言，使六大洲绝大多数居民的26个自由国家的决心和意志被从此联合起来了。这个证据是活生生的，说明遵守法律、爱好和平的国家能够在必要的时候团结起来使用武力去维护自由、正义和人类的基本准则。"

当然，同盟国内部也充满着矛盾和斗争，但这对于它们在反对法西斯侵略的斗争中采取一定程度的联合行动并无任何妨碍。斯大林曾指出："参加英、苏、美同盟的国家否认在意识形态上和社会制度上的差别那是可笑的。但是，这是否可以对这个同盟中的成员采取共同行动进行排斥，去反对使它们受奴役威胁的共同敌人的合理性和可能性呢？绝对不排斥。"问题在于战争和奴役的威胁被德、意、日法西斯强加于各国爱好和平的人民，促使反法西斯同盟形成的决定性因素正在于此，而德国进攻苏联和日本发动太平洋战争又使这个同盟进一步壮大和加强。

第五章

太平洋战争的爆发

第一节 日本的"宏图大志"

日本加强自身法西斯势力

日本侵略者发动了全面侵华战争之后,在中国人民抗日战争的汪洋大海之中挣扎,欲胜不能,欲退不得,损失重大,不得不在中国战场使用大部分精锐部队,1941年竟有40个师团的侵华日军。日本侵略军的主力被中国人民的抗日战争消耗并牵制着,所以日本帝国主义者不敢贸然北犯苏联和向南扩张。对此日本帝国主义焦躁不安,一方面对军事进攻和政治诱降进一步加强,妄图从侵华战争的困境中摆脱;一方面注视着变幻的国际风云,准备不失时机地发动新的战争,将垂涎已久的东南亚广大地区从帝国主义竞争者手中夺取过来。

1940年春夏之际,在西欧得逞于一时的希特勒闪电战,使得荷兰、法国败降,英国惶惶不可终日地困守三岛。这时对于日本陆军中央当局来说,"天佑神助"造就了德国法西斯闪电战的成功。他们认为英、法、荷败退是日本南进的大好时机,一旦将东南亚的丰富资源控制就能解决侵华战争的需要,亚洲在经济和军事上完全得到支配。所以从1940年6月起,特务被陆军参谋本部派遣到南洋各地去活动,同时对首先"北进"的主张做了改变,讨论并制定"作战指导方针",以武力南进为基本内容,与海军"南进"的一贯主张协调一致，从而可以实施日本广田内阁在1936年8月拟定的初步"南进"国策。

第二次近卫内阁于1940年7月18日一上台，就急急忙忙以大本营的"南进"方针为基础，于7月26日制定《基本国策纲要》，第二天又与大本营共同制定了《适应世界形势演变的时局处理纲要》。

第二次近卫内阁决定"南进"的基本方针是："处理中国事变"与"解决对南方的问题"同时进行，尤其是"要尽一切力量消除第三国的援蒋行为，使重庆政府迅速地屈服"。

1940年8月1日，松冈洋右作为日本外相发表声明，抛出了"大东亚共荣圈"这一臭名昭著的侵略计划：以日本为核心，"以日满华的牢固结合为基础"，东南亚和西南太平洋的广大地区都将被日本变成自己的殖民地，建立一个"自给自足"的经济体系，对日本帝国主义剥削和掠夺行为给予满足，由他们主宰一切。

要将这样一个庞大的殖民帝国建立起来，日本帝国主义是力不从心的，因为不仅这一地区各国人民要对它进行强烈反抗，同时也要引起英、法、荷等西方殖民帝国的反对，尤其是会引起作为日本争夺太平洋的劲敌美帝国主义的反对。

为了使自己的国际地位得到进一步巩固，对抗美英等竞争对手，日本急于和法西斯德国结成军事同盟。而这时希特勒在进攻苏联方面已做好准备，正想拉拢日本反苏，以便东西夹击；同时为使美国不参加对德战争，又想利用日本将美国牵制在太平洋上，打击英国。两个法西斯强盗各怀鬼胎，再加上意大利的墨索里尼也想扩大侵略，于是借用法西斯之势。从1938年就开始酝酿的德、意、日三国军事同盟，于1940年9月27日正式在柏林缔结。日本就这样进一步同德意法西斯勾结在一起，对美国施加压力，妄图为瓜分世界、谋求东亚和太平洋地区霸权的斗争创造有利的外部条件。

日美谈判

一、东条英机上台，日本对美开战

日本近卫内阁于1941年10月16日辞职。 18日，正式成立以战争狂热分子东条英机任首相的内阁。 东条英机上台后坚决主张：如果美国不按他的意图办事就立即开战！

11月7日，在美国例行的国务会议上，全体参会人员都非常担心远东形势，因为危机已经逼近。 国务卿赫尔明确指出："形势十分严峻，我们不知道日本会在什么时间什么地点开始军事攻击，一定要经常警戒。"全体参会人员顿时鸦雀无声，他们都在认真思考战争的现实可能性。 然而，当时绝大多数美国人甚至不同意在欧洲也参战，更不用说在亚洲和日本开战，一直主张袖手旁观，"坐视欧洲人在狂热、堕落中自相残杀"。 罗斯福总统处于进退两难的境地。

对比美国的犹豫不决，在裕仁天皇召集历届首相元老讨论是否对美英开战的会席上，东条英机坚决主张不能同意美国在中美外交谈判中要日本从中国撤军的提案，认为陆海军已经达成一致意见，做好了战争的准备。 一旦战争爆发，占领东南亚资源丰富地带是第一步，以此为据点击败敌军。 在战争进行中间，预计英国不久即将向德国投降，德军也可将苏联征服，美国将完全陷入孤军作战的状态，结果自然是在有利条件下建成"大东亚共荣圈"。

尽管众多元老对向英美开战持反对意见，海军军部所有高层领导也都认为在长期持久的战争中，日本战胜美国是不可能的。 但是由于裕仁天皇赞同东条英机的意见，也顾及面子，在陆军面前不愿意示弱，只能硬着头皮一再表示："对美英不辞一战。"正如战后海军大将丰田副武所说："海军积年累月对大量军备预算进行动用，一旦遇到机会就自我炫耀，说什么海上防卫是铜墙铁壁，我们已包下西部太平洋防守等大话。事到临头要开战了，再说没有把握没有自信的话，是无论如何也不可能的。"

由于日本已经有数十年培养军国主义侵略分子的历史，日本陆军和海军军令部都由主战的少壮派掌权，是不可能让他们放下屠刀的。加上东条英机力排众议，并且受到天皇的赞赏与支持，日本最终决定对美国开战。

二、日本的"最后提案"和美国的"最后通牒"

日本早已经有对美英作战的企图，在很长一段时期里，日本跟美国进行的外交谈判都是表面功夫，不过是企图用欺骗手段麻痹敌人，获取利益。

其实美国对于这个也早已有所察觉。早在1940年9月25日的时候，美国就已经能够将日本的机密电报破译出来。日本外务省使用的紫色密码机，是传递最高机密用的密码电报。日本自以为别人根本就不可能解读出来密码，但却被一个叫弗里德曼的天才破译出来。当时德国有很出色的秘密工作能力，觉察出日本的密码可能已经被美国破译，很明显的一个迹象就是松冈和希特勒的会谈情况被泄露了出去。日本收到德国提出的忠告，可日本外务省却认为那是绝对不可能的事情，没有重视。

美国破译出日本给德国的密电："我们决定要和美英打仗，不向苏联出兵，去占领越南、泰国、马来西亚、新加坡、印度尼西亚等地，对于美国从中国撤出占领军的要求我们坚决不能答应。"美国还破译了日本内部密码电报："日本方面对说明意见、阐明立场上已经用了各种手段，除了促使美国再研究以外，到了其他积极手段已经没有作用的地步了……可通过英国委婉告诉美国，交涉方面再不需要多长时间去搞了。"但是，破译了这些情报的美国依然按兵不动，对于战争爆发也想尽量避免。

1941年11月2日—5日，在日美谈判几近失败的情况下，《日本国策实行要领》和《对美交涉要领》两个决定在日本通过了。这两个决定的大体内容是：日本暂定12月初对美国发动武力进攻。如果对美国的交涉成功了，武力方可停止动用。

在提案里，对美国的交涉日本准备了甲乙两个方案，如果甲方案美国不同意时再提出乙方案。并且，这是美国收到日本的最后一次提案。如果被拒绝，日本发动对美国的战争是必然的。但是由于"美国从太平洋撤出大部分舰队"等过分要求出现在甲方案里，野村大使估计这必会激怒美国人，所以没有提出，只提出了乙方案：

1. 只要日本在法属印度支那的利益美国能够将其保证，并解除对日本资产的冻结以及恢复对日本石油的输送，日本从南部法属印度支那撤军就只是短时间的事情。

2. 等到解决完中日战争之后，日本将从法属印度支那全线撤军。

实际上，日本对美国的最后通牒美国早已从破译的密电中知道了。但是罗斯福依然告诉国务卿赫尔"要进行富于同情的研究"，美国国会也仍然希望能够给会谈留有余地。美国对待日本，一直保持着博弈的态度。

日本需要大量的石油资源来侵略中国，而到1941年为止，这些石油几乎全部是由美国提供的。美国一直希望能和日本修好，只为了不要在太平洋上面对一个不算太弱的对手，所以事实上蒋介石政权一直受到美国施加的压力。在提供经济援助和武器的同时，美国要求蒋对伪"满洲国"的独立进行承认，和汪精卫政权合并，以换取美日交好。可是在1941年印度支那被日本占领之后，美国人一方面为了维护法国人的利益，一方面唯恐日本在太平洋壮大，于是在当年8月开始实施对日本的石油禁运政策。

对于日本的提案，美国总统罗斯福虽然不能够接受，但依然不想和日本开战，所以决定妥协。在日本乙方案的基础上，他要求国务卿赫尔制作一个妥协案。11月22日，《赫尔备忘录》就出台了。内容主要是：只要日本不再向南方推进，美国对日本的经济制裁将有所缓和，对于中日之间的战争也不干涉。但是，此议案的有效期为3个月，期限过后要进行重新协商。加上3个月的期限的原因在于，美国尚看不清欧洲战局，无法决定对日政策。

11月22日当天，这个妥协案被中国驻美国大使收到。值得一提的是，鼎鼎大名的胡适即为当时的中国驻美大使。美国对日本禁运石油对当时的中国来说是缓了一口气，现在得到这个消息当然是晴天霹雳。胡适立刻发给蒋介石电报，得到蒋的指示：决不能让美国对日本妥协，否则就意味着中国完了！

一方面，蒋介石向美国发送如洪水般的电报对此事进行反对。另一方面，在11月24日，胡适也在和赫尔的单独会面中进行严正抗议。他这样说："美国打算向日本卖石油吗？你每向日本卖出一滴石油，中国的将士们就将有一加仑的鲜血流出！"

然而美国人根本不买账。11月25日，赫尔和阁僚开会，宣布这个妥协案已经被确定下来，同时也向蒋介石发了不少回电进行解释，希望蒋也可以妥协于日本。

通过解读密码，日本方面同样了解到了这一切，于是他们心中大喜，对于多余的外交交涉便停止了，坐等好结局。几乎已经绝望了的蒋介石，给从来没有见过面的丘吉尔发了电报，电报里说："如果美国和日本结成妥协案，那么中国的军民抵抗也将崩溃于这无尽的失望中。以后即使再有更多的援助也不会有用，中国人民将失信于你们所说的国际信义。"

这个时候在德国攻击下的英国正在苦苦挣扎，对于英国来说，美国如果和德国的盟友日本决裂，那么很大程度上也会与德国决裂，所以在11月25日的晚上，罗斯福收到丘吉尔发的一封电报："如果中国被摧毁，那么将大大增加我们所面临的威胁。英国希望美国能将这个草案收回。"

于是，在11月26日，日本的驻美大使野村吉三郎和来栖三郎受到了赫尔的接见，赫尔交给了他们一份和24小时前的妥协案截然相反的文件，这就是《赫尔备忘录》。这个备忘录要求日本必须从中国和印度支那无条件撤军，对于中国政府，美国和日本必须只承认重庆政府。这相当于是美国对日本的最后通牒。

第二节 日本偷袭珍珠港

山本五十六的偷袭计划

1940年，在一次春季演习中，山本五十六看到航空兵十分理想的训练成绩后，便对他的参谋长说："训练很成功，我想进攻夏威夷是可能的。"从那时开始，山本脑中渐渐成形了一个疯狂的设想。他对于他的偶像东乡平八郎一举成功的战略思想一直信奉不已，认为想要与实力雄厚的美、英作战，必须突然袭击，先发制人，一开始就要对敌军的斗志进行打击，使其崩溃。山本战略思想的必然产物，正是偷袭珍珠港这一大胆疯狂的设想。

山本五十六一直被这个想法纠缠着。在1941年初的一天，深蓝的海面上，"长门"号这艘四万吨级的战列舰静静地栖息在广岛湾。然而座舱内却是灯火通明，一个40岁左右的健硕男子奋笔疾书，流泻于纸面之上的是他设想了许久的疯狂计划，这是第一次以书面形式提及他的奇袭珍珠港计划给海军大臣及川古志郎大将。在其关于战备的意见书上，他更是推陈出新，特别强调"成就胜败要在第一日就有所显现"。在开战之初，就应该对美军的主力舰队进行迅速猛力的摧毁，在气势上占据上风，使美国军队和人民的斗志丧失。这一计划实施之后，他还分两种情况做了深刻的分析。

如果美军的主力舰队大部分停在珍珠港内，就要想尽一切办法彻底击沉该舰队并将珍珠港封闭；如果美军的主力舰队先从夏威夷主动出击，则要做出一举将其彻底击沉的迎击。

他不但策划周详，还做了详细的步骤分析。在夜晚或日出的时候，由日军第一空战队对美军舰队进行猛击猛打，彻底歼灭美军；同时日军要出动一艘鱼雷舰对战斗中负伤的战士进行救援；另一方面还要出动一个潜艇战队靠近珍珠港，对美国战舰进行水下攻击，其中也要加派运输部队和加油艇负责随时补充燃料。

当然，最初所有人都反对山本五十六的这个计划。但是，在山本五十六的固执和坚持下，海军军令部部长终于点头，于11月3日，在离奇袭珍珠港仅有35天的情况下，对山本的计划正式予以批准。

然而，在山本将这个秘密计划上交20天之后，"袭击珍珠港"这个传闻却开始在整个东京街头流传。本来这封信是在极其隐秘的情况下交给及川的，并且"仅供阁下一人阅，阅后请立即销毁"的字样信中是有的。如此小心翼翼，如何泄露出去依旧不得而知。更为匪夷所思的是，在1月27日的下午，美国驻日大使素有"日本通"之称的格鲁竟也获悉了这个奇袭珍珠港计划，他稍加思索，便马上把这份耸人听闻的情报用密码发了出去。

"国务卿：据驻日大使格鲁传来的消息，他从日本获悉，若美国与日本发生事端，日军将对珍珠港进行奇袭并不惜动用全部军事力量。此计划虽骇人听闻，但却是从街头流传而出，其真实性不可鉴定。"

倘若当时美国政府能够对这个情报稍微重视一下，那么也许就不会发生震惊世界的"珍珠港事件"了。格鲁的电文虽然已经递交上去，但是专家们却认为这纯属无稽之谈，这种街头流言，在可预计的将来也不会发生。

然而，日本却在美国自认高枕无忧的时候，热火朝天地在暗中进行筹备了。

珍珠港遇袭——美国向日本宣战

日本是一个非常讲究细节的国家，所以十分周密地考虑了偷袭珍珠港的所有细节。为了使兵力编组既避免编队太大被美军发现，又能有强大的突击能力，山本五十六将编队定为：6艘航空母舰、2艘战列舰、2艘重巡洋舰、11艘驱逐舰、1艘轻巡洋舰、3艘潜艇、3艘油船，共33艘舰只，432架舰载机，其中担负突击任务的有354架，负责保护整个编队的安全的是其他69架飞机。

当时一共有三条可以选择的航线：经过阿留申群岛的北航线；途经马绍尔群岛的南航线；途径中途岛的中航线。这三条航线各有利弊。气候方面，南航线更便于航行，但是往来的商船太多，与夏威夷群岛距离很近，容易被美军发现。北航道虽然离美军岸基航空兵飞机巡逻范围较远，但是气候条件恶劣，在风大浪急的情形下海上加油十分困难。出于保密方面考虑，山本五十六决定走北航线。

除此之外，经过精心计算的还有突击机群起飞海域的距离。太远了会使飞行员疲劳，影响战斗，太近了容易被美军发现。经过多次研究，山本五十六将起飞的海域确定为瓦胡岛以北200海里的海域。

星期天被定为攻击时间。因为根据美军的活动规律，出海军舰往往是在星期六返回，在珍珠港内停泊军舰最多的时候是星期天，美军休假也最多，防备松懈。

由于参战的第5航空舰队两艘航母上的飞行员夜间飞行训练缺乏，所以突击的时间被山本五十六定为：东京时间12月8日早晨6时起飞，8时发动攻击！

1941年12月7日，一列庞大的舰队正在太平洋洋面上秘密行驶，悄悄地接近珍珠港。旗舰"赤诚号"航空母舰的桅杆上高悬着Z字旗，意思是：帝国兴亡在此一战，一定要努力奋斗，即使粉身碎骨也在所不辞。

星期天的珍珠港，安静祥和，风和日丽。6时45分，美国驱逐舰在港外击沉了一艘袖珍潜艇，将早晨的宁静打破了，但警报并没有发出。许多军官正在吃早饭，准备换班。

7时55分，美军"内华达号"战列舰上的水兵们正要奏美国国歌，升国旗。忽然，一大批俯冲轰炸机从东南方闪现，闪电般贴在海面上，来了个急转弯，冲到机场上空。

为了保持精确的轰炸，许多轰炸机投弹时距地面仅几百米。机场上炸弹如雨，一架架美军重型轰炸机被炸碎。还有几架美军战斗机趁乱刚刚起飞，就被居高临下的日军"零"式战斗机击落。

最初的几分钟内，美军太平洋舰队中没有人意识到发生了什么事情，等逐渐清醒后，两条鱼雷已经击中了停在舰队最外侧的"西弗吉尼亚号"和"俄克拉何马号"。后者又在中了5枚炸弹后，带着400多名官兵倾覆。前者由于及时将注水阀打开，慢慢地沉入了水中。"亚利桑纳号"由穿甲弹在舱内爆炸引发了大火，两条鱼雷将"加利福尼亚号"击中后，舰上重油库腾起烈焰，并且逐渐下沉。5分钟后，零星的高炮开始响起，但也只是杯水车薪。

8时10分，美国海军部接到一封明码电报——"珍珠港遭空袭，这不是演习"。海军部长诺克斯惊道："这一定是指菲律宾，这不是真的。"国务卿赫尔得到这一消息时，衣冠楚楚的野村大使正在接待室中等待着交给赫尔一部分电文。

由于珍珠港里美国太平洋舰队的绝大部分战舰都停泊在此,大多数飞机又都集结在机场上,所以日军一举将驻屯在珍珠港的美国海军、空中力量基本摧毁,珍珠港军港陷于瘫痪,2300多名海军将士阵亡。日军获得了使美军胆战心惊的大胜利。

三、"不要忘记珍珠港"——美国对日宣战

偷袭珍珠港成功后一个半小时,日本宣布对美英两国进入交战状态,并把最后通牒交给了美国驻日大使格鲁。

当天下午,因行动不便一向深居简出的罗斯福总统,举动异乎寻常,亲自前往美国国会,而且没有坐轮椅,走进大厅时由他的长子扶着,向美国参、众两院发表了为时6分钟的讲演。罗斯福开门见山地说:"昨天,1941年12月7日,有人蓄意猛烈地攻击美国,这个日子将永远是我们的国耻日!——日本帝国海空部队蓄意进攻美利坚合众国……"

罗斯福沉痛地宣布——

"昨天,对马来亚的进攻日本政府已发动了。

"昨夜,香港遭到了日本军队进攻。

"昨夜,关岛同样遭到日本军队进攻。

"昨夜,菲律宾群岛也遭到了日本军队进攻。

"今晨,中途岛遭到日本军队进攻。

"他们说我们国家是胆小的,他们说我们是纨绔子弟的国家,让他们去对他的士兵们和麦克阿瑟说吧,让他们去对坚持抵抗的同盟国家说吧……"

雷鸣般的掌声频频打断罗斯福的讲话。

他最后要求国会宣布:"自1941年12月7日星期日日本发动卑鄙的、无端的进攻时起,美国和日本之间已经处于战争状态……"

在如雷的掌声和欢呼声中，罗斯福合上了记事本，这是他自担任总统以来第一次代表全体美国人民发表讲话。随即参议院以82票对0票，众议院以388票对1票的压倒性优势对罗斯福的宣战要求做出批准，美国走进了第二次世界大战。

英国首相丘吉尔听到这个消息后高兴得老泪纵横，在得知日本偷袭珍珠港的消息之后，"好了！我们总算赢了"是其讲的第一句话。曾几何时，为使战争中有美国的加入，他费了九牛二虎之力，也只搞到一个《租借法》，而日本人的行动却使得美国人投入一场全球战争。当天，英国宣布同日本处于战争状态。

中国重庆，12月9日，在中日战争爆发4年之后，蒋介石向日本正式宣战，他向全国宣布与日本断绝一切外交往来，直到用武力从中国领土上将日本军队完全驱逐出去。蒋介石致电罗斯福说："在我们新的共同战斗中，我们将竭尽全力，与你们站在一起，直到世界和太平洋地区从野蛮势力的祸殃中以及无止境的背叛中解脱出来。"

第三节　日本对西南太平洋的侵略

日本侵占泰国及马来亚

一、日本侵略南太平洋

日本偷袭珍珠港扫除了夺取西南太平洋的障碍，在12月8日（东京时间）这一天日本也同时进攻了南洋。

日本南方军主要的作战计划是：

> 将美、英、荷在东南亚的主要基地摧毁，强占和守住南洋的最重要地区：菲律宾、关岛、香港、缅甸、爪哇、英属马来亚、婆罗洲、苏门答腊、西里伯斯（婆罗洲现名加里曼丹；西里伯斯现名苏拉威西）、荷属帝汶、俾斯麦群岛等。

为了实现这个目的，南方军主力出动了11个师团和2个飞行集团。海军出动了第2舰队、第3舰队、南遣舰队和第11航空舰队，共700架左右属于陆军航空队的第一线飞机，1600多架海军进攻飞机。总共约40万人。

12月8日这一天，日本侵略者同时对泰国、关岛、马来亚、菲律宾、威克岛、吉尔伯特群岛以及香港发动了进攻。日本于12月10日占领关岛，美军330人全部投降。同一天吉尔伯特群岛中的马金岛和托拉华岛也被日军占领。威克岛上的美军进行了顽强的抵抗，击沉日舰2艘。12月16日，前去增援的有进攻珍珠港返航的一部分日本舰只，到12月22日，美军被迫投降。守卫香港的英军吹嘘说，守6个月对他们而言是没有问题的，但到12月25日他们就投降了，前后仅18天。

二、入侵泰国

泰国西北与缅甸接壤，南临马来亚，对这个南进基地日本侵略者早已觊觎很久了。1941年11月24日，南方军总司令官寺内寿一接到日本大本营的授权，就对日军进入泰国的一切军事问题同泰国当局进行谈判，12月7日18时就应该开始谈判，于8日零时以前结束。但是不论谈判结果如何，进入泰国一事日军都将按计划进行。

由于泰国总理披汶·颂堪和海军部长都离开了首都，所以对日本大使而言没有了谈判对象，于是12月8日凌晨1时50分泰国外长接到日本强盗般的要求。3时30分，日军在日本南方军总司令官寺内寿一的命令下进入泰国。

12月8日早晨，日本第十五军的部队从印度支那南部越过泰国东部边界，先遣部队于9日天亮时就进入曼谷。另一支从海上进发的日军，在8日黎明前在曼谷附近登陆。

日军入侵泰国之后，泰国政府又接到日本强加的同盟条约，12月21日，条约正式签字。这样泰国就被日本帝国主义绑到自己的战车上，这使泰国人民遭受了无穷的灾难。

三、侵占马来亚

日军侵占南洋各地中最重要的战役是马来亚战役。山下奉文指挥的第二十五军担任陆上作战，由4个师团组成。海军专门建立了马来亚作战舰队。

无论在航海、经济还是战略上，马来亚都有重要的意义，是英帝国主义侵略亚洲各国和争霸东方的重要据点。所以先后有陆军十万人（1个英国师、2个印度师、1个澳大利亚师以及其他部队）被英国调集来守卫马来亚，白西华中将担任司令。英国海军以新加坡为基地，12月2日，3.5万吨的战列舰威尔士亲王号和战列巡洋舰却敌号到达新加坡，新的远东舰队建成，菲利普斯海军中将担任司令。英国政府想以此来显示威力，试图对日本南进进行阻止。然而，日本侵略者包藏祸心，蓄谋已久，两艘战舰是无法将其阻挡住的。

12月8日凌晨，日军开始在泰国最南端的宋卡、百大年和马来亚的哥打巴鲁登陆。黎明时，日本第三航空队大举轰炸，以消灭英国空军，哥打巴鲁和吉打省是其首先打击的对象。两天之后，1/3左右英国飞机被消灭，剩下的飞机都退到新加坡去了。

12月9日，由4艘驱逐舰护航的威尔士亲王号和却敌号开出新加坡，准备对日本的运兵船进行截击。10日正午时分，日本飞机在关丹以东约40英里的海面上发现这两艘战舰。这时日本海军航空队的大量飞机蜂拥而至，猛烈袭击威尔士亲王号和却敌号，至14时50分，两舰全部沉没。

军中力量在海战中的作用在这次战斗中得到了大大提高，对以后的海战有着深远的影响。配备航空母舰或者拥有以陆地为基地的空军支援是一支大舰队所必须有的，否则就要遭灭顶之灾。

对英国这样的岛国来说，军舰在战争中的作用非常重要，装有10门口径为14英寸大炮的新型战列舰"威尔士亲王号"尤其被视为"不沉之舰"，当作无敌的王牌，一旦它被击沉，将极大地影响英军士气。富勒作为一名英国军事史学家写道："这个损失对新加坡的精神影响是灾难性的。"而且"它预示着未来的灾难"，

"事实上，至少是在这个时候，这两艘军舰的消失使得新加坡本身存在的理由也一齐消失了，它这个海军基地现在是没有一个舰队的基地。"

对此英国首相丘吉尔也大失所望。他后来回忆说："在全部战争过程中，这是我受到的最直接的震惊。"

英军失去这两艘战舰之后，士气沮丧，不堪一击，很快就向槟榔屿退去。12月18日槟榔屿陷落，月底，关丹失守。

由于日本特务的长期活动，日本侵略军对马来亚的情况了如指掌。他们接受过专门的丛林战训练，所以活动自如，进展迅速。1942年1月7日，日军攻入马来亚首府吉隆坡。1月30日，日军先头部队到达了柔佛湾，距新加坡不到20英里。日军第二天便对该要塞发起进攻。

这时，还有7万英军聚集在新加坡，粮食充裕，岛上的两个大水库使得淡水供应无虞。但英军指挥不力，畏敌怯战。55天正好败退了550英里，部队中失败主义情绪在不断地退却中形成了，兵无斗志。

2月8日早晨，从柔佛海峡对岸新加坡受到日军大炮猛烈的袭击。日军8日中午开始强渡海峡，并顺利登陆。9日，日军分两路进入岛上。11日，劝降书在日本第25军司令官山下奉文的命令下用飞机散发，但英军没有理会，战斗继续进行。14日，水库被日军坦克占领了。山下奉文于15日晚7时与英军白西华中将举行谈判。7时30分，白西华签署了无条件投降书。

日本偷袭菲律宾

菲律宾是由7000余个大小岛屿组成的岛国，它位于中国的东南，东临太平洋，西濒南海，是太平洋和南中国海、印度洋的交通要冲，地理位置重要。第二次世界大战爆发时，美国仍将菲律宾作为殖民地。美国在远东最大的空海基地克拉克和甲米地在其最大岛屿吕宋岛上，这也是美国在远东和日本进行争夺的战略要点。

日军对菲律宾的作战企图是将菲律宾群岛中的吕宋岛和棉兰老岛攻占，将美军逐出远东，以便对荷属东印度群岛的作战进行支援，对日本本土到南洋之间的海上交通线进行控制。鉴于驻菲美军有一定空海实力，日本认为，能否首先歼灭美驻菲军中力量是对菲律宾作战成败的关键。因此，日军作战计划规定，夺取制空权在战争初期是首要的，在开战之后三天内将美空中力量主力歼灭，同时在吕宋岛实施多处登陆，占领机场，适时向前机动航空兵，以使主力在仁牙因湾登陆得到保障，占领马尼拉。在群岛的南部则占领第二大岛棉兰老岛，最后占领菲律宾群岛的全部岛屿。由本间雅晴中将为司令的第14军，下辖2个师团、1个旅团共5.7万余人作为本次参加作战的日军。直接支援作战的有海军第3舰队和第11航空舰队，陆军第5飞行集团，共有43艘各型作战舰只，500架陆海军航空兵飞机。此外，还有进行支援的南方方面军的直属部队和进攻马来亚的部队。以上部队分别在台湾和帛琉群岛集结，准备登陆。

美国在制订远东和太平洋地区作战计划时，不太相信菲律宾的坚守。美国预计，一旦日、美发生对抗，菲律宾将遭到日本发动的突然进攻。由于美、菲之间远隔太平洋，美国在一定期间内从国内进行增援是比较困难的，现有驻菲美军和当地部队是菲律宾防御的主要依靠。1941年7月，美国在菲律宾成立了远东美军司令部，司令是麦克阿瑟上将，并开始向菲增派人员和武器，同时继续对在吕宋岛的巴丹半岛和哥黎希律岛的工程进行构筑，但为时已晚，1942年2月才可以将整个防御计划完成。 当战争爆发时，美菲军兵力共有陆军约13万余人，其中1.9万人美军、约11.2万人菲军，200架飞机，海军1个混合舰队（即亚洲舰队）45艘作战舰只。

1941年12月8日，先后从台湾起飞的500架日本陆海军航空队飞机对吕宋岛美陆军航空队基地进行轰炸。 一度升空戒备的美机在日机飞临目标上空时正准备降落休息，结果美国停放在马尼拉附近的克拉克和尼古拉机场上的200架飞机被炸毁约100架，日军空中优势就此一举确立。 同日，吕宋岛以北的巴丹群岛被日军一个营攻占。

12月10日，日军在吕宋岛北端的阿帕里和甘米银岛登陆，11日在维甘登陆，12日从帛琉群岛出发的日军在吕宋岛东南端的黎牙实比顺利登陆。 阿帕里、维甘和黎牙实比三处前进机场被在吕宋岛南北登陆的三支部队分别夺取，并向马尼拉方向实施合击。与此同时，美海空力量继续遭到日本航空兵的打击。 12月10日至12日，马尼拉湾的甲米地和苏比克湾的乌朗牙坡海军基地遭到日机轰炸，美舰艇4艘被炸沉，海军巡逻机四分之一被炸毁。 至12月17日，美国把在菲律宾仅剩的17架B-17型轰炸机全部撤到澳大利亚。 从此，制空、制海权完全被日本掌握了。 12月22日，日军约1个师团在马尼拉西北的仁牙因湾登陆。 24日，日军约1个联队在马尼拉以东的拉蒙湾登陆，对马尼拉两支登陆部队实施了向心突击。 在吕宋岛登陆过程中，日军以1个联队的兵力于12月20日在菲律宾第二大岛棉兰老岛登陆，将纳卯迅速占领之后，于25日在和乐岛登陆。 17天之内，日军成功地实施了9处登陆。

美、菲部队虽有13万之多，但其中仓促间组成的就有11万名菲军，缺乏训练，装备很差。 菲律宾海岸线漫长，薄弱处很多，防不胜防。麦克阿瑟虽信心十足，对整个菲律宾群岛的保卫充满决心，将全部岛屿划为5个防区，建立防御部署，但由于他们缺乏对日军作战的了解，兵力分散，在日军登陆时，被动应付。特别是海空支援方面美、菲军极度缺乏，战斗力大减。在日军迅猛突击下，部队很快瓦解，日军迅速突破了马尼拉的防线。12月26日，麦克阿瑟下令撤出马尼拉，对巴丹半岛的预设阵地进行集中抗击。日军没有紧追美、菲退却的部队，仍按原作战方案向马尼拉推进，1942年1月2日将马尼拉攻陷。

1942年1月10日起，巴丹半岛美军阵地遭到日军发动的进攻。此时南方方面军已将第5飞行集团和陆军1个师团调出，准备对缅甸发起进攻并参与对荷属东印度群岛的作战，侵菲日军战斗力大为下降。加之地形不熟、热带病流行，这次有很大的作战伤亡和疾病减员。1月28日，日军进攻被迫停止。4月3日，日军在得到2.2万人和飞机、火炮的增援后，第二次进攻巴丹半岛。由于美军所期待的增援落空，病员很多，3月10日，麦克阿瑟奉命去澳大利亚对西南太平洋美军司令部进行组织，美军士气更加低落。在日军猛烈攻击下，4月9日，巴丹半岛守军7.5万人（其中美军9300人）向日军投降。投降的美、菲军被迫从巴丹半岛南端的马利维尔斯步行到圣费南多俘虏营，行程1000余公里。在烈日下，饥病交加的战俘队伍开始行军，沿路倒毙甚多，加之日军在押送途中对其任意进行虐待杀害，死亡达数千人。这次行军被美国人称作是"死亡行军"。

日军攻占巴丹半岛之后，连续地、猛烈地炮击和轰炸哥黎希律岛。5月5日，日军渡过海峡在哥黎希律岛登陆，由美军少将温赖特接替麦克阿瑟的指挥于6日广播了投降书，驻岛美、菲军1.5万人成为日军战俘。随后，投降的还有南部其他岛屿的美、菲部队，一部分溃散或潜入山林。 在进攻菲律宾的作战中日军死伤约1.2万人。

日本侵占荷属东印度及缅甸

夺取荷属东印度群岛（印度尼西亚）的战略资源，特别是石油，是日军南方作战的主要目的。

日本对荷属东印度群岛的作战企图，是以菲律宾、马来亚为基地，从两翼实施包围，夺取外围岛屿和石油资源地区。 第一步是消灭盟军海空兵力，尔后集中兵力对该地区的政治、经济、文化中心——爪哇岛进行攻占，将美、英、荷势力逐出，以便独霸石油资源，使其侵略战争的扩大得到支持。 对这次作战日军大本营做了充分准备，他们认为，关键是要确保在对方破坏之前完整地占领石油资源的生产和储备设施，以便使短期内恢复生产成为可能，供作战急需。 为此，奇袭是其采取的作战方式，并尽量提前作战时间。 今村均中将所率陆军第16军，下辖3个师团、1个步兵混成联队，共约10万人兵力参加这次作战。 配合作战的有陆军航空队第3飞行集团所属各型飞机430架，海军第3舰队、第11航空舰队。

1942年1月3日，西南太平洋盟军司令部由美、英、荷、澳组成，指挥部设在爪哇的万隆，司令是英国元帅韦维尔，统一协调四国的兵力。 对盟军来说当时的形势十分不利。 美、英在菲律宾和马来亚的败局已定，荷兰早在欧洲战败。 在痛苦地告别了新加坡之战之后，韦维尔又勉为其难地担负形势险恶的东印度群岛防卫任务。 由于四国对各自本身的得失极为关心，难以形成有效的统一战略，参加作战的美、英部队是从菲律宾和马来亚败退下来的部队，而且荷兰部队多数是当地人，同荷兰殖民者一向存在矛盾。加之训练不足，战斗力不强，各国部队执行极重任务，受双重领导，对实行统一集中的指挥极为不利。日军进攻前，盟军在荷印地区的兵力有9.2万人陆军，其中7.5万荷印军；146艘海军各型舰艇，88艘作战舰只；300架各型飞机。

日军对荷属东印度群岛之战分为三个阶段：第一阶段是攻占爪哇的外围岛屿。日军分兵三路，首先将爪哇的外围岛屿占领，夺取航空基地，占领资源地区，切断外部支援，对爪哇的包围圈进行缩进。中路日军以1个混成联队于1941年12月16日将婆罗洲北部的米里占领，24日占领古晋。在海军配合下1942年1月11日将打拉根占领，1月24日占领巴厘巴板，油库被守军1个营烧毁后撤退。2月10日占领马辰。东路日军一部于1月11日将苏拉威西岛的万雅老占领，24日占领根达里。1月31日和2月20日，另一部约1个联队的兵力在空降兵的配合下，在安位岛和帝位岛登陆，2600名安汶岛荷印军、1个营澳军投降。上述两岛的占领，将荷属东印度群岛和澳大利亚之间的联系切断了。2月19日，日军出动200架舰载机对澳大利亚北部达尔文港进行轰炸，炸沉舰艇11艘，烧毁飞机23架，炸死炸伤约500人。攻占苏门答腊岛上重要石油资源地区——巨港的任务由西路日军担负。为了确保在守军毁坏炼油设备之前占领，日军做出实施奇袭方案决定。2月14日，日伞兵第1旅团1个大队在巨港着陆。15日，日军伞兵预备队进行空降。与此同时，日军1个师团的主力约1万人在巨港登陆。登陆部队与空降兵会合后，于2月15日占领巨港，炼油设备守军炸毁后撤至爪哇。至此，日军第一阶段的作战目的已实现，从东、西、北三个方向逼近爪哇。在这一阶段作战中，夺取航空基地和石油产地作为日军的目标，其采取了奇袭、快速进攻战术，以蛙跳方式不间断地向前跃进，每次新的进攻都不超过其航空火力支援范围，从而使各次作战的胜利得到保证。为了把石油资源尽快掠夺过来，日军还组织了庞大的技术人员船队，紧随登陆部队之后上陆，以便对生产进行迅速恢复和发展。但日军未能完整地夺取石油基地和炼油设备，在日军占领之前守军炸毁了巴厘巴板的石油库和巨港的炼油设备。盟军在第一阶段作战中，兵力分散，飞机损失较大，海上和陆上作战的空中保障都十分缺乏，因而一再失利。2月25日，西南太平洋盟军司令韦维尔鉴于爪哇岛已难防守，迁移总部已无意义，建议撤销盟军司令部。爪哇的防御从此由荷兰人指挥。

第二阶段爪哇海战。1942年2月下旬，在日军对爪哇登陆之初，在荷兰海军上将赫尔弗里克的指挥下，美、英、荷等国的舰队组织了对日军登陆船只的攻击。2月26日，14艘盟军舰队作战舰只同日本一支护航舰队在爪哇海发生海战，结果被击沉巡洋舰和驱逐舰各2艘，击伤巡洋舰1艘，日军被击伤的仅有巡洋舰和驱逐舰各1艘。2月28日，在巴达维亚（即雅加达）以西海域，美澳海军编队3艘作战舰只攻击日军登陆船团时，日舰将其2艘巡洋舰击沉。至此，日军全部瓦解了盟军舰队，盟军剩余的船只撤至澳大利亚。

第三阶段，爪哇本岛之战。1942年3月1日，日军在爪哇岛的苏腊巴亚（即泗水）和巴达维亚的西北分东西两路登陆。日军在掌握绝对海空优势的情况下，进展迅速。西路于3月5日占领巴达维亚，东路也很快将盟军南撤的道路切断了。3月8日，盟军投降。

在这次战役中，日军共俘获8万余盟军，缴获177架飞机，日军约1.2万人伤亡。

日军在东南亚发动进攻期间所进行的最后一次战役是进攻缅甸。由于兵力不足，日军大本营指示南方方面军在南方作战期间，首先夺取缅甸南部的航空兵基地；当作战告一段落后，在情况许可的范围内，再继续发动进攻。日军占领缅甸的目的是为了将"大东亚共荣圈"的大陆屏障建立起来，截断美、英对中国军队进行补给的中缅公路交通线，以便早日将中国战场的军事行动结束；同时，进逼印度，促使其脱离英国。担负对缅作战的是陆军第15军，饭田祥二郎陆军中将担任司令宫，下辖第55师团和第33师团，共3.5万余人。开战后增至4个师团、6.3万人，支援作战的飞机564架。为了控制泰国、进攻缅甸，日本第15军于1941年12月8日在曼谷登陆。12月19日，日军一部由缅甸南端的丹那沙林地区进入，夺取了3个机场，将英军从印度、缅甸对马来亚的空中支援切断了。此后，日军加紧构筑道路，加强侦察，组织缅甸反英亲日分子，厉兵以待。

英国在战前认为日本进攻缅甸是不可能的，因此只把缅甸作为美、英对新加坡和中国进行陆空补给的中转站。在英国的防御体系中，英国并未对缅甸进行重视，它曾先后隶属印度司令部、新马司令部、南亚盟军司令部，最后又归属了驻印英军，但始终未能建成缅甸的防御。1942年初，盟军在新、马、菲和荷属东印度地区相继失败之后，才开始重视缅甸这个南亚大陆的前哨屏障的作用，但已为时过晚。当缅甸遭到日军大举进攻时，英国的防御兵力只有1个印度步兵旅、1个缅甸步兵旅和一些分队，还有另一个没有到达的印度旅，总兵力只有2.6万人。部队都组建不久、战斗力很弱，装备训练不足。支援作战的有美、英战斗机中队各1个，共有36架飞机。英国在印缅战区已无兵可派，为使这燃眉之急得以解决，英首相丘吉尔要求澳大利亚把正从非洲调回的1个师改道运至仰光。但澳政府认为,由于日本已经占领了荷属东印度地区,澳大利亚已岌岌可危,因而拒绝了丘吉尔和罗斯福的强烈要求。

当时,缅甸之战已经开始,蒋介石收到英国的求援。中国政府应英国政府的请求和为了使中缅公路的畅通得到保证,同意派遣远征军入缅作战,但也有颇为曲折的交涉过程。自1940年日本侵占海南岛和印度支那,将中国经南海和印支的海、陆对外交通切断之后,中国政府越来越担心缅甸通道的安全问题。1941年2月,一个高级军事代表团在中国政府的派遣下赴缅甸、印度和马来亚进行考察,就和英国联合保卫缅甸问题进行过探讨。但英国顾虑较多,不愿对中国远征军的后勤供应负责。1941年夏,韦维尔以印缅战区总司令的身份到重庆活动时,蒋介石曾当面提出过关于派遣部队入缅和英国部队共同保卫缅甸的问题,但韦维尔态度消极,一再将中国军队应以防守中缅、中老边界为宜作为强调的重点。蒋介石对此大为不满。1941年12月下旬,中国政府和英国签订《中、英共同防御滇缅路协定》,准备先以3个军入缅作战。但对于远征军提前入缅英国一直不同意,双方争执多时,中国远征军历经三次动员和变更行动时间。直到仰光不保,中国军队入缅作战才得到英国的最后同意。中国远征军统称"中国远征军第1路军",先由卫立煌任司令,后司令改为罗卓英,副司令为杜聿明,下辖3个军(即第5军,杜聿明兼担任军长;第6军,甘丽初担任军长;第66军,张轸担任军长)。在中国远征军入缅前后,英国、美国和中国政府又争执于指挥权问题,各有打算,最后同意由美国的史迪威中将和英国的亚历山大上将实行双重领导,蒋介石也在幕后指挥,实际仍是各行其是,对远征军的作战造成了严重的影响。

1941年12月23日和25日，仰光遭到日军猛烈空袭。日军2个师团于1942年1月4日和19日从泰国向缅甸南部的土瓦和毛淡棉发动进攻，至1月31日，将毛淡棉及其以南地区占领。此后，日军急速向仰光推进，于2月21日渡过萨尔温江，突破英军在米邻河和锡唐河的防御，英印守军第17印度师只余下3千余人弃械逃回东吁。日军于3月4日前出到达仰光东北的勃固，严重威胁到仰光。3月6日，缅甸战区新任司令亚历山大上将下令撤出仰光。此时仰光已遭到日军的包围，幸而北面日军机械地执行命令，在达成合围之后自行撤离，并未等待接替部队的到来，仰光守军得以侥幸撤出。3月8日，日军进入仰光时，该市已是一座空城。日军占领仰光后，可以保障其海上补给，经短期休整补充，并得到2个师团的增援后，向曼德勒分三路推进。右翼第56师团经勃固、东枝，直插腊戌，将英军和远征军的退路切断，中路第18、第55师团沿铁路向曼德勒进攻。左翼第33师团沿伊洛瓦底江向卑谬、仁安羌进击，占领仁安羌油田，从左侧包围曼德勒守军。

　　由仰光撤出的英军边打边退，已被大大削弱战斗力，至4月初英军约6万人在曼德勒以南240公里建立一条由西至东的防线。由中国远征军防守英军东侧，其中第6军防守景冻、孟遮地区，第5军防守东吁至曼德勒一线，第66军为预备队。3月7日第5军先遣部队第200师开抵东吁后，立即对英军的退却进行掩护，并抗击北进的日军。双方激战12天，日军伤亡较大，这是日军入缅以来遇到的最顽强的抵抗。远征军上层存在混乱指挥的问题，守军得不到有力增援，于3月29日弃守东吁。左路日军3月23日将缅甸南部主要机场勃生占领，从此英军的空中掩护失去了。4月中旬，日军占领卑谬后，逼近仁安羌，并包围该地英军。英军紧急要求驻守曼德勒以南的中国远征军前往解围。日军被第66军所属第38师1个团击退，使包括英军司令亚历山大在内的英军7000余人安全转移。4月下旬，占领东吁之日军又攻克东枝，并换乘汽车猛插于深远后方腊戍，于29日攻占腊戍，从而把远征军和英军的退路切断了。至此，英军和中国远征军未能实现在曼德勒以南与日军会战的计划，部队被迫后撤。5月1日，曼德勒失守，英军丢弃了大量武器装备，爬山越岭，历尽艰辛，在印境阿萨姆邦的英帕尔退守。中国远征军一部进入印度的利多，大部退回国内。远征军在撤退中给养缺乏，组织指挥混乱，又兼雨季已到，山洪暴发，蚊蝇蚂蝗为害，疾病流行，与作战伤亡相比，部队非战斗减员更大。日军围追堵截，西路到达亲敦江以西，东路占领了八莫和密支那，并越入中国云南境内，于5月10日占领腾冲，前出至怒江西岸，双方对峙于沿江两岸。至此，日军已达成其作战目的。这次战役英军约1.3万人伤亡，中国远征军约3万余人伤亡，日军4600余人伤亡。

日军在进攻缅甸的同时，为了使缅甸的海路补给得到保障，于1942年3月23日，派陆海军一部占领了缅甸南端的安达曼群岛和尼科巴群岛占领。英国在太平洋战争爆发之前，错误估计了日本的进攻能力，在新、马、缅都吃了大亏。新加坡失守之后，印度、锡兰失去屏障，印度洋门户洞开。英国对东印度洋这两个殖民地的安危十分担心，在缅甸兵力非常缺乏的情况下，立即动员了36个旅防守锡兰，还于3月间在锡兰成立一支新的舰队。日军生怕英国海军势力的增长危及它由海路向仰光的增援，于1942年4月5日和9日，出动由南云指挥的第1航空舰队为主的机动编队，对锡兰科伦坡港和亭可马里海军基地进行了空袭，共击沉英军轻重巡洋舰5艘、航母和驱逐舰各1艘，击落飞机约90架，同期还在孟加拉湾等海域击沉舰只30余艘。遭受袭击之后的英国，将东方舰队主要力量撤往东非，实际上除了非洲东部海岸以外，印度洋已被全部控制。英国以焦虑的心情担心日本会在掌握印度洋制海权之后，对印度大陆进行大举进犯。但日本这时已成强弩之末，力量有限。日舰队对仰光的海上威胁被解除之后，已收兵回营，其陆上兵力的扩张能力亦达极限，占领锡兰已无任何力量，特别是印度这样的大国了。

在太平洋战争第一阶段作战中，日军达到了实施战略进攻的预期目的。盟军处于战略防御，遭受了严重的挫折。

日本自1941年12月7日发动太平洋战争以来，在不到半年的时间内，将美、英、荷在远东的部队打败，相继将泰国、香港、马来亚、菲律宾、荷属东印度、缅甸以及西太平洋上的一些小岛占领。强占的土地面积达380万平方公里，人口1.5亿。日本取得胜利的主要原因是战前周密准备，在开战时集中兵力实施突然袭击，每战力求速战速决，登陆和进攻战役不间断地进行，一举夺取了海空控制权，从而使同盟国完全陷于被动挨打的局面。同盟国失败的原因是战前麻痹轻敌，在防御措施方面未能采取有效方式，缺乏协调一致的组织指挥。在首战失利之后，畏敌怯战的失败主义情绪就此产生，使整个部队丧失了战斗力。美、英、荷失败的另一个重要原因是其长期在东南亚各国实行的殖民主义政策，和当地人民处于对立地位，既缺乏群众的支持，又不敢依靠和武装群众抗击日军，部队多是由当地人组成的雇佣军，内部矛盾重重，训练不足，装备低劣，士气低落，战斗力很差。因此，同盟国的地面部队虽在数量上居优势，但缺乏顽强的战斗精神，在日军的迅猛攻势下，非溃即降，损失惨重。

日本垂涎澳大利亚

日军在开战初期,以不到 6 个月的时间呈扇形向东南方向推进,强占了共 380 万平方公里的土地,控制了 1.5 亿人口。

在将拉包尔占领以后,日本陆军和海军的指挥官和作战参谋们的猖狂已达到极点。日军被胜利冲昏头脑,变得更加穷凶极恶。

对下一步作战计划,日本陆军和海军的主要领导人各持己见,激烈讨论了一个多月,争执不下。

远在东京大本营的参谋本部就有两种意见:一些人认为,不再向前进攻,应该到此为止,使南方占领地域得到确实保证,形成长期持久战的状态;还有一些人认为,日本应该越过中苏国境线,乘欧洲德苏战争之机,夹击苏联,迫使苏联投降。如果打败了中国和英国、苏联,美国被孤立,便能将它对日本作战的意志消灭。

这两种意见在海军看来需要的时间太长,没有物质基础,是完全办不到的,于是提出对澳大利亚进行首次进攻,要求陆军增援 8 个师团,被陆军断然拒绝;陆军打算把南方派遣军中的 1/5 兵力调到中国大陆和日本本土去,海军对其也持否定意见。

在战略思想上,日本陆、海军各不相同,经过激烈争论,最后,陆、海军之间以妥协形式决定了下一步的进攻计划。具体顺序是:第一步是进攻新几内亚东南端莫尔兹比港和所罗门群岛;第二步是进攻中途岛和美国阿拉斯加西面的阿留申群岛;第三步是进攻斐济和萨摩亚群岛。

第一步主要目的是将美国和澳大利亚的补给线切断,使盟军不能用所罗门群岛、澳大利亚、斐济等地做反攻的基地。

日本海军的总意图在于对美国海上基地进行侵占,把控制地区扩展到美英两国在夏威夷和澳大利亚之间的那些基地，日本陆军最重要的任务是完成对新几内亚岛的占领。其中，主要目标是占领新几内亚东南岸东部的莫尔兹比港。

日军占领了澳大利亚领土新不列颠岛等地区，对位于新几内亚东南方的莫尔兹比港造成直接威胁，澳军的前哨基地即在此地。盟军感到形势十分严峻，在这种情况下，盟军的决策集团也有各种不同的意见，澳大利亚决策人打算在日本进攻时不再抵抗，把澳大利亚北半部拱手让给侵略者。罗斯福和丘吉尔早已决定，对澳大利亚必须拯救，以便把它作为反攻日本的跳板。美英双方同意，调遣北非作战的澳大利亚3个师中的两个精锐师去澳大利亚。马歇尔将军作为美国陆军参谋长还下令把美国陆军第32师、第41师运往澳大利亚，还有工兵分队、防空分队和支援部队，总共达10万人。他还下令建立以澳大利亚为基地的空中力量，决心保住莫尔兹比港。

为了挽回劣势，美英联合参谋部做出把太平洋分为两个独立战区的决定：一个是中部太平洋战区，由驻珍珠港的切斯特·W.尼米兹海军上将指挥；另一个是西南太平洋战区，指挥者为驻墨尔本的麦克阿瑟陆军上将。美英下定决心要扭转战局，转败为胜。

盟军反攻作战的战略计划是将战区的分界线归于所罗门群岛，从所罗门群岛向东，部队由尼米兹率领，经过拉包尔、马绍尔群岛、加罗林群岛、马里亚那群岛向日本本土进攻；部队在麦克阿瑟的率领下由所罗门群岛向西，在席卷新几内亚岛以后，向菲律宾进攻，日本本土是其最后目标。"望楼计划"是这个计划的简称，亦称"瞭望塔行动"。

1942年5月初，美军的作战会议再次修改了望楼计划，将尼米兹担任的中部太平洋战区缩小，在中部和西南战区之间增加一个战区，负责指挥的是葛姆里中将（10月以后改由哈尔西中将指挥）。

7月2日，美国参谋长联席会议颁布一项命令，美国对日本第一阶段的进攻目标开始了。尼米兹海军上将指挥部队攻占圣克努思群岛，为进攻图拉吉岛做准备；麦克阿瑟陆军上将指挥部队发动平行攻势，将日军从新几内亚逐出，为执行第三个任务即收复拉包尔做准备。

随后，太平洋作战情报处破译日本海军秘密电报，发现日军正在图拉吉岛南方20海里的瓜达尔卡纳尔岛上对飞机场进行紧急修筑。针对这一情况，英美盟军考虑到这个机场一旦完工，会对整个战争的局势造成直接威胁，于是对作战计划再次做了修改，将在圣克鲁斯群岛上修建基地的打算暂时放弃，把攻击图拉吉岛和瓜达尔卡纳尔岛放在第一步。

在以后的5个月时间里，日军便连战连败，太平洋战争的第一阶段就此宣告结束。

第四节 日本在战场上丧失了主动权

美国空袭日本

1942年1月14日，由美国罗斯福总统和英国丘吉尔首相、中国驻美大使宋子文、苏联驻美大使等26国在反轴心联合国宣言上进行签字发表，正陶醉在"胜利"中的日本一时间成为众矢之的。

美国为了挽回太平洋战争初期的不利战局，牵制日军进攻，报复日本偷袭珍珠港的行为，组织召开了阿卡迪亚会议。会议于1941年12月23日到1942年1月14日进行，共20余天。

为了防止日军侵略印度和斯里兰卡，一个空袭日本的大胆作战计划在阿卡迪亚会议上制订了。要想从太平洋上的航空母舰起飞，轰炸1000千米之遥的东京，这在当时来说，此种冒险在战争史上是未曾有过的，经研究决定把这个任务交给航空兵第一流飞行员、飞行速度世界纪录保持者詹姆士·杜立特中校来负责。

1942年4月18日早晨，两艘航空母舰"大黄蜂号"和"企业号"在美国第20机动部队司令官威廉·P.哈尔西中将的率领下，由5艘重型巡洋舰、7艘驱逐舰、2艘油船护卫，向日本本土方向全速驶去，去完成一项震惊世界的空袭任务。这次军事行动是绝密的，除很少人外，详细任务甚至连各舰上的工作人员都不知道。

早上6时30分，向西南方向飞去的美国侦察机被日本太平洋沿岸担任警戒任务的渔船发现，便立即给国内发电报。同时，其他舰艇也向日本海军军令部和联合舰队司令部发出电报。在这些舰艇的视野内，都看到了黑色集团的形影正在水平线上移动。

日本防空指挥部做出结论，"肯定是美军的航空母舰"。

被日军发现之后的美国机动部队非常着急，一时空气十分紧张。海军飞行队中校杜立特当机立断，以白昼进行计划代替原定于夜间空袭日本的计划。

早上7时25分，第1号飞机由杜立特中校驾驶，首先从距离东京约500千米的地方起飞，随后，其他16架飞机陆续全部飞离海面，超低空飞行，向日本的东京、横滨、名古屋、神户等重要城市飞去。

日本海军部接到急电后，反应迟钝，做出空袭可能在19日早晨的判断，没有发出警报。和海军部一样，担任本土防卫任务的防卫总司令部也没有发出防空警报。

上午9时半距东京东部600千米的地方发现有一架B-25型飞机在500米低空向西飞行，打算追击，但目标瞬即消逝。由于美机是超低空飞行，联合舰队的高空警戒并没有发现。

这一天，东京正发出了数次警报，和平常一样进行防空演习。人们已习以为常，并不在意。

12时刚过，东部军司令部接到日本防空监视哨传来报告，说是发现敌大型飞机一架。可是，东部军司令部盲目相信原来的判断，将信将疑，还打算对这个情报是否错误进行确认。

12时15分，美国大型轰炸机突然出现在东京上空，投下第一颗500磅的炸弹。此轰炸机全长近17米，翼展20多米，总重量13吨、续航能力2000多千米，时速500多千米，能载两吨炸弹。

中午工作人员下班时间即为该次轰炸时间。500磅的炸弹一枚接一枚呼啸着直坠而下，击中了在既定计划之中的主要目标。 钢铁厂内顿时黑烟滚滚，炸毁了东京南面的海军造船厂船坞中的潜水艇"大鲸号"，还有一艘还未建好的巡洋舰。

名古屋也和东京一样，遭到轰炸的有坦克制造厂、飞机制造厂、船坞、炼油厂、武器制造厂、钢铁厂、军需仓库。 四日市、神户和歌山等地，炸弹和燃烧弹也都按计划从美机上投下。 全部飞机在下午3时半飞离日本上空。

这次空袭，使日本朝野极度恐慌，但虚伪宣传仍然继续。 18日下午3时，东部军司令部发布战报，说："下午1时左右，京滨地方遭到敌机从数个方向的袭击，我空地两防部队对其进行反击，逐次退散。 到现在为止，击落敌机9架，我方损失轻微。"

这次空袭，日本并没有遭受到太大的人员伤亡和物质损失，但在心理影响、政治影响和战略方面的影响却大得无法估计。 日本军国主义者受到当头一棒，开始恐慌和担忧起来，从此更加滋长了日本国民的反战情绪。

全世界立即传遍了美机空袭日本这个爆炸性新闻，爱好和平，反对侵略战争的人们受到巨大鼓舞，一片欢欣。 他们从失败主义和忧伤中振奋起来，反攻必胜的信心得到加强。

珊瑚岛海战

1942年1月6日，"联合参谋长委员会"由美国和英国成立，以保证全面协调两国的作战努力，战争物资的生产和分配也包括在内，并使英国和美国同那些正在对轴心国作战的同盟国家全面合作。

3月17日，美国陆军部宣布麦克阿瑟来担任西南太平洋地区盟军总司令,对这一地区的陆海空军进行指挥。

4月间,美国太平洋舰队司令尼米兹担任太平洋地区总司令(不包括西南太平洋),他的任务是:

1. 对夏威夷进行掩护并坚守住中途岛一线,维护它们同(美国)西海岸的交通。

2. 对西海岸同澳大利亚的交通进行维护,主要是掩护、保障和守住夏威夷——萨摩亚一线,在实际可行的最早期间将这条防线伸展到斐济岛。

广义地说,反对日本进一步侵略,守住从荷兰港经中途岛到萨摩亚这条防线是美国的战略:从这里再到莫尔兹比和新喀里多尼亚,到新几内亚。

日本侵略者在取得了战争第一阶段的胜利之后,1942年二三月间对军事成就进行了全面研究,认为陆海军都取得了重大胜利,除菲律宾以外,各条战线计划的完成差不多都提前了一个月,这就使得缅甸战役能提早进行。3月13日,陆海军参谋总长和内阁首相作为政府和大本营的代表上奏天皇:必须在国力所允许的限度下,抓住现在的战机对已有的战果继续扩大,在政治和军事上形成长期不败的局面,同时使美英被迫陷于消极防御地步。对苏方针是:对扩大战争对手应极力防止;在对南方作战期间极力防止引起对苏战端;在保持日苏之间的平静同时,对苏联同美英之间联系的加强进行阻止,并尽力离间它们的关系。

对于下一步的侵略计划,日本海军同陆军之间以及海军内部都有不同的看法。大本营认为,美英可能利用澳大利亚做反攻的基地,因此必须破坏它同美英的联系,对它的海上交通进行断绝。为此,日本决定占领萨摩亚、斐济、新喀里多尼亚以及莫尔兹比港

（新几内亚东南部）。

由此可见，美日两国的战略计划正好针锋相对，所谓珊瑚海之战和以后的一系列战事也由此发生。

在澳大利亚和新几内亚以东是珊瑚海。早在1942年2月，日军占领新不列颠岛（澳军守卫的）及其良港腊包尔之后，就想占领新几内亚东部的莱城和萨拉莫亚，尤其是它的重要海空军基地莫尔兹比港，以便对腊包尔的安全进行保障，对澳大利亚北部的飞机场进行袭击，为以后进犯新喀里多尼亚、斐济和萨摩亚奠定基础。同时，日军还有将图拉吉（所罗门群岛的南部，其南面是瓜达卡纳尔岛）占领的企图，想利用它作为水上飞机基地，作为莫尔兹比战事侧翼的掩护，为以后向东南扩张创造条件。

日本第四舰队和南海部队于1942年3月5日从腊包尔出发，6日夜间在莱城和萨拉莫亚登陆，7日将两地的澳军肃清。但在3月10日早晨，盟国飞机袭击了停泊在两地的舰只，4艘军舰被炸沉，9艘受伤。

由于让井上成美作为日本海军中将指挥第4舰队时还没有航空母舰，日本海军便调用航空母舰瑞鹤号、翔鹤号和祥凤号给他使用。第4舰队应在5月10日对莫尔兹比港发起进攻，15日以前结束战斗。

对盟军来说，保住莫尔兹比港至关重要，它不仅能使澳大利亚的安全得到保障，而且也是将来反攻的跳板。这时，美军情报部门将日军在珊瑚海的侵略行动已经侦察清楚，美国海军少将弗莱彻指挥的舰队，以两艘航空母舰——约克城号和列克星敦号为核心，正在对日军的侵略行动进行监视。5月3日，日军在图拉吉登陆，并将这个小岛占领。第二天，美国飞机对它进行了袭击，将日本4艘小型舰艇炸沉。

这次袭击向日军表明，附近水域有美国航空母舰舰队在活动。

日本第四舰队（这时有3艘航空母舰）由井上成美指挥，为了掩护运兵船队（该船队于5月4日从腊包尔出发）去攻打莫尔兹比港，游弋在珊瑚海水域，搜索美国舰队。

5月7日上午11时左右，在米西马岛（新几内亚东面）附近日美两国舰队进行了第一次空战。美国飞机向日本航空母舰祥凤号（1.2万吨）投下炸弹13枚和鱼雷7枚，击中了要害，在几分钟内将它击沉。

井上成美在腊包尔指挥作战之时得到情报说，一艘美国航空母舰和其他舰只在珊瑚海东部被发现，而实际上这是一艘美国油轮和一艘驱逐舰。井上立即下达日舰出动飞机去袭击的命令。7日上午12时半，炸沉了美国这艘驱逐舰，油轮中弹7枚，但仍漂浮4天，船上人员于5月11日全部撤离后才沉入海中。

7日下午，日本舰队作战司令官决心在美国航空母舰对日本登陆部队进行阻击之前把它们消灭掉。他们挑选了长于夜战的27名飞行员，下午4时15分每人驾驶1架飞机对美国的航空母舰进行袭击。结果日机被击落10架，另有11架在夜间返航降落自己航空母舰时误入海中，安全回到母舰上的只有6架。

5月8日，空战在日美两国舰队之间再次展开。这一天的对阵正好势均力敌，双方舰队各有飞机100多架和航空母舰2艘。8日上午10时许，两国的飞机几乎是同时从各自的母舰上出动，对对方的母舰进行袭击。战斗结束，美军重创日本航空母舰翔鹤号，日军撤出战场。美国航空母舰列克星敦（3万吨）被击伤后，当时还平静无事。但舰内机舱到中午12时47分时发生爆炸，引起大火，不可控制，于是迅速将舰上人员撤离。8日晚7时56分，美国自己的一艘驱逐舰奉命用5枚鱼雷击沉该舰。

这时，日本第四舰队指挥官井上成美决定整个舰队撤回，进攻莫尔兹比港计划无限期延迟，因为他仍怕美国舰队袭击进攻舰队。当日本联合舰队司令部接到这个报告时，大家都困惑不解，井上依旧接到山本五十六继续追击、消灭残敌的命令。大本营海军部也对第四舰队的行动不满，军令部总长永野修身大为光火，当即下达让井上成美追击美国舰队的命令。但美舰已漂洋而去，无影无踪了。

在这次海战中，美国损失飞机66架，日本损失80架。

珊瑚海之战使日本自发动战争以来，侵略的锋芒第一次受挫，被迫将入侵莫尔兹比的计划推迟，这使美军士气得到极大鼓舞（1942年5月7日，正是菲律宾的美军向日军投降之日）。此外，日本大型航空母舰翔鹤号受伤，补充飞机、重建飞行队是瑞鹤号需要做的工作。因此1个月以后的中途岛战役这两艘航空母舰都未能参加，这对日本的下次战役产生了一定的影响。

日本中途岛海战失败

从珍珠港奇袭到1942年春天，在日本海军舰只的损失中，驱逐舰是其遭到的最大损失，但即便这样，同美国太平洋舰队相比仍占绝对优势。所以山本五十六气焰嚣张，踌躇满志，一心要同美国舰队决战，一举将其消灭。3月间，山本就主张进攻中途岛，但遭到日本大本营的反对，山本不顾反对仍坚持己见。4月18日，16架B-25型轰炸机由美国杜立特率领从"大黄蜂"号航空母舰上起飞，空袭东京等城市，然后降落到中国的基地。这次空袭震动了日本朝野，更使山本要进攻中途岛的论据得到加强，他决心要将美国舰队打垮。因为日本政府一再吹嘘，日本是圣土，敌人不能来侵犯。

5月5日，山本的意见终于得到大本营同意，遂命令联合舰队占领中途岛和阿留申群岛。

按照联合舰队制订的作战计划，日本分为4支舰队进攻中途岛：其中一支主力舰队由山本亲自率领，准备同美国舰队进行决战。

第一航空母舰舰队由南云忠一率领担任主攻，它有4艘大型航空母舰（苍龙、飞龙、赤城、加贺），运载26架飞机。另外，4艘航空母舰上分别装载36架基地空军的驱逐机，准备将中途岛占领以后到岛上进行布置。

另一支入侵舰队护送12艘运输舰，载着5800名官兵，准备在中途岛登陆。

15艘潜艇组成的先遣队，要布置两道警戒线在中途岛和夏威夷之间的水域，以监视美国舰队的活动。

此外，还有3支舰队开到北面攻打阿留申群岛。

尼米兹在《大海战》一书中写道："为什么这样一支庞大的舰队对于它的任务却没能完成呢？毫无疑问，美国了解日本的计划是决定性的因素。"

"知己知彼，百战不殆。"遭遇珍珠港惨剧的美国舰队，虽然实力空虚，只有3艘航空母舰（企业号、大黄蜂号、约克城号），8艘巡洋舰和15艘驱逐舰集结，但其对日本舰队的舰队实力、作战计划和指挥人员了如指掌。1942年2月8日，美国作战舰队在袭击威克岛时，截获了1艘日本巡逻船，得到了一本日本海军电报密码。所以在警戒线还未被日本潜艇布置之前，美国舰队就悄悄地集中在中途岛东北300英里处，等待敌人。

美国在通往中途岛的各个要冲布置了19艘潜艇，进行侦察，支持航空母舰。

珍珠港由尼米兹坐镇,他给前线指挥官的作战原则是:"以强大的消耗性攻势,对敌人进行最大限度的重创,并遵循有把握冒险的原则。如果暴露自己而不能重创敌人,就不要暴露自己。"前线指挥是海军中将斯普鲁恩斯和弗莱彻,实际上,沉着稳健的斯普鲁恩斯起了很大的作用。

1942年6月3日,在进攻位置上日本各舰队都已经进入状态。山本等人所得到的情报是:美国航空母舰并没有在这个海域,它们都远在所罗门群岛。

4日凌晨4时30分,在中途岛西北240英里的海面上,赤城、加贺、飞龙、苍龙四大航空母舰上的108架飞机在南云忠一的命令下立即出动,袭击中途岛。这时岛上停有各种美国飞机119架。美国飞机由于事先得到情报都飞上天空,以迎击敌机和逃避轰炸。日机于6时30分开始投弹,将发电厂和飞机库炸坏,击中了油库。美机被击落一半(很多都是刚刚从航空学校毕业的飞行员),日机只损失6架。

在第一批日机离开母舰之后,第二批飞机接到南云命令上升到飞行甲板,装上鱼雷,随时准备去袭击敌舰。这时日军航母遭到几批美机的轰炸,但都没有命中目标,美机被击落很多架。

7时整,第一批轰炸中途岛的日机指挥官返航归来,报告对中途岛的第二次轰炸还要进行。因此,7时15分,第二批飞机在南云的命令下准备进攻,卸下鱼雷,装上重磅炸弹(每枚800公斤)。于是舰上人员再次忙得不可开交,有的卸鱼雷,有的装炸弹。

13分钟以后,日本侦察机报告,10艘敌舰在东北200英里处出现。这个消息使南云海军中将十分震惊,因为根据他的经验,至少应有 1 艘航空母舰才会有这么大的舰队。

7 时 45 分，南云又下命令，对敌人的舰队准备发起攻击，还没有换上炸弹的飞机，鱼雷就不要卸下来了。

这时，正返航归来的是第一批轰炸中途岛的飞机，但第二批飞机还在甲板上，无处降落返航飞机。南云只好命令把飞行甲板腾出来，让返航飞机降落。最后一架飞机于 9 时 18 分降落完毕。于是，南云命令舰队向北撤退，以便重新组织，加足所有飞机的油，装备好，然后向敌舰发动进攻。不久，甲板上的飞机都装上了鱼雷。由于时间紧迫，卸下的炸弹来不及送到下面的弹药库里，被人们随手推在一边。

正在这时，美国舰队派出两批飞机前来轰炸。日舰的 50 架战斗机腾空迎击，打落美机数十架，其他幸存美机退出战斗。当日机回到舰上加油，水兵们为刚才的胜利欢呼之时，从美国企业号上起飞的 37 架俯冲轰炸机向赤城号和加贺号航空母舰直扑而来，炸弹呼啸而下。从美舰约克城号上起飞的另外 17 架俯冲轰炸机也向苍龙号对准投弹。日本这 3 艘大型航空母舰中弹后立即引起舰上飞机起火并且连续引爆放在甲板上的炸弹，弹片横飞，穿过甲板，又在船体深处引起爆炸，机舱破坏，舰舵失灵，航空母舰摇摇晃晃，东倒西歪，舰上许多飞机不是烧毁就是向汪洋大海之中坠落。不久以后，这 3 艘煊赫一时的庞然大物变成一堆堆废铁，沉入太平洋中。

南云忠一离开了正在燃烧的赤城号——他的旗舰，一时间呆若木鸡。稍事镇定之后，他才向山本五十六报告了这个灾祸。而山本这时正坐在他的旗舰大和号（6.4 万吨，装有 18.1 英寸的大炮）上威风凛凛，破浪前进。他以其强大的舰队为靠山，本来以为这次出征定能稳操胜券、荣耀在望，又将重温珍珠港偷袭制胜的美梦。然而，这个惨败的信息像一个晴空霹雳，将他从黄粱美梦中惊醒了。山本无法抑制住他的满腔怒火，像一个输红了眼的赌棍那样，他做出所有的舰队（包括攻打阿留申群岛的3支舰队）集中的命令，准备孤注一掷，向敌人发动猛攻，把中途岛夷为平地，以示报复。6月4日正午，幸存的日本航空母舰飞龙号派出飞机，对美国航空母舰约克城号造成重创。而美国舰队立即报仇，又很快将飞龙号炸沉。

这时，山本看到败局已定，无法挽回，只好将这颗苦果独自吞下。但他还是撒了一个弥天大谎，可谓是打肿脸充胖子，向手下所有的指挥官发出电令："几乎已遭全军覆没的敌人舰队正向东败退……"5日凌晨，山本又发出命令："将占领中途岛的行动取消！"

就这样中途岛战役结束了。日本损失大型航空母舰4艘，重巡洋舰1艘，飞机332架。3500名兵员损失，其中包括几百名熟练的空中飞行员。

美国损失1艘航空母舰，1艘巡洋舰，150架飞机，307名兵员。

美国海军以少胜多的战例中便有中途岛战役，事实上这只是一次战术上的胜利，但它是太平洋战争中的一个转折点，此后日本侵略者随心所欲的进攻就不会发生了。日本人开始承认："敌人已经掌握了太平洋上的主动权。"

第五节　胜负立分

日本在瓜达尔卡纳尔岛惨败

一、美军攻占瓜岛

为了保住中途岛，1942年7月2日，美参谋长联席会议决定把战略焦点转为新几内亚岛和所罗门群岛，并颁发了一项命令，要求对日发动第一阶段的有限攻势，将圣克鲁斯群岛攻占，由尼米兹海军上将全面指挥，准备8月1日进攻日本所罗门群岛中部基地。

在中途岛失败后的日军，锋芒严重受挫。可日本当权者自以为是，对自己的现状不清楚，认为与美国的太平洋舰队相比，联合舰队仍占很大优势，陆军在整个战场上则还没有过重大失败，于是下决心要将新几内亚岛占领，其第一步就是占领巴布亚新几内亚。

与此同时，由麦克阿瑟指挥的进攻新几内亚岛的美军，为执行第三任务做准备，进攻新不列颠，夺取拉包尔。

从陆路攻占新几内亚东南端的莫尔兹比港，要首先将图拉吉岛和瓜达尔卡纳尔岛占领。

1942年5月，所罗门海战以后，日军占领了图拉吉岛，想建水上飞机基地是其主要意图。日军在图拉吉岛上，发现在南方对面有一个面积较大的瓜达尔卡纳尔岛，在它的北岸修建飞机场再适合不过了。

于是在6月16日，门前大佐受日军派遣率工兵先遣队250人登陆。7月6日，又派第11工兵队2500人登陆，同时将建设器材运去，开始在瓜达尔卡纳尔岛上修建一个空军前进基地。

这个时候，美国太平洋舰队作战情报处将日本海军的第25号密码电报破译，得知了这个岛上的消息。同时，也有从图拉吉岛上逃来的政府工作人员和当地人秘密地将这些情况报告美澳军。

东南太平洋战区司令官戈姆利中将和美中部太平洋舰队司令官尼米兹海军上将获得这些情报以后非常震惊。因为日军一旦建成这个飞机场，从瓜岛起飞的日机就能够轰炸圣克鲁斯群岛埃法特岛和新喀里多尼亚北部的库马克飞机场，将严重威胁美澳军现有的防线。不但危及澳大利亚，而且更重要的是会打乱美参谋长联席会议制订的"瞭望塔行动计划"，因而美军不能坐视不管。

戈姆利司令官命美第1海军陆战师师长范德格里夫特少将担任瓜达尔卡纳尔岛登陆作战部队的指挥官，命令他在5个星期内必须将瓜达尔卡纳尔岛和图拉吉岛拿下。

1942年8月6日傍晚，23艘运输船队由特纳海军少将指挥逼近所罗门群岛，担任护航的是英国海军少将克拉奇利指挥的8艘巡洋舰和1个驱逐舰群。"黄蜂号""企业号""萨拉托加号"3艘航空母舰担任空中和海上支援，另外还有由所罗门海海战指挥官弗莱彻海军中将指挥的共有82艘舰船的攻击舰队。

8月7日凌晨5时20分，两岛遭到庞大的美海军舰队猛烈炮击，到夜里，已有1万名以上海军士兵以及大批物资登陆成功。不久，已源源不断进入阵地的还有重炮、山炮、坦克等，气势雄伟，锐不可当。

瓜岛上的日军只有250名海军守备队，2500余名修建飞机场的工兵；图拉吉岛上只有约400名航空兵，约200名海军陆战队。

激战后,两岛上的日军600余人战死,30名被俘,70余名逃到附近小岛上。 美军宣布滩头登陆成功。

8月8日下午,美军占领日军修建的飞机场,后来命名为亨德森机场。 这是美国海军从1898年以来在太平洋上两栖登陆作战第一次成功。

东京的日本大本营收到消息,据说有一位参谋本部的参谋连忙问:"瓜达尔卡纳尔岛在什么地方?"

在这一时期,在辽阔的太平洋洋面上,海上运输的绝对优势已由美国把持。 日美两国在生产力的竞赛方面也发生根本性的变化。 美国有高于日本6倍的飞机生产量,运输用商船是日本的30倍。

二、日舰疯狂反扑

美军歼灭图拉吉岛的日军以前,日军就知道了美军的登陆行动,因为拉包尔的日军曾收到图拉吉岛的日军发出的求助电报,但被日军陆军第17集团军百武司令误认为是骚扰性质的偷袭、美军的大反攻是不可能的。 如果瓜岛的机场被美军占领的话,那对南太平洋地区的日军太不利了,百武做出组织兵力早日夺回瓜岛的决定。

于是,日军第8舰队司令三川军一抽调519人从驻拉包尔的海军陆战队中乘坐"宗谷号"供应舰和"明洋号"运输船,前去攻打瓜岛。 当三川得知美军在瓜岛海域实力强大时,连忙做出让进攻编队返航的命令。 尽管如此,在返回途中,美军潜艇还是将"明洋号"击沉,船上的几百名海军陆战队员全部淹死。

三川军一认为瓜岛美军的存在对日军而言十分不利,决心早日组织反攻。 但是,第8舰队的军舰由于执行各种任务而变得分散,三川为补充力量只好调来了5艘重巡洋舰、2艘轻巡洋舰、1

艘驱逐舰。

8月7日晚，由拉包尔起航的日军第8舰队，向南进军。为了躲避美军的空军侦察，日军只得在夜间行驶。可是就在日海军第8舰队刚刚起航时，就已经被美军潜艇发现并报告了上级。美军认为日军舰队距离瓜岛500多海里，因此也没有十分关注。

日军第8舰队曾被一架澳军的侦察机发现，澳军飞行员出于无线电静默的考虑，飞回基地吃过饭后才向总部报告，结果延误了时机。

同时，日军第8舰队在航行时采取了无线电静默，美军是无法截获准确的情报的。特纳明白陆编队是日军进攻的主要目标，从拉包尔至瓜岛的必由航道是所罗门群岛两串岛屿间的狭窄水道。

8月8日，特纳派2架侦察机顺着水道侦察。飞行员将由于天气恶劣没有飞完全程就返回基地这一情况隐瞒了下来。所以，特纳以为所罗门群岛海域并没有日舰队进入。

三川为了能够对美军的情况有所了解，他要求5艘重巡洋舰各放飞1架舰载侦察机侦察瓜岛的美军情况，以便掌握美军舰队的实力和部署。

当时，三川得知美军在瓜岛海域拥有多艘航空母舰掌握着制空权，并占有绝对的兵力优势时，他决心发动夜袭，用己之长攻美军之短。三川连续出动了3次侦察，充分了解美军的情况。

下午6时，三川命令日舰把甲板上的易燃物都扔入大海，最后对弹药进行整理并做好战斗准备。

晚10时35分，在夜幕的掩护下，攻击队形由以日舰"鸟海号"为首的单纵列舰队组织。同时，三川又对侦察机送来的3份美军情况报告进行了认真研究。

很快，三川发出了战斗命令，要求舰队进攻美军的巡洋舰。

另一方面，弗莱彻作为美军中负责海空支援的航母编队司令，借口舰载机损失严重和燃料不足，向戈姆利请求撤退。在请求未被同意的情况下，弗莱彻于黄昏时分就擅自率领航母舰队撤离了瓜岛海域。

航母舰队撤离后，特纳因为没有了空中支援，只有不足1/4的登陆部队的补给物资卸载量，他的舰队只能在第二天撤退。这时，范德格里夫特作为登陆部队司令对此表示强烈不满，然而，特纳说舰队的处境太危险了，只能连夜尽量多卸一些补给物资。双方对此争论激烈，结果却不欢而散。

几个小时后，由英国海军少将克拉奇利指挥的一支美军巡洋舰队被三川的第8舰队发现了。当克拉奇利的巡逻舰队刚到达萨沃岛与瓜岛之间的海域时，三川立即下达攻击命令。几分钟内，克拉奇利的几艘巡洋舰全都在铁底海湾沉没。

美巡洋舰"文森斯号"立即反攻。短短半小时的海战，日军共击沉盟军4艘巡洋舰，盟军官兵死亡1270人。另外，还重创盟军1艘巡洋舰和1艘驱逐舰。

日军重创了美军的巡逻舰队后，三川对美军的运输船队没有发动进攻。8月8日夜的所罗门海战，美舰队损失惨重，大大削弱了其海上掩护力量，为了使运输船队不遭受日本舰队的打击，特纳命令运输船队立即撤退到新喀里多尼亚。

8月9日至12日，三川率领第8舰队的巡洋舰和驱逐舰向瓜岛进行两次炮击，炮击后立即返航。登陆的美军立即遭到岛上躲进密林的日军组织的反攻，但因为美军早就有所准备，日军的反攻失败了。

几天后，第8舰队被山本五十六派遣为增援瓜岛的编队护航，同时联合舰队的主力准备趁机对美军的航母编队进行诱歼。

8月23日凌晨，弗莱彻的航空母舰编队驶入瓜岛以东海域，被日军一艘潜艇发现。南云得到这个消息后，下令日舰做好战斗准备，并向南航行。

当弗莱特得知日军的航母正在特鲁克附近海域时，他命令第18特混大队返回南方加油，其他舰队继续在马莱塔岛以东执勤。

8月24日晨，美日海军双方距离300多海里，双方进行侦察活动时被对方发现了。

13时许，日军牵制舰队的"龙骧号"航母将6架轰炸机和15架战斗机放飞，空袭瓜岛机场。日机群被击落一大半，对瓜岛机场无法实施破坏。弗莱彻将日军牵制舰队当成南云的航母舰队，命令"萨拉托加号"航母派出8架鱼雷机和30架轰炸机前去攻击。

14时30分，以两艘航空母舰为主力的南云舰队终于被"企业号"航母的侦察机找到了。由于中断了美军航空母舰与出击机群间的通信联络，机群于15时50分到达"龙骧号"航空母舰上空，正准备放飞第二批飞机，美军30架轰炸机从高空进行轰炸，炸弹命中"龙骧号"，舰体大量进水，沉入太平洋。

同时，美军航母编队上空先后出现两架日军侦察机，都被美舰队击落。弗莱彻下令做好防空准备，将队形改为防空队形，还将两个舰队拉开了10多海里的距离，将日攻击机的兵力分散开来。

11月12日，6000多名陆军和海军陆战队员被美海军少将特纳奉命率舰队护送到瓜岛。傍晚，田中率领的日军炮击舰队靠近瓜岛。特纳抽调5艘巡洋舰和8艘驱逐舰，前去对日军炮击舰队进行迎击。

日美两支舰队驶入瓜岛以北的铁底湾。美军首先被日舰队发现，不过，日战列舰携带的并不是穿甲弹，而是炮轰瓜岛美军阵地用的356毫米杀伤弹，美军编队才没有全军覆没。

从14日5时55分起，到15时30分，日军炮击编队遭到"企业号"航母的舰载机和瓜岛、圣埃斯皮里图岛的航空兵部队轮番空袭，11艘运输船被炸沉了6艘，有1艘运输船因受重创而被迫返航。

15日深夜2时，日军增援编队的4艘运输船到达瓜岛，开始卸载。2时30分田中率领舰队撤退。天亮后，4艘运输船全部被瓜岛的美军航空部队击沉，并用燃烧弹把海滩上的弹药和大米全部焚毁。日海军被迫撤离，彻底在瓜岛海战中失败了。

三、登岛日军全军覆没

日本统帅部看到美军在瓜岛登陆后，决心夺回瓜岛，百武作为第17集团军司令接受命令指挥登陆战。

为了顺利完成登陆作战，百武决心选派一木大佐肩负指挥官的重任。一木大佐虽然身材低矮，但武士道精神十足，并且具备热带丛林地作战的丰富经验。

1942年8月18日夜，日军登陆部队由一木大佐率领，成功地在美军防线东面的太午呷附近秘密登陆。然后，侦察小分队接受一木大佐命令向西面摸进。

碰巧，瓜岛上另一支侦察小分队受到范德格里夫特将军派遣向东面摸进。8月19日午后，两支侦察小分队遭遇了。

美军侦察小分队对日军侦察小分队进行突然袭击，当场打死日军31人，只有3人逃生。

美军侦察小分队发现，被打死的日军不同于岛上残留的日军，这些日军的胡子刮得非常干净，军装很新，地图、电报密码以及日记都出现在衣袋和文件包中。

范德格里夫特听到美军侦察小分队报告的这一情况后，立即召开紧急会议。与会军官们一致认为，已经有一批日军登陆部队秘密登陆了。

范德格里夫特立即下令，陆战队由第1团团长波罗克率领连夜搜寻日军主力部队。装甲部队做好战斗准备，作为支援各战线的机动部队。

日军在一木大佐率领下借着月光穿过密密的丛林，来到特纳鲁河西岸的一座沙堤边。他想通过沙堤，对对岸阵地上的美军进行偷袭。

21日凌晨，一木大佐下令进攻。日军立即冲出丛林中，顺着沙堤朝对岸的美军阵地扑去。各小队队长是冲在最前边的，军官们光着上身，将指挥刀挥舞着，从特纳鲁河口越过。美陆战第1团团长波罗克下令：等日军靠近些再射击，只有接到命令才可以射击。

300名日军官兵冲过了沙堤，军官发现任何抵抗都没有，命令士兵们加快速度。第二股日军跳出丛林，冲向沙堤。就在这时，波罗克将挥舞指挥刀的日本军官一枪击毙，并大喊一声："射击！"

美军阵地上，轻重机枪一阵齐射，倒下了几十个日军官兵。面对美军的密集火力，日军军官从倒下的日军伤员和尸体上越过，挥舞着军刀，冲在最前边。

冲在最前面的日军冲过了沙堤，还有十几米就到美军阵地了。波罗克下令："扔手榴弹！"陆战队员们扔出的手榴弹不断地在向前冲的日军身边落下，把许多日军官兵炸飞，此起彼伏的哀号声传出。

第二股日军冲到沙堤中央时，遭到美军阵地火炮的猛烈炮击。无奈之下，冲在最前面的日军停了下来，后边的日军挤了上去，聚在一起的日军挤成了一团。

美军趁机集中火力，对阵地前的日军进行扫射，机枪手随意射倒成群日军。许多日本伤兵将手榴弹拉响，纷纷自尽在阵前。

一些冲进美军阵地的日军顽强抵抗，用手榴弹将美军的火力点炸毁了，并继续射击阵地上的美军。这些人数不多的日军大大牵制住了美军的火力。第二股日军连忙冲过沙堤，进攻更为猛烈。

一木大佐发现从沙堤上进攻受阻，命令神源中队从侧翼进攻美军。美军发现神源中队绕过特纳鲁河向上游迂回后，立即将一支部队派出前去对日军进行阻击。

由于美军的火力太猛，日军士兵无法抬头，只得趴下来躲避，逐渐向原出发地点退回。

这时，第二股日军已经冲过了沙堤，将部分美军战壕占领了。美军的火炮又开始炮击，沙堤被炮火炸断，火炮阻拦之下，日军后续部队被挡在了对岸。

阵地上的美军官兵打得非常艰难，与日军每一寸阵地的争夺都十分激烈。

双方展开肉搏战，用刺刀、枪托、匕首展开了厮杀。危急时刻，预备队也被波罗克投入战场，向日军发动反攻。

激战至21日拂晓，美海军陆战队第1团终于将前沿阵地夺回。21架俯冲轰炸机接到范德格里夫特将军命令，在天刚亮时全部起飞。他们到达日军阵地上空后，沙堤上铺天盖地地落下高爆炸弹，炸得日军无处躲避。

由于美军人多势众，多次围攻后，日军只有剩下的十几个人四散而逃，多数战死。就这样，一木支队全军覆灭于瓜岛上。

四、生死大决战

美军全军将一木大佐率领的日军登陆部队在瓜岛歼灭后，日本统帅部非常愤怒，做出再次潜伏登岛与美军决一死战的决定。从8月28日夜至9月7日夜晚，日军先后分批将川口支队、青叶支队及新组建的一木支队共8400人运上瓜岛。

日军增强兵力以后，决定于9月12日发动地面进攻，并对美军实施大规模的海上炮击和舰载飞机的狂轰滥炸。

由川口将军指挥的进攻采用闪击战术摧毁美军阵地，收复飞机场。而日军在向美军发动进攻之前，必须从泥泞的沼泽和多刺的灌木丛中穿越。

参加此次进攻的6000名日军在艰难地穿过浓密的丛林时，已消耗了很大的体力。美军却早已在陡峭的山岭上修好了工事，范德格里夫特将军已部署了700名伞兵在山岭上，等候日军多时了。

为了将瓜岛日军歼灭，美军也向瓜岛输送兵力。截止到10月23日，已经有2.3万美军在瓜岛，足以与日军抗衡。

在多次进攻瓜岛失败后，第17集团军司令百武中将做出亲自登岛指挥作战的决定。

10月23日夜，美军阵地遭到住吉指挥炮兵的炮击。随后，有12辆日军轻型坦克冲向沙堤，日军步兵跟在坦克的后边，在狭窄的沙堤上挤成一团。美军的各种武器同时开火，从炮弹坦克的后边落下，炸得日军官兵无路可逃，不断有人毙命。

住吉连忙命令日军炮兵将美军炮火压制住，掩护坦克和步兵。美军在防御阵地上部署了装甲车，连续将3辆日军轻型坦克击毁。

日军进攻的兵力不足被美军觉察到，美军命令炮火击毁后边的坦克，把后面的日军截住。美军的爆破手冲到日军坦克旁，迅速地向坦克履带中塞进反坦克手雷。

美军装甲车不断地发射反坦克炮,双方经过5个多小时的激战后,日军伤亡惨重,已经没有招架之力了,剩下的日军在住吉的指挥下躲进丛林。

山本五十六的死亡

1943年4月17日傍晚,米歇尔少校作为美军的"仙人掌"航空部队P-38"闪电"式战斗机队队长,和他手下最能干的两位中队长托马斯、兰菲亚中尉一起来到瓜岛航空部队作战室。

这间地下会议室十分隐蔽,当米歇尔少校和兰菲亚中尉走进这里时,感觉到了事情的严重,因为今天聚集了岛上所有的军官。米彻尔将军当众宣读了尼米兹的命令,然后又转过头看了一眼米歇尔和兰菲亚。

米歇尔和兰菲亚彼此对望了一眼,心里都很清楚,这项看起来很简单的任务,要保证成功,却不是一件容易的事。他们在想:布干维尔岛距他们有520公里,能够完成该项任务的只有他们驾驶的P-38"闪电"式战斗机。因此,这项任务也非他们二人莫属。

P-38"闪电"式战斗机是美军的一种先进战斗机,拥有每小时576公里的最大飞行速度,约3600公里的最大载荷航程。此外,P-38"闪电"式战斗机也拥有异常凶猛的火力,拥有一门口径20毫米的航炮,4架口径12.7毫米的机枪。这种战斗机的攻击可以在远距离进行。此外,这种战斗机的性能非常好,与日军的"零"式战斗机相比要好出很多。

经过商议,米彻尔决定:在山本所乘的飞机降落前,在机场北面的56公里处上空对其进行截击,力求一举歼灭。

具体安排是：由米歇尔少校带 12 架飞机掩护，将保护山本的护航机引开；兰菲亚中尉带 6 架飞机负责掩护，当日军的护航机被米歇尔的飞机引开后，兰菲亚就以最快的速度将山本五十六所乘的飞机击毁。

最后，米彻尔告诉大家：不管付出多大的代价和牺牲，一定要解决掉山本五十六。

1943 年 4 月 18 日这天，正好是个星期天。这个日子令人难以忘怀。一年前的今天，日本东京被杜立特率领美军的"大黄蜂"号航空母舰轰炸过，整个日本都为之恐慌。一年后的今天，也将会是一个特殊的日子，这一关键的、更令人期待、震惊的时刻终于到来了。

山本五十六的时间观念很强。在他即将出发的这天，一大早，他就身穿草绿色军装，左右胸襟上悬挂着上将胸章，戴着白手套的手提着佩剑，精神抖擞地前往机场。参谋长宇垣和拉包尔的联合舰队司令部 8 名工作人员陪同山本进行视察。他们分乘两架飞机，山本和宇垣分别乘坐一号机和二号机。

山本来到机场，走进自己的座机——"一"式陆基攻击机前，转身告诉草鹿任一中将——前来送行的拉包尔海军司令："我明晨从那里出发，黄昏回来，记着吃晚饭时等我。"

早上 6 时整，山本乘飞机从拉包尔准备离开。

"一"式陆基攻击机在当时名噪一时，日本飞行员称其为"飞行雪茄"。它有两部引擎，功率 3000 多马力。最大时速 440 公里，巡航时速 315 公里，续航能力约 3700 公里。不过，这种飞机有一种致命的缺陷，当初在设计的时候，设计师们有意减少了甲板的厚度来提升其续航力，从而让这种飞机变得不堪一击。两架崭新的"一"式陆基攻击机在 3000 米的高度向南飞行，在上空护航的是6架"零"式战斗机。

之前,日军还担心美军会偷袭山本,现在看来,完全没有必要担心。3个小时的飞行都一直平安无事,这证明日军的这次行动美军根本就不知道。很快,"一"式陆基攻击机在布干维尔岛的左下方出现,飞机准备降低高度,打算着陆在巴莱尔机场。

美军的飞行员们在山本的飞机到达巴莱尔之前也在紧张地忙碌着。

1943年4月18日清晨,在瓜岛的亨德森机场,所有参加这次活动的飞行员们守候着,每个人都如临大敌,显露出严肃而庄重的神色。米彻尔少将专程赶到机场,他看着米歇尔和他的飞行员,面色凝重地下达最后一道命令:"无论什么样的困难摆在你们面前,你们都要坚决完成任务!"

7时35分,美军第一批飞机出动,随着发动机震耳欲聋的轰鸣声和排气管向外排出的黑色油烟,飞机升到了空中。飞在最前面的是米歇尔驾驶的飞机,掠过椰林,飞向了天空。随后,其他的飞机也相继升空。由于此刻临时有两架飞机出了故障,不能起飞,因此,执行这次任务的只有16架飞机。

为了能够将日军的雷达探测系统避开,美军的机群在整个飞行过程中一直保持无线电静默,只有罗盘和速度表导航在使用中。从瓜岛飞往巴莱尔的直线距离为480公里。为了保险和慎重起见,更主要的是将日军的雷达网避开,美军决定绕道飞行。按时间推算,双方应该会在9时35分在空中相遇。米歇尔估计3000米左右应该是山本五十六座机的飞行高度。因此,美军的狙击队应该飞行在高度为3500米的地方,而6000米应该是其掩护队飞行的高度。

美军的这16架P-38机群在只靠一个计速器导航和一个指南

针的情况下，飞行了近千公里后，依然准时到达了预定地点，这可以说是一个奇迹，令人难以置信。当美军的机群穿过布干维尔岛绿色的海岸线，盘旋在一片丛林上空的时候，米歇尔看了一下时间，时针指向了9时34分。与山本五十六的座机相比，他们到达这里的时间只早了45秒。

9时35分，在巴莱尔以北56公里的上空，米歇尔少校梦寐以求的目标——山本五十六的机队终于出现了。这些美军的飞行员都恨透了山本五十六，因为正是这个家伙，让美国人在珍珠港蒙受了前所未有的耻辱，这是美国的太平洋舰队遭受过的最沉重的打击。今天他们接受这个任务，都已经抱定了必死的决心，发誓无论如何，一定要干掉山本五十六。

美国飞行员看着不远处的日军飞机，心里都憋足了劲儿。此时，兰菲亚忽然大声叫道："看，大家快看，'一'式陆基攻击机！终于准时赴约来了。"

就在美军发现日本机队的同时，不远处的美国机队也被日本的战斗机发现了，为山本五十六保驾护航的这几架日军"零"式战斗机，立即进入战斗状态，将副油箱甩掉。

按照之前的计划，米歇尔立即带领几架飞机爬升到6000米的高空，日本的"零"式战斗机见状立即丢下山本的座机，爬到6000米的高空与美军对战。

在距山本座机500米处负责截击任务的兰菲亚一见日军的"零"式战斗机纷纷跑到6000米的高空，料到日军果然中了调虎离山之计。兰菲亚阻击队调转机头想朝山本五十六的座机冲去，一时间，4架P-38"闪电"式战斗机风驰电掣般将山本的座机围住了。霎时，兰菲亚和巴巴尔驾驶的战斗机就将那2架"一"式陆基攻击机死死"咬"住。

见此情景，日军的"零"式护航机才发现自己上了当，急忙向下全力俯冲，企图冲下去掩护山本的座机。但是，已无法逆转这一切了。

巴巴尔和兰菲亚看着两架"一"式陆基攻击机将高度降低了60米，他们两人驾驶的 P-38"闪电"式战斗机分别进攻两架"一"式陆基攻击机。兰菲亚对准了自己眼前的这架"一"式陆基攻击机，加大油门冲了过去并扣动了机关枪的扳机。一时间，山本五十六乘坐的这架飞机中了数发枪弹，开始起火。片刻，这架冒着紫色火焰的飞机坠毁了，残骸在下边的丛林中四处散落。巴巴尔的战斗机击中日军参谋长宇垣所乘的飞机，宇垣的飞机摇摇晃晃地掉进了大海，在飞机沉入海底之前，挣扎中的宇垣游到了岸上，侥幸活命。

山本座机被击毁，宣告伏击战结束。这场漂亮的伏击战只用了3分钟时间。9时38分，机向瓜岛返航，布干维尔岛上空恢复平静。

第六章

斯大林格勒保卫战

第一节　德国与苏联的战前工作

希特勒宣布"不能撤退"

当1942年来临时，世界已处于灾难之中。日本1931年蓄意在远东制造了"九一八"事变，四万万中国同胞被其推向了战争深渊；1939年德军闪击波兰，将第二次世界大战挑起。他们越过马奇诺防线，向不列颠群岛扔出了炸弹。

一座座东西方国家的城市，无论是南京、马尼拉、吉隆坡，还是华沙、巴黎、伦敦，都在炮火中颤抖，一栋栋楼房轰然倒塌，千百万人无家可归，四处逃难。日常生活中到处可见着瘟疫肆虐，流血和死亡，白骨累累，尸积如山，人类进入了噩梦般的血腥岁月。

然而，当新年的钟声敲响时，战胜法西斯的曙光也再次亮了起来。

1941年12月初，苏德战场上，在莫斯科苏军发起反攻，德军伤亡50余万，打破了开战以来德军不可战胜的神话。

1941年12月7日（当地时间），即苏军在莫斯科反攻的次日，珍珠港的美国舰队受到日本人偷袭，从而使战争从欧洲、亚洲和大西洋扩展为全球性的冲突。

12月11日，与日本签订的三国公约被德国和意大利履行，向美国宣战。美国和英国也以宣战回敬了他们，重新构建了世界格局。

1941年底，丘吉尔与罗斯福商讨同盟国战略，"阿卡迪亚"会议召开。

对德、意、日轴心国宣战的同盟国家签署一项共同宣言是这次会议所宣告的内容，包括美、英、苏和中国在内的26个国家为反对法西斯要动员所有的人力、物力。

希特勒躲在"狼穴"里以焦虑不安的心情注视着世界反法西斯同盟的形成。如果德国不迅速战胜苏联，那么苏联潜在的人力同美国潜在的军火生产能力联合起来，战争将出现非常难于掌控的局面。

基于这一战略估计，希特勒决定在1942年集中所有力量对付苏联。要在东方重新发动攻势，必须首先从莫斯科会战的阴影中摆脱出来，恢复大后方对自己军事天才的信心。

4月26日希特勒来到帝国国会做演讲，他提出国会授予他权力的要求，要求在他认为合适的时候可以对任何德国人进行惩罚，希特勒用近乎吼的声音叫着："对于这样一个决定我十分期待：在我为我们无与伦比的伟大事业的服务中，我能被国家授予权力，无论在何地，我可以以我认为合适的任何方式采取行动。这问题对我们来说是生死攸关的。无论在前线还是在国内，在行政机关，在运输部门中，还是在司法部，必须服从为胜利而战斗这一个思想。"

希特勒说这话的时候，担任了将近十年的德国总理职务，同时他还是军事领袖，兼任陆军总司令。但他觉得还不够，他还需要一纸约定，可以不受阻挡地、为所欲为地做任何事。

终于希特勒如愿以偿。帝国国会代表们全体起立，发出阵阵欢呼，唱起国歌对希特勒的要求表示同意。历史学家评论道，从此，希特勒本人就是法律。

德国朝野相信真如希特勒所讲的，只要权力都归他所有，就能对战争的胜利有所保证。这种心态在他的党徒中表现得尤其明显。

戈培尔，这位德国宣传部长早年就追随希特勒，在他的日记本中描绘了这种心情：元首的演讲"就好像蓄电池似的，给整个民族充了电。只要他健康地活在我们中间，只要他能把他的精神力量给予我们，逢凶化吉对于我们而言就是可能的"。

斯大林的战略认识

1942年三四月间，莫斯科保卫战和冬季反攻胜利后，进行休整是苏联红军的迫切需要，法西斯侵略军更是精疲力竭。随着泥泞季节的到来，漫长的苏德战线终于沉寂了。但双方都在秣马厉兵，为更大规模的战斗做准备，以争夺战略主动权。

夺取战略主动权都是双方的战略计划。但德军在莫斯科惨败后，在苏联战场发动全线进攻已是不可能的了，于是被迫把兵力集中在战线的南翼，以发动局部攻势。1942年4月5日，第41号作战指令由希特勒签发：

当天气和地面条件好转，德国统帅部和军队就要将自己的优势利用起来，再度夺取主动权，迫使敌人对我们的意志进行接受。我们的目的是将苏联人手中尚有的全部防御潜力彻底消灭，尽可能夺取他们最重要的军事经济中心。为此，德国及其盟国一切可用的军队都必须使用……

为了达到东方战争最初的目的，中线军队将坚守阵地；列宁格勒将由北线占领，并同芬兰人会师；而南翼军队将突进高加索……

因此，南翼的主要战线将集中一切可用的军队，其目的是在顿河这边消灭敌人，以对高加索油田和进入高加索山区的通道进行保护。

具体作战方案由德军统帅部制订，从奥廖尔南部发动进攻，夺取沃罗涅什；从哈尔科夫地区发起攻势，向东突破；然后，在斯大林格勒地区，这些军队将同从塔甘罗格一带发动攻势的德军会师。无论如何，到达斯大林格勒市区可以牺牲一切。或者至少使这座城市处于重炮射程之内，从而使让这个工业中心和交通枢纽不复存在。

斯大林格勒受到希特勒如此的重视，是由它的战略地位决定的。该城原名察里津，位于伏尔加河下游的西岸。它是苏联内河航运干线——伏尔加河上的重要港口，又是重要工业城市和苏联南方的一个铁路交通枢纽，战前的居民约近60万人。斯大林格勒以西、以南是广阔富饶的库班河流域、顿河下游和高加索，是苏联的粮食、石油和煤炭的主要产区。1941年乌克兰被德寇侵占之后，斯大林格勒便是苏联中央地区通往南方重要经济区域的唯一交通线的咽喉，具有极其重要的战略位置。此外，斯大林格勒具有伟大的历史意义。1918—1919年，著名的察里津保卫战在这里进行，英勇的红军打败了白匪军。为了对斯大林指挥这次战役的卓越功勋进行表彰，苏共中央于1925年4月10日做出将察里津改称斯大林格勒的决议。在政治方面，它的得失会产生重大影响。

苏联方面，以1942年春季所得的情报作为依据，"最高统帅认为，1942年夏季德寇能同时实施大规模进攻战役在两个战略方向上，这两个方向很可能是我国南方和莫斯科"，并推测在莫斯科方向德军将实施主要突击。因而苏联在西南方向没有部署足够的兵力,防御准备也做得不好,为之后的战场形势埋下了严重的隐患。

"关于1942年春季和夏初的我方行动计划,斯大林认为,目前展开大规模的进攻战役我方还没有足够的兵力兵器。在近期内,他认为积极的战略防御作为上限,但同时在克里米亚、哈尔科夫地区……可实施一系列进攻战役。"

双方大备战

一、苏德双方大备战

1942年春季,对于苏德两军而言,休息是刻不容缓的。道路泥泞不堪,漫长的苏德战线沉寂了。双方都在积极备战,为发动更大规模的战役做准备,以夺取战略主动权。

在莫斯科保卫战和冬季反攻中,苏军尽管获得胜利,但与德军相比,有更大的兵员、坦克和飞机损失。自从西部国土沦陷后,苏联减少了1/3全国工业产品,减少了47%耕地面积,减少了50%牲畜,缺乏燃油和电力,铁路运输十分紧张。

苏联急需时间组建和训练新的部队,但短期内组建新的部队困难很多。在被德军占领的领土上,曾有苏联40%的人口居住。

在美英等国的援助下,与战前水平相比,苏联军工生产得到恢复。而且苏联有1.6亿人口,有能力组建庞大的战略预备队。

1942年上半年,苏联在武器、弹药和军事技术装备方面有很快的增长。1941年下半年步枪和卡宾枪的生产量从156万支增长到1942年上半年的194万支,各类坦克从4849辆增长为11 178辆,120毫米迫击炮由2315门增长为1万门,1941年下半年战斗机数量从8200架增长为1942年上半年的8268架。

1942年春季，身兼德军陆军总司令的希特勒正在忙着为德军的夏季攻势制订计划，事实上早在严冬季节时，他就开始准备夏季攻势了。

希特勒估计，苏军至少拥有265个步兵师，而事实上，苏军的实力远远在这之上。此时，希特勒认识到仅凭一次战役就摧毁苏军是不太现实的。

希特勒想发动大的战役，但受到哈尔德等高级将领的反对。他们认为德军目前最应该做的是保存实力。希特勒认为哈尔德等人对苏军的实力估计过高了，毕竟苏军在过去的一年消耗了很多兵力。希特勒要求在南线发动进攻，必须夺下高加索的油田，这才是决定性因素，但对于保卫油田，苏联会不惜一切代价的。英军将在1943年登陆欧洲大陆，这是难以避免的，因此，希特勒认为德军必须在1942年将苏联征服。

希特勒想在南线集中大部分兵力，夺得高加索油田、顿涅茨盆地工业区、库班的小麦产区，最后对斯大林格勒发起进攻。德军如果拿下了这些地方，苏联便没有了作战所急需的石油、粮食和工业，同时德国能得到这些物资。

希特勒在发动夏季攻势以前，对第6军团司令保卢斯将军说："必须将迈科普和格罗兹尼的油田占领，否则就必须结束战争。"

斯大林也说过类似的话，为了把战争继续下去，苏联必须保卫高加索的油田。由于石油的原因，斯大林格勒一下子变得重要起来。

如果德国占领斯大林格勒，就能够对通过黑海和伏尔加河向苏联中部运送石油的主要路线实施封锁。德国急需石油发动飞机、坦克、卡车，在部队方面急需补充新兵。冬季作战结束时，德军伤亡116万人，还未把生病的官兵计算在内，预备部队难以弥补如此大的损失。

兵力方面，希特勒深感不足，他开始向轴心国征召部队。凯特尔奉命到布达佩斯和布加勒斯特，征召匈牙利和罗马尼亚军队为夏季攻势做准备，整师整师地征募。

1942年1月底，戈林来到罗马，对意大利为德国提供的部队进行接收。他对墨索里尼说，1942年德国就能将苏联征服，在1943年就能征服英国。

此次墨索里尼曾对戈林说，只要德国出大炮去苏联作战，意大利就可以派两个师。但是，他十分忧虑德国在东线所受的挫折，说需要跟希特勒直接谈一谈。这次会谈，希特勒也认为很有必要，以便向墨索里尼证明德国仍拥有强大的军队。

经过双方协商，两人于4月29日和30日在萨尔斯堡举行会谈。希特勒将巴洛克式的克莱斯汉姆宫殿给墨索里尼、齐亚诺和随从人员居住，宫殿内布置了从法国运来的帷帘、家具和地毯。齐亚诺对于困倦的希特勒有所注意，去年冬季那几个月在苏联的生活在他身上留下了明显的痕迹，希特勒的白发又添了不少。

会谈时，希特勒让里宾特洛甫请两位客人放心，在北非、苏联、公海和西线上，德军的攻势很顺利。希特勒透露，东线就要发动大的攻势，高加索油田即为其矛头所指方向。里宾特洛甫说："只要切断苏联石油来源，苏联就会投降了，然后英国也将投降，以求对支离破碎的英国殖民地进行保全……最后再收拾美国佬。"

希特勒的演讲总算得到了回报，墨索里尼做出向苏联战场提供足够的部队的承诺。其他的轴心国也和意大利一样，承诺于希特勒。这样一来，进入苏联战场的轴心国兵力将有52个师，其中，

27个师来自罗马尼亚，13个师来自匈牙利，9个师来自意大利，2个师来自斯洛伐克，1个师来自西班牙。这52个师占东线轴心国兵力的四分之一。

南路作为德军进攻的主要战线，将增援41个师。其中21个师是轴心国的，包括来自于匈牙利部队的10个师、来自于意大利部队的6个师和来自于罗马尼亚部队的5个师。哈尔德等大多数军官反对对"外国"师寄予希望。他们说，那些外国部队的素质是靠不住的。但德国兵力不足，接受外国援兵是迫不得已的。这一决定很快就给即将到来的战争带来副作用。

匈牙利人与罗马尼亚人有仇，两国士兵互相敌视。希特勒感到很头疼，下令禁止罗马尼亚军队与匈牙利军队接触。意大利和匈牙利士兵感到自尊心受到了伤害，他们不满于本国部队接受德国人的指挥，对德军派人充实他们的部队更为反感。

对于这些国家的要求希特勒全部接受了，并同意匈牙利和意大利的军队、罗马尼亚军队保持独立的国家军队地位。这是德国缺少兵力所造成的恶果，对于弱点希特勒是知道的，只得让这些轴心国部队执行防御任务，让他们去对长长的顿河东北翼防守。

每个在东线作过战的德国官兵都发现，轴心国部队具有极低的战斗力，依靠他们的结果是可怕的，同时也让德军的后勤工作压力十分巨大。但希特勒却认为部队越多越好，在这之后，大大增加了东线作战地图上标明的轴心国部队的数字。

二、希特勒的战争密令

希特勒发动1942年夏季攻势是以攻占斯大林格勒和高加索地区为目的的，这两个进攻目标很吸引人。如果德军在斯大林格勒地区通过伏尔加河，就能够将苏联的南北联系切断。希特勒甚至想派机动部队通过高加索地区，把印度征服。

从战略观点来看，希特勒的战略太失败了，这种两线作战方案犯了兵家大忌，必将导致德军有史以来最大的惨败。因为斯大林格勒与高加索地区相距很远，而夺取两个地区的作战需要同时进行。希特勒的高级参谋们提出如果同时展开两线作战，德国的兵力不足。希特勒却说轴心国提供了若干个师，这一战略任务是能够完成的。

1942年4月5日，希特勒将新的战争密令下达给德军：只要天气条件有利，德军将进攻高加索，同时进攻斯大林格勒。希特勒说："无论如何要把斯大林格勒攻下，或者至少让德军大炮能射到斯大林格勒。"希特勒要求全歼苏军现有的有生力量，尽量把斯大林格勒占领下来。

为了实现东线作战的目的，德军的战略是：中路放慢攻势，北路进攻列宁格勒，南路进攻高加索地区。装甲兵团被希特勒要求分两路从沃罗涅日、塔甘罗格向斯大林格勒发动钳形攻势，将顿河的苏军彻底歼灭，然后再向高加索推进。但是，后来并未按照这个顺序执行，南路的装甲部队变成中央突破。

希特勒还指出：在北方，德军必须占领列宁格勒，把与盟友芬兰的陆地联系建立起来。然而，这个企图与芬兰取得联系的"北极光"行动计划只是第二位的考虑，占领高加索地区仍是德军的大目标。

希特勒为了实施战略意图，整编了南线兵力。他撤销了南方集团军群番号，把A、B两个集团军群组建。

A集团军群由李斯特指挥，统辖克莱斯特的第1装甲集团军和鲁奥夫的第17集团军，由空军第4航空队配合。A集团军群负责将高加索地区占领。

B集团军群由博克指挥，统辖霍特的第4装甲集团军、魏克斯的第2集团军和保卢斯的第6集团军，由空军顿河地区航空队配合。B集团军群负责将斯大林格勒拿下，掩护A集团军群的北翼。

希特勒将战略预备队部署在两大集团军的后面，由匈牙利第2集团军、意大利第8集团军和罗马利亚第3集团军构成。另外在克里米亚地区，配置曼斯坦因的第11集团军和罗马尼亚第4集团军。

南线总兵力共60个德国师，由10个装甲师、6个摩托化师和43个轴心国部队组成。

德军最高统帅部制订了代号为"蓝色行动"的南方作战计划：李斯特的A集团军群的克莱斯特第1装甲集团军向哈尔科夫南部进军，鲁奥夫的第17集团军向塔甘罗格北面进军，A集团军群将顿河下游的罗斯托夫占领，向南攻占高加索地区的油田；B集团军群的霍特第4装甲集团军、充当左翼的魏克斯第2集团军，从库尔斯克南面突击，保卢斯的第6集团军为右翼从哈尔科夫北面突击。B集团军群将顿河的沃罗涅日占领，最后攻占斯大林格勒。

德军分四个阶段来展开"蓝色行动"：第一阶段是第2集团军和第4装甲集团军攻占顿河上的沃罗涅日，第6集团军到达哈尔科夫以西，并配合第4装甲集团军，歼灭顿河以西的苏军；第二阶段是第4装甲集团军、第6集团军与A集团军的第1装甲集团军和第17集团军配合将斯大林格勒合围起来；第三阶段是B集团军群向东南推进，A集团军群越过下顿涅茨河向东北方向推进；第四阶段是两个集团军群向高加索地区挺进。

从1942年开始，希特勒"事必躬亲"，对德军的所有指挥行动进行干预，这是与他作为元首的职责范围完全不相干的。任何兵力超过一个营以上的军事行动，都要经过希特勒的允许。由于希特勒事无巨细，他的手令往往阻碍了指挥和作战，最高统帅部与他出现了严重的冲突。统帅部希望希特勒能够制定长期性的作战训令，可希特勒拒绝了，他害怕长期的作战训令会把大量的权力都给了将领们。但他这样做的结果却使德国统帅部的权限丧失了，集团军群甚至只有得到希特勒允许才能调动部队。1942年3月，希特勒在宣传部长戈培尔面前用"懦弱的可怜虫"来评价布劳希奇。

第二节 斯大林格勒保卫战的序幕

斯大林"以攻代守"

莫斯科保卫战后,苏联国内普遍持有乐观态度,军民都相信战争中最危急的时刻已经过去,局势已经开始好转。

斯大林在1942年2月23日颁布庆祝红军成立24周年的命令,他在命令中出乎意料地宣布,红军很快就能打垮敌人,整个国土上将重新飘起胜利的红旗。这时,报纸上也提出在新的一年将战争结束的说法。

事实上,德军被彻底打败还要三年。那么斯大林为什么宣称"胜利就要来临了"呢?

1942年1月1日,美国、英国、苏联和中国等26个国家的代表在美国白宫签署了《联合国家宣言》,决心团结起来一致对抗轴心国。之后,美、英两国制定了"先欧后亚"的战略。形成了国际反法西斯统一阵线后,苏联拥有了众多同盟者。而美、英的战略原则,又使斯大林相信战争一定能胜利。无论从人力、物力还是军队数量、装备,同盟国将远远超过轴心国,这大概是斯大林在1942年初做出"胜利快要来临"论断的原因。

1942年3月,斯大林召开最高防务会议,针对夏季战役方案进行商讨。伏罗希洛夫、铁木辛哥、沙波什尼科夫元帅、朱可夫大将和总参谋部作战处长华西列夫斯基上将这些苏军的高级将领参加了会议。

沙波什尼科夫首先对冬季作战战况做了报告:"在1941—1942年冬季攻势中,我军粉碎了德军攻占莫斯科的阴谋,推进了200多千米的战线。根据各种情报分析,总参谋部认为夏季作战德军将在中央战线莫斯科方向发起攻击。"沙波什尼科夫的这一结论是两天前与斯大林经过仔细研究后得出的,各方面军司令员对此也无疑虑。

随后,会上对苏军夏季战役的战略是防守为主还是以攻代守进行了讨论。朱可夫将军主张前者,他说:"近一个时期,德军已从挫折中恢复了过来。而我军由于损耗了过多的兵力和兵器,需要补充大量的人员和技术装备。加上天气转暖,有利于德军最大限度将机动作战优势发挥出来,下一阶段我军宜重点进行防御……"

"朱可夫同志!我们在确定夏季作战方案,太消极保守是不行的,而要在防御基础上采取主动,将德国人的进攻部署破坏掉,夺取战场的主动权。"朱可夫话未说完就被斯大林打断了。

朱可夫默不作声地坐下,斯大林觉得有必要让将军们对这场战争进行宏观的把握。"现在是苏德战争的关键时期,在苏德战争初期,德军利用突然袭击和机动作战,占领了我们许多土地,表面上我们败了,但从整个战局看,我们没有败,我们打破了希特勒3个月打败苏联的阴谋。"

斯大林接着说:"莫斯科会战是战争的转折点,我军让敌军在冬季作战中吃了大亏,大大地震惊了轻视我军的希特勒。现在德国人已感到兵力不足,补充困难,已无法全线进攻。我军要积极开展防御,积蓄力量,却不能一味等待,在适当时机、场合主动出击，打乱敌人部署，将战场的主动权夺过来。"

斯大林这一番对敌我双方高屋建瓴的长篇分析，折服了将军们，会上批准了总参谋部的方案。但随着夏季来临，苏联的灾难也将随之而来。

事实上斯大林太过乐观地估计了战争局势，而且先发制人的作战指导只是建立在敌情不明、一厢情愿的基础上。

顿河边上的战役

1942年7月17日，第6军团遵照希特勒命令出击。第6集团军的先头部队挺进到顿河河曲的奇尔河和齐姆良河一带，遭遇了苏军第62、64集团军的先头部队，斯大林格勒会战爆发了。

对此，陆军参谋长哈尔德在日记里用沉痛的口吻写道："元首又乱下命令了，他的做法使人愤怒。他将我的建议粗暴地否决，改变了我精心制订的一系列顿河计划。"

顿河在俄罗斯境内，它是俄罗斯欧洲部分的第三大河，在乌克兰境内还有它的部分支流。顿河从俄罗斯丘陵东麓发源，最后流入亚速海的塔甘罗格湾，全长1870公里。

作为顿河左岸最大的支流，霍皮奥尔河从伏尔加丘陵西坡流经维申村注入顿河。顿河右岸最大的支流是北顿涅茨河。伏尔加—顿河的运河长101公里，连接着从伏尔加格勒以下的伏尔加河和卡拉奇以下的顿河。伏尔加河通过该运河可通向黑海和亚速海，极大地影响着苏联经济。

苏军第62集团军于1942年7月扼守顿河河湾以西的苏军桥头堡北部，由科尔帕克奇指挥；扼守南部的任务暂由崔可夫指挥第64集团军负责；第1、第4坦克集团军给予支援；第62、第64集团军各拥有6个步兵师的兵力和若干坦克营。由步兵向装甲兵改编过程中，尚未完成训练，坦克的数量也不足的两个坦克集团军负责支援。

铁木辛哥将第62集团军和第64集团军的防区选定为克茨卡亚—苏罗维基诺—上索洛诺夫斯基—苏沃罗夫斯基—上库尔莫亚尔斯卡亚一带。

苏军军事条令规定：防御者首要将敌军和选定防区了解清楚，把部队部署在最有利的地形上。有利的地形应该能使防御者在发动反攻时占据有利条件，应能发扬火力，并在必要时隐蔽自己。同时，该地形应该有利于将进攻者的机动能力减弱，尽量延长敌军暴露在防御火力下的时间。

但第62集团军和第64集团军的防区与以上条令明显不符合。铁木辛哥没有选定河流沟谷这些天然屏障，其实只要苏军在这些地方构筑工事，德军就难以逾越。

铁木辛哥将第62和第64集团军将光秃秃的草原选定为主要防区。第62集团军各部队之间有很多空隙，它的右翼尤其如此。德军装甲部队有可能穿过这些空隙直抵第62集团军后方。

7月17日，方面军司令铁木辛哥命令第64集团军："第64集团军所属第229、第214、第29和第112师，海军陆战队第66和第154旅，第40和第137坦克旅，应于18日晚前将苏罗维基诺、下索洛诺夫斯基、佩谢尔斯基、苏沃罗夫斯基、波格金斯卡亚、上库尔莫亚尔斯卡亚抢占下来。各部队进入阵地后，要马上构筑工事，顽强地阻止德军突破到斯大林格勒。各师应以一个团的兵力为先头部队……"

铁木辛哥下达的是一个很难完成的任务，因为第64集团军各部队刚下火车，还没有形成战斗纵队，他们前进的队形也是下火车时形成的。他们正在向西方、向顿河方向前进，有些先头部队已靠近顿河，而主力却远远落后。第64集团军的后勤部队的出发地还远在西边的图拉州。

各部队一下火车既要集合，又要渡过顿河大湾，徒步前进120～150公里，而去齐姆拉河的先头部队的路程比主力部队还要远50公里。同样糟糕的情况也发生在第62集团军。

同一天，第62集团军接到了铁木辛哥的训令："第1梯队、步兵第229、214师，海军陆战第154旅及坦克第121旅在顿河右岸的苏罗维基诺—苏沃罗夫斯基一带进驻；第29师在波格金斯卡亚至上库尔莫亚尔斯卡亚一带防守；第2梯队、步兵第112师部队在两个集团军的接合部奇尔河一带坚守；海军陆战第66旅、坦克第137旅和各学员团防守梅什科瓦河沿岸的居民区。"

苏军在顿河以西的防线明显过长，第62集团军第1梯队的4个师防线为90公里，第64集团军第1梯队的2个师和1个旅有50公里的防线。

两个集团军第1梯队的先头部队占各师的近25%甚至30%的兵力，位于主力前面50公里处。苏军先头部队没有炮兵和空军的支援。这种部署使第2梯队的力量大大削弱，并最大程度地缩减了预备队。

7月19日晚，铁木辛哥改动了第2梯队：第112师在梅什科瓦河边的洛哥夫斯基村—格罗莫斯拉夫基村进驻；海军陆战第66旅、坦克第137旅和各军校学员团调到苏军的左翼，即阿克塞河地区。这样一来，苏军的预备队都留在顿河左岸，而第2梯队和预备队没有在顿河以西的地方部署。

为了把斯大林格勒拿下，保卢斯的第6集团军改编为南、北两个突击集团，坦克第14军和步兵第8军组成了北集团。北集团的任务是：7月23日，从洛哥夫斯基和佩列拉佐夫斯基出发，从顿河右岸向上布济诺夫卡和小纳巴托夫斯基推进，将卡拉奇占领。

步兵第51军和坦克第24军组成了南集团。南集团的任务是：7月25日，从奥勃利夫斯卡亚和上阿克谢诺夫斯基出发，将苏罗维基诺以南的苏军防线突破，再经过旧马克西莫夫斯基，从南面向卡拉奇进攻。

第3集团军由霍特的第4坦克集团军（2个步兵师、1个坦克师、1个摩托化师）和4个罗马尼亚步兵师组成。第3集团军的任务为：7月30日，强渡顿河，沿科捷尔尼科沃—斯大林格勒铁路，向斯大林格勒或者高加索进攻。

铁木辛哥曾在哈尔科夫、顿涅茨地区连续大败，这让斯大林很是不满，他在7月23日被召回莫斯科。斯大林格勒方面军司令将由年轻的戈尔多夫中将继任。

斯大林格勒已经遭到入侵威胁，类似于1941年列宁格勒和莫斯科的情况。无数百姓修筑了环绕着城市的3道工事，最外围的工事长达480公里。由民兵与工人组成的民兵营数量不断增加，这些工事被许多营源源不断地进入。

1942年7月23日，保卢斯命令北集团第8军和坦克第14军向苏军第62集团军进攻。

戈尔多夫一上任就发现了铁木辛哥的部署出现了一大漏洞，他急忙命令第64集团军："遣调海军陆战第66旅和坦克第137旅到齐姆良斯卡亚镇，负责攻击德军翼侧和后方，将横渡顿河的德军歼灭。"由于下切尔斯卡亚附近的大桥承受不住坦克的重量，苏联坦克第137旅的重型和中型坦克无法渡河，该旅只有一个摩托化步兵营和15辆轻型坦克渡过了。

后来戈尔多夫得知是德军集团军群到达了齐姆良斯卡亚地区。

但遗憾的是，他签署上述命令时，并不知晓准确的情报。

7月23日10时，第62集团军右翼顽强地将德军北集团所属部队的进攻阻挡下来。德军推进到第62集团军防区是在7月22日晚前。

经过激战，克列茨卡亚、叶夫斯特拉托夫斯基和卡耳梅科夫被德军北集团占领。德军后卫部队赶到后，开始突击马诺伊林、马约罗夫斯基，同时经过普拉托诺夫进攻上布济诺夫卡。

德军摩托化第3、第60师于7月23日傍晚赶到顿河边上的戈易宾斯卡亚地区和斯克沃林地区。

苏联第62集团军决定于7月24日凌晨5时派坦克第13军和步兵第33师发动反攻，将第33师防御阵地恢复。反攻的时间定在上午10时，这是攻击数倍德军的英雄之举。

当天，苏联第64集团军已经将戈尔多夫司令指定的防御阵地占领，但有些部队未能赶到。上午10时，苏联第62集团军坦克第13军的150辆坦克、第33师的一个步兵团和一个坦克营在3个炮兵团的炮火掩护下发动了反攻，由于坦克第13军的行动不协调，反攻失败了。

德军第16装甲师和步兵第113师在卡查林斯卡亚地域插入，到达科斯卡河岸。

7月24日傍晚，在上布济诺夫卡，德军第3摩托化师和第60师将苏军第184、第192师师部歼灭了。德军将戈卢宾斯基和小纳巴托夫斯基占领后，对苏军第62集团军右翼构成了合围态势。

此时，戈尔多夫有了强大的援兵的支持：苏军预备队已经到达，并组建了坦克第1和第4集团军；步兵第126、第204、第205、第321、第399、第422师；同时抵达的还有其他兵团和加强部队。斯大林命令戈尔多夫必须将德军的攻势拦阻下来，并把德军赶过奇尔河。

7月25日，德军强渡顿河，扑向伏尔加河方向，从西面和西南对斯大林格勒形成合围态势。

7月26日，德军南集团第51军和坦克第24军兵分两路，向苏军第64集团军进攻。在保卢斯的亲自指挥下，德军一举将第64集团军防线突破，分别到达上布济诺夫卡和下切尔斯卡亚。

为了将卡拉奇渡口的德军消灭，7月25日至27日，苏军总参谋长华西列夫斯基飞抵斯大林格勒，组织强大的兵力反攻德军。

经过一番激战，苏军溃败：德军合围了第62集团军，第64集团军撤回了顿河南岸。

华西列夫斯基急忙向斯大林发电报，请求遭调北高加索方面军的第51集团军到斯大林格勒。同时，华西列夫斯基调派第57集团军到南部防线。

苏联第64集团军于7月27日傍晚发动反攻，将渡河的德军先头部队赶回奇尔河和顿河对岸。

德军初期的胜利，在很大程度上是由苏军各集团军还未形成战斗队形而造成的。如果苏军有两三天的时间准备，德军决不会轻易将第64集团军的防线突破。

寸步不退——第227号密令

1942年7月28日，苏军最高统师斯大林发出第227号命令，把苏德战场南部的危险形势严肃地指了出来，要求红军对敌人的进攻进行坚决的抵抗。"这个命令贯彻了同惊慌失措者和破坏纪律者做斗争的强硬措施，对'退却'情绪进行了坚决的谴责。"命令指出：

……现在不能退却，寸步不退！这就是我们当前的主要号召。

必须顽强地把每一个阵地，每一米苏联领土保住，直到最后一滴血，守住每一块苏联土地，不惜一切去保护它。

苏军各级领导机关、军事院校甚至连队都接到了这道命令，战士们进行了学习，很受激励，"寸步不退"的口号变成每一个苏军战士的座右铭。

斯大林还命令在集团军和师中建立阻截队，在不坚定的师的后面放着，责成他们在师团部队惊慌失措和慌忙撤退时，就地枪毙惊慌失措者和胆小鬼。

7月28日，苏军最高统帅部对斯大林格勒方面军做出指示：由于敌人在下切尔斯卡亚地区进抵顿河，"这对方面军造成了极大的威胁，因而也是主要的"，必须采取紧急措施，对正南面的外围防线进行加强。8月1日，斯大林格勒方面军遭调第57集团军等部队到南面的外围防线。这时，斯大林格勒方面军也能对第51集团军进行指挥，从而延长方面军的防线700公里。

为了便于指挥作战，8月5日，斯大林格勒方面军被苏军最高统帅部分成斯大林格勒方面军（司令员是戈尔多夫中将）和东南方面军（司令员是A.H.叶廖缅科上将）两部分。第62、21、63集团军和第4坦克集团军归前者管辖；第64、57、51集团军和第1近卫集团军则归后者管辖。两个航空队的空军支援他们作战。最高统帅部命令上述两个方面军，采取坚决措施将斯大林格勒地区守住。其在8月9日的指令中说："叶廖缅科同志和戈尔多夫同志注意：保卫斯大林格勒将从西部和南部进攻，把斯大林格勒的敌人击溃，能决定我们整个苏联战场的局势。"

德军统帅部看到一个第6集团军无法将斯大林格勒拿下，7月

31日命令德国第4坦克集团军从高加索调头北上,向科捷利尼科夫斯基—斯大林格勒方向进攻,与德国第6集团军从顿河西岸发起的攻势进行配合。德国法西斯认为,必须首先夺取斯大林格勒,"斯大林格勒战役决定了高加索的命运"。

德国第4坦克集团军从齐姆良斯卡亚地区出发,将苏联第51集团军的防线突破,于8月2日到科捷利尼科夫斯基地区,并继续北进。苏军组成的战役突击集群由B.N.崔可夫中将指挥,猛烈地阻击这支侵略军。但这支德军的主力从东侧迂回,绕过了苏军战役突击集群,于8月5日前出阿布加涅罗沃—普洛道维托耶一线,向外围防线的正南面进犯。从8月5日起,激烈地在此地作战。德寇凭着兵力和武器的优势,以及空军的制空权,猛烈冲击。苏联第64和第57集团军的战士们则英勇杀敌,坚决地多次将敌人的进攻打退,8月9日一天就消灭3个团敌军,击毁100辆坦克。苏联空军也积极助战。到8月10日日暮,苏军把突进到京古塔的德寇驱逐到外围防线,重创德国第4坦克集团军,使其被迫转入防御。德国法西斯不得不从其第6集团军抽调两个师,对第4坦克集团军进行加强。

在此期间,德国第6集团军发起了对苏联第62集团军的顿河西岸阵地的攻势。从8月7日到14日,激战7天之后,苏军撤退到顿河东岸,在维尔加契—里雅皮切夫一线继续抗击德寇。

斯大林格勒地区的战局,使苏军最高统帅斯大林越来越关注。8月12日,国防委员会委员、苏共中央书记马林科夫、苏军总参谋长华西列夫斯基被他派到斯大林格勒前线。他们两人对战场进行了视察,协助当地两个方面军的司令部采取了一些措施来加强防御。为了使两个方面军的配合更密切,苏军最高统帅于8月13日指示叶廖缅科上将统一对斯大林格勒地区的两个方面军进行指挥。

8月15日，德国法西斯又以优势兵力进攻苏联第4坦克集团军防守的特列赫奥斯特罗夫斯卡亚地区，8月17日傍晚，这里的苏军也退至顿河东岸，防守在伊洛夫里亚河口到维尔加契一线。这时，著名的苏联第1近卫集团军的3个师前去克列明斯卡亚—西罗京斯卡亚—伊洛夫里亚河口一线，他们顽强地将敌人的进攻抵挡住了，将自己在顿河西岸的阵地守住了。

艰苦卓绝的8月23日

1942年8月23日，对斯大林格勒的军民来讲是很艰难的一天。这一天，苏军第62集团军与斯大林格勒方面军失去了联系。为了阻止德军把城市占领，斯大林格勒方面军出动预备队和工人武装在伏尔加河把防御阵地建起来了。

德军空军轮番轰炸斯大林格勒。仅仅一个昼夜，德军就出动了2000架次飞机，极大地破坏了斯大林格勒的机关厂矿、居民楼、医院、学校和幼儿园。城区变成了火海，无数百姓遭难。大量儿童死亡，或者成为孤儿，城市沦为一片废墟。戈培尔宣布："元首就要占领布尔什维克了。"

德军的轰炸一度中断了斯大林格勒和莫斯科的电话联系，正在斯大林格勒视察的华西列夫斯基只能通过无线电报将战况报告给斯大林。

然而，斯大林格勒的军民没有屈服于敌人的狂轰滥炸，军民们坚决响应各级部队政委和城市共产党组织的动员。许多工厂如拖拉机厂、"街垒"工厂、"红十月"工厂和发电站等都变成了堡垒，工人们一边生产武器，一边守卫城市。

全市人民，包括头发花白的老人、炼钢工、拖拉机厂工人、水手、装卸工、锅炉工、铁路工人、造船厂工人、公司职员和妇女、青年都武装起来了，坚决与侵略者做斗争。内务部的步兵第10师和斯大林格勒卫戍区的部队，也开始进行巷战。

战斗每时每刻都在进行着。德军每前进一小步都伤亡惨重。德军越是靠近城市，战斗越激烈；攻势越猛，苏军越是顽强地抵抗。

居民防空队、医疗卫生队和消防队遍布在战火熊熊燃烧的街道里。妇女、儿童、老人和伤员们等无法参加生产和战斗的人被带到伏尔加河左岸避难。

在敌机轰炸下，河港的船只和伏尔加河舰队的舰艇遭受损失，但他们依然不断地把伤员向左岸送去，再回部队补给。伏尔加河舰队还出动舰艇炮轰斯大林格勒的德军。

斯大林格勒州和市的党组织在部队中进行广泛的政治宣传活动。他们与部队各级党委团结起来，组织人民武装配合部队进行战斗。斯大林格勒成为巨大的军营。在党的领导下，无数人被动员起来，与德军作战。从后方不断赶来的部队看到当地军民战斗的情景后，保卫斯大林格勒的信心得到了增强。

德军在巷战中消耗很大，以现有德军的兵力无法取得彻底的胜利，而德军消耗的兵力无法弥补。在事实面前，德军最好的办法是撤退。但希特勒不允许德军撤退，也不考虑部队伤亡，采取了强硬态度。德军不仅无法攻占斯大林格勒，反而将一支又一支部队葬送了。

德军在斯大林格勒城里继续向前进攻，逐街、逐巷、逐屋地战斗。德军遭受了重大损失，兵力大量缩减。

8月24日凌晨，斯大林格勒的苏军接到斯大林的指示："千万不能惊慌失措，千万不要害怕！我们拥有足够的人力、物力和时间将德军打退。请用两个方面军的航空兵对突破的德军进行猛烈轰炸；用装甲列车沿着斯大林格勒环城铁路作战；施放浓烟把德军熏死。不但要在白天与德军战斗，而且要在夜里作战，要炮兵和火箭炮部队利用起来……"

斯大林格勒方面军组织军政大学的学员、防空兵和海军陆战队投入巷战，把装甲部队和机械化部队训练中心的战士、民兵和工人营动员起来，将拖拉机厂的德军击退了3公里，还组织了强大的突击队，攻向伏尔加河岸的德军。

在城市的南部，局势十分危急，约有250辆德军坦克在冲向通向红军城的接近地。德军坦克第14、24师和摩托化第29师只能从南面推进到索良卡林。苏军第422、244师和第15师的反攻，霍特第4坦克集团军的攻势阻挡下来。苏军炮兵的表现十分出色，他们将60辆德军坦克击毁了。

8月27日，刚从西线飞抵莫斯科的朱可夫在克里姆林宫见了斯大林。斯大林说："斯大林格勒的局势危急，同样危急的还有北高加索。我委任你为最高统帅助理，赴斯大林格勒指挥。第24集团军、第1集团军和第66集团军已被统帅部决定拨给斯大林格勒方面军。"

8月27、28日，德军右翼部队接到统帅部命令向战线中部的阿布加涅罗沃、卡普金斯基调动。德军坦克第14、24师，摩托化第29师以及罗马尼亚的步兵第6师和第20师都从属于右翼部队。他们的任务是向泽塔村和纳里曼村进攻，穿过两个村子与第6集团军会师。

第三节　坚持才能取得胜利

朱可夫坐镇指挥

由于德军已经前进到伏尔加河，斯大林格勒的形势非常危急。经过几日激战，德军突破了顿河的防御，主力渡过顿河，挺向市区。在敌军逼迫下，苏军从斯大林格勒外围撤了下来，斯大林格勒已成为一片废墟。形势日益严峻！

斯大林格勒于8月24日24时整进入戒严状态。

8月26日，城防委员会号召全体市民修筑街垒，斯大林格勒进入临战状态。

8月27日，格奥尔吉·朱可夫大将奉命离开西方面军往莫斯科赶去。

晚9时，在克里姆林宫的斯大林办公室，斯大林脸色忧郁地对匆匆赶来的朱可夫说："碰上难关了。斯大林格勒可能被德寇占领，高加索战局也不妙。"

斯大林接着说："国防委员会刚做出决定，任命你为最高副统帅，负责防卫斯大林格勒。"然后用期待的目光看着朱可夫，决然地说："这座城市我们不能丢。"然后郑重其事地告诉朱可夫，他已被授予全权，可以对城内两个方面军、空军及其他部队，还有机动集结兵力进行调动。

朱可夫具有刚强的性格，从不怨天尤人，患得患失，很快他就不再疑虑不安。他从小就立志要报效国家，先在沙皇军队里当士官，后来在红军中当排长、连长、团长、师长、军长，青云直上。

朱可夫暗下决心：宁可在两军对垒的战场牺牲，也不平庸地度过一生。4小时后，飞机降落在斯大林格勒。朱可夫走下飞机时信心饱满，登上来接他的"艾姆"牌越野车。

朱可夫的车在斯大林格勒方面军司令部小伊万诺夫卡一停下，华西列夫斯基说的第一句话就是："什么时候进攻？"

朱可夫诧异地问："哪儿来的消息？"他直接向布满作战地图的长桌走去："看来，战士们士气很高噢。"

华西列夫斯基笑着说："有一句格言在前沿流传：朱可夫大将一到，进攻就开始了！"

苏军准备反击，尽管朱可夫觉得兵力太少，准备也过于仓促，自己没有信心向敌军进攻，但再不发动反击，城市就危险了。9月5日拂晓，朱可夫组织苏军在城北攻向敌军。

苏军发起冲锋后，德军立刻进行强有力的回击。德军集中了大量的坦克、炮兵和摩托化部队阻止苏军进攻，德军轰炸机对运动中的苏军不断进行轰炸。第一天结束时，苏军几乎毫无进展。

第二天苏军大规模地使用航空兵作战，取得了一定进展，但德军立刻向斯大林格勒地域调集新的部队。交战的第三、四天，停止了进攻，主要是各种火器战和空战。

这次战役成功的地方，是将德军进攻的势头阻缓了。

苏军9月5日的猛烈反击，震惊了保卢斯。他没有料到苏军的抵抗会越来越激烈，心情也反复不定。

德军8月23日从南、北两个方向攻向苏军。担任北部作战的坦克14军冲锋陷阵，苏军防线很快被突破，穿越小罗索什卡—137

高地——康内会让站地区以北的一排小冈冲向伏尔加河。当参谋在地图上把坦克14军的进攻路线标出时，司令部内充满了欢乐情绪。

可是当保卢斯还处于兴奋中时，科瓦连科指挥的突击集群已猛扑过来。由于坦克14军进军过快，两翼步兵师跟不上，面临险境。保卢斯接通了与维特尔斯盖伊姆的联系。

维特尔斯盖伊姆在电话里的声音有点惊慌："苏军炮火很猛，请援军快点到达，形势很危急。"

援军方面也很困难，步兵第8军紧跟着坦克14军突击，刚渡过顿河，指挥部就遭到空袭，几名参谋当场就死了。原本掩护坦克14军右翼的步兵51军伤亡也很大，该军在苏军反击下，行动迟缓，进退两难。直到一星期后，保卢斯又调来几个步兵师，才使14军冲出重围。

凭着优势兵力，德军终于在苏军阵地上站稳脚跟，将苏军赶到内廓（市区）一线。可没等保卢斯松一口气，苏军在北部发起突袭，使保卢斯不得不减缓进攻节奏，把市区的部分兵力抽调到郊外应急。

正当保卢斯烦恼苏军的顽强反击时，参谋长施密特少将兴冲冲地走了进来："好消息，前线传来捷报，我们已经击退了苏军9月5日发起的进攻。"

保卢斯如释重负，情绪又高涨起来。他把施密特一把抓住："通知各部队指挥官马上开会，对新一轮进攻计划进行研究。"

9月12日中午，希特勒在"狼人"大本营召开军事会议。希特勒很满意保卢斯的报告，立即将他带去的作战计划批准了。

次日早晨，保卢斯心情愉悦地带着作战计划登上飞机，参加元首召开的大本营会议。临行前，他对送行的施密特说："苏军被打垮了，这一回元首不会对我们再次失望了。"

战争远远没有结束，双方新一轮的战斗即将展开。

市中心争夺战

1942年9月中旬，朱可夫和华西列夫斯基就南方前线的形势向斯大林做了分析。两人指出，德军正在用进攻来掩饰其虚弱，德军要完成高加索和斯大林格勒战略计划已经没有充足的兵力；南线德军中战斗力最强的第6集团军和第4坦克集团军，在斯大林格勒损失很大，已经无法拿下斯大林格勒。

两人还把匈牙利、意大利和罗马尼亚等国军队的优点和弱点指了出来。各仆从国军队的装备不足，军事素质低，就连防御战中都由于抵触战争缺乏战斗力。

与之相反，几百万苏军官兵参加战争是为了保家卫国。经过一年多的艰苦奋战，广大苏军官兵得到了锻炼，从德军那里学会了很多东西。同时，苏联较大地发展了兵工生产。苏军统帅部正在将全副新式武装的战略预备队组建起来，至11月，苏军将拥有更多的机械化部队和坦克部队。

两人同时指出，在当前阶段，苏军在斯大林格勒保卫战中伤亡太大，目前无法彻底打败德军。最后，苏联统帅部决定：第一，苏军继续以防御消耗轴心国军队；第二，准备在斯大林格勒地区把轴心国军队歼灭掉。

不久，朱可夫和华西列夫斯基接到斯大林命令返回前线，争取早日发动大反攻。

为了打赢斯大林格勒这场战役，希特勒从高加索等地调来了10个师的兵力。此时，有50多个师的德军在斯大林格勒战线，加上仆从国的军队，共100多万人，其中有17万兵力直接进攻斯大林格勒市。德军共拥有1700门大炮和500辆坦克。

当时，有6个集团军隶属于斯大林格勒方面军，东南方面军拥有4个集团军，两大方面军共拥有120个师，总兵力100多万人。

9月13日，德军大规模地攻向市区。德军4个师从亚历山大罗夫卡发起突击，另有3个师从萨多瓦亚车站进行突袭。

14日黎明时，德军损失惨重，缓慢向北进攻，直到"街垒"工厂、"红十月"工厂小镇一带。当天，德军出动3000架次飞机，对市区军民不断地轰炸和扫射。

斯大林格勒的形势越来越危急，到处都是炮击和轰炸的喧嚣声，但英勇的苏联人民毫不畏惧。人们躲在一座座废墟上扫射敌军，每座废墟都成了苏联人民的堡垒。

下午，斯大林格勒第一火车站被德军占领，苏军第62集团军被包围了。此时，第62集团军的北边是斯大林格勒方面军主力，南边是东南方面军。

由于德军飞机和大炮的袭击，苏军很难向伏尔加河西岸给第62集团军输送援军、给养和弹药。

苏军第62集团军广大官兵英勇奋战，他们将防御的优势利用起来。步枪手和机枪手藏在被炸毁的废墟内，或者在弹坑中趴着，专门偷袭德军。

德军从南、西、北三面合围了斯大林格勒，斯大林格勒的运输线就只剩伏尔加河。斯大林格勒保卫战异常激烈。

苏德双方开展了激烈的巷战，每个角落几乎都有用手榴弹、步枪或者刺刀与敌人进行近身肉搏战的军民。德军的坦克在巷战时无法发挥优势，穿甲弹也起不了大作用。

德军坦克行驶在两边是残破高楼的狭窄街道上，容易被苏军攻击到坦克的顶部和尾部。苏军步兵的反坦克枪很充足，德军坦克经常遭到藏在掩体中的苏军坦克和反坦克炮的围攻以及反坦克枪的偷袭。在窄窄的街道上行驶的德军坦克变成了靶子。

尽管如此，德军不惜一切代价，取得了很大进展，将斯大林格勒市区很大一块地方占领了。

17日，苏军的1个步兵旅和1个坦克旅被派来支援第62集团军。接着，又派来两个师参加巷战。市区爆发了混战，街道和广场都成了战场。第6军团在保卢斯的指挥下连续冲锋。苏军在建筑物废墟的掩护下组成据点顽强抵抗，每座瓦砾场都成了双方反复争夺的目标。

德军的推进很是艰难。每争夺一座楼房、车间、水塔、铁路护堤、一堵墙、一间地下室，德军的损失都十分惨重。在世界战争史上，其激烈程度堪称第一。

双方部队经常混杂在一起，德军空军和炮兵想将双方的距离扩大，但是起不到任何作用。苏军对地形很熟悉，经常快速混入德军部队之中，大面积发动混战。

朱可夫精心组建了高度机动的"暴风队"，每队没有很多人，但配备了手榴弹、机关枪和反坦克炮等武器，可以迅速跳出来打击德军，然后在废墟后面消失。

苏军步兵不停地偷袭德军，让德军很狼狈。大部分时间，双方靠得很近，经常隔街对骂。有时，双方持续多日在一些建筑附近战斗。比如，双方在第一火车站曾经在一个星期内13次交手，尸体躺满了瓦砾和废墟。

德军的优势在巷战中大大降低。当德军进入建筑物之间的狭窄街道后，很容易被头上的子弹和炮弹袭击。德军被迫把集中兵力的战术进行调整，将大部队拆成一个个营，去争夺每条街、每个倒塌的建筑物。德军虽然有很强的战斗力，但苏军能够源源不断地得到增援。

在德军的攻击下，苏军经常两三人一组或者单独作战。他们在被炸毁的瓦砾里藏着，往往形成这样一种局面：德军可以迅速将一条大的街道抢占下来，但总有几座建筑物被苏军士兵死守着。

德军的很多小股部队渗入苏军防线，将一个个牢固的火力点建立起来。在那些地方，争夺更加激烈，大楼里、街道内、小山上，双方各自占据一地，激烈地战斗，谁都无法将对方消灭。

发展成巷战的斯大林格勒战役谈不上什么战线了，每个角落都成了双方激战的战场。几十万苏军与几十万德军陷入了大混战。斯大林格勒战役的巨大损失激怒了希特勒，他知道第6集团军和第4坦克集团军受到了重创，但他仍不放弃进攻。

德军每天不分昼夜地攻打，至9月底，占领市中心，直抵伏尔加河岸。

苏军广大官兵奋勇抵抗，每天将德军近百次的进攻打退。苏军组织了多次反攻，与德军反复争夺每条街道、每幢房屋。

斯大林格勒不再是一座城市，而是一个巨大的屠宰场。城里死尸遍布，双方官兵都变得视死如归了，因为前进也是死，后退还是死，只不过是迟早的事。战斗进行到此时，计算战果已经不能用前进或是后退多少米来计算了，而是用堆积如小山的尸体来计算。

此时，就连普通人都能看出德军在苏联南方情况危急。对于苏联南方的德军第13集团军群来说，德军在斯大林格勒西北的顿河侧翼完全由仆从国组成的部队防御是第一个危险；德军在高加索战线和斯大林格勒战线之间的广阔草原上出现了较大的缺口是第二个危险。

而苏联北方则表现得很稳定。希勒尔指挥的德军北方集团军群没有参加夏季攻势。在苏联西部，克鲁格指挥的中央集团军群也没有参加夏季攻势。但是没有预备队在这两个集团军群的后方，这是很可怕的。结果，有一支德军几乎被合围在北方的列宁格勒东北的拉多加湖、德缅斯克，只能在一条狭长的通道里通行。

整个苏联战场上，德军的形势很危急。德军已经不间断地激战了近18个月，尽管战斗力较强，但苏军在兵力上有明显优势。

德军的装备损坏率很高，官兵疲劳过度。德军无法有效补充兵员、武器、弹药和补给。这时，希特勒仍然要求德军同时将斯大林格勒地区和高加索地区占领。

看到苏军阻挡了德军攻势，希特勒决定在斯大林格勒发动一系列小规模进攻，带动整个南方攻势。

在斯大林格勒城内，希特勒下令占领每一幢房屋。在高加索地区，希特勒同样下达了这样的命令。

保卢斯大难临头

一、再度突击

保卢斯深刻认识到第6集团军正在进行的近距离战斗是很残酷的。这里遍布碎石瓦砾、建筑物、刺刀、手榴弹以及出其不意的临时战斗小队，这不利于习惯机动作战的德军。

在损失惨重的情况下，德国军官意识到时间所剩无几。随着斯大林格勒市南部战斗的逐步平息，保卢斯对疲惫不堪的军队进行了重组，准备向工业区中心地带发动进攻。

德军把马马耶夫岗和厂区南端的红十月钢铁厂作为主要进攻目标，而城市北部的进攻目标是捷尔任斯基拖拉机厂。德军有明确的作战目的,即突破苏军防线,直抵伏尔加河,尔后调转方向进攻市内,沿河岸线向前推进,从而将苏军防线击溃,合围和歼灭守卫部队。

第 62 集团军在斯大林格勒市将高效的侦察网络建好了。在发现德军准备向北运动的企图后,崔可夫立即重组了自己的军队。他强调要加强反坦克防御和布设地雷,同时要做好巷战的准备,以便士兵从内部和外部防御起来。

9 月中旬,苏军全权组织栈桥的一切活动,明确地规定了装载、撤退以及作战的操作程序。罗加乔夫海军少将还把大量的渔民和渔船征调而来,他们悄悄将第 284 西伯利亚师和近卫第 13 师送到了战斗最前沿。由于日间渡河常常被德国空军攻击,苏军主要在夜间进行运输。

德军的大炮和小型武器极大地威胁了靠近西岸的苏联舰船,但最可怕的威胁还是来自德国空军。由于实力悬殊,德国空军占据着斯大林格勒的空中优势。

1942 年 10 月,随着苏联空军司令亚历山大诺维科夫上将的到来,苏联大大提高了防空力量。与此同时,因为缺乏资源,德国空军无法持续有效地封锁斯大林格勒的铁路网络,这意味着苏联的防空资源可以源源不断地向该地区流入。

即便如此,德国空军依然很可怕。崔可夫曾经这样评论道:"德国空军的猛烈进攻就像铁锤一样,几乎把街道上所有的东西都砸到了地下。"为此,崔可夫将部队进行了调整,并强调如果德军对城市北部发动进攻,要小心谨慎,行动要快捷,因为德军几乎没有遭遇过任何空中打击,有着很强的力量。

随着苏军对地形的逐渐熟悉,他们很快就适应了城市巷战。在获得德军可能进攻马马耶夫岗的情报后,崔可夫决定先发制人，进攻马马耶夫岗。他命令左翼的罗季姆采夫的近卫第13师攻向德军阵地，右翼的第284西伯利亚师向马马耶夫岗南端发动攻势。

同时，戈里什内指挥的步兵第95师突击马马耶夫岗的东侧斜坡。进攻定于9月27日6时开始，并开始了长达1小时的炮火准备。在第166号命令结束处，崔可夫这样说："我再次对所有单位或兵团的司令官提出警告，不要在战斗中以整个单位如连、营的规模投入行动。主要以配备冲锋枪、手榴弹、混合燃烧弹和反坦克步兵的突击小队来组织进攻。"

在斯大林格勒，苏军以突击队为基础。由50~80人组成的突击队被分解为强击队、增援队与预备队三个相互依赖的分队。

突击队的前锋部队是由8~10人组成的强击队，其作用是渗透进入敌人的阵地——堑壕系统或建筑物内，然后消灭敌人。装备有机枪、手榴弹、匕首和短柄铁铲的强击队员，一旦强击队进入敌人阵地内，就要发射信号弹。增援队发现信号弹后，马上防守占领的目标。

增援队的人数通常在20~25人左右，用大量的轻机枪、重机枪、反坦克火箭、镐、铁铲、迫击炮和炸药来装备。增援队往往配备战斗工兵，他们在实施防御与组织进攻的过程中的作用很大。

预备队配备约30~50人，任务是对敌人的进攻进行阻击。此外，一旦强击队和增援队遭遇敌人的顽强抵抗，预备队还将立即支援他们。为了使队员能充分理解突击队是一个有机整体这一重要性，士兵们往往会轮流在每个队中战斗。

德军发现巷战中战场的拥挤和狭小等特点极大地将大规模部队实施一体化协同作战的能力降低了，在近距离战斗中，取胜的重要因素是侦察、突袭以及快速运动。

为了生存，他们必须这样做，因为第6集团军战斗力强、适应能力也很强。德国空军将白天的战斗控制住了，苏军白天的活动都充满了危险。在这场城市争夺战中，尽管第62集团军伤亡惨重，但崔可夫的战术还是取得了成功，而德军步兵却毫不了解这种战斗方式。

然而，正如克劳塞维茨所言，与防御相比，更难的是占领阵地。9月27日8时，苏军的进攻遭到空军第8军的破坏性干预，德国空军将第62集团军压制了长达两个小时。

9月27日傍晚，崔可夫察觉到局势很严峻。由坦克第189旅负责支援的索洛古布第112师的左翼不得不开始大规模地进行战术撤退，他们朝"街垒"兵工厂住宅区外围后撤了1.6千米。

在德军炮火和空中力量的连续打击下，苏军第95师几乎不能将马马耶夫岗继续控制住。当天，德军向前推进了2743米，第112和第95师几乎被彻底消灭。

随着炮火的增强，在空军第8军支援下的苏军地面部队，发动猛烈进攻，向马马耶夫岗顶部奋勇推进。然而，由于遭遇德军的猛烈反扑，苏军没能将马马耶夫岗攻下来，但仍继续坚持与德军对峙。这样，德军无法将苏军赶下马马耶夫岗，苏军也没有拱手让出控制权。

9月28日一整天，德军不断反攻进攻马马耶夫岗的第62集团军，致使第62集团军寸步难行。此外，德军还向"红十月"钢铁厂西部以及"街垒"兵工厂发动了猛烈的进攻。

二、第三轮进攻

1942年10月14日，保卢斯调集了5个步兵师和两个装甲师猛扑向城北工厂区只有5000米深的狭长防线。因为希特勒已向德军下达命令，要求转入战略防御，并且在斯大林格勒方向发起更加猛烈的进攻。

经过5个多小时的猛烈轰炸之后，德军将拖拉机厂防线攻破，冲向伏尔加河边。这使苏军伤亡惨重，仅崔可夫设在地下坑道的指挥所就牺牲了61人。崔可夫后来写道："10月14日将作为整个斯大林格勒战役中最惨痛的一天而被人铭记。"这天清晨，德国轰炸机在空中隆隆作响，雨点般的炸弹纷纷落下，敌人不断投下高射炮弹。第62集团军指挥所四周，爆炸声一片轰鸣，整个城市被火光和烟雾笼罩着。那一天，崔可夫走出掩蔽部，一丝阳光都没有发现。

早上8时，德军以优势兵力攻打拖拉机厂、兵工厂。守卫该地域的近卫37师109团击退了德军的三次进攻，德军留下了300多具尸体，阵地前有20余辆坦克被击毁。但德国人在进攻被击退后，又来进犯。10时整，109团阵地被德国人夺走了。

当德国人觉得已经把敌人消灭了，大摇大摆地行进入座座倒塌的建筑物时，立刻遭到藏在地下室的苏军的当头痛击。从废弃的瓦砾堆里飞出了手榴弹、燃烧瓶，德军只得使用喷火器烧一段攻一段，苏军一边还击、一边撤退。激战4小时后，37师防线被突破。

这一天，崔可夫指挥所一片忙乱。电话员们拼命呼叫着各通信线路，通信参谋不断地将战况汇报给集团军参谋长，屋顶上的尘土不停撒落下来。崔可夫打电话给空军集团军司令员赫留金将军，请求他设法阻挡敌人的空袭。赫留金回复说，德军已封锁了苏军的各个机场。

不幸的消息接踵而来：

11时，德军将近卫37师和步兵112师左翼阵地突破。

11时50分，拖拉机厂的体育场被德军占领。37师报告：被敌包围的114团固守在楼房和废墟里，阿纳尼耶沃营6连官兵无一生还。

12时30分，敌军炸了近卫37师指挥部。师长若卢杰夫将军爬出废墟，跑到集团军指挥所，向崔可夫报告："近卫37师仍在战斗，我们决不后退，可全师已没剩几个人了。"

14时，指挥所掩蔽部被炸，中断了与部队的联系。

对于被围困的步兵95师某团第3炮兵连来说，那一天既漫长又可怕。在轰炸数小时后，德军发起了猛烈进攻。第3炮兵连战士把一发发炮弹填入炮膛，一声令下，猛攻德军，德国人像镰刀下的草一样成排地倒下。

整整一天，连长雅西科指挥战士们打退了德军的一次次进攻。许多人被埋在尘土里，仍不停地射击，射击。最后全连弹药打完了，剩下的20余人砸了心爱的大炮，端起刺刀和手榴弹向敌阵冲去，除3人突围外，全部阵亡。

当苏军阵地被德军围得水泄不通、弹尽粮绝时，苏军士兵要么与敌展开白刃搏斗，要么要求指挥所向阵地开炮。在意志顽强的守军面前，德军减弱了进攻势头。

德军从15日到18日将战斗转向了"街垒"厂和"红十月"厂，继续向苏军猛攻。守卫的苏军殊死抵抗，德军也损失惨重。到了10月底，德军的进攻已停顿下来。

崔可夫将战况汇报给方面军司令员叶廖缅科将军，说"危机过去了"，并且分析敌人无法在11月初有力组织像14日那样的重大进攻。

许多年之后，德国人才醒悟到他们之所以会失败是因为背靠伏尔加河的苏军无路可退才十分勇猛顽强，也是由于德军没有集中力量对伏尔加河渡口进行轰炸，使岌岌可危的斯大林格勒守军的补给没有中断，终于转危为安，反败为胜。

苏军大举反攻——30万德军被消灭

一、苏军大举反攻

战争进行到1942年11月初，在苏德战场上有包括193个德国师和1个旅、18个芬兰师、26个罗马尼亚师、11个意大利师和1个旅、14个匈牙利师、2个斯洛伐克师和1个西班牙师，总计620万人。德国及其仆从国的侵略军拥有51 680门大炮和迫击炮、5080辆坦克和强击火炮，还有作战飞机3500架。

在苏联共产党的坚强领导下，后方工人阶级和广大科技人员忘我劳动，千方百计增加军工生产。苏联军工厂于1942年下半年生产了17 700门大炮、13 268辆坦克、15 692架飞机以及数以万计的轻武器，这就为红军的反攻创造了物质条件。此外，还得到了英、美的一些援助。

苏军到1942年11月初是6 591 000人，他们拥有77 851门大炮和迫击炮、7350辆坦克和强击火炮、还有作战飞机4544架。

在斯大林格勒方向上，共有80个师、3个旅，总计100万人（大炮和迫击炮10 290门，坦克675辆，飞机1216架）的法西斯军队。德国第6集团军和第4坦克集团军盘踞在斯大林格勒市区和西部外围一带，这是敌军的主力。掩护其南翼的是罗马尼亚第4集团军；对其西北翼进行掩护的是罗马尼亚第3集团军，意大利第8集团军，匈牙利第2集团军以及德国第2集团军。

苏军的三个方面军（除原有的斯大林格勒和顿河方面军以外），10月底又组建了西南方面军，司令员是H. D. 瓦杜丁。在斯大林格勒方向上共有110万人、15 500门大炮和迫击炮、1463辆坦克和强击火炮以及作战飞机1350架。

可见在斯大林格勒方向上,苏军这时的兵力和兵器在与德军的对比上已占优势,尤其是大炮比例已为1.5∶1,坦克为2.2∶1。

苏军的3个方面军这时已配有崭新的T-34型坦克,还有"喀秋莎"火箭炮1250台。这些火箭炮一次就可以同时发射10 000发炮弹,大大激发了苏军士气。

苏军兵力和武器的增强使大规模的反攻成为可能。

如前所述,斯大林亲自领导苏军最高统帅部早在9月中旬就初步制订出斯大林格勒战役的反攻计划。9月底,斯大林分别在顿河方面军和斯大林格勒方面军战区详细研究了准备反攻的所有条件后,朱可夫和华西列夫斯基回到最高统帅部,再一次讨论和确定了反攻计划的要点。朱可夫和华西列夫斯基签署、最高统帅斯大林批准了反攻计划,然后就按此计划进行积极准备。到11月13日,苏军完成了反攻的全部准备工作。苏军十分巧妙且隐蔽地将这一巨大的反攻准备工作完成了,德寇没有发现。希特勒错误地估计:斯大林格勒地区苏军的后备力量空虚,在冬季只可能反攻德军的中央集团军群。所以他从法国、德国以及列宁格勒等地区抽调12个师去加强其中部战线。希特勒的误断,更方便了苏军在斯大林格勒地区的反攻。整个反攻进程是在斯大林亲自指挥下按计划进行的。

1942年11月19日晨,苏联西南方面军的2000门大炮开始在斯大林格勒西北面轰鸣。在80分钟的炮火之后,苏军分两路分别从谢腊菲莫维奇和克列茨卡亚出发,以坦克部队为先导,冲向罗马尼亚第3集团军的阵地。敌军惊慌失措,开始瓦解。11月22日夜间,苏军占领顿河桥,大批横渡顿河。有34个师在反攻的最初

3天渡过顿河。之后，兵分两路，一路以坦克部队为主向西疾驰，直捣敌军的后方，往西边赶溃退之敌；另一路以步兵为主，南下往德军的集聚点卡拉奇直奔而去，并经过一夜的猛攻，于11月23日晨占领该市。11月20日拂晓斯大林格勒方面军从斯大林格勒以南发起反攻，将罗马尼亚第4集团军的防线突破后，向西北推进，并于11月23日傍晚在卡拉奇与西南方面军会师，从而包围了斯大林格勒地区的敌军。同时，伏尔加河东岸苏军也开始反击，德军阵地遭到重炮猛轰。驻守在斯大林格勒正北的顿河方面军也在顿河—伏尔加河之间发动攻势，打击被包围的敌寇。至此，苏军完成了第一阶段反攻战役，把敌军22个师共33万人合围起来。

二、粉碎敌军的解围计划

苏军的反攻强大而迅速，打得希特勒晕头转向。他急电被包围的德军第6集团军司令保卢斯，叫他坚决抵抗，把斯大林格勒方面的防线稳住，同时答应派援军去解围，并且空运战争物资。为达到此目的，在列宁格勒前线的冯·曼施坦因元帅被希特勒调到南方。此外，希特勒又从战场各地，甚至从法国搜集了一点兵力，聚集在科捷利尼科夫斯基和托尔莫辛附近，组成由冯·曼斯泰因元帅指挥的"顿河"集团军群，准备为保卢斯解围。但是，德军"顿河"集团军群编内的部队严重缺额，战斗力很差，只有第57、48坦克军有进攻能力。12月12日，德国援军的主力从科捷利尼科夫斯基出发，沿铁路线北上。他们不计代价，向斯大林格勒方向猛冲，12月16日渡过阿克塞河，逼近梅什科瓦河，在这里受到红军的顽强阻击，两方发生了激战。12月19日，这支敌军将苏联第51集团军的抵抗挫败，进抵梅什科瓦河，离斯大林格勒只有40公里。这时，保卢斯被曼施泰因命令向西南突围。但是，被围困的德军已精疲力竭,要突围的话需要数天的准备,而且因为缺少燃料,坦克行驶不了40公里的路程。然而,兵贵神速。苏联西南方面军和沃罗涅什方面军的另一支大军于12月16日以450辆坦克为先导,从马蒙附近发起了新的攻势。这支苏军来势迅猛,将意大利第八集团军粉碎之后,至12月23日南下180公里,向托尔莫辛的北面直插而去,威胁着整个敌"顿河"集团军群的后方。同时,另一支苏军从下切尔斯卡亚发起攻势,敌"顿河"集团军群的左翼被迫西退。在此情况下,出于自身安全的考虑,曼施坦因不得不在12月23日命令北上的德军南撤,并遣调第6坦克师到顿河以西,以抵挡从北面袭来的苏军攻势,同时命令保卢斯停止突围。乘此时机,斯大林格勒方面军于12月24日从梅什科瓦河一带发起反攻,紧追退却之敌,12月29日早晨将科捷利尼科夫斯基攻占。这样一来,希特勒的解围计划彻底破灭,被围德军已成瓮中之鳖,注定要覆灭。

斯大林格勒地区初期有东西长40公里,南北宽20公里的包围圈,30万被围之敌每天需要750吨的物资。德国法西斯二号头目空军元帅戈林允诺按每天500吨的数量空运去,但实际上只运到100吨。于是军中出现饥荒,弹药缺乏。包围圈逐渐缩小,德军损伤日益严重,大批地减员。希特勒接到德国陆军总参谋长蔡茨勒的汇报说:"……士兵饥饿沮丧,对最高统帅部失去信心,伤员得不到适当照顾而奄奄一息,冻死了成千的人……"因此他请求希特勒批准突围,但希特勒对此无动于衷。至12月底,这30万法西斯军队中,仅约25万人还有战斗力。

为了尽快将这支敌军歼灭,苏军最高统帅部于12月底决定,由罗科索夫斯基中将指挥的顿河方面军来完成这一任务,并把斯大林格勒方面军的第62、64、57集团军编入顿河方面军,以便统一指挥。斯大林格勒方面军则改名为南方方面军，负责攻打罗斯托夫方向。挣扎到1943年1月初的被围德寇的处境更加艰难：每人每天只分到1片面包，15个人分食1公斤土豆，喝的只有雪水，甚至宰杀了全部骑兵的马匹。每人1天只领到30发子弹，缺乏燃料的坦克无法开动，大炮缺少炮弹。这支猖狂一时的法西斯匪军，人人忍受着饥饿和严寒，在冰冻的战壕里蜷缩着，等待着灭亡的命运，因此大多数人厌战畏战。但法西斯头目们对此规定严厉的惩罚制度：规定要枪毙胆怯畏战和想停止抵抗者。在这期间就有360多人死于拒绝作战和失败主义情绪。因为这种严刑威逼和长期法西斯反动宣传的影响，他们开始自杀。苏军最高统帅部为了减少无谓的流血牺牲，出于人道主义，于1943年1月8日派军使到德军阵地，向保卢斯提出最后通牒，要求德军投降。保卢斯请示希特勒之后，把苏军的通牒拒绝了。

1943年1月10日凌晨，包围圈内的敌人开始被苏军用5000门大炮轰击，斯大林格勒战役的最后阶段开始了。隆隆的炮声震撼了伏尔加河的草原，苏军的坦克和步兵在炮兵的掩护下发起迅猛的冲击。法西斯军队开始全线退却，然后发展为逃跑，把遍地的尸体丢下，尸体很快又被风雪和炮弹卷起的泥土所掩埋。德军在6天内缩小了一半的阵地，这时苏军指挥部再次对德军招降。保卢斯司令部发生了意见分歧，两个军长主张投降，但保卢斯本人没有得到希特勒允许，拒绝进行投降谈判。

1943年1月22日，苏军全线进攻被围的德军，经过4天的激战，前进了10到15公里。1月24日，保卢斯又请示希特勒，告知他德军所处的绝境："部队弹尽粮绝……已无法进行有效的指挥……伤员18 000人，无衣无食，也无药品绷带……没必要再继续抵抗，注定会崩溃。部队请求立即允许投降，以把残部生命挽救。"但是，这个法西斯魔王对士兵的生命从不怜惜，他的回答仍是"不许投降"，并命令德军死守阵地，"直至最后一兵一卒一枪一弹"。

这时苏军逐渐缩小了包围圈，到1月25日傍晚，敌军龟缩到南北长20公里、东西宽3.5公里的地段上。从1月10日到25日，敌军兵力损失达10万人以上。但困兽犹斗，他们还继续在挣扎着。

于是，顿河方面军司令员罗科索夫斯基决定把敌人分割成两块，从东西两面同时进攻。苏联第21集团军的部队和死守市区的第62集团军于1月26日傍晚在红十月工厂住宅区和马马耶夫岗胜利会师，苏军指战员们极度开心。这样一来，德寇第6集团军就被切成南北两块：困守在斯大林格勒市中心的南部残敌9个师（包括保卢斯的司令部）和困守在"街垒"工厂和拖拉机工厂一带的北部残敌12个师。1月27日清晨，苏军展开了消灭残敌的战斗。

希特勒在这伙法西斯匪军覆亡的前夕还导演了一场令人作呕的丑剧：1943年1月30日是法西斯在德国执政10周年，这一天，希特勒下令将元帅军衔授予保卢斯将军，同时对斯大林格勒被围的117名德国军官升了一级，妄图以此来提高他们的士气。但是这伙法西斯侵略者的覆亡命运是封官晋爵也挽救不了了。第二天，即1月31日，苏军歼灭了斯大林格勒市中心的全部德军，在中心百货公司的地下室里俘虏了德寇第6集团军司令保卢斯及其司令部的全体官兵。骄横跋扈、显赫一时的法西斯元帅这时完全失去了"不可战胜"的威风，现出了纸老虎的原形，躺在行军床上装病，灰溜溜地当了俘虏。他的参谋长代表他签了投降书。

这一天投降的德国将军、师长冯·特拉米尔抱头痛哭说："我们也曾失败过，遇到过一切……但是这样的惨败……"同样哀叹的还有须发斑白的斯列米尔将军："我快60岁了，我在德国军队里服务了40年，却没见过这种失败。"

2月2日，苏军歼灭或俘虏了全部被围的德军。这时顿河方面军司令员罗科索夫斯基将军和最高统帅部代表沃罗诺夫向斯大林大元帅报告说："顿河方面军的红军于1943年2月2日16时完成了您的命令，将被围的敌军斯大林格勒兵团击溃和歼灭了。由于完全消灭了被围的敌军，停止了斯大林格勒市和斯大林格勒地区的战斗。"

第四节　库尔斯克坦克大战

德军兵力集结，准备"堡垒计划"

1943年初，苏军取得了斯大林格勒战役的决定性胜利后，乘胜进攻，收复大量失地，但德军南方集团军群司令曼施坦因在败退过程中也开始计划向苏军反扑。曼施坦因主动将一些重要据点放弃，诱使苏军深入。苏军的进攻战线越拉越长，而德军却趁机完成了兵力的集结。

2月19日，曼施坦因指挥德国南方集团军群反击苏联西南方面军，到3月2日，西南方面军遭受重创，其第5集团军被毁灭。3月6日，德军开始攻向哈尔科夫，没用几天就重新攻占了一个月前丢失的哈尔科夫，苏军被迫退守库尔斯克南面的奥博扬地区。为防止战线的彻底崩溃，斯大林南调列宁格勒附近的第1坦克集团军、第21和第64集团军才恢复了战线稳定。

德军在哈尔科夫战役中重新恢复了信心，曼施坦因希望通过一次主动进攻来歼灭苏军，首选的攻击目标就是苏军在库尔斯克地区的突出部位。这个突出部位是曼施坦因上次反击造成的，苏联中央方面军和沃罗涅日方面军陷入突出部位内。在其南部，曼施坦因的南方集团军群将别尔哥罗德地区控制了。在其北部，德国中央集团军群控制了奥廖尔一带。

这个正面长约400千米，而底部却不到110千米的突出部位，就像一个拳头从苏军的战线中延伸出来。德军统帅部认为，这个进攻机会非常好，他们可以在这里包围和歼灭进行防御的苏军。这次战役如果获得成功，就能将德军的战线缩短，使德军部队的机动性大大增加。

希特勒对这个作战计划是犹豫的，因为库尔斯克的进攻将极大地损失掉坦克。4月15日，他终于下定决心，将第6号作战命令发出去。命令指出，"中央"和"南方"两个集团军群从4月28日起即应做好准备，对库尔斯克突出部发起进攻，作战代号为"堡垒"。

按计划应于5月4日发动"堡垒"作战，但后来一再延期，最后被确定在7月5日发动。希特勒十分看重这次战役，他在作战命令中指出："这次进攻意义重大，必须速战取胜……有鉴于此，必须做好万全的准备，全力以赴实现之。应使用最精锐的兵团、最精良的武器、最优秀的指挥官和大量的弹药在各主要突击方向上。每个指挥官、每个列兵都应深刻认识到这次进攻的决定性意义。库尔斯克之胜利应成为一支照亮全世界的火炬。"

德军为保证进攻的顺利进行集中了强大的兵力：50个精锐师，其中有16个坦克师和摩托化师。包括被称为"德军之花"的"阿道夫·希特勒"坦克师、"骷髅"坦克师、"帝国"坦克师、"大日耳曼"摩托化师等。

德军共有90万人，1万门火炮和迫击炮，2700辆坦克和强击火炮，2000多架飞机，还有各种新式武器，如重约56吨的"虎式"和重约45吨的"豹式"坦克、"费迪南式"强击火炮等集中在库尔斯克方向上。

当德军在准备"堡垒"计划时，苏军也在思考下一步的行动计划。沃罗涅什方面军司令瓦杜丁主张先发制人、发起进攻,将德军的进攻准备打乱并夺回战略主动权。朱可夫、华西列夫斯基等人则认为苏军应先保持防御状态,利用坚强的防御将德军的装甲兵力摧毁,然后再发起进攻。此时大量材料被搜集到了情报部门,苏军统帅部根据情报判断敌人准备在库尔斯克地区发动强大攻势。于是苏军采纳了朱可夫的计划,4月12日开始,苏军开始在库尔斯克转入了积极的防御准备。

苏军集中了强大的兵力在库尔斯克地区,修筑了坚固的防御工事,并准备了大部队进行反攻。

罗科索夫斯基指挥的中央方面军和瓦杜丁指挥的沃罗涅什方面军担任主要作战任务,两军共有133.6万人,1.9万门火炮和迫击炮,3400辆坦克和自行火炮,约2200架飞机。另外,科涅夫指挥的草原方面军作为战略预备队布置在库尔斯克突出部的后方。

在前沿阵地,苏军精心地设计他们的防御,构筑了纵深超过160千米的数道防线,由大量互相紧密配合的战壕、铁丝网、反坦克火力点和反坦克沟壕以及雷区组成了整个防御体系,聚集了大量的兵力和火力在德军最可能的进攻方向上。

为将整个战线的制空权夺过来,根据苏军最高统帅部的命令,苏联空军在5、6两个月主动出击,将敌军机场炸毁,使其遭受重大损失。

除此之外,敌后游击队遵照最高统帅部下属的游击运动中央司令部的命令,开展积极活动,将敌人的交通破坏掉,使其后勤供应陷于瘫痪。

苏军也在党的政治思想工作上下了很大功夫。苏共中央的许多负责人都参加了苏军总政治部的宣传激励工作。他们用反法西斯战争的正义性和崇高的爱国主义精神使广大指战员的斗志和必胜的信心得到鼓舞。

双方都在紧锣密鼓地备战，但两个月来前线一直显得十分平静，苏军平安地度过了一个个被认为德军可能发动进攻的日子。

7月，恶战似乎临近了。7月2日，各集团军和方面军司令部得到苏军最高统帅部通知，德军很快就可能前来进攻。7月3日，德军投诚者称，敌人已在做最后的准备，暴风雨即将来临。

坦克的战场

一、奥廖尔—库尔斯克方向

在形成库尔斯克突出部后，苏军几乎休整了100天。在1943年那些难忘的日子里，苏军官兵日夜加强防御。来自各个方面的大量情报汇集到苏军最高统帅部，这使统帅部大本营能够及时对前线的各方面军提出警告：德军将于7月3日—8日发动攻势。后来，这种警告很快又明确到7月5日，接着又将进攻的具体时间明确到7月5日凌晨3时。

在苏军第13集团军地带内，侦查员们在米列什尼柯中尉带领下抓住一个德军士兵。逃到沃罗涅日方面军的投诚者和其他大量侦察情报证实了他的口供。

显然，德军准备猛烈进攻突出部。沃罗涅日方面军所属部队均做好了应战准备：炮兵准备开炮，歼击航空兵和轰炸航空兵的飞行组能够随时升空作战。

在战役防御纵深内，苏军充分配置了所有地雷爆炸障碍物；快速障碍设置部队已经进入出发阵地；各集团军司令、步兵军和师的军官到前线指挥所进驻；各集团军、军和师的政治部、政治处的大量政委从7月2日起来到各部队和连队，他们在前线帮助军官、党团干部开展思想政治工作，在战前动员每个士兵。军官和政委们在战前进行了振奋人心的动员演讲，极大地提高了部队的警觉性，鼓舞士兵们为胜利而战，誓与阵地共存亡。

7月4日下午，德军对突出部正南面的苏军近卫第6集团军阵地进行了战斗侦察，苏军与德军激战5小时，使德军无法深入苏军防线侦察。

7月5日凌晨，苏军抢先向德军阵地开炮，库尔斯克会战爆发了。瞬间，德军的出发阵地变成了人间地狱。

比如，仅苏军第13集团军、近卫第8、第7集团军就拥有火炮、迫击炮和火箭炮2460门，苏军平均在每1公里部署了30～35门。在最重要的地段上，苏军部署了60～70门。为了对反坦克地域进行掩护，苏军在该地域的炮兵没有开炮。与此同时，苏军空军出动了132架强击机和285架歼击机，偷袭了8个德军机场，摧毁60架德机。

由于苏军抢先开炮，德军推迟了一两个小时进攻，突击力量严重削弱。同时，沃罗涅日方面军的炮火更加猛烈，德军步兵和装甲部队的队形遭到该方面军的火炮、迫击炮和火箭炮的猛烈攻击。

在回忆录中，苏军近卫第6集团军司令奇斯佳科夫写道："当我军开炮后，我和参谋们都怀疑：这个炮火准备实现了预期效果吗？然而，没有人说出来，但都在想这个问题。"

成千上万个德国人的坟墓在托马罗夫卡、鲍里索夫卡和其他居民点被发现，上面插着树枝制成的十字架。当地居民们告知苏军，他们后来运走了无数被炮火击毙的德军官兵的尸体。

德军7月5日5时30分在奥廖尔—库尔斯克的方向发动进攻。普霍夫将军的第13集团军防守的奥利霍瓦特卡是德军的主要进攻目标。

在上塔金诺、阿尔汉格尔斯科耶、特罗斯纳等地，大量德军步兵在近500辆坦克的支援下发动了进攻。

德军虎式坦克以10～15辆为一组快速到达奥奇克河右岸，并在那里猛烈炮击苏军阵地。德军中型和轻型坦克接着在后面出现，都快速向苏军阵地扑来。许多德军步兵乘坐装甲输送车跟在这些坦克后面，并在坦克的支援下发起进攻。

德军空军也前来对地面部队的作战进行支援。德军轰炸机以50至100架为一个编队，不断地轰炸苏军。德军在进攻的前6个小时在奥廖尔—库尔斯克方向出动近千架次，其中约800架次是轰炸机。

在所有遭到攻击的苏军阵地上，双方争夺得很激烈。苏军用反坦克炮和反坦克枪对付德军坦克，用机枪火力和火炮、迫击炮对进攻中的德军步兵进行攻击。

德军坦克进入雷场时经常发生爆炸。德军终于在上午9时到达苏军主要防御地带，并深入苏军第81步兵师和第15步兵师的阵地。

苏军凭借强大的火力将德军的进攻击退，苏军所有的步兵武器、反坦克武器和所有炮兵群的大炮都开始向德军进攻。

苏军工兵抱着必死的决心进行激战，他们冒着密集的枪林弹雨向德军坦克扑去，用反坦克手榴弹、燃烧瓶攻击德军坦克，或把地雷布设在德军坦克下面。在当天的战斗中，苏军工兵又布设了约6000枚地雷在集团军地带内，狠狠地打击了德军坦克和自行火炮。

苏军飞机与德机发生了激烈的空战。另外，以6～8架为一组的苏军强击机和轰炸机攻击德军坦克、炮兵和步兵。苏军机群根据原计划表进行换班，他们发动的最猛烈的空袭在亚斯纳亚波良纳、奥泽尔基、阿尔汉格尔斯科耶，投掷了大量先进的反坦克炸弹。

在回忆录中，苏军空军第16集团军司令鲁坚科元帅写道："我们的强击机非常厉害，重1公斤~2.5公斤的炸弹被投掷到德军坦克上不反跳，并粘在坦克装甲上爆炸，德军坦克瞬间就燃烧起来。"

德军预备队也遭到苏军轰炸机和强击机的强大空袭，这严重影响了德军预备队向战场的推进，德军的指挥系统也被扰乱。在奥利霍瓦特卡方向，德军以巨大伤亡为代价攻入第13集团军的防线6~8公里，并推向第二防御地带。苏军第15和第81步兵师击退了德军5次冲击后，奉命向第二防御地带撤退。

为了迷惑苏军，德军同时进攻小阿尔汉格尔斯克方向。在苏军防线上，德军从多处突入第一堑壕，苏军以优势兵力反击，德军被迫撤回出发阵地。

德军对苏军第70集团军发动的进攻也失败了。由远东、后贝加尔、中亚的边防部队和内务人民委员部队组成的第70集团军，在与德军的激战中表现出极高的战斗力。德军付出了巨大的代价，仅向格尼列茨方向前进了4~5公里。

德军并没有完成统帅部的计划，企图以一次进攻将苏军的防线摧毁，但失败了。德国陆军参谋部不断催促中央集团军群司令克鲁格将第二梯队和预备队投入进去。同时，苏军中央方面军出动第1和第13反坦克歼击炮兵旅以及第21迫击炮旅，对第13集团军进行援助。

苏军意志刚强，奋不顾身地保卫阵地。比如，苏军第540轻炮兵团4连在保卫波内里西北8公里处的257.3高地时与26辆德军坦克展开了激战。德军摧毁了3门火炮，苏军只剩下4个人在高地上，他们顽强地挡住了德军坦克的推进，接连击毁德军坦克15

辆。战后为表彰这次战斗，苏联政府奖励了第4连。

在争夺新胡托尔居民点时，8辆德军坦克猛扑过来了。苏军第15步兵师676步兵团战炮排长鲍里休克少尉沉着稳重，下令把坦克放到最近距离。不久，2辆德军坦克被该击毁，6辆坦克掉头逃跑。第二天，他指挥的炮兵排又将11辆德军坦克击毁。苏联政府高度赞扬了鲍里休克的战绩，称他为"苏联英雄"。

苏军第540轻炮兵团5连作战十分勇敢。扑向戈列洛耶村的德军坦克群直接炮轰苏军火炮发射阵地，第540轻炮兵团猛烈炮击了20分钟，使德军丢下了15辆坦克逃跑，其中5连的一位炮长萨普诺夫的火炮摧毁了3辆坦克。在接下来的战斗中，萨普诺夫所在的炮兵班又开炮将5辆坦克击毁。很快，全班仅剩下他一人。当一辆虎式坦克扑来时，萨普诺夫将反坦克手榴弹拿起，冲向虎式坦克，被德军坦克的机枪子弹打中牺牲。苏联政府于1943年8月7日追授萨普诺夫为"苏联英雄"，将他安葬在波内里火车站，那门被他使用过的火炮被转交给列宁格勒炮兵陈列馆留作纪念。

7月5日黄昏，中央方面军确定了德军的主攻方向后，计划在第二天早晨反攻德军。第13集团军近卫第17步兵军、坦克第2集团军第16坦克军和第19独立坦克军计划参与反攻。

当晚，德军继续进攻奥利霍瓦特卡，中央方面军各部队顽强地抵抗德军。当时，中央方面军要组织反攻很困难，只有近卫第17步兵军击退德军1.5~2公里，尽管德国无法进行反攻，但苏军有力地将其阻挡下来。

在激战中，苏军各部队均表现出不怕牺牲的精神。卡马尔季诺夫——第31步兵师410步兵团的冲锋枪排排长，于7月5日晚率领全排警戒。

次日清晨，德军发动大规模攻势。约1个连的步兵和3辆坦克扑向卡马尔季诺夫所在的阵地。很快,一辆触雷的德军坦克爆炸,2辆坦克距离卡马尔季诺夫等人只有10~15米。卡马尔季诺夫用反坦克手榴弹将1辆坦克炸毁,他的通信兵炸毁了最后一辆坦克。

该排的战士们向德军进行齐射,击退了德军的第一次进攻。卡马尔季诺夫腿部受伤,但仍在指挥战斗。

不久,在4辆坦克支援下,德军又开始进攻。卡马尔季诺夫用反坦克手榴弹炸毁了1辆德军坦克,战士们炸毁了剩下的3辆坦克。德军决定包围这17名苏军。绕到后边的德军被冲锋枪排歼灭,不久,苏军又炸毁了一辆德军小坦克。

冲锋枪排接到命令后撤到新的阵地。作为老兵的卡马尔季诺夫具有丰富的作战经验,他参加过列宁格勒战役中的哈桑湖战斗,还在卡累利阿地峡战斗过。他在与德军的战斗中先后9次负伤,其中5次重伤。不久,他被苏联政府授予"苏联英雄"称号。

德军在苏军近卫第7集团军防线上同样遭到了苏军的打击。德军在这里进行的是辅攻,但攻势很猛。在那里,苏军近卫第81师将德军的多次进攻击退,守住了阵地。近卫第78、第72师在抵抗中发扬了不怕牺牲的精神。德军在别尔哥罗德东南的狭窄地段上强渡北顿涅茨河,并在河左岸将一小块登陆场占领了。

苏军近卫第78步兵师第255步兵团第3营在拉祖姆诺耶阵地上作战勇敢。德军约20辆坦克进攻该营均被击退,在进攻中德军损失了很多坦克和步兵。

近卫第7集团军得到了苏军空军第17集团军有力的支援。空军第17集团军一天出动200架次,摧毁了2个渡口,炸毁近40辆汽车。

曼施坦因未能完成7月5日进攻的作战任务。德军在个别方向上推进了8～10公里，使沃罗涅日方面军面临的形势变得复杂起来。

为了将德军的攻势击退，沃罗涅日方面军以顽强的防御继续消耗德军，使德军无法向两翼扩大战果。

苏军坦克第10集团军奉命增援近卫第6集团军，向梅洛沃耶、雅科夫列沃地区的第2防御阵地进驻。同时，苏军近卫第2、第5坦克军向捷捷列维诺和戈斯季谢沃进驻；苏军近卫第35步兵军的1个师向东北方向的普罗霍罗夫卡地域进驻。

为了对德军可能在西或西北方向的进攻进行抵挡，沃罗涅日方面军向第40集团军左翼增调部队。第29反坦克歼击炮兵旅奉命前来对近卫第6集团军进行援助。苏军坦克第1集团军连夜调动，于7月6日晨进驻指定阵地。

在科罗恰方向，近卫第7集团军得到了第69集团军的2个师和近卫第35步兵军的1个步兵师的援助。

7月5日晚，苏军飞行员空袭德军坦克和预备队的集结阵地。在当天晚上，苏军出动了354架次飞机。

7月6日，曼施坦因下令，由东北的卢哈尼诺方向和奥博扬公路两个主要方向进攻。1公里正面上的德军坦克和自行火炮的密度在个别地段上集中到100辆。

双方在奥博扬方向进行了大规模的坦克战，约160辆德军坦克成4路纵队向恰帕耶夫、舍佩列夫卡扑去。苏军近卫第90步兵师、第6坦克军，和独立的坦克和炮兵部队前去拦截。德军多次发起进攻，均被苏军击退。

苏军第3机械化军在奥博扬公路上与近400辆德军坦克交战。当天，德军发动8次攻势，但苏军都一一击败。

在第二防御地带的雅科夫列沃，双方也打得很激烈。防御方是近卫第1坦克旅和近卫第51步兵师。德军的王牌部队"阿道夫·希特勒"装甲师是进攻方。苏军近卫第1坦克旅第2营首先遭遇了德军坦克的攻击。德军坦克开近时，藏在掩体内的苏军坦克突然将其击毁。一辆辆冒着火焰的T-34以绝对优势向德军坦克撞去，德军坦克也被点燃，随之爆炸。

德军无力将第6坦克军和第3机械化军的防线突破，又重新集结了兵力，于7月6日下午向苏军近卫第5坦克军和近卫第51步兵师进攻，苏军奋起反攻。

曼施坦因调来重兵向苏军坦克第1集团军和近卫第5坦克军间的接合部奥博扬发动突击。

苏军坦克第10集团军第31坦克军第100坦克旅于下午5时进入大马亚奇基，负责保障第2机械化军与近卫第5坦克军的接合部。但第100坦克旅没能将德军的攻势挡住，苏军没能将态势恢复。苏军坦克第10集团军被迫转入防御。

沃罗涅日方面军于7月6日晚向大马亚奇基一带调来第38集团军第180、第192独立坦克旅和几个炮兵团和迫击炮团。

苏军第31坦克军前进到捷捷尔维诺，与近卫第5坦克军一起将突入的德军歼灭，在雅科夫列沃以东处将态势恢复。

曼施坦因还于7月6日在斯莫罗季诺、贝科夫卡方向派"帝国"装甲师进攻近卫第6集团军的左翼部队，将苏军击退到利波维顿涅茨河。上午9时，"帝国"装甲师向近卫第52步兵师和近卫第2坦克军发动猛攻，德军继续向东推进。近卫第2坦克军撤到河右岸后，与近卫第5坦克军共同迎敌。

经过激战，苏军把"帝国"装甲师赶到了西部。"帝国"装甲师于当晚改向北推进，近卫第2坦克军向原来的阵地撤退。

另外，苏军在雅科夫列沃东北方向边战边撤到新的阵地。德军进攻苏军坦克第1集团军的左翼。

7月6日，在科罗恰方向上，德军主攻克鲁托伊洛格。近卫第73步兵师顽强抵抗，英勇的苏军在克鲁托伊洛格村附近击退了德军11次猛烈的攻势。当时，德军的几辆坦克突入苏军阵地。苏军某营在战斗中击毁15辆坦克，消灭约500个德军士兵。

经过5日和6日的激战，德军在近卫第7集团军防线内在北顿涅茨河左岸登陆场向纵深推进了10~12公里，并攻向苏军第二防御地带。

与此同时，苏军飞机与德军飞机展开空战。苏军于7月6日出动1632架次飞机，击落100多架德机，而支援德军南方集团军群的航空兵只出动了899架。可见，德军空军缺乏兵力，苏联空军夺取了库尔斯克突出部南面的制空权。

苏军飞行员戈罗韦茨中尉战绩斐然。7月6日19时40分，已过巡逻的时间，当歼击机编队返航时，尾机飞行员戈罗韦茨发现有一群德军轰炸机在东面。由于送话器已坏，来不及把情况报告机长机，他决定单独冲击德机群。在这次空战中他击毁9架德机，英勇战死，被苏联政府追授为"苏联英雄"。

奥博扬方向的大规模坦克战极大地影响了形势发展和结局。苏军坦克第1集团军在7月6日将140辆德军坦克和自行火炮击毁。实战证明，把坦克藏在掩体内偷袭德军是非常有效。

7月8日晨，德军在几十架飞机和大量炮兵的支援下发起新的攻势，主攻方向仍然是奥博扬方向。

曼施坦因指挥约500辆坦克、大量的步兵和炮兵，与苏军在宽约30公里的战场上展开了激战。

在奥博扬公路地带，苏军优势兵力挡住了德军。苏军完成阻敌任务后，主动往新谢洛夫克以南2公里的新阵地撤退。

同时，苏军两次猛攻德军右翼：一次是近卫第2坦克军在绍皮诺以北发动的；一次是近卫第5坦克军从雅科夫列沃以北发动的。发动反攻的还有苏军第2、第10坦克军和第40集团军。曼施坦因被迫向这些方向分散兵力进行防御，使得德军进攻奥博扬方向的兵力更加不足了。

德军于7月8日下午沿奥博扬公路再次进攻，进抵上佩尼耶南郊。近卫第6集团军立即派第200坦克旅、第112坦克旅和第22坦克旅、近卫第67步兵师和若干炮兵部队紧急支援。

为支援坦克第1集团军，苏军将第10坦克军、第309步兵师和第40集团军调了过来。

近卫第12反坦克歼击炮兵团在上佩尼耶的战斗中顽强抵抗，瞄准手沃斯特别利科夫和宰采夫表现最突出，两人共击毁13辆德军坦克，均被授予"苏联英雄"称号。

当天，德军继续向近卫第7集团军的防线进攻，在正面狭窄的地段上投入了约250辆坦克。苏军近卫第92、94和81步兵师承受了主要进攻。德军损失较大，但把梅列霍沃和米亚索耶多沃攻下了。

当天，因为苏军抵抗顽强，德军在奥博扬的进攻失败了。苏军守住了第二防御地带。

在科罗恰方向上，德军虽然把梅列霍沃和米亚索耶多沃攻下了，但该方向的主要支撑点仍被近卫第7集团军控制着。

苏联人民开始关注库尔斯克突出部的作战，他们认真收听广播，阅读报纸。苏联人民对战争的贡献很大，将满载坦克、燃油、弹药和食品的列车源源不断地运往库尔斯克。一支支新组建的部队徒步赶往库尔斯克州。因为苏军大量的弹药尤其是炮弹在战斗中消耗了，苏军后勤部队用卡车把弹药运送各阵地，汽车运输十分繁忙。

由于奥博扬方向的战斗异常激烈，7月8日，苏军统帅部命令近卫坦克第5集团军必须在7月9日晚前，把先头部队调往奥博扬、韦肖雷一带，后续部队集结在博布雷诺夫、中奥利尚卡、马里诺。

为了加强奥博扬方向，瓦杜丁要求各集团军死守阵地，不准敌人突破奥博扬和普罗霍罗夫卡。

德军于7月9日从南面向奥博扬进攻。曼施坦因集中了5个坦克师约500辆坦克，在正面10公里的地段上进攻。他还把大量的航空兵力投进来，一天出动飞机1500架次以上。

然而，苏军拥有绝对的兵力优势，瓦杜丁在奥博扬公路地带内投入了强大的炮兵集团。苏军统帅部还将大部分坦克预备队调来增援瓦杜丁，苏军空军继续在奥博扬上空支援。

最激烈的战斗爆发了，由于疯狂的进攻和顽强的反击，战场上尘雾弥漫，德军进攻的巨浪对不断得到加强的苏军防线进行冲击。

奥博扬方向上的激战呈现白热化，直到7月10日，战况依然激烈，但德军在奥博扬方向的进攻失败了。

另外，德军在近卫第7集团军防线内的科罗恰方向没能取得进攻的胜利。在7月9日或10日，肯普夫战役集群都未能将苏军防线突破，无法迂回到近卫第6集团军后方。

二、最大规模的坦克战

1943年7月9日，库尔斯克会战仍在激烈进行，沃罗涅日方面军在瓦杜丁的指挥下继续在正南面抵抗德军在奥博扬方向的进攻。

德军于1942年7月初强渡顿河，向沃罗涅日州进攻。瓦杜丁调任苏军沃罗涅日方面军司令。面对德军的强大攻势，瓦杜丁从严治军，整肃军容，对一切胆敢破坏军纪者进行处决。他撤换了大批不称职的军官，大胆地将作战勇敢的军官提拔起来。

在瓦杜丁的指挥下,沃罗涅日方面军多次击退德军。瓦杜丁在指挥时重视主动出击,并从全局观念出发,与其他方面军的行动相配合,使德军向斯大林格勒和伏尔加河的推进速度减慢。

在瓦杜丁的指挥下沃罗涅日方面军不仅粉碎了德军向沃罗涅日城的进攻,而且将德军对斯大林格勒的进攻计划扰乱了。

10月,瓦杜丁改任西南方面军司令,指挥西南方面军参与了斯大林格勒战役。瓦杜丁将著名的斯大林格勒进攻战役计划提出,包围了斯大林格勒城内的25万德军。

在进攻时,瓦杜丁巧妙地指挥装甲部队,成功地将在进攻中如何使用装甲部队的问题解决了。12月,西南方面军和沃罗涅日方面军左翼部队在他的指挥下发动了小土星战役,取得了成功。

1943年3月,瓦杜丁出任沃罗涅日方面军司令,在库尔斯克突出部南翼坚守。在7月上旬的库尔斯克防御战中,瓦杜丁指挥沃罗涅日方面军将南方集团军群的攻势顶住了,同时还在两翼多次发动反攻。

因为苏军大量集中使用坦克,所以在1943年德军的闪击战术已经不适用了。这时,一门或者几门反坦克炮,苏军很快就能把它们摧毁。因此,德军改用群炮打坦克的新战术,即反坦克阵。德军建立一些火炮组,每组约10门反坦克炮,火力在一辆苏军坦克上集中。若干反坦克火炮组编为一个火炮群,各火炮组成纵深配置,在整个阵地上分布。开炮时机很关键,如果过早开火,后果会很严重。

这种反坦克阵战术苏军也学会了,而且他们用雷场和反坦克壕沟来对付德军坦克,在雷带间布设散雷。苏军布雷的速度很快,他们两三个昼夜就能将3万多枚地雷布设好。

在德军一个军的进攻地带内,经常一天内得排除4万枚地雷。

苏军善于伪装，如果德军没有坦克被炸毁或者苏军的反坦克炮开火，苏军的地雷场和反坦克阵很难被德军发现。

德军为了在苏军防线中打开一条通道，决定采用"楔"形队形，这种队形是非常有效的。楔的顶部为虎式坦克，虎式坦克的88毫米炮比苏军各型坦克的火炮好。但豹式坦克的机器故障太多，不能将苏军的反坦克防御突破，德军T－IV坦克也无法突破苏军纵深配置的反坦克防御。

战场经验表明，坦克若指挥得当，能够将反坦克防御的火力压制住。后来，德军坦克用"钟"形队形取代了"楔"形队形。"钟"形队形即重型坦克在中央，中型坦克在两侧后面，轻型坦克在重型坦克后面。这种队形能够将反坦克的宽大的正面火力压制住。

装甲部队的指挥官利用无线电台来联系空军和支援地面部队的其他部队。乘坐装甲运兵车的工程兵在"钟"形队形中跟进，准备随时将地雷排除。各兵种密切协同，"钟"形队形的进攻很容易成功。

相对来说，比较困难的是夜晚进攻，因为必须选择便于坦克行驶的地形，而且最好是月夜。德军一般选择在容易辨别的公路或者土路上行进，而"钟"形队形适于夜晚进攻。前进时的队形要密集一些，坦克的间隔必须小。夜色会影响防御方的火炮，夜晚进攻一般不会损失过大，但需要训练有素的军官和优秀的坦克驾驶员。

苏联游击队在库尔斯克战役中十分活跃。他们在德军后方到处破坏交通线，还经常进攻德军，使得德军的进攻日益艰难。

希特勒于1943年7月10日下令继续实施"堡垒"计划。此前，德军统帅部决定增援几个师到库尔斯克地区，以缓解兵力严重不足的危机。

苏军统帅部对战场情况严密关注，同时认为德军可能会发动新进攻，尤其是库尔斯克突出部的南正面，即向普罗霍罗夫卡地域。

苏军草原方面军已派近卫第4集团军、第27和第53集团军向突出部南正面的别尔哥罗德方向增援。

瓦杜丁的沃罗涅日方面军奉命将德军在普罗霍罗夫卡方向的进攻粉碎，并对德军主力发动强大的反攻。

曼施坦因增加了兵力来进攻普罗霍罗夫卡，在约15公里的正面上发动了进攻。德军统帅部派了在库尔斯克突出部南正面作战的所有空军支援普罗霍罗夫卡方向。后来，德军统帅部又将有约200辆坦克的第3坦克军调来。

苏军坦克第1集团军主力在阵地坚守，其近卫坦克第5军和第10坦克军与近卫第6集团军一起从新谢洛夫克、诺韦尼科耶反攻雅科夫列沃；近卫坦克第5集团军从普罗霍罗夫卡发动反攻；近卫坦克第5集团军和近卫第5集团军部分兵从普罗霍罗夫卡向雅科夫列沃方进攻；近卫第7集团军的3个步兵师突击别尔哥罗德以东方向。

双方坦克战的中心是普罗霍罗夫卡以西地域。7月12日8时30分，近卫坦克第5集团军向韦肖雷和亚姆卡农庄之间的地段发起进攻，在第一梯队的有苏军第18、第29坦克军和近卫第2坦克军。同时，苏军第18坦克军向"十月"国营农庄进攻；第29坦克军向西南方进攻；近卫第2坦克军在集团军左翼普罗霍罗夫卡以南向维诺格拉多夫卡、别列尼希诺方向进攻；在苏霍—索洛季诺方向，第2坦克军攻向德军第48坦克军后方；近卫第5机械化军属于第二梯队。另外，伴随近卫第5坦克军，苏军近卫第33步兵军和近卫第32步兵军也发动了进攻。

几乎同一时间，德军"骷髅"师、"帝国"师和"阿道夫·希特勒"师这3个党卫军装甲师也发动了进攻。

双方有约1500多辆坦克和自行火炮在普罗霍罗夫卡交战，同时爆发了空战。苏军在普罗霍罗夫卡以西地域一天出动近600个飞机架次，发动了12次空战，击落德机18架。另外，德军还对普罗霍罗夫卡西北处的近卫第5集团军发起了进攻。

苏军在普罗霍罗夫卡坦克战中取得了胜利。在那次战役中，德军使用虎式坦克的88毫米火炮射程远，因此苏军坦克以最快速度向德军坦克冲去。苏军希望能与德军坦克接近，发挥T-34机动优势来将笨重的虎式坦克打败。在接近过程中，苏军坦克损失较大。当双方接近后，战斗更加激烈，双方互相摧毁了一辆辆坦克，坦克兵跳下来互相射击，甚至肉搏。晚上，双方精疲力竭后停战，坦克残骸和尸体遍地都是。德军以较小的损失，摧毁了更多的苏军坦克，但苏军以绝对优势将普罗霍罗夫卡控制了，随后赶到的苏军援兵使防线更加稳固。

德军兵力不足，而苏军的反坦克武器越来越先进，同时也有了越来越先进的坦克，而德军在战争中使用的是过时的坦克。

这次持续了一整天的地面交战和空战是二战中最激烈的交战。反攻的结果是，沃罗涅日方面军并未将德军的突击兵团歼灭，但德军装甲部队的进攻在普罗霍罗夫卡战斗中被阻止了。

不久，德军南方集团军群开始撤退，沃罗涅日方面军尾随其后。

科涅夫的草原方面军于7月18日晚发动大规模攻势。至7月23日，德军南方集团军群撤到库尔斯克会战开始前的阵地，希特勒已无法夺取战略主动权。

苏德战场1943年小结

在库尔斯克战役的后期，即1943年8月下旬，苏军最高统帅部下达了不给"敌人任何喘息的机会，苏军应当勇猛地追击德寇，尽多尽快地把法西斯占领和奴役下的苏联西部领土和人民解放出来"的决定。所以库尔斯克战役之后，苏军在9月到11月的3个月时间内，在南部和中部战场全线出击，猛打猛追，德军节节败退。在南方，红军在9月将诺沃罗西斯克和塔曼半岛解放了，彻底肃清了高加索地区的敌人，同时解放了苏联的重要工业区顿巴斯，并从陆地上封锁了克里米亚半岛上的敌军。在乌克兰，苏军于10月25日已将第聂伯河下游的重要城市第聂伯罗彼得罗夫斯克解放，进而抵达第聂伯河河口附近。再往北，苏军发动了第聂伯河战役，将德军的顽强抵抗粉碎，于11月6日解放苏联的古城——乌克兰首都基辅，并在11月底解放戈梅利。苏军于8月底在中部战线发起反攻，激战1个月，至9月25日已将战略位置十分重要的斯摩棱斯克解放。苏军占领了斯摩棱斯克，就为以后解放白俄罗斯广大地区奠定了有利的前哨基地战局。由此西进，也是将来直捣柏林的捷径。

苏德战场上的军事行动到11月底趋于缓和。这时，苏军已抵达第聂伯河，在部分地区已渡过第聂伯河，牢固地将斯摩棱斯克、戈梅利、基辅、第聂伯罗彼得罗夫斯克一线控制了，把第聂伯河以东的广阔区域解放了。这一区域拥有发达的工业、富饶的农业、稠密的铁路网和众多的人口。所以这不仅在政治上、军事上有重要的意义，且有巨大的经济价值，还有可能向苏军提供更多的兵员和战略物资，进一步加强苏联的经济力量和国防力量，为苏军今后进行更大规模的反攻提供了有利条件。

第七章

北非战场激战白热化

第一节　英、德、意初战北非

英美联军登陆北非

一、苏联要求英美开辟第二战场

英美两国广大人民群众在德国法西斯进攻苏联以后发出越来越强烈的呼声，要求两国政府在欧洲开辟第二战场，对希特勒法西斯侵略军进行打击，以减轻苏联的负担。英国50万产业工人于1941年10月20日举行声势浩大的示威游行，要求英国首相立即开辟欧洲第二战场。美国明尼苏达州工会号召职工们"尽一切力量对同希特勒作战的国家加以援助"。

美国总统于1942年4月1日批准了陆军总参谋部制订的"西欧作战计划"（亦称"马歇尔将军的计划"），准备美英军队采取联合行动，于1943年大举进攻法国。

1942年4月8日，马歇尔和霍普金斯受罗斯福的委托，带着这个计划到达伦敦，征求英国方面的意见。经与丘吉尔以及英国三军参谋长会谈以后，英美两方达成基本协议，准备于1943年进攻西欧。

罗斯福在取得英国初步同意之后，又致函斯大林（4月11日），请他派两名特使前往华盛顿，对这一作战计划进行商讨。

但斯大林觉得，开辟第二战场是英美两国的事情，没有丘吉尔的同意是不行的（斯大林早在1941年7月和9月就几次给丘吉尔致函，要求英国在欧洲开辟第二战场）。同时，苏联同英国之间还需要直接商谈一些问题，因此便决定派苏联外交人民委员莫洛托夫先到伦敦，然后前往华盛顿。

莫洛托夫一行于1942年5月21日到达伦敦，在与英国政府谈判之后，5月26日，两国签订了为期20年的《关于在反希特勒德国及其欧洲与国战争中结成同盟及战后合作互助条约》。英苏之间关于在欧洲开辟第二战场问题并未决议，因为丘吉尔要等罗斯福先表态。但他们商定，在听取美国意见之后，莫洛托夫应在返回莫斯科途中，取道伦敦，以便对这个问题做最后商讨。

1942年5月29日下午4时，莫洛托夫到达白宫，与美国总统罗斯福、国务卿赫尔以及霍普金斯会面，进行了初步的会谈。

第二天上午，美国总统和霍普金斯同莫洛托夫举行会谈，由马歇尔和海军上将金氏陪同。

罗斯福先将头天下午同莫洛托夫会谈的情况向两位将军做了介绍，说苏联人希望英美采取联合行动，派出足够数量的战斗部队到欧洲大陆，以便从苏联战场上吸引去40个德国师。然后美国总统建议，如果莫洛托夫方便的话，可以对这个问题进行详谈。

于是，莫洛托夫说，第二战场问题除了是个军事问题以外，还是个政治问题，"但它主要还是个政治问题，因此，解决这个问题，需要依靠的是国务活动家们，而不是军人"。他随后将大量事实列举出来，证明作为同盟国家的英国和美国在1942年开辟第二战场，好过到1943年才开辟。如果英美这时能将一个新的战场开辟出来，并从苏联战场上吸引去40个德国师，那么力量的对比将发生这样的变化：苏联人或者能在今年（1942年）打败希特勒，或者彻底地将他打败。最后莫洛托夫说:"如果你们将这个决定拖延,你们将担负战争的主要压力,而如果希特勒变成大陆上无可争辩的主人,那么,明年肯定难于今年。"

"于是,总统便问马歇尔将军,是否十分清楚事态的发展,以致我们可以告诉斯大林先生,我们正在准备第二战场。'是的'——将军回答说。这样莫洛托夫先生就被总统授权告知斯大林先生,我们期望今年将第二战场开辟出来。"

罗斯福在和莫洛托夫等共进午餐之后,又把马歇尔、金氏和霍普金斯召集来开了1个小时的会,以对总统将对莫洛托夫发表的最后声明进行商讨。

"总统告诉马歇尔将军和金氏海军上将说,他认为情况还不够清楚,而苏联战场的危险局势要求他——总统就第二战场问题对莫洛托夫答复得更明确一些。"

接着,罗斯福又发了一份电报给丘吉尔,其中指出:"我尤其渴望莫洛托夫能就他的使命将一些实际的结果带回去,并给斯大林一个令人高兴的报告。我倾向于认为,苏联人现在有点儿垂头丧气。"

罗斯福和莫洛托夫于6月1日上午举行了最后一次会议。在这次会上,莫洛托夫强调指出,他将一个新的条约从英国带回来了。他问道:"对于已经提出来的那个总的问题,我将怎么答复伦敦和莫斯科? 总统对第二战场的答复是什么?"

美国总统对于这个直截了当的问题回答说:"你可向莫斯科声明,美国政府力争并希望在1942年建立第二战场。英国和美国都在这方面做了大量准备。加速组织第二战场的办法之一,就是美国对苏联的供应进行缩减,以便腾出辅助吨位,把美国军队调往英国。"

这时，罗斯福曾指示美国国务院将一个共同声明起草出来，这个声明将在莫洛托夫回到莫斯科时，同时在华盛顿和莫斯科发表。

但莫洛托夫不太满意美方起草的共同声明稿，他提出了苏方草拟的声明稿。霍普金斯记述道：对于这个稿子，我和马歇尔将军仔细商量过，他觉得关于第二战场这句话的语气太强了，并主张不要提1942年。我特别提请总统注意这一点，尽管如此，但他希望在声明里加进去这一点……

所以，后来美苏两国在6月11日同时发表的共同声明中就明文规定：

> 对于1942年在欧洲将第二战场开辟出来的迫切任务已达成完全的谅解。此外，还进行了关于美国向苏联增加和加速供应飞机、坦克以及其他各种战争物资的各项措施的讨论……双方很满意能在所有这些问题上的观点完全一致。

在从美国回到伦敦之后，莫洛托夫又要求英国政府同意于1942年横渡英吉利海峡，把第二战场开辟出来。丘吉尔当时的心情是：我们仍在同美国参谋长一道对这个问题进行积极的研究，然而除困难以外，别无所见。一项公开声明当然于事无损，但也可吓一吓德国人，从而尽可能将其军队留在西线。我们因此同莫洛托夫商妥，把一项公报发表。

英苏公报的内容相似于美苏共同声明，载明于1942年在欧洲开辟第二战场。但在草拟公报时，丘吉尔就递交了一份备忘录给莫洛托夫，其中指出："我们正在准备1942年8月或9月在大陆登陆一事"但是，"……在事前很难说，到时候是否会出现进行这种行动的形势。我们因此无法保证……"

可见，尽管丘吉尔同苏联一道发表公报，说准备在1942年于欧洲将第二战场开辟出来,但他的用意只是"使德国人有所畏惧",并不曾做出保证。6月8日,丘吉尔作为内阁首相兼国防大臣在给英国三军参谋长会议的指示中,更为明确地表示英国无意于1942年在欧洲开辟第二战场:

> 我将要求三军参谋长对下列两项原则进行考虑:
> 1. 除非我们打算留在那里,不大举登陆法国。
> 2. 除非德国人在与俄国人作战中再次失利,因而士气不振时,不大举登陆法国。

由此可见,在1942年于欧洲开辟第二战场并不是英国统治集团的意愿。

有的史学家争辩说,美国持着不同的态度。在前述陆军参谋部的计划中,美国曾规定于1942年9月15日左右有限地进攻西欧。但这种有限的作战计划只有在下述情况下才可以实现:

> 1. 苏联战场已陷入绝境,即英美军队如不从西方发动攻击以将苏联所受的压力解除,则德军将取得全面胜利,瓦解苏联的抵抗。在这种形势下,这次攻击只能认为是为了共同利益的一种牺牲。
> 2. 德国在西欧的势力大不如前。是因为莫洛托夫说苏联战场形势危急,罗斯福才答应莫洛托夫在1942年开辟第二战场,"苏联人现在有点沮丧",因此要在精神上道义上(当然还有物质上)对苏联加以支持,鼓励英勇作战的苏军,给斯大林一个令人满意的答复。而丘吉尔看到罗斯福已经点头了,他也只好做做官样文章,同意发表一纸公报,但不愿做出承诺。所以,美国史学家菲斯评论说:"作为一种推动力,或者作为一种前景,还是作为一种诺言——没有人相信。"波伦则说:

"我总认为，之所以对克里姆林宫承担过多的义务，是担心红军可能垮台，布尔什维克政权会投降或向希特勒退让。"而美国国务院俄国处处长亨德森则认为："这似乎是对我们实际上办不到的事情做出了允诺，因此也不打算这样做。"不过应当指出，罗斯福和马歇尔等人都希望美军在1942年能直接与德军对抗。

二、美英在北非登陆的战略意图

在莫洛托夫回国后不久，丘吉尔第二次访问华盛顿。在1942年6月17日午夜前不久，他偕同帝国总参谋长艾伦·布鲁克等飞往美国，6月18日傍晚到达华盛顿。他是为1942—1943年的作战行动达成最后的决定而来。

在美英两国政府首脑和参谋长们会谈期间，丘吉尔不同意于1942年登陆法国本土，而主张"应当研究法属西北非的军事行动。"6月21日早晨，丘吉尔到总统的书房去看望罗斯福。正在这时，他接到一封电报，上面写着："托卜鲁克投降，25 000人被俘。"英军在北非的惨败震惊了丘吉尔，他简直不能相信这是真的，于是更加卖力地宣传其代号为"体育家"的作战计划，即向法属北非进攻。

马歇尔后来在他的报告中写道："盟国在北非的形势在这次讨论期间更为严重，以托卜鲁克陷落达到顶点。此后就几乎完全是讨论要采取什么措施以将开罗所面临的威胁解除，因为隆美尔的军队被阻挡在阿拉曼一线是费了很大的劲的。"

这次会谈虽未做出具体决定，但北非登陆作战计划已吸引了罗斯福。

7月间，马歇尔、金氏和霍普金斯访问伦敦时，美国参谋长们主张牵制性地进攻西欧，但英国军政领导人则坚决主张在北非登陆，因为这时如有限攻打西欧，那么英国就得负责主要提供地面部队，尤其是空军。双方争执不下，最后马歇尔请示罗斯福，美国总统同意了英国领导人的意见。7月24日，美英双方决定于1942年秋天登陆北非，攻打德意军队（密码代号改为"火炬"）。7月25日，美国总统正式批准了这个计划。

三、美英军队在北非登陆

进攻北非的方针既定，美英联合参谋长委员会于8月13日正式任命艾森豪威尔为盟国北非远征军总司令，并将作战指令发给他，其第一句话说："总统和首相已经商定，针对非洲的联合军事作战行动应尽早根据实际情况来实施，其目的在于协同中东盟军将从大西洋到红海的整个北非完全控制。"另外美国的克拉克任副总司令，参谋长是史密斯；英国的海军上将安德鲁·坎宁安是海军司令。盟军司令部设在伦敦，从这时起它就进行紧张的工作，着手制订具体的作战计划。攻击目标最后确定为3处：卡萨布兰卡、奥兰和阿尔及尔。盟军顾虑有三个：一是希特勒的反应；二是西班牙的表现；最重要的是第三点，即北非法国军政官员的态度，如果他们愿与盟军合作，就很好办；如果他们不愿配合，那就要同20万军队作战。

维希政府管辖着北非法国军政官员，他们以叛徒哲学来自我辩护，颠倒是非。认为1940年他们向希特勒投降是合法的贝当政府命令的，因而也是合法的。相反的，在他们心目中，反对法西斯侵略，认为竭力为法兰西民族独立付出的戴高乐以及法国共产党领导的广大人民群众的抵抗运动，反而不合法，因而很仇视。同时，由于英国支持戴高乐领导的自由法国运动，并且曾多次同维希的武装力量发生冲突（1940年7月，英国海军在阿尔及利亚西北部的米尔斯克比尔港对法国的分舰队发起攻击；同年秋天，英国海军和自由法国军队曾对达卡尔发动进攻；1941年英军又同维希法军在叙利亚发生武装冲突；英军于1942年5月至11月占领了马达加斯加），他们有很强烈的反英情绪。鉴于这些情况，盟军的这次登陆作战是打着美国旗号，以纯粹的美国的军事行动为形式。对流亡伦敦的戴高乐也严守机密，因为美国总统罗斯福对他抱有成见，怕他参与其事会触怒北非法国当局，同时也怕他泄密。罗斯福在11月5日给丘吉尔的信中说："任何使戴高乐参与'火炬'计划之举，均将不利于我们努力争取在非洲的大部分法军归附我方远征军这一大有希望的工作……因此我认为你在登陆成功以前，还是不让戴高乐知道有关'火炬'计划的任何情况为宜。"

美国驻阿尔及尔总领事罗伯特·墨菲等对法国将领如阿尔及尔的马斯特和朱安、卡萨布兰卡的贝图亚尔等，为了争取法军将领的同情，做了一些颇有成效的工作。他们的友好行动为有利于盟军的登陆，特别是在阿尔及尔。

英美特工人员在登陆前夕又把法国的一名将军吉罗（亨利·吉罗原来是法国第七集团军司令，1940年被德军俘虏，1942年4月越狱逃回维希，后来美国人秘密和他谈判，要他到北非去号召法军与盟军合作，与德国对抗）从法国南部营救出来，用潜艇和水上飞机接到直布罗陀的艾森豪威尔临时司令部（11月5日迁此），要他到北非去号召法军不做抵抗，与盟军合作。

由650多艘军舰和运输船只组成的一支庞大的英美联合舰队于11月8日凌晨载着11万大军，在大量飞机掩护下，分三路在预定的地点登陆。美将巴顿率领的部队攻占卡萨布兰卡，由仇恨德国法西斯的法国贝图亚尔组织内应。但因没将法国驻摩洛哥总督诺盖的秘密电话线截断，内应未能成功，诺盖和海军将领进行抵抗，战斗持续到11日。攻占奥兰的是美国第二军，他们遭到法军的激烈抵抗，战斗持续到10日，盟军占领了奥兰。由于法将马斯特等五人小组事先组织了一次成功的暴动，把军政要人都逮捕起来了，城防瘫痪，盟军登陆时没有遇到什么认真的抵抗，所以阿尔及尔的登陆最为顺利。

对美英军队在北非登陆的成功，苏联最高统帅斯大林的评价很高："苏联方面认为这次军事行动有着重大的意义，它表明盟国武装力量的实力正在增长，并展示了意德同盟很快会溃败的前景。非洲的军事行动又一次将那些断言英美领导者没有能力组织重大的军事行动的怀疑论者驳斥了。毫无疑问，只有第一流的组织家才能将这样重大的战役完成。"

在盟军将阿尔及尔占领之后，吉罗来到这里，他发表了一篇广播演讲号召北非法军投降，但没有用。这时法国武装部队总司令达尔朗正好在阿尔及尔探亲，他是维希的干将，名声很不好。但在北非法国一部分上层人士中，贝当仍然是个偶像，而达尔朗又被视为贝当的直接代表，他能按指示办事。据艾森豪威尔回忆："克拉克将军拍回电报说：'没有达尔朗参加，就和解不了'，而当时躲藏在阿尔及尔的吉罗将军也支持他的这种观点。""显然，只有达尔朗才能和我们在北非合作。"同时，他还没离开英国时，丘吉尔曾诚恳地对他说："如果我能见到达尔朗的话，虽然我不喜欢他，但我如能在地上匍匐爬行一英里路而使他把舰队带到盟军这边来，那我也不会拒绝。"此外，盟军从军事方面讲也力求避免"将大量鲜血耗费掉，造成无数痛苦"，因此便同达尔朗达成停战协定。11月10日，达尔朗命令停火。12日，停止了阿尔及尔以西的战斗。11月中旬，盟军又继续东进，将突尼斯境内的一些地方占领。

盟军于 11 月 13 日同以达尔朗为首的法国陆海空军最后达成协议：北非法国的军政官员和和平居民同盟军合作，盟军承认达尔朗对法属北非的行政事务进行管理，由吉罗指挥北非的所有法国军队。艾森豪威尔接下来又同法属西非的行政长官皮埃尔·布瓦松达成协议，争取了西非。

达尔朗继续任用维希官员，甚至包括那些由于与纳粹密切合作而声名狼藉的人。另一方面他把阿尔及尔的戴高乐分子关入狱中，将他们的《战斗报》封闭，更加激起了法国人民对他的仇恨。"自由法国""地下抵抗运动"以及英美报刊群起而攻之，对达尔朗进行强烈谴责。达尔朗于 1942 年 12 月 23 日被年轻的戴高乐分子邦内·德·拉·沙佩勒刺杀身死，此后掌管法属北非的军政事务的便是吉罗。

美英军队在北非登陆是希特勒没料到的，直到 11 月 10 日他才采取两项对策：一是伙同意大利将法国南部（意占罗讷河以东）占领；二是迅速将突尼斯城和宾泽特（旧译比塞大）港占领。此后德意军队通过海空运输又大量增援。

由于维希方面派人去做了工作，突尼斯地区的法军未抵抗德意军队，主动撤退到西部山区，准备投奔吉罗。

11 月 20 日，希特勒又突然袭击以土伦为基地的法国舰队。这支舰队为了保持法国的荣誉，凿沉了军舰，总数 51 艘大小舰艇（22 万吨）自愿在地中海中沉没。此外，希特勒的海军在地中海各港口还强行将 159 艘法国商船接管了，总计 65 万吨。

投降派贝当自以为得计，原本想在希特勒的羽翼下保住半壁江山。到如今希特勒把他剥得精光，维希政府寿终正寝，则贝当则等待着被法国人民法庭审判。

墨索里尼妄图夺取埃及

一、向埃及挺进

墨索里尼早就渴望将埃及吞并了。当德军把英国打得溃败时，墨索里尼立即准备攻打埃及，企图趁火打劫，一举吞并。

埃及的苏伊士运河是英国通向印度、远东的海上生命线。如果将埃及失去了，英国会面临大灾难。意大利占领了埃及，就将通向苏丹的通道占领了，可以把意大利在东非的所有殖民地连成一片。

埃及保护着英国在中东的殖民地——巴勒斯坦和约旦，并影响和控制着包括叙利亚、石油资源丰富的伊拉克和伊朗在内的中东其他地区。亚历山大港设施齐全，可以使英国皇家海军的控制向东部地中海延伸。

意大利占有向东进攻埃及的优势：

第一，英国的困境。尽管英国很早就控制了埃及，又根据一项条约派遣了军队到埃及，可是英国首先要考虑的是保卫英国本土，英国已经无力再投入巨大的人力和物力资源到中东战场。

第二，意大利在非洲的势力很大。意大利从1911年起就占领了利比亚，其占领非洲东海岸的厄里特里亚和意属索马里的时间更早，意大利又把埃塞俄比亚吞并了。利比亚地处埃及的西边，埃塞俄比亚与英国在东非的殖民地相邻。意军可以从两个战线进攻埃及。

在埃及，韦维尔部署了约36 000人的英军，组编成两个师与利比亚边境的意军抵抗。其中少将布莱斯怀特·皮尔森指挥英军第4印度师，少将奥穆尔·克里夫指挥第7装甲师。

虽然两师的编制不足、缺乏装备和弹药，但是官兵训练有素，都是在奥康纳中将指挥下刚组建的西部沙漠部队的精锐部队。

印度第4师是由英军和印度军组成的盟军，有丰富的沙漠作战经验，有利于即将开始的沙漠战。英军第7装甲师号称"沙漠之鼠"，奥康纳将军曾经对1939年的第7装甲师的官兵提出过表扬，说第7装甲师是"他看到的训练最好的部队"。

58岁的意大利陆军元帅格拉齐亚尼被墨索里尼派来指挥北非意军。

在1940年时，巴多格利奥元帅是意大利军队的总司令，但被墨索里尼架空了。墨索里尼能直接指挥意大利军队，但陆、海、空三军互相独立行动。巴多格利奥元帅试图对军队的指挥体系进行改革，使三军紧密配合，反而被墨索里尼解除了职务，由卡瓦莱罗继任。

意大利驻利比亚总督巴尔博率领驻利比亚的意军。1940年6月28日，巴尔博被自己人"友好的一炮"击毙。

在托布鲁克上空，巴尔博被意大利自己的高射炮兵击落。意大利人为了把这一惨重的不幸事件掩饰住，宣布巴尔博是死于同英国人进行的空战。这是意大利防空部队在二战中战果最辉煌的一仗，巴尔博也是二战中被误伤的军衔最高的军人。

结果，格拉齐亚尼继任指挥。奥斯塔公爵是驻东非的意军总指挥，但由于东非的意大利殖民地离意大利很远，因此奥斯塔很难控制驻守东非的意军。

格拉齐亚尼原以为抵御是自己的主要任务——向西抵御利比亚免受英军的进攻，向东抵御来自驻突尼斯的法军的进攻。可是，法国沦陷后，利比亚将来自法军的威胁解除了。

就在格拉齐亚尼就职时，得知自己的任务是向埃及推进480公里将亚历山大港的海军基地占领时，格拉齐亚尼震惊了。他马上飞抵罗马向墨索里尼诉苦，争辩说，他的部队无法进攻英军。他兵力不足，部队使用的武器是一堆废物：火炮和步枪是19世纪的，机枪锈迹斑斑。他的部队也没有飞机、坦克、反坦克和防空火炮。

格拉齐亚尼的部队在与埃及相邻的利比亚边境被迫偷挖英军布设的地雷，埋在自己的阵地前。

然而，墨索里尼只给了他一些抚慰的甜言蜜语。墨索里尼说："我并没有派你去消灭英军，我只是要求你向英军进攻，把埃及拿下，这将是对大不列颠的最后一击。"

格拉齐亚尼不情愿地回到了利比亚，在此期间，意军与英军在边境地区发生了小规模的冲突。双方的伤亡对比，让格拉齐亚尼的判断得到了证实：意军伤亡高达3500人，而英军伤亡150人。

6月16日，英军的一支小分队潜入利比亚边境，采取突袭的战术摧毁了意军的一个边境据点。

另外，英军第7装甲师在埃及边境，多次小规模地打击意军阵地，使意军吃尽了苦头。

面对意军阵地小而散的特点，英军第7装甲师师长克雷少将大胆地把英军分成奇袭分队，多次越境偷袭，屡战屡胜。其中，战绩最佳的是第11轻骑队。

第11轻骑队神出鬼没，经常从意军的大后方潜入，不断地发动伏击战，拔掉意军的据点，使意军狼狈不堪、日夜不宁。

格拉齐亚尼为人谨慎，他要求准备充分后再发动进攻，但墨索里尼却不断地催促他发动进攻。

英国政府在格拉齐亚尼还在准备时做出了一项艰难的决定。

1940年夏季，德军有明显的入侵英国本土的态势，在英国的上空双方空战不停，德国舰队从莱茵河畔往英吉利海峡的另一端开去了。法国已经投降，比利时战败，英法联军从敦刻尔克大撤退后，英军只好退守本土。这时，本土的英军没有充足的武器装备，而且对于海外的殖民地根本顾及不到。可是为了保障埃及及英军通向殖民地的生命线，英国必须加强中东地区的英军装备，尤其是坦克、大炮和运输工具。

8月15日，英国战时内阁下令对英军在埃及的力量加以增强。增援埃及的英军和装备包括3个坦克营154辆坦克、48门反坦克炮和48门重25磅的榴弹炮，另外还有大量步兵武器和弹药。增援埃及的英军从好望角通过，9月19日到达红海，即将进入苏伊士运河。

后来，英国首相丘吉尔回忆说："当英国自己还处于危难中，却增援埃及的英军，这是很难做出的决定。"

意军面临的一大难题是墨索里尼的一系列鲁莽决定：墨索里尼经常在他认为能够给他带来无上光荣的地区部署部队。在进攻英国的战斗中，墨索里尼派遣了一支拥有战斗机和轰炸机的远征军，英国皇家空军对其进行围歼。德国入侵苏联时，墨索里尼出动了大批陆军和空军部队。

墨索里尼对苏联进行的战争对意军而言是一场大灾难，23万被派往东线的意军伤亡惨重。墨索里尼已经最大限度地使用了枯竭的意大利军事资源。

1940年，意大利派驻25万人在利比亚，装备了1800挺机枪、350辆轻型坦克和8000辆卡车。意大利部署在利比亚前线的150架飞机多于英国当时部署在埃及的飞机。当时，英军主力集中在西线。

意军兵分两路：一路是在的黎波里，是由加里波第将军指挥的由6个步兵师和两支黑衫军分队组成的第15军；另一路是在东部的昔兰尼加省，是由贝尔提将军指挥的由3个步兵师、1个黑衫军团和一支利比亚部队组成的第10军。

贝尔提的第10军显然急需加强，开始时增加了9个师，后来又增加了10个师。

8月19日，墨索里尼听说德国即将入侵英国，立即命令格拉齐亚尼进攻埃及，他下令："第一批德军登上英国领土之时，就是你们进攻之时。"

9月7日，墨索里尼主持部长会议，再次下令向埃及进攻，但格拉齐亚尼以时机尚未成熟为由，请求推迟1个月进攻。陆军参谋长巴多格利奥元帅支持格拉齐亚尼。墨索里尼说，如果格拉齐亚尼再不发起进攻，就罢免他的职务。

在墨索里尼的逼迫下，意军于9月13日冲过利埃边界攻打英军，英军经过象征性的抵抗后撤退。13日，塞卢姆被意军占领。

随着阵阵军号声的奏响，意大利黑衫军身穿黑色衬衫、装备短刀和手榴弹威风凛凛地走在意军的前面。后边，运送大理石里程碑的卡车队伍缓缓跟来。

这些大理石里程碑是墨索里尼用来炫耀胜利进程的，但他不知道的是，这样东西加重了装备简陋的意军的负担。

通过连续4天的行军，意军顺着边境只前进了105公里，黑衫军将小镇西迪巴拉尼攻占了。西迪巴拉尼除了清真寺和警察局以外，全都是低矮的泥舍。罗马电台大肆吹嘘这一胜利："由于意大利工兵的精湛技术，电车已开始在西迪巴拉尼的街上行驶。"这次进攻，意军伤亡530人，英军伤亡50人。

欢欣鼓舞的意大利人民并不知道，英军第7装甲师主动从西迪巴拉尼撤退，在埃及境内130公里处的马特鲁驻守。马特鲁是连接埃及亚历山大港的一条铁路的终点站，英军靠近补给基地，可以伺机随时进行反攻。如果意军继续向前推进，就会延长补给线，随时处于英军的袭击下。

由于补给困难，意军被迫停止了推进。格拉齐亚尼下令：意军安营扎寨，修筑工事，等待墨索里尼更多的兵力和供给品增派过来。

在格拉齐亚尼的指挥下，意军挖战壕，将在维尔巴尔比亚的防御工事建好。维尔巴尔比亚是意军通向利比亚的重要通道，也是英军通往亚历山大的重要通道。格拉齐亚尼在西迪巴拉尼储备了食物和弹药，修建了一条淡水管道。

意军构筑了一个由7个大据点组成的半圆形防御要塞，该要塞开始于距离西迪巴拉尼以东24公里的马克提拉村，向内陆延伸80多公里。

意大利军官们不仅看重要塞所具有的防御功能，对于"军官俱乐部"之类的生活设施更为看重。军官们有了"军官俱乐部"就能在战斗的间隙欣赏美妙的音乐，跳起华丽的舞蹈，喝着高级器皿盛装的冰镇白葡萄酒。

意大利人暴露了散漫的劣性，在修筑防御工事时不紧不慢。当时，罗马的电台不断地吹嘘着战场上的胜利，意军修建的笨拙的泥草房也被说成了一座美丽的大都市。

格拉齐亚尼是位经验丰富的指挥官，他知道英军在埃及部署了大量的兵力，但英军从9月到10月初在埃及的力量并不强大，这就给了格拉齐亚尼去攻打亚历山大港和开罗的机会。

意大利军队一路进攻到埃及海岸前哨，而英国和印度军队则在埃及总指挥官梅特兰·威尔逊的率领下撤到马特鲁港的防线。

下场战役可能起着决定性的作用。若意大利取胜的话，暴露在格拉齐亚尼元帅的意大利军队面前的就是埃及了。

意大利军队正在西迪巴拉尼构筑防御阵地，墨索里尼想把成就构筑在继续胜利进军上，而格拉齐亚尼元帅对墨索里尼的命令不加理会。墨索里尼勃然大怒时，德国正在猛烈进攻英国，丘吉尔做出"艰难而正确"的决定，送了150辆坦克和其他急需的物资给中东总司令韦维尔上将。

虽然英军在数量上很少，不到3万人。但在25万意大利军队面前，韦维尔的英军官兵却显得坚强和自信。关键的问题是，在坦克运到亚历山大港以前，英国能不能将德国空军在英吉利海峡上空的空中攻势成功阻止住。结果，英国在空战中逐渐取得了胜利。希特勒被迫推迟了德国海上登陆英国的计划——"海狮"行动。这是英国空军的胜利，特别是空军上将休·道丁和空军少将基思·帕克的胜利。

韦维尔认为意大利军队在西迪巴拉尼肯定只是暂时停留，他马上派奥康纳到前线把意大利军队赶出埃及，若进攻顺利的话，把攻势延伸到利比亚。韦维尔决定把第一阶段的进攻定于9月21日开始，但一直到了10月中旬"罗盘方案"制订好后英军才开始进攻。

10月，英军的增援部队不断到来，以补充前线阵地的英军其他部队，在两军之间有一个130公里宽的中间地带。此后的3个月中，意大利军队的防守逐渐松懈了。

韦维尔面临的问题是考虑哪个部队适合进攻，在制订"罗盘方案"的过程中，埃及外部局势的发展增大了英军的压力。

墨索里尼在把西迪巴拉尼攻占后，又把目光投向了希腊战场。

德国总理希特勒很担心格拉齐亚尼的战术行为，10月4日，希特勒向墨索里尼提出愿意提供装甲部队和飞机大炮支援格拉齐亚尼，但傲慢自大的墨索里尼拒绝了他的好意。

墨索里尼生气地说："强大的意军现在不需要任何援助，在10月中旬以前，意大利军队一定能重新开始伟大的进攻行动。不过，欢迎德军在战役的最后阶段来支援意军。"

10月28日，意军突然攻打希腊，将希特勒的计划打乱了，为了教训狂妄的墨索里尼，希特勒决定不对利比亚增派任何兵力，让墨索里尼自己干去。

二、"5天的袭击"

意军占有数量上的绝对优势，但韦维尔将军没有坐以待毙，而是指挥英军反攻。

从意军进攻的形势来看，韦维尔发现，意军虽然人多势众，但用的都是过时的武器装备，火力很弱，可以充分将英军的装甲优势发挥出来，兵分两路，迅速出击，直插西迪巴拉尼，然后占领巴迪亚。

韦维尔计划在1940年9月21日发动第一阶段的进攻，但直到10月中旬，韦维尔才下令开始反攻。

韦维尔并不想大举进攻，英军的行动只能少于5天，向西最远也只能到达西迪巴拉尼以西40公里。

巡逻队把英军的补给物资埋在沙漠池塘的深处，随军携带的食物、汽油和弹药只够维持5天，直到撤回马特鲁。

1940年10月28日，阿尔巴尼亚的意军突然攻打希腊，丘吉尔命令韦维尔，要求驻埃英军增兵希腊。同时，英国皇家海军正在东部地中海地区苦战，脱不了身。

这时，西迪巴拉尼的意军第10军阵地的一个致命弱点被驻埃及的英军侦察部队发现了：意军在西迪巴拉尼的阵地分为海岸线和内陆的兵营两部分，两部分相隔长达 24 公里。 英军可以利用这段空隙，西部沙漠部队在奥康纳率领下从陆地上通过，步兵部队再冲过意大利的沿海岸线的阵地，这样就将意军的增援部队截断了。

只有几位高级将领知道这个计划，许多英军军官只知道英军将在 5 天内有一次小规模的偷袭行动。 韦维尔直到最后一刻才向奥康纳下达了作战命令。

韦维尔抽调了第 4 印度师、第 7 装甲师和泽尔布的第 2 编队的部分兵力组成 3 万人的部队。 泽尔布准将率领包括 3 支摩托化步兵部队，装备一些装甲车、高射炮和野战炮以及约 1750 名官兵在内的部队。 泽尔布的任务是沿海岸前进，牵制意大利军队，3 万人的部队将围剿意大利军队。

很快，意军的空中侦察队报告说，英军为了加强防御，派出了大批摩托来应付意军的进攻。

1940 年 12 月 8 日至 9 日，意军两大阵营之间的空隙地带被前进中的英军在严寒的沙漠之夜发现了。

英军的坦克和装甲车立即全速前进，卷起股股沙雾，向意军防线的空隙冲去。

意军连忙调兵实施堵截，无奈一时无法集中兵力，而且不知道英军的真实意图，不好全力一拼。 少数意军坦克在防线上奋起阻击，英军坦克和装甲车稍作进攻后向西迪巴拉尼方向直奔而去。

12 月 9 日 7 时，在尼贝瓦据点驻守的意军正在煮咖啡、烤面包，准备吃早餐。 英军的坦克和装甲车辆向兵营四周的围墙冲去，惊坏了的意军哨兵被装甲车上的布朗式机枪击毙。

英军士兵从装甲车内涌出车厢，在"马蒂尔达"坦克的掩护下冲向意军兵营。很快，"马蒂尔达"坦克击毁了20多辆停在营地外的意军M-13型坦克。意军的反坦克炮火开始还击，但炮弹无法将英军坦克的装甲穿透。意军骑兵的战马多数受惊，搅起阵阵沙尘。

1940年12月9日上午9时，英军将尼贝瓦据点占领。意军被俘2000多人，伤亡200多人，部分人员逃跑。随后，英军继续往北进攻其他据点，英军坦克刚轰了几炮，各据点的意军就举起了一面面白旗。

英军的奥斯泰斯·阿尔登中校率部来到意军在玛克提拉的兵营，下令发起进攻。英军的机枪刚开炮，一个英军军官就大喊："有白旗，先生。"

"闭嘴！"阿尔登大喊。但是，在防御工事后面，正站着一位意军旅长和500名士兵。

不久，意军旅长对阿尔登说："我们的子弹打光了。"当时，大堆的弹药堆在意军旅长的身边。

12月10日，面对惨败，格拉齐亚尼为了保存实力，向西撤离西迪巴拉尼。当意军撤到布克镇东侧时，进入英军第7装甲师设下的伏击圈。在激烈的交锋后，1.4万名意军成为俘虏。格拉齐亚尼率领意军逃过边境，在利比亚的巴迪亚要塞坚守。

这时，奥康纳找不到第4印度师了，因为意军正在向东非入侵，所以韦维尔将第4印度师调走了。若奥康纳要继续对意大利军队进行追击，必须等澳大利亚援军到来后才行。

奥康纳感到太可惜，因为第6澳大利亚师从没有经受过沙漠战，还未装备过现代化大炮。调走第4印度师的后果是，奥康纳被迫将进攻巴迪亚的军事行动推迟，也完全失去了追歼意大利军队的良机。

12月12日，英军已经俘虏了3.9万名意军。英军原先估计最多不超过3000人，结果弄得很是措手不及。一个坦克指挥官向韦维尔抱怨说："我的部队被迫停在500名举起双手的意军士兵中间。"

韦维尔发现他原计划的"5天的袭击"竟大获全胜。

对意战争中，在韦维尔的率领下，英军占领北非的利比亚昔兰尼加省东半部，俘虏12.5万意军，缴获100多门大炮。

丘吉尔于1941年2月12日命令进攻的黎波里的英军停止前进，以少量兵力坚守昔兰尼加省，调遣大部兵力于3月初去往希腊，韦维尔被迫服从。

结果，德国空降部队重创英军。4月，除了托布鲁克外，英军被赶出了昔兰尼加省。

为了防止德军占领法属叙利亚，威尔逊遵韦维尔的命令率领第7澳大利亚师、第1骑兵师一部、第5印度步兵旅和"自由法国"军第6营等部于1941年6月8日向叙利亚和黎巴嫩进攻。

英军遭受维希法国军队的顽强抵抗，韦维尔增派了7个旅到叙利亚，另派1个旅从伊拉克南面穿过沙漠向巴尔米拉进攻，第10印度师顺着幼发拉底河向阿勒颇方向进攻。

双方激战到6月17日，英军战败。尽管双方没有大的人员伤亡，但韦维尔损失了91辆坦克，隆美尔只损失了12辆坦克。

希特勒援助意大利军队

希特勒此时正忙于苏联战争，对于意大利在北非的战事无法顾及，所以一开始并不打算向非洲派兵。但是随着意大利军队的溃败，希特勒意识到，如果利比亚让英军控制了，就等于让英军直接威胁到意大利，丘吉尔很可能迫使墨索里尼谈和。这个结局将是希特勒最不愿看到的。

1941年1月11日，第5轻机械化师遵照希特勒命令火速前往北非，计划在2月中旬到达，对英国人的挺进进行全力阻击。1月22日，在德军乘船到达非洲以前，托布鲁克的意大利军队投降了，这让意大利很挫败。

对于意大利的失败，墨索里尼没有怀疑过自己的指挥，而是毫不留情地指责陆军元帅格拉齐亚尼，为了遮丑，墨索里尼撤销了他的职务。这时墨索里尼在希特勒身上寄托了全部的希望。

希特勒此时也意识到，必须赶快把一个德国装甲师派去非洲，希望在英军人力和物资都已经匮乏的情况下，来个渔翁得利之举。于是，总参谋部接到希特勒指示，在原有的阻击部队第5轻机械化师动身以后，马上又派一支完整的装甲师去援助北非。

1941年1月22日，由于托布鲁克陷落，德军被迫提前了增援北非的计划。这时候，希特勒想起了一位年轻的将军，此人在一战中是个传奇，在二战的法国战场也有突出表现。这个人就是隆美尔。隆美尔曾以伤亡2000余人的代价，将英法联军近10万人俘虏，缴获485辆坦克和装甲车，4000辆卡车，数万门火炮。为此，隆美尔第7装甲师获得了"魔鬼之师"的称号。

此时，隆美尔正在德国休息。接到命令后，隆美尔立即赶到柏林。2月6日，隆美尔被召唤到总理府。希特勒将一些英国和美国杂志的插图给他看，上面刊登着英国的理查德·奥康纳将军率军胜利将利比亚攻占的照片。

希特勒大加赞扬了一番隆美尔的辉煌战绩，然后直奔主题，他问隆美尔对非洲战局有何看法。希特勒的意图此时已被隆美尔猜到了，于是说："意军在北非快要撑不住了，失去北非，就意味着失去了地中海,这个损失非常惨重。 北非很重要,但我们的意大利盟友弄砸了事情。 我们不能再袖手旁观了。"

希特勒很满意隆美尔的回答,于是说:"好的。 我准备让你担任非洲远征军的司令官。 第5轻机械化师归你指挥,有必要的话,我会再派一个装甲师给你。 此外,那里还有很多意大利师,也可以归于你的麾下。"隆美尔很满意这样的指派,他回答说:"多谢元首的信任,我一定竭尽全力将非洲保住,决不将元首的期望辜负。 我会尽快出发的。"

此后,德国的布劳希奇元帅给隆美尔布置了具体的任务,又任命他为德国"非洲军团"军长,令他以最快的速度奔赴利比亚去对当地的真实情况进行调查。 隆美尔出发时,口袋里装着的是统帅部主管凯特尔为他拟订的行动计划。 凯特尔在这个行动计划中指示他如何在罗马和利比亚与意大利友军相处。 同时,这份文件还强调了希特勒的态度:"不准丢德国人的脸。"

隆美尔兴奋地离开了柏林,德军驻利比亚总司令这个响亮的头衔激起了他的雄心壮志,在军事术语中,总司令高于军指挥官。

德军第5轻机械化师的先头部队照原定计划于2月中旬到达非洲,第5轻机械化师主要人员和装备到达非洲的时间是4月中旬,而增派的第15装甲师,最快到达非洲也要在5月底。 保证这些德军到达非洲的前提是,意大利军队必须守住苏尔特湾地区的防线,而这样做却不符合意大利军队的计划,因为意大利军队只想守住苏尔特湾地区的的黎波里。

由于的黎波里地区较小,很难将空军基地保住。 隆美尔表示,如果意大利方面不同意在的黎波里以东建立新的防线将苏尔特湾地区守住,那么他就只能向意大利人表示歉意,因为他不需要把德军派往的黎波里送死。

经过一番交涉，双方互相妥协，最终达成一致。由隆美尔来指挥意大利军队在北非的一切摩托化兵力，而隆美尔的"非洲军团"又必须接受格拉齐亚尼的管制。

隆美尔到非洲后的首要任务是对利比亚局势进行调查，然而野心勃勃的隆美尔心里想的却是在德军到达利比亚后，就开始进行真正的战斗。隆美尔多次暗示德国元首驻罗马的代表林特伦，他的真正意图是对英军发动进攻。林特伦极力劝说隆美尔改变这种念头，并且指出，如果贸然发动战争，只会使隆美尔失去声望和荣誉。但隆美尔并没有听进林特伦的劝告，进而做出了让世界震惊的举动。

此后，隆美尔在北非的军事行动不仅震惊了希特勒，也使英国、美国等参战国大吃一惊。隆美尔以他那杰出的军事才华在北非纵横，使得北非由一个不惹人注意的小战场转变成为对第二次世界大战进程影响重大的重要战场。

沙漠之狐隆美尔登台

一、的黎波里告急

德国元首在意大利首都罗马的代表林特伦于1941年2月9日来到墨索里尼位于托洛尼亚的别墅。林特伦带来一个好消息：德国将把第5轻装甲师和第15装甲师派到的黎波里，以阻止英军的攻势。墨索里尼很高兴：的黎波里眼看就守不住了。

自此，英军面前出现了"沙漠之狐"隆美尔这个新对手，隆美尔的来临无疑将使垂死挣扎的意大利军队得到喘息的机会。

隆美尔于2月11日上午向意大利最高统帅部参谋总长古左尼报到，意大利军方已经同意将的黎波里塔尼亚（指利比亚西北部地区)的防线向东往苏尔特湾地区移去。隆美尔将在意大利陆军参谋长罗塔将的陪同下到利比亚去任职。

隆美尔一行于11日下午乘飞机来到西西里岛上的卡塔尼亚。在卡塔尼亚,隆美尔遇到了德国空军第10军军长盖斯勒尔。从非洲传来的最新消息很糟糕,利比亚的班加西港口已被英军韦维尔的部队攻克了,他们还在班加西的南边重创了意大利军队的最后一个装甲师。英军正准备进攻的黎波里塔尼亚,就是说,意大利军队已经无力再进行任何重大的抵抗,英军很有可能在今后几天里将的黎波里城的外围防线突破。

当时,要到4月中旬德军的第5轻装师才能全部海运到的黎波里,如果英军准备继续进攻的话,那么德国的支援就太迟了。

隆美尔请求盖斯勒尔在当天夜里空袭班加西港口,并在第二天上午派轰炸机对班加西城西的英军纵队进行轰炸,可是盖斯勒尔不想这样做。同时,意大利人也不想这样做,他们要求盖斯勒尔别轰炸班加西,因为很多意大利人在班加西置有产业。这让隆美尔很失望,于是让部下向元首汇报这个问题。当天夜里,隆美尔得到了授权,命令盖斯勒尔空袭班加西。几小时后,第一架德轰炸机便从跑道滑出了。

隆美尔一行于2月12日上午10时自卡塔尼亚起飞,飞向的黎波里。飞机在海面上飞行,半路上遇到多架返航的德国运输机都是从的黎波里飞回意大利的,当时德国空军在非洲没有基地,这些运输机是负责补给轰炸班加西英军的德国轰炸机的。

中午,一架德国"容克"式轰炸机从地中海飞过,来到非洲大地,盘旋一圈后在的黎波里以南24公里处的贝尼托堡机场降落。飞机停稳后,舱门打开,走下一个身形不高但绝对标准的德国军官——德国陆军中最富传奇色彩的指挥官隆美尔。

隆美尔乘飞机到达利比亚首都的黎波里时，英军已经将格拉齐亚尼指挥的意军打得溃不成军了。墨索里尼十分生气，解除了格拉齐亚尼的职务，改派加里波第上将担任北非意军总司令。意军只剩下5个装备简陋的师驻守利比亚，在沙漠作战行动的计划上，意大利军营中到处弥漫着悲观失望的情绪。

隆美尔到达的黎波里后，先通报了有关情况给加里波第。加里波第身材壮硕，是意大利北方人，为人比较严肃。当隆美尔谈到需要先在的黎波里东面的塞尔特建立一道前沿防线时，加里波第反驳说，隆美尔应该去那儿看看再谈新防线的事情。

当天下午，隆美尔乘坐"亨克尔"轰炸机侦察了的黎波里地区。他看到一条由沙子组成的高坎地带在港口的东面，准备利用高坎地带来阻击英军车辆。可是，德军还没有到达非洲，即使到达也不习惯非洲作战，这些习惯了北欧温和气候的官兵对沙漠的夏日高温很难适应。另外，德军必须随身携带各种生活必需品，特别是水，沙漠中只有成群的蚊子、跳蚤和到处蔓生的带刺灌木。

视察之前，加里波第不停地对装备简陋的意军和令人痛恨的盟国军队进行抱怨，这时，隆美尔却发现了战机。他发现沙漠类似于大海，都浩瀚无边，只有靠日月星辰和指南针才能通行。就像大海是军舰驰骋的舞台一样，坦克可以在沙漠里驰骋，适合闪电般的军事进攻。隆美尔曾经率领第7装甲师运用闪电战征服法国，他准备再次实施闪电战，沙漠将会是他广阔的战场。

回到的黎波里后，隆美尔发了一份电报给希特勒："与加里波第等人的首次会谈圆满结束。我们将在塞尔特展开进攻，我已经对该地区的地形勘察过。"

施密特中尉提交了一份备忘录给隆美尔，他是德军与意军的联络军官。备忘录中对意军溃败过程中出现的不愉快事件进行了描述：意军扔掉武器弹药，登上严重超载的运输车，疯狂地逃跑。在意军驻的黎波里的军营中，大多数意大利军官将行李打包好了，希望早日回到意大利。隆美尔了解到意军的悲观情绪，感到肩上的沉重责任。

根据希特勒和墨索里尼达成的协议，应该由意大利军官指挥隆美尔。但隆美尔是不可能接受意大利人指挥的，和其他德国军官一样，他瞧不起意大利人。隆美尔认为："鉴于形势的紧张和意军指挥的迟缓，我已决定尽快掌握前线指挥权。"在隆美尔的授意下，不久，德国空军绕过意大利军官，直接向希特勒请示轰炸班加西港。希特勒与墨索里尼反复商谈，最终批准德军对班加西港进行轰炸。

2月13日，意大利军队第10军和"布里西亚""派维亚"两个师在隆美尔的再三要求下，同意前往苏尔特、布拉特地区，并在那里建立新防线。在苏尔特防线的后边，隆美尔派只有16辆破旧卡车的"阿里埃特"师去守布拉特以西一线。

这个阶段隆美尔只能对以上所谈到的意大利军队进行调动，其他意大利军队必须留守的黎波里。但这对意大利驻非洲总司令部来说，很伤脑筋，因为没有足够的车辆，而的黎波里与布拉特相距250英里远。

隆美尔无法指望意大利部队立即出发建立新防线，因为目前除苏尔特地区的意大利一个团外就只能靠德国空军来抵挡敌人了。隆美尔先向德国空军驻非洲指挥官弗乐里赫将军解释利比亚局势，要求空军将阻敌的重任担负起来，同时要求空军第10军负责补给苏尔特地区的意大利军队。弗乐里赫的兵力有限，但仍尽了最大的努力。空袭英军补给线的办法颇具成效，韦维尔的部队被迫停了下来。

不久，隆美尔去视察苏尔特地区的意大利阵地，他们的总数约有一团人，装备落后。如果英军打过来的话，就用这点兵力来抵抗利比亚的局势肯定很困难。

一个意大利师在隆美尔的再三催促下于2月14日开始徒步向苏尔特地区增援。

二、隆美尔唱起"空城计"

一艘运输船于1941年2月14日驶入利比亚的黎波里港，隆美尔的第一批部队终于来了。整齐地排列在甲板上的德军士兵们，新奇地看着这块神秘的非洲大陆，这里有发光的白色建筑，掌形的植物，宽阔的林荫大道。这个战区相对独立。

这批部队是德国第5轻装师的第3侦察营和第39反坦克营。深夜卸到码头的是大批随船物资，将的黎波里港装卸量的纪录都打破了。这些物资有卡车、大炮、弹药、装甲车、帐篷和蚊帐等等。

尽管来利比亚的部队少得可怜，15日早晨，隆美尔还是在利比亚政府议会大楼前举行了军事检阅。德军在街上游行了一圈之后，接到命令的第3侦察营营长魏克玛中校率部支援苏尔特，26个小时后到达前线。

隆美尔估计英军会很快向西发起进攻。如果在德军增援部队到达以前，英军就发动进攻，他将难以阻止英军，隆美尔认为，英军如果没有感受到阻力，就将继续进攻。如果英军看出他们之间的仗很难打，就会立即停下来筹备物资。这样，"非洲军团"就能赢得时间加强防御，在增援部队到来后，再发起反攻。

16日，第3侦察营联络到了桑塔马利亚的意大利部队，并开始侦察英军。隆美尔获得了对意大利机械化部队进行指挥的权力。

从一开始，隆美尔就不服从意大利上级的命令。有时，隆美尔甚至不服从德国陆军总司令部的指挥。

希特勒第一副官鲁道夫·施蒙特奉命来调查利比亚的形势。隆美尔在报告中写道："英国人如果不考虑伤亡，强行对的黎波里发起进攻，利比亚的整个局势将失控。"隆美尔把调查报告交给了施蒙特。

2月18日，施蒙特将文件递给希特勒，他随后亲自写信给隆美尔："我今天发现元首已经等得不耐烦了！我把你的报告给他了，元首显然很满意你的表现。元首对利比亚局势十分忧虑。元首同意马上运送反坦克武器、地雷和第5轻装甲师的第5装甲团到的黎波里。另外，在几周后，第15装甲师也会陆续运达。关于你所谈到的荣誉问题，对此你尽可放心，元首说荣誉归谁将不会再出现历史性的歪曲了。"从这里不难看出，隆美尔得到了希特勒的支持，希特勒不可能将德国军队给意大利人指挥。

德军的最初集结是个漫长甚至令人沮丧的过程，隆美尔在的黎波里焦急地等待着他的后续部队。

2月20日，希特勒向墨索里尼保证说："只要让我们准备两周，英军向的黎波里发起的任何进攻都会失败……当第5轻装甲师的第5装甲团到达时，将扭转整个局势。"在希特勒的眼里，意大利在北非的所有军队，都比不上他的一个装甲团。隆美尔后来用事实很好地说明了这一点。

果然，第5装甲团——第5轻装师的主要装甲力量运抵的黎波里港。2月17日，隆美尔很满意这支半真半假的装甲部队。隆美尔在给妻子露茜的信中写道："一切进展顺利……我认为，现在可以向英军进攻了。"

为了使意大利军队从失败的阴影摆脱出来，重振士气，在他的坦克团到达北非后，隆美尔举行了一个盛况空前的阅兵式。

在的黎波里市中心广场上，隆美尔检阅了身穿热带军服、胸前佩戴骷髅头徽章的德军，一辆又一辆的坦克和装甲车驶过。这支庞大的装甲部队至少拥有好几百辆坦克。意大利人产生了由衷的敬畏，甚至震惊了隆美尔的副官施密特中尉，在场的英国间谍更是印象深刻。

这些重达25吨的中型坦克都涂上了沙黄色，坦克指挥官们穿着沙黄色制服站在坦克炮塔上，脸上挂着严肃的表情。施密特很不解，他十分清楚，坦克团只有100多辆中型坦克，如今却源源不断地驶过检阅台。后来，施密特发现了一辆坦克的履带有明显缺陷，这是他刚刚见过的，这时又开过了检阅台。原来，隆美尔命令坦克来回绕着几个街区行驶，其实这些坦克早已被检阅好多遍了，但英军却被吓坏了。除此之外，隆美尔还想出了一条诡计。为了欺骗英国的侦察机，他派人秘密用木头和纸板制作了几百辆栩栩如生的坦克，再让卡车和摩托车在这些"坦克"间跑来跑去。

隆美尔向德军不断地致敬，发表演说："德军将向尼罗河推进，一旦局势出现转机，就夺回埃及。"在场的英国间谍赶忙把这一消息告诉了英军。

越来越多的意大利军队在隆美尔的鼓励下开往北非前线，尽管意大利海军的压力很大，但德军军部的军需处长奥托少校将小型运输船利用起来在沿海岸地区组成了补给线，这个办法大大减轻了"非洲军团"运输车队的压力。

当时隆美尔并不知道，英国的主力部队已经被调到希腊了，利比亚东部的昔兰尼加省变成了由极少人负责的维持治安的战区。中东英军司令官韦维尔的英联邦澳大利亚第6师被换成了第9师，英军第 2 装甲师的到来对于第 7 装甲师的损失于事无补。因为第 9 师和英国第 2 装甲师抽调了大部人马用于希腊战场，只有一个装备不足的步兵师和一个缺乏训练的装甲旅留下来。新任的英军指挥官尼姆中将以作战勇敢而著称，但对沙漠作战毫无经验。

　　拥有一支真正的德国装甲部队是隆美尔一直渴望的，哪怕是一个师也好。但希特勒将进攻苏联的计划作为重点，很长一段时期只允许隆美尔率领人数不多的名不副实的"非洲军团"独立作战。

第二节　闪击北非

隆美尔偷袭欧盖莱

一、轻取欧盖莱

现在我们再来看看英军方面的情况。此时，英军提升了在战争直觉方面堪与隆美尔匹敌的奥康纳中将为驻埃及英军的总司令，因为在上一阶段取得对意战役的胜利后，他迫切需要休息。2月底，菲利普·尼姆中将被韦维尔任命为昔兰尼加英军的总指挥。尼姆虽然也以作战勇敢而闻名，但他毫无沙漠作战经验。

正如韦维尔后来所承认的那样，他在安排昔兰尼加的防务时犯了一个致命的错误。3月中旬，韦维尔亲自到班加西地区对英军的前沿阵地进行视察。这时，他吃惊地发现，他完全错判了班加西南部的斜坡。他原以为这道斜坡可以作为一道天然屏障，坦克只能在极少数的几个地方攀缘进攻。但是，他到现场一看才发现，那些斜坡根本无法阻挡敌人的进攻，坦克可以从任何一处登上斜坡。他还在视察中发现，尼姆的战略部署"简直荒唐"，他立刻命令做了一些调整。他回忆说，"还是作为全军核心的第2装甲师的巡逻坦克的状态最令人担心"。52辆坦克中有一半待在维修车间里，每天还不断有新的坦克抛锚。

韦维尔指示尼姆，如果驻在欧盖莱的前线部队受到攻击，就让他们向班加西撤退,并沿途进行阻滞战斗。在必要的情况下,尼姆将放弃班加西,并将坦克往班加西东部的斜坡拉开以保存实力。这次视察让韦维尔很担心,他已经产生了不好的预感,但又对此毫无办法,因为他的大部分兵力早已赶赴希腊。

尽管如此,韦维尔还是认为隆美尔在5月底之前是无法发动进攻的,这与德军最高统帅部观点一致。3月19日,就在韦维尔从前线视察回到开罗的第二天,隆美尔飞抵柏林。对于"英军暂时的虚弱",他已经意识到了,并且坚信应该"尽最大努力加以利用,以一劳永逸地将战争主动权夺过来"。他请求布劳希奇允许他立即对英军发起进攻,但被坚决拒绝了。

布劳希奇耐心地向隆美尔解释道,德军最高统帅部还没有准备好在北非发动一场决定性战役,而且除了已经许诺的部队,隆美尔几乎得不到其他任何部队来增援。因为此时希特勒即将将部队派往希腊援助墨索里尼,并且他还在秘密策划着入侵苏联。当然,隆美尔不知道这些情况。布劳希奇继续安慰道,在5月底,第15坦克师到达后,隆美尔可以有限地进攻英军的前沿阵地一次,最远可能推进到艾季达比那。如果形势乐观,他可以重新攻占班加西,可全面进攻却发动不起来。隆美尔回答道:"我们不能只占领班加西,而是应该将整个昔兰尼加占领,因为占领班加西这个孤地是无法自保的。"然而,布劳希奇对此的态度是非常坚决的,他最终命令隆美尔,在5月底之前不能采取任何行动。隆美尔表面上对布劳希奇的命令遵从,实际上却已经下定决心发动进攻。

隆美尔在动身前往柏林之前已经向到达北非的第5轻机械化师的一部——主要是第5坦克团——下达命令,让他们准备好于3月24日进攻欧盖莱。从柏林回到北非后,他立即命令部队发起进攻。他为自己违抗最高统帅的指示寻找的借口是:一个给德军军事据点运送补给的小分队经常受到驻欧盖莱英军巡逻队的骚扰，为了将这个据点保住，他必须把英国人赶出欧盖莱。

欧盖莱的防卫并不坚固，那儿的英国士兵和韦维尔有着同样的感觉：眼下敌人还没对他们造成威胁。3月24日凌晨，隆美尔军队突袭了他们。欧姆弗雷德·冯·魏克玛少校指挥的第3侦察营的坦克和装甲车沿1000码的战线展开，全线压向欧盖莱。跟在他们后面的卡车在隆美尔的命令下拼命扬起滚滚黄尘。这是隆美尔第一次在沙漠中开展他的欺骗术。魏克玛有许多根本不能开火的"坦克"，它们只是一些安装在汽车底盘上的假坦克——现在被称作"纸板师"。在飞扬的尘土中，它们看上去与一支可怕的战斗部队没什么不同。守卫欧盖莱的英军迅速撤离，往欧盖莱东北50千米的梅赛布列加退去。

丘吉尔听到德军未遭任何抵抗就占领欧盖莱的消息后立刻给韦维尔打电报，在电报中丘吉尔说话语气像是在调侃："我猜想你是在等待乌龟把头伸出龟壳足够长，再把它斩断。"韦维尔在给丘吉尔的回电中用很长的篇幅详细地介绍了自己目前所面临的困境。他指出，因抽调兵员去希腊大大地削弱了利比亚的英军，他手中已经没有部队可以派去增援尼姆。但最后，他又让丘吉尔不用太过担心，因为他确信德军暂时还不会大举来犯。3月30日，韦维尔打电话给尼姆，请他放宽心，并宽慰道："我相信至少在一个月之内，他们不会大举来犯。"然而，就在第二天，隆美尔就对梅塞布列加发起了进攻。

在欧盖莱停留了一个星期的隆美尔担心如果他坐等第15坦克师的到来，会使英国人有时间来构筑一个防御工事，从而加固梅塞布列加。于是，他派遣德军的突击主力第5坦克团沿着滨海大道前进，在隘口处遭到英军的顽强抵抗。到傍晚时分，战斗陷入僵持状态。隆美尔当机立断，派遣一个机枪营从大道北边高低起伏的沙丘穿过，从侧翼对英军展开攻势，把英军从隘口击退。当非洲军的士兵冲向梅塞布列加的时候，英军只有匆忙弃阵逃跑。

隆美尔第二天上午从德国空军提供处得知，英军仍在向北撤退，并没有继续抵抗的意图。就目前的形势来看，昔兰尼加省似乎已对隆美尔的到来敞开了大门欢迎。这个诱惑对隆美尔来说是无法抵挡的，他已经完全不顾上级下达的在 5 月底之前不能发动大规模攻势的指示，全身心地投入到战斗之中。他命令第 5 轻机械化师继续前往艾季达比那。4 月 2 日，经过短暂的战斗，德军攻占了艾季达比那和附近的港口须提那。加里博尔迪试图制止隆美尔，但此时此刻，任何人都无法对隆美尔向昔兰加尼前进的脚步加以阻挡。

二、英军全线溃退

隆美尔把他的军队分成沿滨海大道向北进攻班加西、向东进攻摩顿格拉那和本加尼亚、从中路出发进攻安提拉特和摩苏斯这三路。在进军过程中，他采取的是以不变应万变的灵活作战计划。德军只需要到处发起进攻，只等英军往后撤，便紧随其后伺机行动。德军很快就逼退了尼姆的军队。

隆美尔不同于只会在作战室里指手画脚的军官，他喜欢在战争中乘坐飞机或乘车视察他的部队，并根据战况调整命令，在这次战斗中，隆美尔需要的是德军在速度上的优势。于是，作战参谋乔治·艾雷特少校被他留在指挥部，他自己则乘坐飞机到各个战线上去督促战士们加速前进。

4 月 3 日这一天，由于隆美尔盲目追求速度，使德军陷入了困境。这对于本来就反对进攻的加里博尔迪来说，就像是火上浇油。于是他强烈要求隆美尔将所有的战斗停止，军队未经他的允许不能再前进一步。隆美尔此时也大为愤怒，因为他不能让这大好的机会白白溜走。于是，双方进行了激烈的谈话。当晚，德军占领了英军主动撤离的班加西。

现在，隆美尔的快速进军产生了他预期中的使尼姆的部队出现混乱和恐慌的效果。轴心国军队将梅塞布列突破，英军不得不开始了持续一周的800千米大撤退。这次仓皇撤退后来被一些英国人幽默地称为"托布鲁克大赛马"。在这次撤退中，英军传统的冷静和刚毅的品质突然间消失得无影无踪。

尼姆也曾试图恢复秩序，但形势的发展让他无法控制住英军士兵。4月2日，韦维尔亲自到巴斯评估形势。他到达巴斯后，立刻意识到尼姆已经无法控制部下。于是，他立刻派人去请奥康纳来重新指挥。4月3日奥康纳到达后，向韦维尔建议，让尼姆继续指挥，他自己则担任尼姆的顾问，因为"中途换马不会真的有好处"。

奥康纳的到来扭转不了乾坤。隆美尔看到自己那种伪装的强大已经起作用了，因此决定继续保持。因为就目前的形势来看，这是德军赢得胜利的重要方法。英军第2装甲师正向梅基利败退，一路之上，在各种小冲突和停顿中，又损失掉大量坦克。隆美尔不失时机地把大量坦克当作他多头并进的中心。三支强大的德军纵队卷着滚滚黄沙，以向心突击的方式直扑梅基利：第5轻机械化师的主力和"阿雷特"师沿着本加尼亚和腾杰得尔一线；德军第5坦克团和前来支援的40辆意军坦克沿梅苏斯一线；第3侦察营则经由班加西穿过查鲁伯一线。

沿着滨海公路前进的第4支轴心国纵队则扑向德尔纳，澳大利亚第9师早先曾撤到此地，预计在一处干涸河床上对德军进行强有力的抗击。然而，4月6日情况发生变化，澳大利亚第9师几乎已被德军和轴心国大军包围。于是，澳军不得不从德尔纳慌忙逃窜。此后，E. O. 马丁中校的"诺森柏兰明火枪团"也迅速收拾整理，匆忙地开始东撤。

尼姆和奥康纳当天夜里也觉察出自己的情况岌岌可危，于是决定从指挥部撤退。这两位将军是最后一批撤离的。坐着尼姆的指挥车，他们朝着东边大约160千米处的特米疾驶而去。然而不幸的是，那天夜里他们在一个岔道口走错了，向北开往了德尔纳，结果德军将他们全俘虏了。

迷路在这片浩瀚得几乎找不到哪怕是一条小路的沙漠角斗场上是常有的事，无论是对于英国人还是德国人。隆美尔的先头部队也迷路了。每天，隆美尔都得用上几个小时，乘着那架"斯多奇"飞机，找到他们并对其进行指挥。频繁出现的沙漠风暴使得德军纵队不时偏离预定路线，并且使本可以引导他们的飞机只得暂时找个着落点。从梅苏斯出发的赫尔伯特·奥尔布里奇上校的第5坦克团也在沙漠中迷失方向达一天之久。隆美尔发狂般地到处寻找这支部队，并差一点就使他与这个令他名声大振的战场过早地告别。

虽然德军在沙漠中时常迷失方向而且汽油日益短缺，但是，4月7日，他们和意大利军队还是一起包围了梅基利。英军第2装甲师的一些残余部队，印度第3机械化旅和其他几支未能逃脱的部队被包围了。隆美尔要求被困的英军高级指挥官率军投降，但被拒绝了。4月8日上午，就在轴心国部队开始发起总攻的同时，英军在努力突破包围圈。一些英军官兵在混乱中设法逃了出来，但是到中午时分，梅基利还是失陷了。"沙漠之狐"隆美尔的神奇故事由于这一战役从此广为流传。

英德对托布鲁克的相互争夺

一、兵阻托布鲁克

丘吉尔在"非洲军团"占领昔兰尼加绝大部分地区后从伦敦发来电报:"死守托布鲁克,决不能撤退。"自昔兰尼加逃出来的英联邦澳大利亚军队的主力于1941年4月8日晚撤到托布鲁克,进驻防御工事。韦维尔命令把托布鲁克守住,派运输船负责补给。韦维尔认为"非洲军团"无法成功进攻,因为无论在战略,还是战术上,"非洲军团"都处于劣势,他完全可以守住托布鲁克。

51岁的澳大利亚少将莫谢特指挥英澳联军驻守托布鲁克。澳大利亚步兵第9步兵师及其特种旅、英国炮兵、英国防空炮队和工程兵小分队,还有几辆英国皇家坦克团的"马蒂尔达"坦克隶属于他的部队。

莫谢特向部队下令:"托布鲁克不是敦刻尔克,如果大家要出去,就要将德意联军打跑。不准投降,更不准逃跑!"

德军第3侦察营于4月11日攻下阿代姆,"非洲军团"对托布鲁克形成了包围。隆美尔下令发起全面进攻,希望不等对方组织起新的防御就拿下该港口,德国"斯图卡"式俯冲轰炸机狂轰英军的防御阵地。

波纳斯的第8机枪营被斯特莱希命令在南线出击,奥尔布里奇的第5坦克团在右翼进攻。空军的侦察机报告说,英军正从海上撤离。"尽快进攻",隆美尔下令,"扬起灰尘!"20辆德军坦克于下午4时45分开始了进攻。机枪营紧跟在最后一辆坦克后边,这时候,坦克忽然掉转头来,反身从机枪营的阵线穿过。原来前边几百米处出现一条又宽又深的反坦克壕。一小时后,波纳斯亲自报告给隆美尔和斯特莱希，在坦克壕后面他还发现了一大片带刺的铁丝网屏障，机枪营只能停止进攻，但却退不回来了。

一场猛烈的沙漠风暴于4月12日早晨来临。下午3时30分，"非洲军团"想趁着风暴发动进攻，但刚刚进攻，风暴又小了。在近距离平射区，"非洲军团"被英军猛烈反击。傍晚，"非洲军团"撤军了。

德国第5轻装师第5坦克团在战斗开始时有160辆坦克，如今损失了120多辆。为此，斯特莱希将隆美尔重新发动进攻的命令拒绝了。

斯特莱希发现，进攻之前还需要俯冲轰炸英军的炮火，需要空军的支援并在空中准确地侦察炮兵部队的炮击目标。另外，托布鲁克防线，无论向东、西、南，所进展的距离都比想象中要远。"非洲军团"毫不了解托布鲁克的防御工事。

波纳斯的机枪营与英军前线部队只相距900米远，必须尽快救出他们。半夜，机枪营的士兵们被冻得浑身发抖。白天，他们一动不动地趴在地上，稍微一点动作都会招来一阵机枪子弹。地面硬得不能挖散兵坑，英军前线部队躲在隐蔽的地堡里偷袭。"我们甚至不知道英军的阵地在哪里。"机枪营的士兵在作战日记中写道。

英军早在3月中旬就已经加固了在托布鲁克附近原有的220平方英里由意军修建的防御工事，托布鲁克比隆美尔想象的坚固得多。被称为"红色防线"的托布鲁克防御周长达30英里，相互缠绕的带刺铁丝网遍布，连接着140座强大的火力点，钢筋水泥保护层修筑在地下掩体上，每个火力点可以住20人。

"蓝色防线"在"红色防线"后面两英里处。"蓝色防线"上布设了许多地雷，穿越其间的铁丝网更多，强大的火力点每隔

500 米就有一个。

4月13日，第5轻装师按照隆美尔的命令继续进行火力侦察，尽量攻入托布鲁克防线，并想办法爆破碉堡。为将英军指挥官的注意力分散，意大利"布里西亚"师在西边进攻，尽可能制造烟尘，以表明西边有很多兵力集中。

隆美尔估计，当"非洲军团"坦克将外围防线攻下后，托布鲁克将会有一场更大规模的装甲大战。隆美尔定于4月14日的"复活节"那一天发动总攻。

但第5轻装师早已没有信心，同时对于隆美尔准备将在14日发动进攻的计划感到不可思议。以当时双方的兵力来计算，要成功就只能用闪电战，集中兵力在一个点上，将英军阵地强行突破，再朝两边卷动以保证侧翼安全，使英军没有反击的时间，最后深入敌军后方。主要的问题就是指挥官必须有意发动进攻。然而，在进攻以前，隆美尔对这些部队进行过训练，否则，绝不会碰到这么多的困难。斯特莱希对"闪击战"的意义也不理解。

此时，意大利的"阿里埃特"师还不知道在哪里，它是准备用来对第5轻装甲师进行支援的，因此隆美尔决定亲自去找他们。他发现该师在阿代姆以西约22英里处，于是命令其师长将他的师在阿代姆以北地区驻扎。

13日下午5时，波纳斯爬到前沿阵地的机枪营，命令趴在自己身边的副官："将军下令6时进攻托布鲁克。在此以前，6个炮兵营将于6时至6时05分集中向英军的阵地发射密集炮火。机枪营的工兵随后将朝前运动，将坦克壕炸平，机枪营立即穿插到侧翼，为坦克团天亮时的进攻将桥头堡筑好。"

就是说，隆美尔想用500名机枪手和约40辆坦克以及一些步兵，向3.4万名英国最顽强的士兵所固守的要塞进攻。

第8机枪营于傍晚6时在波纳斯中校的率领下出击了。机枪营的任务就是炸毁防坦克壕，并在英军阵地建立桥头堡。

"非洲军团"的集中火力打击做得不错，但坦克和后续部队的准备工作没跟上。夜幕降临，隆美尔还不清楚确切的情况，也不知道那条防坦克壕是否已经炸平，但他知道波纳斯已经突破英军阵地，建立了桥头堡。

隆美尔在当波纳斯开始行动时将所有参与进攻的部队指挥官召集起来开会，宣布计划在天亮时发起攻势。隆美尔说，电台侦破的情报说英军正在从海上撤退，如果英军的确在撤退，那么将派坦克团在今天夜里进攻。

隆美尔让斯特莱希负责前线指挥，就去休息了。深夜时，波纳斯的副官神情慌张地向斯特莱希报告，机枪营没有找到敌人。机枪营已经突破坦克壕和铁丝网，斯特莱希担心其中有诈，下令不准在拂晓以前进攻。

机枪营的桥头堡只有500米宽，最终还是发生了令斯特莱希担心的事情。一些机枪营的士兵喉管被割断或被刺刀挑死，英军难道就在脚下藏着吗？一小时后，大群英军士兵突然现身，又刺死了40多名德国士兵，接着英军又消失在脚下。

当时，由于不熟悉地形，机枪营正在英军第一道地堡防线的中心穿插着，这些地堡与地面平行，澳大利亚士兵准备天亮后全歼德军。

4月14日凌晨3时30分，只剩一个小时坦克团就要进攻了，隆美尔非常自信地说："今天一定能成功夺得托布鲁克。"

奥尔布里奇的第5坦克团在一小时后发起了进攻，斯特莱希派一个意大利炮兵团和高射炮连的炮火进行了近距离支援。不久波纳斯报告他那边进展很快。令波纳斯纳闷的是，虽然他们已经渗透到公路西面的敌人阵地。但是始终没见到保卫侧翼的兵力。

德军第5轻装师的大批坦克在5时20分没有遇到阻击就越过了托布鲁克以南一道铁丝网阵地，因为澳军士兵在"红色防线"地下掩体中藏着，不敢招惹德军坦克。

天刚亮，隆美尔有点不放心，乘车驶向托布鲁克。从蒙蒙亮的天空和北面的炮火中，他隐约看见波纳斯的机枪手们正躲在坦克壕中。隆美尔乘车找到意大利的"阿里埃特"装甲师，命令他们追随奥尔布里奇的坦克进攻突破口。但"阿里埃特"装甲师刚刚到达托布鲁克，必须先做些准备。

波纳斯的第8机枪营这时已随着坦克发起了冲锋，冲过澳军士兵的掩体时，澳军从他们身后疯狂地扫射。德军坦克继续威武地向前进攻，没有看到身后那些陷入绝境的德军士兵，他们已经到达"蓝色防线"，正在往危险的圈套中钻。

突然，德军坦克兵发现一道道强大的火力网包围了他们。在不远处，英军的野战重炮从两侧猛攻向德国坦克。一辆德军坦克的炮塔被炮弹直接命中，炮弹的爆炸力把炮塔从炮座上炸飞了。

硝烟和沙尘弥漫在整个阵地，德军坦克驾驶员和炮手们什么都看不清，他们开着坦克到处乱跑。后来，他们终于杀出一条血路，顺着同一条路，陆续往外围阵地退回。

"非洲军团"在这次进攻中失去了17辆坦克，即损失了一半坦克，其中有一辆是被澳军用一根铁橇捅进履带毁掉的，澳军还用沙子塞住了大多数坦克的炮塔。德军第8机枪营伤亡过半，澳大利亚军队将机枪手们身后的退路掐住了，以防止他们逃脱。500名士兵中只有116人在混战中逃脱，其他的人不是战死就是被俘虏了。尽管德军猛射了一通高射炮，最后还是被迫把大部分装备丢弃了才逃出来。"非洲军团"这次进攻十分混乱，一位德国坦克指挥官后来回忆道:"我们能逃出来真是万幸。"

二、德军增援非洲

在托布鲁克城下的失利,惹恼了隆美尔。他大骂第5轻装师师长斯特莱希,认为第5轻装师没有尽全力,斥责斯特莱希和奥尔布里奇"优柔寡断"。

隆美尔暴跳如雷地要求斯特莱希下午4时发起新的攻势——即使不能将托布鲁克攻下,也要帮助英军阵地上残存的机枪手逃离危险。斯特莱希接受了命令,但是这个责任他不愿担。他还对隆美尔的作战部长说:"我的话将军可能不喜欢听,但作为高级指挥官,我有责任请你转告他:如果英军更勇敢一点,他们完全能从要塞里冲出来消灭我们,而且会将'非洲军团'和我的指挥部俘虏。那将是德国在利比亚的最后结局,也是将军名誉扫地的时刻。请你转告将军这一点。"

从隆美尔那里回来后,隆美尔的作战部长对斯特莱希说:"将军要你进行'进攻防御'。"斯特莱希苦笑着登上指挥车,驶向第5坦克团。

第5坦克团团长奥尔布里奇对斯特莱希的意见表示支持。奥尔布里奇说:"如果进行'进攻防御',我们就没有活路了。"他们都认为进攻防御会带来进一步的屠杀,没有胜利可言。所以,对于这一进攻的命令,他们没有执行。

晚上,隆美尔给德军总参谋部发报告说伤亡尚无法统计,但真实情况却是不能完全隐瞒的。机枪营营长波纳斯和他手下的多数士兵都死了,士兵们产生了对隆美尔的信任危机。士兵们组织了一个反隆美尔的秘密团体,他们认为,隆美尔宁愿让大批士兵被屠杀,也不愿做好适当的准备再进攻。隆美尔的作战部长也对隆美尔忽视坦克指挥官的忠告提出谴责。

德国陆军总参谋长哈尔德指出,隆美尔终于承认他没有强大的兵力了,那点兵力竟敢攻打托布鲁克,真是荒谬。

长期以来,隆美尔的部队总是追得英军到处逃命,但英军这次不想再逃了。

4月16日,隆美尔亲自指挥战斗,增派两个意大利师向托布鲁克的西部阵地进攻。要进攻西部阵地的原因,是那里的英军威胁着"非洲军团"的补给线。不料,意大利师很不经打,刚刚遭到炮火的攻击,坦克竟掉头而逃。不管隆美尔怎样对意军的坦克指挥官们进行鼓励,他们就是不敢应战。

4月24日,隆美尔请求德国统帅部派兵增援:"由于英军兵力太多,托布鲁克的局势一天比一天严重。"他要求空运第15装甲师,尽快扩编第5轻装甲师为真正的师。另外,他要求将强大的空军派来支援自己,并派潜艇在托布鲁克沿海破坏英军的补给。

4月25日,当希特勒将隆美尔的报告看完,暴跳如雷,但他不得不增派部队。27日,德第15装甲师的先头部队开始往利比亚的班加西飞去。

德国最高统帅部副参谋长保卢斯中将于4月27日飞抵利比亚。当时,德国正在抓紧宝贵的时间准备进攻苏联,这次派保卢斯去利比亚,是因为隆美尔的一意孤行震惊了参谋长哈尔德。保卢斯亲眼目睹了日后血淋淋的战争。

保卢斯和隆美尔有着十分微妙的关系。保卢斯比隆美尔早几个月提升为中将,两人是平级,但保卢斯代表哈尔德,以代表的身份对隆美尔进行支配。隆美尔只能执行命令,他认为派保卢斯来是总参谋部的阴谋。

隆美尔在这一点上猜对了,他对保卢斯说:4月30日,在托布鲁克的西南阵地大举进攻。但是保卢斯很怀疑这个计划的可行性。

隆美尔的计划是：进攻将在晚上开始，209浅滩高地是第一个攻击目标，阿拉伯土著管它叫摩德尔角。从摩德尔角能看见英军正在对"非洲军团"后方的运输线进行袭扰。

4月30日，增援非洲的德国第15坦克师陆续向隆美尔报到。隆美尔觉得有条件进攻了，他乘车来到前线，在指挥车里对作战情况进行观察，有时也会来到进攻部队。

上午9时，一个机枪营从后方占领了摩德尔角，开始了向托布鲁克的大规模进攻。但突破口太窄，当"非洲军团"前进的时候，许多隐蔽据点开始对其进行阻击。晚6时30分，"非洲军团"仍在大举进攻托布鲁克。

被称为"拉斯伊·梅道尔"的"斯图卡"式俯冲轰炸机和德军炮兵部队对阵地西南的一座山头进行了疯狂的轰炸。德军坦克群趁机从"拉斯伊·梅道尔"山头越过，排成5公里宽、3公里深的楔形环形向环形防御网冲去。

德军坦克群再次钻入"蓝色防线"，但依然无法攻克由澳军士兵把守的火力点。澳军士兵作战十分勇敢，伤员死战到底。夜晚，携带喷火器的德军战地工兵冲上去喷射火焰，逼出了一些据点中的澳军士兵。

5月1日，德意军队的大炮仍在继续轰炸，隆美尔爬行在占领的掩体之间。隆美尔又增派了援军，但双方一直在互相对峙着。

第15装甲师向隆美尔报告，在无数隐蔽在地堡里的步兵和反坦克火力面前，德军遭受重创，伤亡惨重。但他们士气很高，坦克部队不断推进，步兵部队紧跟在后边，与地堡里的英军展开了白刃战，毫不畏惧英军强大的炮火。

这时，猛烈的沙尘暴席卷而来，扑向整个战场。"非洲军团"将摩德尔角牢牢控制着，几百名澳大利亚士兵被俘虏。隆美尔发现澳大利亚人特别高大强壮，战斗力极强。5月1日上午，当英军用重炮报复德军坦克时，许多澳军火力点趁机从后面向德军坦克进攻。

英军顽强抵抗，很多据点都发生了激烈的争夺战。尽管如此，隆美尔还是觉得有希望将托布鲁克占领。但难题是，他的兵力是否能够支持持续的进攻。

5月2日，隆美尔只能承认自己兵力不够，无法再发动大规模进攻来占领托布鲁克。因此他不得不放弃，但决定坚守山地阵地。

此后几天，英军多次反攻被占领的地区，都被"非洲军团"击溃。参加战斗的英军大多数因为饮水不足，精神不佳。

双方进攻和反进攻打了几天的拉锯战，滚滚风沙使双方指挥官对军队都失去了控制。"非洲军团"在被占领的阵地经常遭受英军强大炮火的攻击，由于地太硬，难以挖掘掩体，德意官兵只能在地上趴着，满天的苍蝇飞来飞去。很多德意官兵都得了痢疾，病得不轻。

5月4日，德军为了继续向前进攻，经历了开战以来最惨重的一次失败——1200多人伤亡。这场战斗也是目前为止隆美尔部队最惨痛的一次失败。

保卢斯命令隆美尔停止进攻。伤亡的惨重和战斗的激烈将他吓坏了，他在回柏林之前，命令隆美尔严防死守，直到解决了供应短缺的问题为止。

德国陆军元帅布劳希奇发来最后通牒，这位总司令命令隆美尔不许再进攻托布鲁克，隆美尔必须保存实力。隆美尔心痛地被迫停止进攻。 不过，不久之后，隆美尔证明防御同样是他擅长的，就像他擅长进攻一样。

三、代号为"英勇"

远在开罗的韦维尔察看着一张地图，地图上标示着少数的英军部队在450平方英里的沙漠中分散驻守着。 韦维尔电告驻守托布鲁克的莫谢特少将："在你与开罗之间什么都没有了。"

隆美尔早就意识到了这一点。 "非洲军团"早已向南绕过托布鲁克地区，于1941年4月12日攻下巴迪亚，将利埃边境的道路封锁了，并砍倒和破坏了边境上的电话线。

在沙漠上作战，就像海战一样，抢地盘作用不大，最重要的是将英军的坦克和大炮摧毁。 在沙漠上，如果缺少坦克和大炮，任何军队都无法胜任现代化战争。

英军的物资，特别是在托布鲁克的物资，丝毫没有减少，他不得不在隆美尔派主力部队向托布鲁克挺进以前派兵保卫补给线的安全。 只要英澳联军坚守住托布鲁克，就能极大地威胁隆美尔的后方，即使"非洲军团"已经攻占了卡普措、萨卢姆和哈法亚也是毫无用处的。

在地中海岸边的旷野上空，隆美尔乘飞机对埃及方面的地形进行了视察。 海边是陡峭的悬崖海岸，像这样的海岸，均有海岸公路通往埃及。 然后有一百多米高的台阶在陆地隆起，升到海拔500米的最高点才与陆地相连。 横在其中的有哈法亚、萨卢姆等要塞，他们必须拿下这些要塞才能到达埃及。

隆美尔写道："这些台阶将成为重要的战略目标。"飞过一片地面是平缓波浪形的像沙海一样伸延的平原，到处是高达15英尺的波浪沙堆。 他的坦克可以在这些波浪间推进，甚至可以在沙堆后面隐藏坦克。 他又发现一些干涸的峡谷和河床，在那里，坦克只能在几个地方并排通过。

托布鲁克早就是隆美尔的眼中钉了,一直让他耿耿于怀。隆美尔很想占领埃及和苏伊士运河,可是现在托布鲁克的英澳联军还是挡住了他。

对于英军来说,在利比亚,只剩下托布鲁克港这最后一块"飞地"了。驻守埃及尼罗河三角洲地区的所有部队都往埃及边境调去,以阻止德国进攻埃及。隆美尔清楚,只有将托布鲁克占领,控制港口设施后,他才能向东进攻埃及。

德国正忙于征服苏联,希特勒集中了主要精力在苏联战场,很少有时间考虑是否向非洲增兵。但丘吉尔十分重视"北非翼侧阵地",那里有盟军的油田。丘吉尔克服了本土英军装备和兵员不足的窘境,不断向北非运送装备和兵员。

隆美尔进攻托布鲁克,不但没能取得成功,反而使"非洲军团"漫长的补给线又增长了700英里,主要由澳大利亚军队坚守的托布鲁克港变得很难攻下。

从班加西到托布鲁克外围虽然比从的黎波里出发近许多,但意大利海军却无法派出给养船只去那里。隆美尔现在处境很艰难,为了生存,德军每个月需要3.4万吨给养。为以后进攻用的储备物资每个月需要2万吨,另外9000吨补给空军,6.3万吨给养意大利部队和驻利比亚的意大利居民,每月的数字达到11.6万吨。但的黎波里港每个月只能接纳4.5万吨物资,意大利海军面对残酷的战争想尽一切办法,都无法按时提供更多的物资给隆美尔。另外,另一条从的黎波里至托布鲁克的漫长补给线长达1100英里,全是沙漠,必须用卡车来运输。沙堆和坚硬的岩石遍布途中,酷热的太阳和布满沙漠的苍蝇。运输兵生病而且过度疲劳,甚至不可能在这片地上挖个洞睡觉。在荆棘丛中留下的轻微伤痕,几个月都难以痊愈，运输兵们忍受着疼痛的折磨，鼻子脱皮了，嘴唇干裂了。

一位德军前线指挥官在写给家人的信中说："正在流行一种寒颤病，差不多一个月流行一次，长时间地让人很虚弱。我得了这种病3天后，一天竟昏迷3次。我病好后，没有报告自己生病。我很高兴地看到我离开的那一天，我这辈子都不想再到非洲这个鬼地方来了！"

饼干、橄榄油、罐头沙丁鱼、罐头咖啡、罐头果酱、软乳酪和罐头肉是官兵们每天的食物，没有鸡蛋、火腿和牛奶，水果和蔬菜就更不用提了。令官兵们恼火的是英国人的伙食太好了，使他们眼馋。而且，英国人的装备在各方面都比"非洲军团"好很多。"非洲军团"喝的是过滤后的又苦又咸的海水；英军却有矿泉水、罐头蜜饯和水果等等。

气候一天比一天热，给养的缺乏越来越严重地损害着"非洲军团"官兵的健康。许多年轻的士兵开始掉牙，牙龈一直流血。夏天对于"非洲军团"官兵来说太难熬了。

由于夏天太热了，隆美尔对官兵的要求放松了，同意德军官兵平时穿短衣和短裤，拘谨、古板的隆美尔也经常穿着短衣短裤乘车视察。他在每天早晨6时开始用各种奇怪的步兵战术操练所有的官兵，这些战术对"非洲军团"将托布鲁克地堡里的英军消灭是非常有用的。

隆美尔已被残酷的生存环境压得很难受，而保卢斯又经常向德国统帅部告他的状。每到一处营地，隆美尔都能察觉到日益增多的官兵的抱怨声。

能否继续将托布鲁克的包围圈维持下去，就要看"非洲军团"的萨卢姆阵地能否守下去。他明确划分了"非洲军团"各部队的任务：第一线部队紧紧围住托布鲁克，防止英军反扑；第二线部队将萨卢姆阵地守好，同时将英军在加扎拉、萨卢姆等地的迂回反攻挡住，绝不能让英军解围。

夏季最热的日子来了，坦克在沙漠上停着，高达华氏 160 度的温度使得坦克兵都不敢摸一下坦克。电影摄影师们将隆美尔在坦克装甲上煎鸡蛋的情景拍摄了下来，借此引起德国民众的同情和支持。

"非洲军团"要想获胜，除了倚靠步兵部队的坚守外，要靠装甲部队来击退任何从埃及来的英军。但是，装甲部队不可能同时担负这么多任务，而且他们还要参与攻占托布鲁克。

隆美尔决定先使用步兵部队将一切坚固的防线守住，再把装甲部队集中起来组成预备队，对英军任何向托布鲁克防线的集中突围进行抵抗，同时对付部署在萨卢姆以东埃及的英国装甲兵团的进攻。为了这个目的，非摩托化部队接替了一切在静态防线上的摩托化部队。

隆美尔在 5 月中旬的兵力部署与守住防线的要求相距甚远。萨卢姆防线的步兵兵力不足，只有轻装的步兵将几处前哨阵地占领了而已。毫无疑问，英军迟早会发现"非洲军团"的不利处境，进攻萨卢姆防线。为防万一，隆美尔决定在加扎拉建立新的防线，这道防线有利于阻挡英国装甲兵团的进攻。但怎样把缺乏卡车的步兵部队撤往该防线却是个难题。

韦维尔的第 13 集团军于 1941 年 5 月正式成立，包括第 4 印度师、新建第 7 装甲师及第 22 警卫旅。此时，韦维尔对埃及的英军兵力仍感不足，不想反攻隆美尔的"非洲军团"。丘吉尔对韦维尔的拖延行为不满，不断要求他组织反攻。

4 艘英国舰艇于 5 月 12 日驶抵亚历山大港，运来 238 辆坦克，其中"马蒂尔达"式坦克135辆,3倍于韦维尔为保卫埃及集中起来的坦克。兵力增强后,丘吉尔急于战胜"非洲军团",以将英军的士气提高,命令韦维尔立即发动反攻。

韦维尔派一支由戈特旅长指挥的装甲和步兵混合部队,在战略要塞哈法亚、卡普措和萨卢姆附近的几个据点坚守。在哈法亚、卡普措和萨卢姆附近,双方兵力犬牙交错,很难说清楚哪一方最后将这三个要塞控制了,一场大战在即。

韦维尔于5月15日发动了代号为"英勇"的进攻。一部分英军从正面向哈法亚以及萨卢姆防线进攻,英装甲部队先向西北再转向正北攻打卡普措。

英军与意军在哈法亚相遇了。意军边打边从哈法亚撤退,英军坦克前进了10多公里,意军突然开始了顽强的阻击。第二天上午,"非洲军团"将战场的局面控制了。5月16日下午,英军损失了18辆坦克,向东南方向的哈法亚退守。

代号为"英勇"的进攻战持续不到两天,英军损失惨重,但重新占领了哈法亚。哈法亚高地高达152米的悬崖分隔开了埃及的沿海平原与利比亚的沙漠高原。如果英军长期占据哈法亚,那么"非洲军团"会很容易在托布鲁克的外围受到攻击。最重要的是,哈法亚是"非洲军团"进攻埃及的主要通道。5月17日,英军开始在哈法亚修筑防御工事,还使用坦克、炮兵和战防炮组成强大的战斗群来坚守哈法亚。但隆美尔不可能眼看着英军在哈法亚加强防御力量。

这时,萨卢姆防线多次告急,令隆美尔很难受。5月22日,隆美尔乘车来到萨卢姆前线。"非洲军团"刚将英军打退了,隆美尔主持了很多会议,指出英军没有配置足够的兵力在哈法亚,他决定先夺取哈法亚。

德军第 8 装甲团于 5 月 26 日晚从西南方向进攻哈法亚，德军第 104 步兵团的一个营从东北方向向哈法亚进攻。"非洲军团"往蛇形道路冲去，与英军展开了肉搏战。27 日，德军第 104 步兵团冲上哈法亚的顶部，会师第 8 装甲团。

战斗过后，隆美尔知道韦维尔不会放弃哈法亚，不久就会发动反攻。他连忙指挥"非洲军团"将萨卢姆、哈法亚和巴迪亚的防御力量加强。

随后，隆美尔下令修筑好萨卢姆—哈法亚—巴迪亚防线的工事，又在埃及边境上修筑了几个据点。当隆美尔在巴迪亚防区视察时，德军侦察兵在一片沙漠上发现了大量过去格拉齐亚尼的意大利军队丢弃的物资。

隆美尔欣喜若狂，马上派兵运来可用的意大利物资，加强萨卢姆—哈法亚—巴迪亚防线。他在据点中设立临时工厂，修好了很多火炮。意大利统帅部得知以后，加里波第向隆美尔提出抗议，说这些物资属于意大利，只有意大利部队能用。但是当那些物资丢在沙漠上时，意大利军队一点都不关心，意大利人等德军把物资运回来后才开始反对。隆美尔对此置之不理。

德军将 88 毫米高射炮的阵地部署在哈法亚和 209 浅滩高地（摩德尔角）。当 88 毫米高射炮放平炮管射击时，几乎可以摧毁任何坦克。

韦维尔"战斧行动"失利

在伦敦得知非洲的战况进入僵持阶段之后，丘吉尔下令驻扎在非洲的英国军队在昔兰尼加展开自己的攻势。他为此还将一个大胆并且典型的"丘吉尔式"的计划设想了出来，在 4 月 20 日就将战斗的基础性框架奠定了。在此期间,丘吉尔提议让一艘正准备起航绕道"好望角"开赴苏伊士运河的补给船只改变路线,从直布罗陀海峡、地中海德军的交叉火力网穿越,直驶亚历山大港。他天真地认为,这样可以缩短40天的航程,是个好建议。殊不知,自1月初,英国船队就不敢从地中海穿越向北非运送给养了,因为德国空军已完全将地中海的制空权掌握了。

虽然丘吉尔知道已有一个完整的德国坦克师来增援隆美尔,但他仍认为有必要冒一些风险。如果让韦维尔能提前得到295辆坦克,就可能对德军的行动不利,可能很快扭转目前比较被动的战斗局面。

事实上,英军在代号为"猛虎船队"的运输过程中只损失了一艘货船。5月1日,船队终于把238辆坦克送到了亚历山大港。丘吉尔在到达之日给韦维尔的电报里说:"看吧,现在已是拯救之时。"但韦维尔却无法乐观。因为运来的坦克实在是让人失望,这些坦克的制动箱被压碎、履带无法使用,甚至发动机连滤尘器都没安装,而滤尘器在沙漠战中是至关重要的。韦维尔只能遗憾地回电给丘吉尔,在6月中旬之前展开行动是绝对不可能的。

收到电报之后的丘吉尔感到非常失望。但是,5月15日,韦维尔在没有动用新坦克的情况下,仍然发起了代号"简明行动"的作战计划。这是一场旨在为下一次大规模攻势夺取攻击阵地的小战役。英军在W. H. E. 高特准将的指挥下越过埃及—利比亚边境,排出了三支攻击纵队,展开了进攻。英军行军神速,很快就将卡普措和哈尔法亚隘口攻占了。哈尔法亚隘口不仅是通向利比亚高原的唯一关口,而且还控制通往塞卢姆及以西各地的沿海公路。这一据点的取得,让英军很高兴。此后,大军继续向西迪西则兹推进。

隆美尔也不示弱，于5月16日凌晨前几个小时，发动反击，再次夺回英军夺取的关隘。结果韦维尔的"简明行动"一无所获，还使英军损失了许多兵力。

丘吉尔意识到不能再让隆美尔继续巩固他的防御阵地，于是不断督促韦维尔立即采取大规模攻势，韦维尔为此很烦恼。因为他最近所面临的问题可不止这一个。4月底，在希腊的英军被赶了出来，这些军队都驻扎在克里特岛，德军对其造成了威胁。此外，韦维尔还被卷入到叙利亚和伊拉克境内的冲突，这些国家亲轴心国的傀儡政府对于反英活动很积极。现在的韦维尔真可谓手忙脚乱，不知道如何是好。

6月15日凌晨2时30分，在丘吉尔的一再催促下，韦维尔还是勉强展开了代号为"战斧行动"的计划，对昔兰尼加发起进攻。该计划与"简明行动"大同小异，只是规模要大一些罢了。

驻扎在哈法亚隘口的德军炮兵在6月15日清晨6时许首先听到了英军坦克马达的轰鸣声。这些防御者被英军视为"七日大兵"，因为一次提供给他们的弹药、食品和淡水只能使用一星期，他们必须战斗到最后一发炮弹和最后一滴水为止。50岁的维尔赫姆·巴赫上尉是该营营长，他在战前是一名福音派新教会牧师，始终过着一种普通市民的生活。在这场战斗中，他那些忠诚不渝的部下将他尊称为"哈法亚的牧师"。

巴赫上尉通过野战望远镜，对杀气腾腾的英军坦克进行密切关注，现在他们已经在3000米之外了。随着英军坦克的推进，坑坑洼洼的弹痕布满了隘口制高点，然而，巴赫仍然镇定地命令部下不许开火。

靠近冲向隘口英军纵队尾部的瓦尔特·奥卡洛尔中校在上午9

时15分还得意于英军的顺利进军,然而好景不长,没过不久,C. G. 麦乐斯少校最后几句惊恐万状的呼喊从无线电里就突然传出了。原来德军已提前把大口径炮掩藏在了地下,这些大炮被设在沿着隘口处的悬崖绝壁上,位置很隐蔽且攻击视线较好。英军充当先头部队的12辆坦克在几分钟内已被德军的大炮击中11辆,英军连续五次试图强行突破隘口,但德军用猛烈的炮火把他们逼回去了。哈法亚从那天起在英国陆军中就成了"地狱鬼火隘口"。

在大斜坡之上,从中路进攻的英国坦克集群经过力战,从卡普措要塞赶走了轴心国部队,随即,大军锋芒一转,向东扑向塞卢姆。但是,从西路进攻的英军部队左翼在哈菲德山脉前被德军死死地阻住了。德军配备了更多极具杀伤力的88毫米口径高射炮在那里,它们全被当作可怕的反坦克炮使用。隆美尔在这一天晚些时候又从托布鲁克地区征调了大量包括第5轻机械化师和第15坦克师的部分部队在内的援军。

6月16日上午,这些预备队全都被隆美尔投入到战斗中。第15坦克师对据守卡普措的英军展开进攻,但是,午前他们又停止了攻击。同时,临近西迪奥马尔的英军左翼遭到了在南部的隆美尔第5轻机械化师的包围和袭击。经过一场激烈而残酷的较量,第5轻机械化师突破了英军防线,并开始席卷向东部的西迪苏勒曼方向。隆美尔立即意识到,这是自己打垮英军的最好时机。

隆美尔命令第15坦克师主力从卡普措地域撤离,往西南方向合围过去,与正在向东长驱直入的第5轻机械化师合兵一处。这些部队于6月17日清晨抵达西迪苏勒曼,隆美尔命令他们继续挺进哈法亚隘口。这时的隆美尔已开始得意扬扬地盘算着英军即将完蛋的美景。

然而，隆美尔的如意算盘落空了。因为印度第4师师长F. W. 梅塞维少将在上午11时自作主张，下令部队撤退，结果使大部分部队从隆美尔的包围圈逃出。梅塞维的这一行动虽然没有请示上级，但却使英军避过了一场灾难。

"战斧行动"以英军的惨败告终。当某些在伦敦的先生们收到韦维尔简明扼要的失败陈述时开始坐不住了，他们开始察觉到韦维尔根本对付不了隆美尔。

第三节 北非的长期作战

丘吉尔换将

丘吉尔寄予厚望的"战斧计划"没有将隆美尔击倒,最后以失败告终。在"战斧计划"中,首次使用令人害怕的德军88毫米高射炮,英军的装甲部队对它的杀伤力望而生畏。英军90毫米口径防空炮在反坦克时,其应有的作用反而没有充分发挥。

北非的形势不断告急,使得丘吉尔不得不冷静下来。丘吉尔在《第二次世界大战回忆录》中写道:"……我是有责任的……当然,韦维尔也是有责任的,他作为一个指挥员并不是很称职。"

丘吉尔是个个性很强的人,他与韦维尔似乎天生就不合拍,这也最终导致了韦维尔的解职。丘吉尔坦率善辩,但韦维尔性格孤僻,不善言谈。有一回,澳大利亚总理请韦维尔谈对中东的看法,韦维尔道:"这个问题相当复杂。"接着陷入十分钟的沉默中。丘吉尔对韦维尔的评价是"一个表现良好的普通上校"。韦维尔很不喜欢政府对军事有所干预。作为失去了左眼的一战老兵,他认为在一战中只有短暂服役的丘吉尔不能以军事专家自居。

对韦维尔来说,他在北非的长期军旅生涯也随着'战斧计划'的失败而终止了。他给英国最高司令部的报告显示了他无所畏惧的勇气:"我很遗憾地告诉大家,'战斧计划'失败了,而全部责任在我……"韦维尔的一贯作风就是将过失归功于自己。这位将军一夜之间老了10岁，满头白发，步伐也变得异常沉重。

1941年6月21日，奥金莱克取代了韦维尔中东英军司令的职务。在丘吉尔眼里，他是最为合适的人选。

1941年夏季，英军损失十分惨重，但丘吉尔仍决定把"非洲军团"赶出非洲大陆。新任中东英军总司令奥金莱克是个杰出的战略家，他发现英军坦克对沙漠作战还不适应，军官们的战术思想落伍，军队装备需要改变，同时需要加紧训练。奥金莱克决定对沙漠中的英军进行重组，首先保证在数量上比隆美尔要占有绝对优势。

奥金莱克精明过人、意志坚定，官兵们对他极为爱戴。但他也有弱点，那就是过于自信，沙漠作战经验很缺乏。1941年7月，来到北非后，奥金莱克把英军扩编为第8集团军，任命在东非作战有功的艾伦·坎宁安中将为司令。第8集团军下辖第13军和第30军，奥斯汀中将担任第13军军长，而第30军军长则由诺里中将担任。北非的英军共有4个师3个旅，兵力为13万人，装备了710辆坦克，其中步兵坦克为200辆。

当时，希特勒正在为进攻苏联的"巴巴罗萨"计划做充分的准备，德国的大部分部队要赴东线作战，而这时的北非，只是德国战略家们饭桌上一碗可有可无的小菜罢了。

无法得到德国的增援，兵力不足的隆美尔立即对军事部署进行调整，以守为攻。对于擅长进攻的隆美尔来讲，采取守势必然让他感到难以忍受，但在不久后阻击英军进攻的战斗中，隆美尔又用出色的指挥证明了他对防御也很精通。

1941年6月22日，德国入侵苏联，隆美尔终于弄清楚了希特勒和陆军参谋部为什么不想把大批装甲师和给养运往北非。隆美尔仍然像往常那样渴望进攻，他迫切希望尽快将埃及攻下，并为挫败英军的进攻而欣喜。对此，德国陆军最高统帅部的将领们都感到难以置信。原第5轻装师师长斯特莱希私下对布劳希奇说："没什么可说的，我们肯定会输掉非洲的战役！"斯特莱希这样称呼隆美尔的指挥风格——"彻头彻尾的专制独裁"。

陆军司令布劳希奇质问斯特莱希："难道沙漠的气候真热得让你们都感到不耐烦了吗？"斯特莱希说："不，元帅阁下，绝不是这样，作为一名勇敢的前线连队指挥官（隆美尔曾当过连长）与作为杰出的战区指挥官，两者存在着很大的差异。"

7月9日，隆美尔收到布劳希奇元帅的一封措辞严厉的信："我认为奉劝你是有必要的，过于冒险不仅仅关系到非洲战区的利害得失，同样也和你自身的威望密切相关。"但隆美尔的回信却没有表达出丝毫谦逊，只有反诘。

意大利军官们对隆美尔的快速提升感到不安。2月隆美尔到达非洲时，率领的是一个不健全的第5轻装师，是来辅助他们的，现在成了轴心国在整个北非的总指挥，还被赋予管理北非的行政权力。意大利军官对隆美尔的抵制情绪便从此产生了。7月12日，意大利将军加里波第突然被风度翩翩的托尔·巴斯蒂柯将军所替代。巴斯蒂柯可是个大独裁者的象征，这个北非战区，不可能同时容纳巴斯蒂柯和隆美尔两个独裁者。

7月底，巴斯蒂柯以上司的身份告诉头发蓬乱的隆美尔到昔兰尼加的宫殿里开会，向隆美尔明确表示今后的一切军事行动要听命于他。7月28日，隆美尔回到德国怒气冲冲地诉苦，希特勒批准了他为攻打托布鲁克而提出的很多要求。

希特勒亲切地与隆美尔握手，对他在非洲取得的一系列胜利表示祝贺，还拿出苏联前线的作战地图给他看。大规模的闪击战正在突破苏联红军的各道防线，这使得隆美尔对元首的难处真正有所了解，德国的主要进攻方向是苏联。

在隆美尔还没有动身时，希特勒还命令空军向托布鲁克的英军阵地投掷2.5吨的新型炸弹。希特勒命令海军向地中海出动6艘潜艇和一些鱼雷快艇，协助对托布鲁克港进行封锁。希特勒对隆美尔说，要体谅德国统帅部的难处，好好与意大利同行们相处。

最后，希特勒派隆美尔到罗马对墨索里尼和意大利最高统帅部司令卡瓦勒罗进行拜访。卡瓦勒罗显得很自负，外表像个将军的样子，其实是个贫嘴的律师。

8月6日上午，隆美尔与卡瓦勒罗、墨索里尼进行会谈，话题就巴斯蒂柯的报告展开。开始时，墨索里尼和卡瓦勒罗大谈特谈运输上的困难，不同意进攻托布鲁克，要求放弃萨卢姆防线和托布鲁克外围，并在托布鲁克以西地区把防线建立起来。

后来，经过隆美尔一番细致入微的解释，墨索里尼终于对北非战场的真实情况有了详细的了解。他被隆美尔那充满自信的进攻计划深深地吸引了，深深看好萨卢姆防线的光明前景，甚至认为"非洲军团"具备打败英军的能力。墨索里尼终于相信，只要"非洲军团"能得到充足的后勤补给，胜利是必然在望的。但墨索里尼提醒隆美尔，北非战区的命运将取决于苏联战场的形势发展。

这一次，隆美尔和墨索里尼交谈得十分愉快。隆美尔与意大利军方经过精心策划后，进攻托布鲁克的伟大计划被制订出来了。墨索里尼派卡瓦勒罗和德国元首在意大利首都罗马的代表林特伦马上飞抵利比亚开始布署。

赴机场前，隆美尔发现自己的皮肤和眼睛都变成了黄色，他感到十分忧虑。由于害怕德国总参谋部或意大利同行们会以此为借口阻止他回到利比亚,他没敢和他们说起这事。8月15日,德军非洲军团正式建立。8月末,一个新编的师到达非洲,即第90轻装师。同时,德第21装甲师取代第5轻装师。这样,隆美尔下辖有第15、第21装甲师和第90装甲师。

尽管"非洲军团"一再努力,但仍未能把托布鲁克港给攻下来。英军也明白托布鲁克的重要性,不断增兵,不肯放弃。在围城战中,隆美尔的主要兵力都被牵制进去,更重要的是牵制了以后进攻埃及的作战。

如果英军同时从埃及和托布鲁克发起攻势,那么"非洲军团"将处于危险境地。"非洲军团"的兵力不足,使他们丧失了机动能力,补给线常被英军攻击。在萨卢姆和托布鲁克防线之间的海岸,如果英军有优势兵力,并有良好的指挥,"非洲军团"很容易遭到围歼。

8月,英国多次接到澳大利亚的要求,要从托布鲁克撤军。尽管从被包围的托布鲁克进行水陆两栖撤军难度很大,但英国最终无奈同意。

9月底,在英国皇家海军的支援下,澳大利亚第9师从该地成功撤退。英国面临的另一个难题是各联邦成员国只要愿意就有权随时撤军。在希腊和克里特战役中,澳大利亚军和新西兰军均遭到很大的损失,各联邦成员国都怀疑英军的指挥能力。后来,当英国再部署各联邦军队时,他们变得更加小心谨慎。

托布鲁克的防务由英军第70师接替,总指挥由斯科比少将担任,支援英军的有波兰军队的一个旅、捷克军队的一个营和两个新西兰营。英军想要解救托布鲁克,必须与驻守利比亚的"非洲军团"进行一场大决战。

隆美尔认为,与其等英国人年底进攻,不如赶在英军进攻前,

"非洲军团"先进攻托布鲁克。但进攻托布鲁克之前，必须考虑到英军是否会在埃及发动攻势，隆美尔被迫把机动部队的主力部署在卡普措附近。

当时，英国中东地区受到高加索方向德军的威胁，英国人肯定会等到威胁消除之后，才会抽出主力部队开入埃及，进攻利比亚。当德军在苏联战场遭受失利时，隆美尔预测英国人发动大规模进攻的时间约在11月间。

"十字军战士行动"

坎宁安统帅第8集团军之后，指挥的第一次战斗是代号为"十字军战士"的战役。到那时为止，这是英国在沙漠战场上发动的前所未有的大攻势。整个军事行动的具体部署是，首先拖住并将敌人的装甲部队消灭，从敌人的包围之中解救托布鲁克的英国守军，然后夺回整个昔兰尼加，并最终将的黎波里占领。

11月中旬，在"十字军战士"还没行动前，坎宁安和他的指挥部里充满着一种轻快的自信。以当时英军的装备来看，他们这种自信是很合理的。这支重新整编的军队有11.8万人，700多辆坦克，600多门野战炮，反坦克炮有200多门，还有许多其他装甲车辆和武器。同时，新近增强的沙漠空军部队的650架飞机还可以支援这次行动。

在轴心国方面，隆美尔却没感觉那么轻松。从6月以来，他就没有从欧洲得到过任何增援。原来的第5轻机械化师虽然被重新命名为第21装甲师，但一如以前的装备、实力。隆美尔的指挥部有了一个新的番号：非洲装甲集团军。虽然眼下隆美尔的士兵有11.9万，但在重型武器方面，仅有400辆坦克（其中150辆是意大利制造的），其中50辆还不能上战场，不能投入使用。另外，轴心国在昔尼兰加的飞机也不过550架，远远不如英国方面。隆美尔没指望希特勒能给他额外增援，因为在苏联战场上，德军的形势也不容乐观。

坎宁安做出了详细的作战计划，首先由C. W. M. 诺里将军指挥第30军从位于海岸南部80千米处的马达累娜向西推进，从背后将向西迪奥马尔前进的德军包抄。如果包抄成功，第22和第7装甲旅将向西北方的加布·撒莱前进。加布·撒莱横跨特里·艾尔·阿布德，隆美尔回击英军必经此地。坎宁安非常希望隆美尔向加布·撒莱派遣装甲部队，这样在那里的英国装甲部队就可以任意对非洲指挥部发动进攻，或向西北解救被包围的托布鲁克。

同时，第4装甲旅（也是第30军的一部分）将转向西北，绕到德军防线之后。这支部队负着双重责任，不仅要掩护向加布·撒莱运动的第7装甲旅右翼，还要对第13军进行掩护。第13军主要由步兵组成，由戈德温·奥斯腾将军指挥。他曾在东非与坎宁安共事。第13军将留在轴心国防线的南面和东面，给这条防线正面的意大利部队施以威慑，直到诺里的装甲部队消灭隆美尔的坦克。那时，第12军会迅速加入开往托布鲁克的军队，在那里消灭隆美尔的步兵，以解除德军对托布鲁克的围困。在托布鲁克的守军届时也会进行几次突围来响应第13军对轴心国包围圈的进攻。坎宁安计划一周内将这些行动完成。

当然，隆美尔也在考虑自己的计划。现在，他已经勉强得到最高统帅部的同意，可以再次向托布鲁克发动进攻。自从春季以来，已由意大利人担负围困托布鲁克的任务。早在11月初，他就开始把他的部队从埃及前线往托布鲁克调动，计划于11月20日发起攻击。

但是英军的速度似乎比他们更快。11月8日破晓时分，英军的第30军越过马达累娜港的防线成扇形向沙漠地带前行。坎宁安同诺里的参谋部一同前进，现场指挥。由于基本上没有遭受什么抵抗，傍晚时分，第22和第7旅已抵达加布·撒莱附近的阵地。

此时，隆美尔还在拜尔迪那指挥部里忙着筹划对托布鲁克发起进攻。他并没有发觉英军的悄悄到来，也没有去细心揣测他们挺进的真实目的。非洲军团司令路德维希·克吕威尔将军曾向隆美尔建议，调两个装甲师去南方阻击敌人，因为老谋深算的克吕威尔似乎已觉察到英国人的进攻意图。但是隆美尔对他的计划不愿做改变，他认为英国人只是在小心试探。

性急的坎宁安看到德国人对于自己的行动仍然毫无反应，就再也无法耗下去了。于是，第二天他便派出了两支小分队去对敌方的动静进行侦察。然而也正在此时，隆美尔开始对自己的作战计划产生怀疑，并重新思考了英国人的真实意图。他最终同意了克吕威尔的建议，决定派出一些装甲部队去南方阻击英军小部队。这个决定使得英军与德军发生了一系列激烈的遭遇战，双方的损失都比较大。坎宁安所期望的大规模的装甲部队遭遇战并没有发生，但英国人却赢得了西迪拉杰格的一个机场，并控制了19架飞机。面对这样的情况，坎宁安乐观地认为，英军的整个行动没有什么障碍，于是放心地返回了设在马达累娜堡的指挥部。

然而，他高兴得太早了。由于这场激烈的遭遇战，隆美尔已经确信，英国人正在进行着一场重大的进攻。于是，他不再执行以前的计划，重新进行战略部署。11月20日，就在坎宁安回到指挥部的那一天，德国第21装甲师突然猛烈攻击了驻守在西迪拉杰格的英军第7装甲旅。虽然英军第22和第4装甲旅迅速赶往增援，但远水还是救不了近火，德国第15装甲师的出现，使英军损失惨重，第4装甲旅指挥部被摧毁，该旅旅长被俘获。这一天的战斗结束后，英国人又把机场丢了，损失了100多辆坦克和大约300名士兵。

但是对于英军来说，后面几天的损失更让人害怕。11月23日，隆美尔向零散分布在西迪拉杰格周围的英军据点发动了猛烈攻势。夜晚来临时，战场的天空被数百辆燃烧的坦克照得如同白昼。在这一天，英军每个军团都遭受严重打击。这次战争，是英军在沙漠战开始以来损失最为惨重的一次。

在此次战斗中，隆美尔虽然也小有创伤，但他却以较少的兵力又一次赢得了战争的胜利。那天夜里他在给妻子露茜的信中写道："看来我已经摆脱危机。我很好，心情很好，并且充满了自信。"

当英军损失惨重的消息传到坎宁安耳朵里时，他一下子就垮了。他首先考虑的是，"十字军战士"行动已经失败，英军是应当撤回埃及还是坚守阵地继续战斗。然而此时，他的神经几乎就要崩溃了，不能做出精确的判断。于是，在犹豫不决的情况下，他向奥金莱克报告了这个不幸的消息，并要求总司令亲自到前线来视察，以决定英军的去留。得到消息的奥金莱克，立即飞往马达累娜堡，并对战况进行了简单评估。最后，奥金莱克决定英军继续留下来战斗，直到仅余最后一辆坦克。

隆美尔的老谋深算

一、德军回到出发点

在英军第8集团军指挥部里，坎宁安正等待上司的命令。"烈士星期日"那一天，当坎宁安听说英军主力惨败后，一下子信心全无。他认为应该撤回埃及，这样，他至少能在相对安全的环境里对自己的力量进行重新组合。当他发现参谋们神色慌张时，立即向远在开罗的奥金莱克司令请求支援，要求奥金莱克视察前线。

奥金莱克飞往坎宁安的指挥部，进行了一次简略的视察。他认为隆美尔的情况估计也不是很好。他命令坎宁安继续利用兵力进攻，直到最后一辆坦克。

当时，英军并不是败得一塌糊涂。就在两天前，坎宁安的新西兰师、第4印度师和一个坦克旅组成的第13军向北迂回到"非洲军团"防线后边的海岸。第13军把卡普措攻下来了，切断了哈法亚的德军与"非洲军团"主力的联系。

得知这一情报后，隆美尔准备再组织一次进攻，以给边境线上的部队减轻压力。他向军官们解释说："必须把速度放在第一位，我军必须充分利用敌人的失败造成恐怖的效果。"

隆美尔决定，暂不与英军第30军交战。隆美尔命令装甲部队向西进发，"冲向铁丝网"，把英军第13军的边境补给线切断。

1941年11月24日，隆美尔在公路上听取克鲁维尔报告会战的战况。这时，英军进攻的主力已经被消灭，逃跑的仅仅是少数。

隆美尔对克鲁威尔说，既然已经击溃了英军主力，那么就应该向西进攻，以消灭第13军的新西兰师和印度师，使其无法与英军第30军的残部会合，防止他们再次进攻托布鲁克。同时，应当切断英军补给线。

隆美尔想趁英军的溃散将战果扩大，因为英军这时一定站不稳脚跟，"非洲军团"能趁乱占领萨卢姆防线以南的地区，进一步打击英军使其逃回埃及。

隆美尔将各种不同的零散部队整编为微弱的防守兵力，在托布鲁克的南面布防，防止英军突围。意大利的兵力在盖比井进行防守。对托布鲁克的包围仍由原来的意大利其他几个师进行。

这是隆美尔一生中做出的最冒险的决定，很多德国军官对此表示强烈反对——这些军官怀疑意大利部队能否把托布鲁克的英军围住。

此时，隆美尔可以先把在托布鲁克以南的英军第30军残部消灭掉，但这需要花费相当长的时间，因此隆美尔决定再次发动攻势，并同时进攻英军最脆弱的部位——英军的补给线。

中午，德军和意军的"阿里埃特"师快速挺进在沙漠上，完全不顾英军在侧翼的威胁。隆美尔率领德国第21装甲师到达利比亚边境地区，向英军第8集团军的后方冲去，同时命令德国第7装甲师和意大利机动部队紧跟上来。

隆美尔的指挥车冲在第21装甲师的最前边，率领德军不顾一切进行追击。下午，第21装甲师先头部队到达边境线，身后的第21装甲师主力在沙漠上的战线拉开了60多公里长。毫无疑问，这些进攻会严重破坏英军的补给线，但要想让英军崩溃还远远不够。

傍晚，在隆美尔返回时，指挥车抛锚了。天快黑时，"猛犸"装甲车运载着克鲁威尔和他的参谋们经过那里，冻得浑身发抖的隆美尔和参谋长高斯搭上了便车。

"猛玛"装甲车载着"非洲军团"中所有的高级将领向格拉齐亚尼防线驶去。当时，他们在沙漠中迷路了。最终，隆美尔等不及了，把司机推开后自己亲自驾驶。四周漆黑一片，这一次连隆美尔这个"沙漠通"也晕头转向了，更让人害怕的是印度车辆在"猛玛"装甲车附近来来去去，还不断地驶过一辆辆英制坦克和美制卡车。10名军官和5名士兵度过了紧张的一夜。

此后几天，隆美尔经常开着车在各个战斗地点奔波，越过英军的战线，处理各种问题。一次，他闯进一个新西兰部队的野战医院。那时，谁都弄不明白当地被谁控制，谁是谁的俘虏，但隆美尔明白他走错了地方。他问新西兰人在物资方面有什么需要，还答应马上提供一些药品，然后大摇大摆地离开了，新西兰人没敢阻拦。

这时，德第21装甲师执行了军部参谋人员误传的一个指令，经过哈法亚来到卡普措，被新西兰师牵制住了。英军依然有很大的战斗力，很快展开了强大的攻势，后来隆美尔才明白，原来奥金莱克亲自上场指挥，才使英第8集团军第13军的局势转危为安。

奥金莱克认为"非洲军团"肯定和英军一样狼狈，特别是英军依然掌控着托布鲁克。所以，奥金莱克下令继续进攻。

但奥金莱克认为坎宁安已经无法统领整个部队，他决定亲自指挥英军。虽然英国第8集团军损失惨重，但战斗力仍在，同时"非洲军团"也损失惨重。

11月26日，坎宁安被解除了总指挥权，改任副参谋长，由尼尔·里奇中将指挥英国第8集团军。后来，坎宁安由于精神严重紧张，被迫住进了医院。

隆美尔的战略意图是，通过进攻英军的大后方，造成英军司令部的大恐慌，使英军的作战意志彻底崩溃。可是，德军的第7装甲师落在了后面，意大利机动部队被英军阻击部队困在半路上。隆美尔亲自率领的第21装甲师也由于出现故障、燃料和补给困难而陷入危险境地，隆美尔向东推进的决定有失妥当，低估了英军抵抗的决心。"非洲军团"在推进过程中使英军被迫撤退，但一些"非洲军团"部队遭到了猛烈的攻击。非洲军团的官兵渐感困难，补养严重短缺，这次推进已变成了一场噩梦。

由于奥金莱克亲临前线指挥，使英军转败为胜。他的胆量超过了隆美尔，为了让英军继续进攻，他把第8集团军都当作了赌注。幸亏德军第21师开到了错误的路上，而新西兰师和印度师又坚守阵地，才使他的豪赌成功。

当突袭开始时，隆美尔并不敢保证绝对胜利。但后来的情况却对"非洲军团"越来越不利，不仅心理上如此，物质上更是这样。

英军主要靠两个仓库补给，每个占地都有6平方英里，两个仓库相距约15英里，只有英第22近卫旅对它们进行防守。德军路过时始终未能将这两个仓库找到，因为英军隐蔽的技术高明，英军控制着制空权，德军没有办法在空中进行侦查。如果隆美尔大胜后，向南追击英军第30军的残部，就能发现这两个大仓库。

尽管英军第7装甲师和南非部队损失比较严重，但新西兰师、印度师、近卫旅和托布鲁克的英军还可以继续作战。在这种情况下，隆美尔只好将寻找英军补给中心的计划放弃，集中装甲部队对付新西兰师。

奥金莱克不停地对士气低落的士兵大加鼓励："德军正在四处出击，想逼我们放弃，但我们决不后退，德军一定会崩溃的！隆美尔正在垂死挣扎，坚持不了多久了。他的装甲部队得不到补给供应。"

11月26日，德意装甲部队撤退到巴迪亚加油，从两个庞大的英军仓库旁路过，沙漠上都是第8集团军的食物、燃油和水，但没有被发现。

战场形势朝着有利于英军的一方倾斜，随着时间的推移，"非洲军团"的力量不断缩减，英国人又开始进攻了。

奥金莱克命令英军进攻非洲军团的后方，留守后方的德军装甲军司令部不断向隆美尔发出求救信号。11月26日，隆美尔被迫全速撤回他的部队，投入托布鲁克的战斗。战场重心又一次转移到西迪雷泽与托布鲁克之间的地区。隆美尔的"冲向铁丝网"军事行动使英国第 30 集团军重整旗鼓，再次参加了战斗。

托布鲁克仍然横卧在隆美尔的后勤供应线上，隆美尔已经对托布鲁克和保卫它的几万英军不能容忍了，他觉得必须攻下托布鲁克。

当时，英国第 7 装甲师从南边对非洲军团侧翼进攻。德军的第 15 装甲师和第 21 装甲师正在托布鲁克附近地区，他们正在对托布鲁克城外的新西兰军发动攻势。11 月 26 日晚，新西兰师突破了"非洲军团"的包围。

11 月 28 日，第 21 装甲师沿着海岸公路前进，第 15 装甲师顺着卡普措小路进攻，侧翼经常被英军进攻。黄昏时，第 15 装甲师又撤了回来。

隆美尔发出电报，召集克鲁威尔到兵团司令部的指挥所来一趟。克鲁威尔在黑暗中摸索了好长时间，最后发现了一辆英军的卡车，克鲁威尔悄悄向它靠近。卡车里面是隆美尔和他的参谋长，他们两人似乎比较狼狈，一脸的疲倦，靠在一堆稻草上休息，身旁有一桶不太干净的饮水和少量的罐头。克鲁威尔进来后，隆美尔立即把第二天的作战命令下达给他。

隆美尔的计划是对新西兰师进行围攻，新西兰师正不断向托布鲁克撤退。隆美尔集中了可用的兵力，将攻击的主力放在新西兰师的西侧，让新西兰师没有机会撤入托布鲁克。

11 月 29 日，德军第 21 师损失惨重，新西兰师俘虏了第 21 装甲师的师长约翰·拉文斯坦，并搜出了藏他在身上的地图和文件。

傍晚，德军第 7 轻装甲师迅速向北移动，英军再次被包围在托布鲁克。从无线电窃听中，隆美尔得知新西兰师已经损伤严重，希望暂时从托布鲁克撤离。

尽管"非洲军团"部队急需休息，但隆美尔却让他们放弃休息。印度师正在猛攻萨卢姆防线，面临着补给线被切断的危险，而巴迪亚受到了猛攻。

隆美尔把两个混合战斗群调来，分别顺着卡普措小路和海岸公路，去打通补给线。"非洲军团"的主力集中在托布鲁克东南地区，在那里进行必要的休整过后，忙去增援萨卢姆防线，并调到南面阻挡英军的主力。英军也稍作整顿，顺着卡普措一线部署装甲部队，形成纵深防御阵地。在补给方面，英军此时占绝对优势，正为下一次进攻做准备。

然而，隆美尔不愿就此罢休，尽管他的坦克数量只有英军的1/4。11月30日，"非洲军团"再次包围了托布鲁克。12月1日，德军在贝尔哈凯姆打败了英军，英军的士气又低落了。

隆美尔向最高统帅部发去报告："从11月18日到12月1日，我军共击毁敌军装甲车辆814辆，击落飞机127架。有大量武器、弹药和车辆等被俘获。俘虏9000人以上。"

事实上，"非洲军团"已无力继续向前进攻了。当英军的增援源源不断到来时，"非洲军团"的力量已经耗尽。表面上，"非洲军团"取得了胜利，但得不到补充，这些终于拖垮了隆美尔的装甲部队，他只能从昔兰尼加全面撤退。

这时，奥金莱克飞抵英军第8集团军司令部。他告诉将领们，"非洲军团"已经是垂死挣扎，英军可以一鼓作气将他们全歼。

奥金莱克命令第4印度师和英国第7装甲师从两侧对非洲军团发动攻势，并切断隆美尔的补给线。事后证明，奥金莱克的判断并没有错误。

12月4日,隆美尔摸清了奥金莱克的部署。英军将力量重新组织,很明显,英军想绕过"非洲军团"的侧翼,深入后方发动反攻,以解托布鲁克之围。隆美尔决定对这支英军进行反击,不让英军有反攻的机会。但是,隆美尔缺乏足够的兵力,托布鲁克包围圈东面出现了很大的漏洞。

12月4日和5日夜里,"非洲军团"进入阿代姆地区。在盖比井的方向,德军本来准备与意军摩托化军队一起行动,但意军的进攻信心已经丧失,德军只能单独进攻了。

12月5日中午,德军开始对英军近卫旅发动攻击,然后再进攻补充完整的英国第7装甲师。在傍晚时,德军抵达盖比井西北10英里处。这时,托布鲁克的英军突然发动反攻。意军的一位将军给隆美尔带来了一个坏消息,意大利海军在地中海也连连失利,因此"非洲军团"在1月以前无法得到任何补充。经过两天的激烈交战后,由于英军有绝对的优势兵力,隆美尔最后被迫从托布鲁克地区撤向意大利军队构筑的新防线——64公里以外的加扎拉南部。

这是非常痛苦的决定,因为"非洲军团"已经使英军损失惨重。但如果在托布鲁克继续恋战下去,结果只能是被英军消灭,到时候就守不住利比亚了。

12月7日和8日,两个晚上,"非洲军团"仍在托布鲁克西部防线坚守,德军和意大利装甲部队开始从英军的追击中脱身,非摩托化的意军第21军和德第90装甲师,赶到加扎拉的阵地。

面对英军的攻击,隆美尔并没有被吓倒,将第15装甲师全都投入对托布鲁克的战斗,发起多次进攻,由于英军的坚定阻击,一批批德军士兵死在"蓝色防线"如麻的火力点之下。最后,隆美尔下令放弃围攻托布鲁克,向加扎拉撤退。12月10日,英军解除了对托布鲁克的包围。

在撤退时,"非洲军团"主要的危险是南翼,因为英军正迂回南翼准备进攻,德军只好掩护意大利军队撤退。

萨卢姆防线与非洲军团相距120英里远,尽管还能守住,但已经没有陆路补给线为他们补给了。

隆美尔将一支相当强大的部队派了出去,去保护最危险的艾季打比亚隧道。因为英军很可能会从这里把"非洲军团"的生命线切断。

"非洲军团"按计划逐步撤退,于12月12日撤到加扎拉防线。在撤退时,英军无法把"非洲军团"任何一支重要的部队切断。

12月13日,奥金莱克亲临前线,率英军猛烈进攻加扎拉防线,准备给"十字军战士行动"再添亮丽的一笔。奥金莱克做了这样的部署:第30军主力部队从加扎拉防线正面发起进攻,第4装甲旅快速穿插部队,直接插入"非洲军团"的纵深处,断其退路并支援主力部队对德形成夹攻之势,力争歼灭"非洲军团"。

强大的英军,将意大利第20军防线突破了,英军的侦察兵迅速出击,离加扎拉防线仅12英里。同时,英军的第4装甲旅从侧翼迂回包抄"非洲军团"。隆美尔发起了一个反攻,暂时挡住了英第30军的正面进攻,但英军的坦克实在是不计其数。

英军的装甲部队很有可能将"非洲军团"的补给和通往昔兰尼加的退路截断了。经过四个星期不间断的战斗,尽管"非洲军团"官兵进行了苦战,但战斗力明显越来越弱,尤其是武器和弹药供不应求。虽然隆美尔很想守住加扎拉,但最迟在16日夜,必须向后方继续撤退,否则便有可能被优势英军围歼。

意大利最高统帅部十分不满隆美尔的撤退计划,他们担心意大利非摩托化步兵部队会被抛弃,因此对撤退计划十分反感。但是，12月15日，隆美尔仍然下令撤退，在英军完成包围以前逃跑了。在英军装甲兵团穷追不舍的情况下，意大利步兵部队终于脱离虎口。

12月中旬，由于英军攻势猛烈，"非洲军团"撤离加扎拉防线，退守的黎波里塔尼亚的边境城市布雷加港一带。"非洲军团"到达布雷加港和阿盖拉，部队、装备等都获得补给。英军紧跟，由于天气恶劣，再加上官兵们劳累不堪，追赶"非洲军团"的行动迟缓了。

隆美尔部队的全线撤退造成了轴心国最高指挥部的大危机。12月16日，隆美尔在加扎拉与几位上司会谈过数次。

放弃昔兰尼加地区严重打击了墨索里尼的声誉，而撤退的命令似闪电一般打击了意大利人。意大利的巴斯蒂柯将军要求必须把这一命令撤销，但隆美尔拒绝服从，他坚持让部队一路撤退。在撤退过程中，隆美尔仍不忘对英军进行必要打击，12月28日，"非洲军团"伏击了一个孤军深入的英军装甲旅，击毁了英军37辆坦克，而只损失了"非洲军团"的7辆坦克。

隆美尔的撤退一直持续到1942年1月12日。由于"非洲军团"把主力向西转移，驻守利比亚边境地区的德意部队陷入绝境，8800名德意守军缴械了，接着6300名德意守军在萨卢姆投降。

1月17日，坚守哈法亚的巴赫上校在得到隆美尔批准后率部投降。就这样，英军的"十字军战士"行动以胜利告终。到1942年1月中旬，双方都遭受重大伤亡，德意军队伤亡38 300人，占其总兵力的32%。英军伤亡17 700人，占其总兵力的17%。在战斗中，英军损失了大量坦克，隆美尔的撤退使英军从战场上捡回、修理了一大部分坦克，最终仅仅损失了278辆坦克，而隆美尔损失了300辆左右（包括意大利坦克）。隆美尔与英军展开了一系列的阻击战，在进入北非一年之后又回到了起点。

二、夺取班加西

"非洲军团"仍有机会重创威胁他们的英军，这个机会被隆美尔和他的几位高级参谋官发现。穿越沙漠进攻德军将英军的补给线极大地拉长了，而德军对班加西的狂轰滥炸使英军很难对班加西附近的港口进行利用。

这时，隆美尔从德国也得到了好消息，在地中海的德国潜水艇已经增加到 20 多艘。凯塞林的空军编队"空军 2 号"将总部从苏联前线向意大利的西西里岛转移，大大加强了隆美尔的保护力量，坦克部队和补给源源不断地运抵的黎波里。

1942 年 1 月 5 日，的黎波里港里开进 9 艘巨轮，给隆美尔带来了 54 辆坦克和 2000 吨航空汽油。隆美尔拥有的坦克数量达到 150 辆，新运到的坦克装甲厚达 50 毫米，装备的坦克炮性能提高了。

与德军相比，英军第 7 装甲师的坦克破损严重，被迫退到托布鲁克以南休整。其阵地由刚从英国运来的第 1 装甲师坚守，而第 1 装甲师丝毫没有沙漠作战经验。

隆美尔计划趁英军元气恢复之前，即 1 月 21 日，发起进攻，把英军赶回埃及。

隆美尔用最秘密的安全措施伪装着这次大规模的进攻计划。只有他的少数部下知道内情，连他的意大利上司和德国最高统帅部都不知道。此外隆美尔还广发烟幕弹，说他准备向西撤军，并通过转移大批运输车队到后方来证明他的谎言。

进攻计划的前一天即 20 日晚上，隆美尔派人烧毁了沿海岸线的一些破房子和布雷加港中废弃的船只。一时间，火光四起，迷惑了英国间谍。就像隆美尔所期望的那样，英国间谍当晚给开罗发送电报，收到情报的英军更加认定，"非洲军团"要逃跑了。

就在英军高兴地等待着"非洲军团"撤退时，希特勒给予了隆美尔新的支持，鼓励他大胆地向英军进攻。

1942年1月21日6时，天气寒冷，隆美尔收到两封来自希特勒的电报。第一封宣布"非洲装甲兵团"重组成"非洲装甲集团军"，第二封宣布授予隆美尔佩剑一把和橡树叶奖章一枚。隆美尔深受感动，这振奋了他的精神，使他立即赶往前线。

8时30分，"非洲军团"大规模的进攻全面展开。隆美尔亲自指挥在海岸公路上的先头部队穿越布雷区。英军第1装甲师没有沙漠作战经验，仍有3个坦克团投入了战斗。"非洲军团"的突然袭击使英军第1装甲师一半的坦克受创。"非洲军团"的突然袭击变成了一次大规模的进攻战。意大利最高统帅部本来就对隆美尔保密军事部署十分不满，现在已经被激怒了。

1月23日早晨，意大利陆军元帅卡瓦勒罗从罗马飞抵的黎波里会见了隆美尔，他带来了墨索里尼要求隆美尔防守的命令，对隆美尔说："稍微突袭一下就够了，然后再撤回来。"

隆美尔说："我想继续向前推进，除非元首下令让我停下。"

卡瓦勒罗气得走开了，并撤走了两个意大利军。隆美尔仍然保持攻势，准备击垮撤退中的英国装甲部队。隆美尔了解到，缺乏沙漠作战经验的英军，将无力抵抗。英军是用新部队替换原来驻防的部队，而不像德军那样接连不断地向现有部队补充兵员，因此很难有效保持部队作战的延续性。另外，隆美尔还握有发动大规模进攻的法宝：英军认定的"非洲军团"的坦克数量只有德军真实拥有的一半，以为"非洲军团"的反攻仅仅是突袭。

不过，隆美尔很失望，在发动大规模进攻的当天，英军的大部分坦克逃走了。隆美尔不禁感叹："在沙漠中包围装甲部队真是困难！"

然而，隆美尔不会轻易放弃。1月25日，德军装甲部队接着出击，向姆苏斯方向追去，德军装甲部队多次追上行动迟缓的英军装甲部队，把英军打得落花流水。

德军装甲部队缺乏燃料，不能穿越137公里的开阔沙漠地带。因此隆美尔决定重新占领西北113公里外的班加西，以求得到德国运输舰队的支援。

1月26日中午，隆美尔命令克鲁威尔佯攻梅尼奇，以欺骗英军。然后，隆美尔亲率几辆坦克和装甲车冒着大雨出发，直奔英军驻守的班加西。在班加西以北通向德尔纳的公路上，一个印度师的长纵队正在前进。隆美尔从东面突袭，不到1小时就摧毁了印度师。1月29日，班加西被隆美尔攻陷，缴获很多战利品，包括急需的1300辆卡车。

此时，隆美尔收到一份德国来的电报，希特勒提升他为一级上将。隆美尔事前没有向希特勒报告就擅自采取行动，现在希特勒不仅没有怪罪，而且还表扬了他，这让隆美尔信心大增。

接着，"非洲军团"穿越昔兰尼加，7天后，其先头部队抵近加扎拉。这时，"非洲军团"已行进400多公里，距离托布鲁克64公里。隆美尔听说英军已经在加扎拉集结完毕，忙着抢修防御体系，于是命令部队就地扎营，等待补给品和增援部队的赶来。

于是，"非洲军团"转为守势，防守东部昔兰尼加。"非洲军团"的装甲部队被当作预备队部署在防线的后边。双方结束了冬季战役，都准备在日后进行决战。

三、拔掉加扎拉据点

1942年2月初至5月中旬，"非洲军团"一直处于守势状态，他们正在积蓄下一次进攻的力量。3月下旬，隆美尔重组了装甲集团。任命冯·俾斯麦少将为第21装甲师的指挥官，冯·瓦尔斯特中将接手第5装甲师。与此同时，一些增援部队也先后到达。

英军也在重组。里奇指挥的英军第8集团军下辖两个军，其中第20军下辖第1装甲师和第7装甲师，指挥官是诺瑞中将，其主力是坦克部队。戈特率领的第13军是以步兵为主。

奥金莱克原来准备5月中旬进攻"非洲军团"，后来又决定到6月中旬实施进攻计划。在准备进攻的同时，奥金莱克加固防御，新修了野战工事，布置了很多雷区。双方驻扎在加扎拉防线附近，按兵不动。

面对坚强而牢固的加扎拉防线，隆美尔一直在苦思应对之策。他没有太多的选择，他不能直接发起正面进攻，也不能行军穿越一望无际的沙漠。

最后，隆美尔决心在加扎拉防线的南侧集中所有的坦克，向北绕到加扎拉防线的背后，这样就能切断英军装甲部队与加扎拉防线部队之间的联系，来个背后突击。

这是个极为冒险的作战计划，这样"非洲军团"的后勤补给线必须绕道加扎拉防线的南侧，一旦战败，将会全线崩溃。

1942年5月26日晚8时30分，隆美尔下令部队开拔。凌晨3时，他的装甲部队抵达预定地点——贝尔哈凯姆沙漠以南的第一道停留线上，绕过了加扎拉防线。

5月27日凌晨4时30分，这是事先计划发起进攻的时间，但事情出乎意料，他的非洲师和第90轻装甲师仍远在贝尔哈凯姆以南一带。隆美尔一开始忽视了贝尔哈凯姆的意义，所以没有派部队进占贝尔哈凯姆，但英军却把贝尔哈凯姆作为基地袭击隆美尔的运输队。

"非洲军团"的官兵因为隆美尔的领导变得信心十足，与英国军营中士气不振的气氛形成了巨大的反差。当"非洲军团"装甲部队发起进攻时,英国第8集团军反应迟缓,各自为战。

里奇与两个军的指挥官矛盾重重,在关于英军如何面对"非洲军团"进攻的重大问题上,他们之间发生了激烈的争吵。各个英军师之间无法很好地配合,英军分散的阻击行动很难阻碍德军主力。

战斗的第一天,英军边打边退,这并不能说明什么。隆美尔的装甲部队已经深入到英国第8集团军的防线后翼。英军虽然各自为战,但作战勇敢,德军装甲部队的优势逐渐被英军削弱。

经过几次殊死激战后,"非洲军团"面临困境:"非洲军团"发动的猛攻没有摧毁庞大的英军装甲部队,这时,"非洲军团"却快弹尽粮绝了。

28日,隆美尔发起总攻。英军第7装甲师指挥部被攻占。该师师长弗兰克·梅塞尔韦也被俘虏了。后来,梅塞尔韦摘掉了军衔徽章,当晚逃掉了。这时,"非洲军团"也被打得七零八落,司令部被打散,供给严重缺乏,危机加剧了。

29日晚,隆美尔下令停止进攻,动用反坦克炮阻击来自"非洲军团"东部的英军装甲部队的进攻,同时率部向西边撤退,尽力冲开英军的防线,与主力部队取得联系,恢复供应部队给养的交通线。

5月30日晨,隆美尔选择由英军坚守的一片遍布碉堡的浅滩作为突围点,阿拉伯人把这些浅滩叫作"浅碟性凹地",德军士兵称之为"釜"。

5月31日,隆美尔指挥部队向西迪穆夫塔突击,被英军挡住了。隆美尔赶到前沿,亲率先头排保持攻势。

战斗到6月1日,德军飞机飞来支援,德军飞机的疯狂轰炸使阵地上的英军四散而逃,隆美尔撕开了英军的加扎拉防线上一个长达10公里宽的大口子。激战仍在进行，隆美尔吸取了失败的教训，一改作风，稳扎稳打，决定逐个占领英军的阵地。

隆美尔认识到，如果要想向西进攻，必须首先占领加扎拉防线最南端的贝尔哈凯姆。6月2日，这个摇摇欲坠的据点再一次挡住了来自德军第90坦克师的大举进攻。

贝尔哈凯姆是整个防御线中埋地雷最多的地区，并且还有1200个炮台可供机枪和反坦克大炮利用。3600名英军中绝大部分英勇作战，有一股抗击"非洲军团"的坚强意志。

英军的顽强抵抗震惊了隆美尔。隆美尔曾经是一位出色的步兵指挥官，有能力率领步兵部队攻打英军任何一个据点，他决定亲自上阵。隆美尔认为，在多雷的地区，坦克难以发挥优势，因此他把主要的装甲力量留在后面。

隆美尔带领步兵部队为已于6月6日恢复进攻的第90装甲师提供支援。作为步兵进攻的掩护，隆美尔的炮兵部队发射了密集的炮弹，此外贝尔哈凯姆据点还遭到德军飞机几百架次的轮番轰炸，英国皇家空军出动了大批飞机进行抗击。3天内，德军从未停止过轰炸和炮击，英军仍在抵抗。

6月10日，连续艰苦奋战两个星期的守军已经疲惫不堪了，淡水和弹药奇缺。此外，英军还遭到一支已渗透到据点北侧的德军小分队的骚扰。

英军的放弃方式与英勇抵抗的精神是一致的，他们从"非洲军团"阵线西侧的一处缺口在黑夜突围，约有2700名英军逃了出来，与第7装甲师的卡车和救护车大队会师。

剩下伤势太重的500名英军无法突围，被迫投降。希特勒命令"将俘虏秘密处死"，隆美尔表面上服从命令，暗地里全部按战俘对待，这样做是出自他对他们的敬重。

攻下贝尔哈凯姆以后,"非洲军团"顺着防线北上,接连把剩下的岗亭攻占了。英军坦克的优势被隆美尔的快速机动战术抵消了。在这次战斗中,英军的坦克损失很大。

6月的第三周,隆美尔拥有了英军坦克数量两倍的坦克。英军的加扎拉防线陷入瘫痪的状态。这时,隆美尔的目光投向了托布鲁克。

托布鲁克大决战

1942年6月,英军由于必须分兵防守,以及过于相信加扎拉防线,使得英军大幅度减少了在托布鲁克的防守力量。此时的奥金莱克没有为将出现的危机做任何准备,他认为在必要的时候必须放弃托布鲁克,因为放弃一个据点的代价要比损失一整个师的代价要小得多。因此他很早就做好了撤离托布鲁克的准备。

当隆美尔突破加扎拉据点,猛扑托布鲁克的时候,这里的守军陷入了无限的恐慌之中。此时的托布鲁克守备司令是新上任的南非陆军少将H. B. 克劳浦。他手下有35 000人,绝大部分是南非人,英国人和印度人只占少部分。同克劳浦本人一样,大部分士兵都是新手,缺乏实战经验。他们之所以恐慌是因为此时的托布鲁克简直就相当于一个不设防的据点。

现在,他们对不惜一切代价死守堡垒还是撤离仍然犹豫不决,里奇也没给他们任何指示。其实,英国的高层决策者们现在也同样无法下决定,因为此前奥金莱克打算放弃托布鲁克的方案似乎已行不通了。

6月15日,德军攻占最后一个盒子堡垒,奥金莱克收到丘吉尔的来电,让他尽量守住托布鲁克。在接下来的通电中,丘吉尔渐渐地把"尽量守住"变为了"一定要守住"。这让奥金莱克十分为难，他不得不立即命令里奇向托布鲁克增援。里奇接到命令后，打算从堡垒向南再建立一条新的防线，长约50千米。但6月16日，他又把驻守这条防线的英国部队撤至埃及前线。原因是这支部队遭到过德军的攻击，必须休整。翌日，他们撤出了这条防线。6月18日，德意联军部队再次完成对托布鲁克的包围。

6月20日，依靠德国空军的掩护，第20意大利集团军和非洲集团军开始向托布鲁克发起了猛烈的攻击。在一天内，150架轰炸机出动了580架次。依靠大炮和轰炸机的精心配合，德军很快就从南非部队匆忙布下的地雷阵中打开前进通道。于是，德国和意大利步兵蜂拥而上，一场惊心动魄的肉搏战由此展开。随着德军坦克部队的加入，到下午时，托布鲁克的失陷已成定局。

克劳浦开始准备撤退，同时开始炸毁价值数百万元的贮存品。不幸的是大部分通信线路也让他给炸毁了，这使他同部队失去了联系。下午9时，在仅存的一条电报线上，克劳浦设法联系上了里奇，他向里奇征求意见，是撤离还是死守。第二天早晨6时整，克劳浦收到了里奇的最后一封电报，内容是："我对战局不了解，是战是降，请自行决断。"

6月21日上午9时40分，克劳浦缴械投降。他在最后时刻的烧毁行为也没毁掉什么，所以这就让隆美尔捡了一个大便宜。隆美尔在这次战役中斩获颇丰，共缴获了2000台车辆，其中有30辆还可以使用的坦克，400门大炮和足够让他的装甲师开到埃及的燃油，还有5000吨食品以及大量的弹药。

隆美尔仅用24个小时就把这一辉煌战果收归囊中，这正是他期盼已久的完美之战。他在给妻子的信中这样炫耀道："托布鲁克这一仗打得棒极了！"第二天，希特勒因为隆美尔的指挥正确和英勇善战，特授予了他陆军元帅的军衔。当他接受元首授予的官杖时，却并不高兴，因为他更希望得到源源不断的兵员补充，而不是这种虚衔。

那么隆美尔为什么要那么多兵员补充？隆美尔的目标是什么呢？是埃及。此时隆美尔胸中正燃起一团熊熊的希望之火，夺取托布鲁克不过是跨过尼罗河的跳板，他要像亚历山大大帝、恺撒、拿破仑一样征服埃及，成为一个伟大的征服者。

隆美尔的胜利在德国引起了喧闹。在6月21日，德国广播电台奏起了《鹰在炫耀》的乐曲。希特勒一得到隆美尔的电报，便向他的军事顾问们宣布，攻占马耳他的计划将取消，德军将全力向开罗进军。希特勒在给墨索里尼的电报中宣称，非洲的"转折点"已经到来。

与德军的兴奋与磨刀霍霍不同，英军可谓怏怏而归。托布鲁克的丢失对丘吉尔来说是一个灾难，沉重打击了他。丘吉尔得到这个消息时，美国政府和美国总统罗斯福正商讨1942—1943年的联合作战计划和制造原子弹问题。当他听到这个不幸的消息之后，只是说："很让人为难。"值得庆幸的是，他此时和罗斯福在一起，罗斯福总统看着丘吉尔如此痛苦，于是慷慨解囊，给予英国巨大的军事援助。

1942年6月21日，托布鲁克失陷之际，英第8集团军的剩余部队已撤到利埃边境靠近埃及一面。当日，奥金莱克在开罗以中东防务委员会的名义给首相丘吉尔发了一封很长的电报，在电报中他向丘吉尔叙述了可供英军选择的两种方案。

第一种方案是，凭借国境线上的防御工事固守，因没有足够的装甲部队应对德军，可能会导致防守的步兵部队全军覆灭。奥金莱克在电报中强烈建议抛弃这一方案，因为这是下下策。另外一种方案，以高度机动的机械化部队在国境线上咬住德军，为第8集团军主力向马特鲁港撤退并在马特鲁港建好防御阵地争取时间，英军就可以重新向德军发动反攻。在电报的结尾，奥金莱克强烈要求采取第二种方案。

6月25日，奥金莱克亲自到达马特鲁，并撤掉了里奇在第8集团军的职务，由自己亲任指挥。英国依赖第8集团军在中东立足，如该集团军被歼，英国就会丧失对埃及乃至整个中东地区的控制，并使苏联的南翼暴露在德意部队进攻面前。所以，奥金莱克不能留任里奇，以防止主力被歼。

6月25日夜间，他得到报告，隆美尔进攻马特鲁的时间就在第二天早晨，于是当机立断，命令第8集团军在战事不顺时就向阿拉曼撤退。为此，他做了如下的部署：第10军协同印度第10步兵师和英军第50步兵师将马特鲁防线死死守住。在其南边，是第13军下辖的印度第29步兵旅和新西兰师；前者防守布雷区之间一个10公里宽的缺口，第1和第7装甲师防守沙漠侧翼。

6月21日，隆美尔率领的德意部队在攻克了托布鲁克之后，就飞速袭向马特鲁地区。隆美尔所率的3个德国师在4天之后就进入马特鲁地区，其先遣队已快要到达马特鲁港的外围阵地，他宣布第二天就进攻马特鲁港的守军。

6月26日下午，作为先头部队的3个德国师向英军防线冲去，因为此处的英军防线比较薄弱，德军很快突破了英军防线，德军为第二天的纵深突击撕开了一条通路。27日上午，德第21装甲师绕至新西兰师的背后，对该师发起进攻，但由于实力上新西兰师占上风而没有取得任何进展。

入夜时分，第21装甲师的处境已岌岌可危，因为英军坦克部队直接威胁着它的东西两面。但是，隆美尔指挥的德第90轻装师已经在当日傍晚把马特鲁港以东35公里处的滨海公路切断了,把英军的退路给堵塞了。英第13军军长戈特决心动摇,下令该军撤退。午夜过后,新西兰师对德第21装甲师所组成的包围圈发起突击,击溃了毫无防备的第21师。6月28日夜,英第10军近三分之二的部队也以小队规模,突围而去。

6月30日,隆美尔的先头部队已进抵阿拉曼。自阿拉曼车站起到南面的卡塔腊盆地,阵地绵延达55公里。这道防线很长,除了阿拉曼周围有永久性的堡垒以外,防线主要由许多彼此间互不相连的工事构成。近几个星期内由英军工兵和意大利战俘匆忙构筑了这些工事。防线的两翼相当坚固,第8集团军退守该防线后进行了紧急整补,第9澳大利亚师也开了上来。埃及重要港口亚历山大就在阿拉曼往东75公里处,后勤补给十分便利。英皇家空军为支援第8集团军空前活跃起来,猛烈轰炸隆美尔的部队和后勤补给线。

奥金莱克坐镇阿拉曼,决心击退隆美尔的任何进攻。他打破步兵师建制,组成"战斗群"。"战斗群"由摩托化步兵和炮兵分队组成,具有强大的机动性和火力优势。不过,为防止第8集团军覆灭,他还拟订了一个阿拉曼失守后的方案:将第8集团军撤往尼罗河三角洲;若开罗和三角洲亦遭攻击,便继续向南退至尼罗河。

7月1日,在休整了一天之后,隆美尔向阿拉曼发起了进攻。消息迅速在亚历山大港传开,引起阵阵骚动和不安。奉命撤出亚历山大港的英国海军正前往塞得港和海发港。可是,德军发起进攻后才发现英军在迪尔阿卜德没有据点,而在5000米以东的迫尔西因却有一个新的据点。正是这个据点阻碍了德军的进攻,所以亚历山大的骚动不过是虚惊一场。

虽然进攻受阻，但仍然信心十足的隆美尔依旧下令让部队趁月色继续进攻。兵员不足的德第90轻装师，试图迂回阿拉曼防线，但在英军步兵和炮兵的猛烈射击下，惊慌逃回。于是隆美尔身先士卒，重新组织进攻。行进中，一颗炮弹在离隆美尔的小汽车仅6米的地方爆炸，他的手下为此大为恐慌，急忙挖坑以便隐藏起来，保住性命要紧。

与此相反的是，此时的英军总司令奥金莱克却显得比以往镇静。以前他一边遥控指挥前线作战，一边还被叙利亚、波斯潜在的危险困扰。现在，他没有那么多的烦心事，只需全身心投入到阿拉曼的防御上即可，所以指挥镇定自若。7月2日，尽管隆美尔的进攻仍在继续，但奥金莱克抓住隆美尔的破绽，猛烈攻击德军进攻部队缺少屏护的南翼，隆美尔不得不抽出德第15装甲师迎战。

7月3日，当隆美尔把德军第90轻装师和意大利塔兰特师集中起来向阿拉曼的据点实施向心突击，企图进行中间突破时，遭到奥金莱克派出的装甲部队的阻击。面对奥金莱克的坚决防御，隆美尔不得不向希特勒承认，德军已暂时结束自6月中旬开始的追击。

隆美尔的部队已筋疲力尽，但他仍然坚信，只要最近几天获得补给，他就又可以前进了，而且会像拿破仑那样达到金字塔。奥金莱克可不愿意让隆美尔如愿，于是他发动了一系列反攻，很快扰乱了隆美尔继续前进的计划。

第四节　大战阿拉曼

蒙哥马利的上台

1942年7月2日,英国议会大厦像乱糟糟的农贸市场,议员们三三两两聚集在一起,互相争论着什么。在后座的席位上,保守党财政委员会主席沃德洛从容不迫,对于自己发起的不信任动议他很自信。

经过议员们两天的激烈辩论后,丘吉尔登场了。丘吉尔再次向议员们展示了他那不容置辩的口才:

"……我们正在为英国的存活而战,为更加珍贵于自己生命的国家而战,我们无权承诺胜利一定会属于我们。我们只有忠于职守,胜利才会属于我们。下议院的责任在于替换政府,或者支持政府,如果下议院不能替换政府,就必须支持政府……我的职务可以被解除,但是你们没有权力要求我担负责任但却没有行使的权利,正如那位尊敬的议员所说的那样'受到各方面权威人士的制约'。

……放眼世界,在美国,在苏联,在遥远的东方,在每一个遭受法西斯迫害的国家中,他们都是英国的朋友,他们都在期待,期待着在英国会有一个团结的政府。如果那些反对我的人成为微不足道的力量,而他们对政府所投的不信任票转变成对这一动议的发起者的不信任票，无可否认，英国的每个朋友和英国的每一个忠诚的国民都会欢呼雀跃！"

后来，下议院举行了表决，丘吉尔的坦诚使得大家都很信任他。丘吉尔在议会受到了不信任动议的强烈抨击，很艰难地才使自己摆脱困境，回忆起这一幕丘吉尔一直心有余悸。

虽然丘吉尔以较大的优势赢得了下院的支持，可是英国仍然面临这难以解决的巨大危机。当时，通向埃及的道路畅通无阻，"非洲军团"在隆美尔的指挥下正向前进攻，隆美尔对德军说10天之内就能占领开罗。

奥金莱克成为过去几周中第8集团军失败责任的承担者。丘吉尔不肯原谅他，奥金莱克在英国的声誉也丧失殆尽，这都是因为他挑选的那些司令官们的失误造成的。丘吉尔认为：若要阻止德军的进攻，就必须撤换沙漠总指挥官。作为首相和国防部长的丘吉尔出于国家与个人的考虑，急切盼望打一场胜仗来提高英国的信心、英军的士气和自己在国民心中的威望。

当时，打败有"沙漠之狐"之称的隆美尔成为英国上下一致的心愿。然而，在北非战场中，奥金莱克将军正准备后退，显然，他不能为大英帝国创造这种胜利。

英军参谋长布鲁克对丘吉尔说："已经有危机来临，我必须过去看看，到底哪里出错了。"

丘吉尔首相很支持布鲁克的看法，并同他一起来到开罗。经协商，第13军军长戈特被任命为第8集团军司令。但是，8月7日，在前往北非上任的途中，戈特乘坐的飞机被德机击落，"出师未捷身先死"。于是，刚刚被任命为第1集团军司令的蒙哥马利在一天之内被改任为第8集团军司令。

这是蒙哥马利一生中最重大的转折。蒙哥马利在阿拉曼战役中声望大增,使他成为英国著名军事家,第二次世界大战时期英国陆军最杰出的指挥者。

隆美尔补给不足

在战争中,后勤常被军事家比作军队甩不掉的尾巴。军队的后勤补给线越长,军队的尾巴便越长,就会产生越大的阻力。现代战争破坏性大、消耗多,对后勤的依赖非常大。

此时,在阿拉曼屯兵的"沙漠之狐"隆美尔就变成了一只"长尾之狐",长长的尾巴越来越困扰着隆美尔。向阿拉曼运送补给是非常困难的,因为要从别的地方进行运送,运输部队首先得把1000多千米的地中海跨过,到达主要补给基地班加西港,然后再走1000多千米穿越沙漠的公路。总的来说,这是一条由海运和陆运联合的超长生命线,其中,英国海军和空军还会不时攻击运输人员。

意大利海军负责海上运输,然而燃油不足是意大利海军经常面临的一个困难,而意大利的燃油提供者是德国人。此时,德军把全部精力都贯注到苏德战场上,所以对北非的燃油供应很是吝啬。由于燃油缺乏,意大利海军的活动不得不被限制。这样依靠海军运来的物资就减少了一大半,这就是隆美尔物资缺乏的一个重要原因。

意大利海军辛苦运来的这点物资在运往阿拉曼的途中会有很大的损失。因为意海军通过地中海航线只能到达班加西港,所以要先在班加西港卸载这些物资,而班加西港到阿拉曼前线还有至少1000千米。从班加西港到阿拉曼前线的陆上运输主要依靠北非海岸的滨海公路,英国皇家空军经常轰炸封锁这条公路,特别是越往东英空军的优势越明显。 所以，补给品在抵达前线以前的陆上运输中所遭受的困难与所受到的损失和海运旗鼓相当。 武器装备和人员的输送损失还不被包括在内，仅燃油的耗费一项就足以让隆美尔喘不过气来。 隆美尔的补给状况因为这一切而变得越来越糟糕。

与轴心国的情况不同，尽可能多的物资、增援部队和补给品被英国调遣，以便更好地重新发动进攻。 在这方面，英国拥有许多显而易见的有利条件。 由于德军封锁马耳他岛，基本切断了英军的地中海航线，但他们环绕非洲的补给线仍运转正常。 此外，德意两国没有能够说服日本在印度洋保持强大兵力，用来打击从英国绕道好望角至中东的补给线和从美国经马六甲海峡至中东的补给线。 这样一来，来自英国和美国本土的补给船队就可以顺利地通过印度洋进入苏伊士运河。 此外，英军的许多生活补给品可以就地取于伊拉克、埃及等地。 在运输线上的竞赛中，英军远胜德意。

隆美尔屯兵于阿拉曼后，补给问题的严重性让他很是头痛。他把补给品不足归咎于意大利人，意大利人在补给方面过于偏袒意军的行为令他十分恼火。 为此，意大利方面多次收到他提出的抗议，一再建议任命一个权威人物，给予其权力，控制一切后勤机构，保护地中海上的一切航运，以及指挥在北非地中海战区作战的轴心国海空军，但均被意大利否决。 隆美尔与意大利海军方面，对糟糕的补给状况互相推卸责任。

阿拉曼局势陷入僵持阶段之后，隆美尔的态度发生了翻天覆地的转变，他开始向德军高层建议退回到利比亚与埃及边境的阵地上去。 然而，德国一致反对这个建议，意大利人的反应更为激烈。他们仍然相信，一旦必要的增援部队运到，主动权就能在新的攻势中再次被掌握，从而使他们攻进开罗城。德军最高统帅部与意军最高统帅部于7月中旬达成了一项协议，动用那些集结起来准备进攻马耳他岛的部队，尽快将他们调往埃及。

德意当局看到隆美尔正在打算后撤，为了稳住他，从而让隆美尔继续发动对亚历山大港的进攻，分秒必争地向阿拉曼前线调运兵力。7月间，5400名补充兵员和新组建的第164步兵师的两个先头团被派给隆美尔，1.3万名新兵乘飞机到达北非。8月初，弗尔格尔伞兵师也先后抵达阿拉曼，这其中包括一支德空军精锐部队以及一支第一流的意大利部队。

8月中旬，凯塞林空军元帅作为意军最高统帅部及德国南线总司令，在正确估计了英军日益增长的实力之后，敦促隆美尔迅速发动进攻。8月17日意方的作战指令中所规定的目标是：先把尼罗河三角洲以西的英军打败，然后攻占亚历山大港，并以该港为基地向开罗及苏伊士运河推进。隆美尔清楚地知道，若阿拉曼僵局持续，英军人力物力的优势会日益显著。而且德意最高统帅部都不同意撤退，那只有通过进攻才能把僵局打破。隆美尔也一直在思考进攻的计划，最后他决定从阿拉曼防线的南端突破英军的防线，并与在那里的英第8集团军交战，同时推向开罗和亚历山大，占据横跨尼罗河的重要桥梁，发动闪电式进攻。由于隆美尔决定在夜间发起进攻，这就必须选定月圆之夜，也就意味着发动战争的时间必须拖到8月末了。

战略部署决定好了之后，隆美尔最担心的还是后勤补给问题。对此，意大利总参谋长卡瓦利诺信誓旦旦地做出保证：意海军将全力以赴将物资运过海来。凯塞林则保证，德国空军将空运燃油给隆美尔，得到这些允诺后隆美尔终于下定了作战决心。

然而，在把所有准备都做好的时候，隆美尔却病倒了。医生建议，隆美尔若要想完全康复必须回德国疗养一段时间，接受适当的医药和护理。在非洲的土地上暂时治疗还是可行的，但不能根除。8月21日，柏林收到隆美尔的诊断结果，隆美尔同时推荐德国坦克战专家海因兹·古德里安将军接替他的职务。但隆美尔收到德国最高统帅部给的回电是，古德里安不能接替这一职务，因为他的健康情况根本不能适应热带沙漠气候。迫不得已，隆美尔只有拖着病体对即将发起的进攻进行指挥。

阿拉姆哈勒法岭战役

阿拉曼防线地势复杂，易守难攻，英军守卫严密，很难攻打。阿拉曼防线北临地中海、朝南蜿蜒64公里到达卡塔腊洼地的盐碱滩，没有开阔地带使装甲部队能够绕过，又很难从正面突破。

经过认真研究，隆美尔发现对他来说战局十分不利。但由于两国统帅部的不断施压，隆美尔不顾官兵疲惫、给养匮乏，以及燃料缺乏等不利情况，毅然决定执行命令。

在补给艰难这一残酷现实的逼迫下，德军经过草原休整后，隆美尔准备再次攻打阿拉曼防线，占领苏伊士运河。隆美尔考虑，趁着目前双方实力相当的机会，组织进攻，否则向开罗进军的最后时机也会丧失。隆美尔不想失去这个机会，决定冒着巨大的风险组织进攻。同时，隆美尔认为英军得不到更多的时间来积蓄力量，德军必须进攻。

于是，隆美尔计划以哈勒法山为突破口，率领部队从哈勒法山以东北上，再向贝尔哈凯姆方向进攻海岸。接着，横扫英军防线，摧毁英军第8集团军，占领苏伊士运河地区粉碎阿拉曼防线，扭转不利的局势，为占领开罗打通道路。

隆美尔具有大胆而新奇的军事部署，他命令德军第164师、意军的"特伦托"师和"博洛尼亚"师进攻牵制阿拉曼防线北部的英军第36军。再以德军第10装甲师、第90装甲师和21装甲师、意军摩托化军、"富尔戈雷"师和侦察大队主攻驻在阿拉曼防线最南端据点希迈马特的英军第13军。

隆美尔为"非洲军团"的进攻计划积极准备。英军防御的薄弱处是希迈马特，阵地前只封锁了雷区。隆美尔的作战计划是，从南端冲过英军防线，部分兵力向东进发32公里抵达左侧的哈勒法山，再绕过山脊，包围英军的主力部队，然后发起进攻。同时，部分兵力向北到达海岸，再向东进攻，切断英军的补给线，这样英军只能原地固守，坐以待毙，或者朝西突围，退出埃及。

隆美尔的军事计划可以说完美无缺，然而他并不知道等待"非洲军团"的将是怎样的命运安排。

1942年8月26日，最高统帅部收到隆美尔的报告，他即将指挥德军进攻。隆美尔抱病一一巡视沿线阵地，准备向阿拉曼防线上的英军发起大规模进攻，双方激战开始。

战斗持续到9月2日上午，德军伤亡惨不忍睹，并且燃料紧缺，无法向前进攻。隆美尔被迫停止进攻，德军当夜退回出发阵地。

9月2日下午5时30分，凯塞林来到隆美尔的指挥车上，对隆美尔严肃地说："这一失败破坏了元首的战略部署。"

隆美尔努力解释下令停止进攻的原因，他详细地叙述了英军空军猛烈的空袭，请求德国最高统帅部从根本上解决给养问题。

英军的情形类似于德军，蒙哥马利也下令停止了进攻。蒙哥马利认为，凭英军目前的实力，"非洲军团"还不可能被彻底歼灭。蒙哥马利不想让英军装甲部队像以前那样在追击时被隆美尔收拾掉，他决定把防御准备做好，在有绝对把握的时候再向德军发起总攻。

此次战役中，"非洲军团"死亡570人、伤残1800人，570人被俘虏，损失15门大炮、50辆坦克、35门反坦克炮、400辆机动车。英军伤亡1751人，损失18门反坦克炮、68辆坦克。

如此一来，进攻开罗的最后希望从"非洲军团"手中溜走。隆美尔已经丧失了主动权，没有力量发动进攻，这就导致以后的阿拉曼战役中"非洲军团"的最后失败。

阿拉曼大捷

一、隆美尔重返北非

1942年10月24日那一晚，为保障第10装甲师向前推进，英军第30军做出了巨大的努力。但英军第10装甲师的进攻仍然受挫，对这次进攻的可行性，该师没有任何把握。

第10装甲师的形势是：第8装甲旅在左、第24装甲旅在右，其左翼由只剩下两个坦克团的第9装甲旅掩护。因为山脊上的雷区纵深比预计的要大很多，第10装甲师受到很大的阻力，并且德军的火力十分猛烈，打乱了第10装甲师的队形。此时，第24装甲旅面临德军的正面进攻；德军用炮火封锁了在第8装甲旅前方的一个通道出口。

10月25日凌晨，英军第8装甲旅旅长卡斯坦斯向师长盖特豪斯请求，第8装甲旅应该撤回到东斜面相对安全的地带。盖特豪斯也向上级提出同样的建议，最后逐级上报到蒙哥马利那里。蒙哥马利认为英军在战役中的真正危机正是这些。蒙哥马利决定叫拉姆斯登和利斯等人于10月25日凌晨3时30分前来开会。

在会议上，蒙哥马利向部下重申，必须无条件执行他的计划，并且绝不能撤退。从此，蒙哥马利更加怀疑拉姆斯登的指挥能力。后来，英军占领班加西时，蒙哥马利解除了拉姆斯登的军权。

这次会议也成为二战期间英国装甲部队的转折点，从此，蒙哥马利不断给装甲部队施压，装甲部队不再担负独立的作战任务，只让它们协助各兵种的作战行动。过去，英国的装甲部队指挥官们习惯对上级的命令指指点点，从这次会议以后，再也没有发生过类似的事情。蒙哥马利指到哪里，装甲部队就进攻到哪里，英军坦克的进攻性增强。

在这次战役中，不能忽视英军炮兵和空军的作用。与柯克曼准将的炮兵部队一样，自10月23日战役开始，科宁厄姆空军中将的空军就给予了地面部队有力的支援。

希特勒许诺向"非洲军团"提供的新式武器，隆美尔一件都没有得到，"非洲军团"最低限度的军需要求远远不能满足。

10月26日中午，蒙哥马利发布了作战命令：第一目标地带内高地师继续进攻；澳大利亚师准备于10月28日晚向北面发动第二次进攻；第1装甲师在第30军的帮助下继续推进到腰形山脊以外；第7装甲师接着休整。

为了重新部署部队并建立预备队，蒙哥马利准备派新西兰师突破海岸工事，即进攻原来北部走廊偏右处的德军阵地，从那里打开缺口，给第10装甲师开道。

这一进攻计划被蒙哥马利称为"增压"行动。作为该计划的第一步，他将尚未参加过激烈作战的印度第4师和南非师调到右面进攻，从而让新西兰师后撤休整。第二步，他令第7装甲师做好向北进攻的准备。与此同时，第10装甲师接到蒙哥马利的命令继续向前进攻。

10月26日夜至27日黎明前,英军第10装甲师都在进攻。第10装甲师企图把两个德军的防御阵地攻下,每个防御阵地距离腰形山脊约1.6公里。靠西南面的那个防御阵地叫"沙锥鸟",靠北面的那个防御阵地叫"山鹬"。

在第10军炮兵部队和第30军的支援下,第10装甲师第7摩托旅的两个营定于在晚上占领这两个防御阵地,以便天亮时隶属于第10装甲师的第2装甲旅通过"山鹬",第24装甲旅通过"沙锥鸟"。然而,就像阿拉曼战役中经常出现的情况一样,这次进攻未能向预想的方向发展,变成了惨烈的战斗。英军第2装甲旅无法通过"山鹬"阵地,但经过血战后英军第2步兵旅在黑暗中到达"沙锥鸟"阵地边缘。第76反坦克团伴随第2步兵旅前进,该团有13门反坦克炮和一些火炮。

隆美尔清楚,万一战败,"非洲军团"官兵的生死只能听从上天的旨意。人们会难以忍受战败后的一切,但他深信自己已经竭尽全力去阻击英军。

在给妻子露茜的信中隆美尔写道:"我并不怕死,假如我无法返回家乡,我会从内心深处为我们的爱情和我们的幸福向你及孩子致谢。在上个月,和你们在一起是我人生的最大幸福。我死后你不要悲伤,你应该为我而感到骄傲。我在最后的一刻会想念你们。几年后,曼弗雷德就长大了,愿他把家族的光荣永远发扬。"

10月28日上午8时50分,隆美尔向刚从前线召回的德军指挥官们下令,这是一场生死存亡的战役,命令必须被绝对执行。凡违抗命令者,无论职位高低,一律就地处决。隆美尔命令指挥官们记住作战计划后,把手中的计划书烧毁。

隆美尔认为在发动大规模进攻前蒙哥马利会进行试探性进攻，而进攻的主要方向将在北部。因此，更多的德军被隆美尔从南部防线调到了北部，意军部队和战斗力弱的德军被调到南部。

下午，隆美尔看到一张缴获的英军作战地图，证实了自己的决定完全是正确的。但这时，隆美尔仍无法把握战机，因为他没有足够的兵力发动反攻。

二、抓住了战场主动权

1942年10月29日，在北部防线部署的全都是德军主力，南部只剩下意军和人数不多的德军防守。这样，德军可以被隆美尔集中使用。

作为回应，蒙哥马利决心像10月26日那样发挥英军的机动优势。为了发动最后的猛烈进攻，他想要再次重新部署部队来组建更强大的预备队。

11月2日凌晨5时，为了了解阵地上的情况，隆美尔驱车来到前沿阵地。隆美尔接到情报说，凌晨1时，为了试图开辟通道，英军的步兵部队和装甲部队步在1公里宽的战线上越过了第28号高地西面的防御工事，正缓慢通过布雷区，激战仍未停止。

天稍微放亮后，在布雷区里，隆美尔看到有20辆被击毁的英军坦克。100多辆坦克排成纵队冲了上来，冲向大缺口，有20辆英军坦克越过了防线，这预示着德军防线的崩溃。

当时，对英军第9装甲旅来说，任务很艰巨。因为在拉赫曼铁路线上和泰勒阿卡基尔附近，德军已经修筑了坚固的防坦克战壕工事。弗赖伯格收到第9装甲旅旅长约翰·柯里的报告说，从正面进攻第9装甲旅可能会受到50%的损失。弗赖伯格向蒙哥马利报告说："第9装甲旅的损失可能超过50%。""我准备接受100%的损失。"蒙哥马利说。

由于英军拥有很多坦克，许多坦克沿着走廊推进时卷起的滚滚灰尘，使能见度变得很低，英军坦克和步兵部队在德军的炮击中遭到重大损失。隶属于第9装甲旅的一个分队迷失了方向，只好掉头往回开。

在发起总攻时，第9装甲旅3个坦克团的坦克只剩下94辆。由于英军没有准备好，发起总攻的时间推迟了半个小时，6时15分才进行攻击。尽管这一推迟是难以避免的，然而却产生了严重的后果。因为这让隆美尔赢得了30分钟的补救时间，此时天已经开始逐渐放亮。

部队在隆美尔指挥下发起了反突击，堵住了4公里宽的缺口，接着双方进行了这个战役中最壮观的一场坦克战。"非洲军团"的几十辆坦克在大炮和反坦克炮的支援下冲了上去，英军的坦克似潮水般地涌了上来。后来，英军的炮兵部队也赶上来参加了战斗。天空黑压压的一片，英军的轰炸机无孔不入，在英军轰炸机的疯狂轰炸下"非洲军团"遭到了惨重的损失。

经过2小时的激烈对战，"非洲军团"的反攻彻底失败，一座座废铁堆留在了战场上。迫于北部战线的危局，隆美尔命令南部防线炮兵部队的主力兵力和意军"艾里特"装甲师增援北部防线。结果，这一举措使得整个防线更虚弱了。

英军第9装甲旅所发动的自杀性进攻终于酿成灾难。该旅的损失巨大：94辆坦克中有74辆受损；伤亡230人。但拉赫曼铁路线上的德军火炮防线未能被英军突破，德军防线上的35门大炮被第9装甲旅摧毁了。该旅的自杀性进攻为第1装甲师的第2装甲旅和第8装甲旅开辟了通道。但德意部队挡住了这两个旅的进攻。

"非洲军团"的损失也很惨重，损失了它为数不多的坦克中的

70辆，而在英军的进攻下，这些坦克根本无法修复。

"增压"计划未能取得突破让蒙哥马利很不满，他怀疑装甲部队根本没有尽力。但他并不知道的是，在8时，隆美尔曾收到非洲军团的冯·托马将军的报告，说现在只是勉强维持住了他的防线，若英军再继续猛攻的话，将不可避免地崩溃。

可见，谁的意志更坚定谁才能取得最后的胜利，英军作为进攻的一方竟然首先停止了进攻。事实上，通过"增压"作战，英军已经奠定了胜利的基础。分析了"非洲军团"的处境后，隆美尔马上决定，向富凯的防卫力量薄弱的预备阵地撤退。但这样做也只能争取一点点喘息的时间而已，隆美尔在他发给德军统帅部的局势报告中这样写道："此时此刻，我认为'非洲军团'将逐渐走向毁灭，因为我们缺少所有的补给。"

上午11时，隆美尔接到他料想之中的报告："约有400辆英军坦克越过了28号高地西南的地段，正在向西进攻，但这时，德军已经没有力量展开反攻了。"

11月2日，28号高地以西的德军剩余防线受到英军轰炸机群队的7次空袭。挂有红十字旗帜的德军第288野战医院，反而成为英军的重点轰炸对象，共有3名德国军医丧生。隆美尔十分恼火，被俘获的英军军官被他派人带到野战医院，利用他们作为盾牌。

当天夜晚，隆美尔收到冯·托马将军报告："我们已经尽了最大的努力，战线已经守住，但十分脆弱。能参加明天战争的坦克只剩30辆，最多不超过35辆。预备队已经全部参战。"

20分钟后，隆美尔正式下达撤退的命令。晚上9时05分，最后一支"非洲军团"的部队也接到了撤退的命令。

与此同时，隆美尔向希特勒发出电报。隆美尔清楚地知道希特勒不准他撤退，因此在这封电报中他并未明确提出他已经下令撤退，但在文字中他加入了令人难以觉察的暗示。

几乎同时，在英国伦敦郊外的布来得雷庄园，破译机中放入了刚截获的"非洲军团"电报。专家们开始分析译文。几小时后，丘吉尔等几位官员听取了英国保密局头目用电话做的汇报。

隆美尔对希特勒隐瞒了部队已经撤退的真实情况，心里非常不安，他知道希特勒迟早会知道的，等到那时，他的处境将会很惨。权衡利弊后，隆美尔认为还是应该向希特勒汇报实情。

11月3日早晨8时30分，德国陆军元帅凯特尔跑进希特勒的地下室，要求与元首面谈。隆美尔夜间的电报被凯特尔递给了希特勒。

在发给希特勒的电报结尾处隆美尔低调地说："11月2日至3日夜间，步兵师从防线调离。"

希特勒气得说不出话来。凯特尔连忙解释说，这句话的重要性没有被值班的军官注意到，把电报作为日常文件处理了。

希特勒马上向隆美尔发报，他善辩的天才在这封电报充分地得到展示："我和全体德国人，对你的指挥能力和在你指挥下的'非洲军团'的英勇精神抱着坚定信念，时刻关注着你们在埃及进行的防御战。根据德国现在面临的形势，你只能在阵地坚守，决不能后退，每一个士兵都要投入战斗，别无其他选择。未来几天内将有大批空中援助到达南线空军总司令凯塞林处。我和墨索里尼必将尽全力增援你，以使你能继续作战。尽管英国人拥有较大优势，但我们意志的力量能够战胜强敌，这早已在历史中充分显示。你要向部下坚定信念，不成功，便成仁，没有其他出路。阿道夫·希特勒"

中午1时30分，希特勒的电报被英国的"超级机密"破译了,并立即转给亚历山大。 接着,丘吉尔首相接到了急电:"希特勒命令北非德军死守防线!"

隆美尔看到希特勒的这封电报时心情糟透了,他说:"当我看到最高当局的指示时,一种麻木不仁的感情将我笼罩。"当时,德军装甲部队仅剩30辆坦克。 希特勒的电报递给冯·托马时,冯·托马说:"阵地不可能守住。"

此时,英军的装甲部队追了上来,德军南面暴露的翼侧遭到英军袭击。 要保证这些部队安全撤回对隆美尔来说是非常困难的。在大撤退时隆美尔尽了最大努力,而德军在战斗地域和撤退路线上遭到了英国空军空雨点般的轰炸、扫射。

11月3日晚,高地师和印度师发动了两次猛烈的攻势,随后更多的坦克和装甲车冲进开阔地带,而向前快速推进的是威风凛凛的重型坦克。

阿拉曼战役的第12天,隆美尔在蒙哥马利的迫使下撤退了。

三、双方胜负已经分明

看到希特勒的命令后,隆美尔被迫停止撤退,他再次部署防线,准备与英军展开生死之战。

1942年11月4日晨,德军在特尔曼斯拉建立起一道脆弱的环形防线,该防线一直到达铁路线以南16公里处,意军第20装甲军与之连在一起。 意军1个师、1个伞兵旅和第10军坚守南部防线。

早上8时,经过1个小时的炮击后,"非洲军团"受到英军发动的强大攻势,英军突破了特尔曼斯拉防线,"非洲军团"军长冯·托马被俘虏。

黄昏时分,英军迫使意军第20装甲军投降。 南段意军的防线被英军第13军突破,并推进了8公里;靠近海岸的"非洲军团"

随时可能被英军围歼。 与此同时，英军装甲部队到达了德军后方的开阔地带。

越来越多的德军部队被消灭，隆美尔发现自己已经没有选择了，于是命令部队向西撤退，尽最大努力拯救出更多的兵力。

一天后，隆美尔收到希特勒撤退的命令，可是为时已晚，隆美尔已经无法据守富卡防线，只能接着向西撤退。

和隆美尔不同的是，此时的蒙哥马利欣喜若狂，神采飞扬。他身穿灰色针织毛衣，脖子上围着漂亮的围巾，下穿卡其布裤子，对一群围着他的战地记者们说："这场仗真是漂亮，我们取得了绝对的胜利。"

蒙哥马利引用第一次世界大战时期英国人形容德国人战败时所说的一句话："德国暴徒完蛋了！ 完蛋了！"

在遥远的利比亚，还有一列长长的纵队。 隆美尔正在尽力想把剩余的部队拯救出来，可是，恐怕他已经很难有所作为，隆美尔的厄运已经随着德军的撤退而来临。

希特勒因为"非洲军团"在阿拉曼的惨败而彻底失败，德国和意大利失去了非洲战场的主动权。 轴心国妄图吞并北非、建立地中海帝国的美梦已经破灭，这些对整个地中海战区的形势，对北非的局势，都产生了重要影响。

阿拉曼战役是第二次世界大战非洲战场的重要转折点。

第五节 北非战事结束

英美联军的"火炬行动"

一、"火炬"计划最终出台

早在1941年12月,丘吉尔访美时,就曾向罗斯福提出在北非登陆的计划,以彻底歼灭隆美尔的德意军队,巩固中东,控制地中海,为日后在德国和意大利的军事行动创造有利条件。

1942年7月,罗斯福和丘吉尔在商讨"火炬"计划时,已经开始紧锣密鼓地选拔盟军总司令。他俩同时注意到了美国陆军参谋长马歇尔。对于选拔总司令,丘吉尔只是出于无奈,因为联盟战争多半是由实力强的国家的将军出任盟军统帅。

这一年的5月中旬,艾森豪威尔前往伦敦视察,要求他对"把英国作为美军最大的反攻基地"提出意见。

6月8日,艾森豪威尔向马歇尔提交《给欧洲战区指挥将领的指令》草案。

制订"火炬"计划时,盟军指挥部首先需要确定登陆的地点。卡萨布兰卡是通过阿特拉斯山脉的一条向东穿过阿尔及尔、奥兰至突尼斯的漫长铁路的终点。如果没有这条铁路,进入北非的英美陆军有被切断的危险,甚至连突围都会冒很大的风险。因此,美国陆军想把大西洋沿岸的摩洛哥作为登陆地点。但从卡萨布兰卡登陆却受到美国海军的反对，因为卡萨布兰卡海岸波涛滚滚，靠登陆艇登陆根本是不可能的。

对于日后作战，奥兰附近的机场起了重要作用，阿尔及尔是北非的政治、经济和军事中心，所以这两个地方势在必夺，在这两个地方登陆得到了英美双方的普遍认同。

由于护航舰艇和登陆艇不足，盟军只能在三个地点登陆。产生了两种备选方案：一个方案是选择美国提出在卡萨布兰卡、奥兰和阿尔及尔登陆的方案，另一个方案是选择英国提出在奥兰、阿尔及尔和波尼登陆的方案。

盟军指挥部研究了很长时间，由于突尼斯非常吸引人，艾森豪威尔决心放弃卡萨布兰卡，选择在奥兰、阿尔及尔和波尼登陆，向"非洲军团"在北非的战略要地突尼斯进军。

关于"火炬"计划的时间问题，罗斯福表示"时间是重要的因素"，曾经被一度提前到10月15日。9月22日，由丘吉尔主持的、艾森豪威尔参加的参谋长会议上，经过一番激烈的辩论，做出了最后的决定：11月8日执行"火炬"计划。

两支特混舰队由奥兰和阿尔及尔出发，速度慢的一支在10月22日出发，速度快的一支在10月26日出发。为了使两大护航舰队能在11月5日晚同时驶过直布罗陀海峡，英国地中海舰队前来接应。面对庞大的英海军舰队，意大利海军不敢拦截。

为了实施"火炬"计划，盟军出动了13个师、370艘运输舰、300艘舰艇和1700架飞机。部队被编成东部、中部和西部三大特混舰队。东部特混舰队，由英国海军载运英军2.3万人、美军1万人组成，从英国出发，在阿尔及尔登陆；中部特混舰队，由英国海军载运3.9万名美军，从英国出发，在奥兰登陆；西部特混舰队，由美国海军载运3.5万名美军，从美国出发，在卡萨布兰卡登陆。

占领以上港口后,后续运输船队源源不断地运送增援部队和物资,直到完全占领北非为止。总指挥由盟军总司令艾森豪威尔将军担任,英国坎宁安海军上将担任盟军海军总司令,英国航空兵部队负责登陆战役的空中掩护任务。

登陆后,从阿尔及尔登陆的英军第1集团军抢占突尼斯,盟军必须抢在德国派兵增援以前,占领隶属于法国的北非。

二、巴顿做好了最后准备

1942年7月30日,马歇尔将军决定把北非登陆战役中美军的主要指挥权即"火炬"计划的指挥权交给巴顿。

由此,在北非战场,又一位战争天才继隆美尔、蒙哥马利之后登场了,他就是乔治·巴顿。

对于"火炬"计划,英国和美国的很多高层人物都深表忧虑。马歇尔派巴顿去伦敦考察情况,在伦敦的十天里,巴顿碰到很多"失败主义者"。

为"火炬"计划,巴顿到处游说,说服了小特拉斯科特准将、英国海军的蒙巴顿勋爵、美国驻伦敦海军司令员斯塔克海军上将和英国海军的将领们,最后"火炬"计划在艾森豪威尔主持的会议上通过。

巴顿在大西洋彼岸的美国做好了出征前的最后准备。10月20日,巴顿立下遗嘱,叮嘱妻子:只有在"确认我真的死了"以后才能拆开。巴顿到白宫告别罗斯福总统,并保证说:"阁下,我发誓,我决心不成功便成仁。"

10月22日、26日,中部、东部特混舰队相继从英国出发。10月24日凌晨2时30分,巴顿乘坐"奥古斯塔"号从弗吉尼亚的诺福克港出发。西部特遣舰队共3.4万人,由美军组成,航程达

5500公里，横跨大西洋，向卡萨布兰卡进发。

"火炬"计划的策划者们知道，最大的障碍不是德军，将来自法军。法军尽管在本土已经战败，但法属北非仍在他们控制下。

法属北非的军官们都发誓要向法国政府尽忠职守。法国沦陷后建立的政府统治的是法国南部。法军继续占领北非之所以得到希特勒允许，就是因为法国政府承诺：如果盟军入侵北非，法军会保护自己的领土。

罗斯福发动了政治攻势，希望美军的登陆会引起当地人和北非法军的反纳粹起义。

罗斯福不顾众人的反对，拒绝与法国断绝外交关系。美驻法国大使莱希海军上将的主要任务是使法国摆脱德国控制法属北非的局面。

盟军副总司令克拉克少将秘密前往法属阿尔及尔，与亲美的法军军官们和美国领事馆总领事墨菲进行了秘密会谈。克拉克要求这些法军军官们在战斗开始时尽量能够实施盟军登陆计划。这些法军军官的行动支援了盟军的登陆，尤其是在阿尔及尔的成功登陆。但法国海军曾经受到英国海军的重创，这极大地激怒了法国海军，因此争取北非法国海军的工作失败了。

当时，维希政府只是在名义上统治着法国和庞大海外殖民地，该政府其实是一盘散沙，处于复杂和混乱的状态。随着盟军展开"火炬"计划，盟军在北非登陆。维希政府进入两难的境地，犹豫到底是支持盟国，还是继续支持轴心国。

1942年11月11日—19日，土伦港被法国舰队占领。当时，法国舰队仍是一支强大的舰队，拥有训练有素的海军部队及80艘现代化军舰，包括"斯特拉斯堡"号和"敦刻尔克"号巡洋舰。

希特勒急于得到法国的这些军舰，11月27日，德军进攻法国舰队。在德军得手以前，法国舰队自沉了。德军最终一艘军舰都没有得到，只得到了一些港口设施。其中，有5艘法国潜艇躲过了劫难。

11月5日晚，盟军两支舰队都通过了直布罗陀海峡，进入地中海。

11月6日夜，意海军总部收到消息，盟军的舰队正通过直布罗陀海峡驶入地中海。1942年11月，虽然参加斯大林格勒战役的德军陷入绝地，但是希特勒为了参加一年一度的纪念活动仍然离开了苏联。随他前去的有陆军元帅凯特尔和约德尔将军，通过通信设备，希特勒与在苏联的德军保持着联系。

11月7日晨，盟军的庞大舰队驶入各登陆点附近海域。这时，希特勒正乘坐防弹列车，去纪念"啤酒馆暴动"事件，要从东普鲁士出发前往巴伐利亚州的慕尼黑。11月7日晚7时，希特勒走进了专列上的会议室，参加形势汇报会，约德尔将军做了报告。11月7日晨，约德尔收到的新情报说："有5个盟国的多个师正在地中海的船上。"

11月7日晚，到达预定海域后，盟军舰队趁夜向南改航，驶向北非。

为执行"火炬"计划，盟军编成东部、西部、中部3个特混舰队。东部特混舰队由英国皇家海军载运美军1万人、英军2.3万人组成，从英国出发。

11月10日，法军司令部被盟军轻装甲部队占领。奥兰法军司令官被迫投降。

三、获得现代战争经验

西部特混舰队直接从美国本土运送过去3.5万美军，攻占卡萨布兰卡。1942年11月8日凌晨4时，西部特混部队在巴顿指挥下即将在摩洛哥长达45公里的海岸上登陆。美军选择了3个登陆地点——南边的萨菲，中间的费达拉和北边的利奥特港。费达拉位于卡萨布兰卡以北30公里处，适宜登陆，并且靠近卡萨布兰卡城及其港口。

11月8日凌晨1时30分，巴顿舰上的收音机准时播音，为促使北非的法国部队投降，罗斯福总统正对北非法军发表广播讲话。

原定于8日凌晨1时30分，盟军登陆阿尔及尔和奥兰，但在卡萨布兰卡却是凌晨4时。对卡萨布兰卡的美军登陆部队来说，罗斯福的讲话录音十分不利。

1时45分，来到旗舰"奥古斯塔"号甲板上的巴顿听到不断传入耳中的罗斯福总统讲话录音后气得不停地在甲板上徘徊。

早上6时，天色微明。美军在费达拉、麦赫迪亚和萨菲的登陆战早已开始了，在萨菲，在哈蒙少将指挥下，登陆十分顺利，部队正在建立滩头阵地。

特拉斯科特少将在麦赫迪亚遇到了法军摩洛哥土著步兵第1团和第7团的抵抗，并且遭到了法军岸防部队的75毫米口径大炮的轰击。尽管美军装备精良，但是由于登陆艇的水手们缺乏航海经验，军中战士极度恐慌，第9师的伤亡不断增加。

根据计划，巴顿被登陆舰送上岸。巴顿的军服整齐，头戴饰有两颗星的钢盔，脚蹬马靴。巴顿对勤务兵大喊："我的手枪呢？"勤务兵迅速取来一支左轮手枪和一支象牙柄镀银的自动手枪。就在巴顿把手枪插入枪套时，第一次齐射的"奥古斯塔"号旗舰上的主炮竟震落了巴顿登陆艇的底部，巴顿气得大骂。

11月8日早上7时，当美军忙着登陆时，法军的岸防炮台和现代战列舰"让·巴尔"号攻击了护航舰队。美军的护航舰队由"马萨诸塞"号战列舰、4艘驱逐舰和2艘重巡洋舰组成。

11月8日中午，部队在三个登陆地点都建立了滩头阵地。在费达拉，安德逊少将不仅俘虏了8名德国士兵，还控制了河流和高地，但停战委员会头目乌利希将军逃到了北部摩洛哥。

11月11日凌晨3时30分，一位前来谈判的法国军官受到巴顿接见。巴顿告诉法国军官："你对米什利埃将军说，他再不投降的话，卡萨布兰卡会被我夷为平地。"

6时25分，美舰载机群在巴顿下达了进攻命令后呼啸飞向卡萨布兰卡，美国舰队抬高了舰炮群。

6时48分，法军投降，卡萨布兰卡被美军占领。

卡萨布兰卡的登陆战并不是大规模的战役，但是由于联络不畅，巴顿无法进行有效的指挥。胜利多半是由各登陆点的前线指挥官们赢得的，但巴顿率领的美军部队从法军的抵抗中获得了现代战争的经验。

占领整个阿尔及利亚和摩洛哥后，盟军立即向突尼斯进发。一时间，整个北非、法国都陷入纷乱的战火中，"火炬"成功的标志源自于此。

德意军队在北非战场投降

一、海上封锁突尼斯

1943年1月，攻占阿尔及利亚机场后，美军第12航空队也加入了地中海作战。第12航空队高速低空轰炸的作战技能，使意海军受到重创。盟军在地中海已经取得了制空权，作战飞机既能把海上的德意舰船击沉，又能对港口和港湾内的舰船进行轰炸。

1943年1月，墨西拿港收到了盟国空军发动的8次大规模空袭，意第8巡洋舰分舰队面对多次损失惨重的情况，被迫逃到塔兰托港。

意主力舰在盟国空军的大规模空袭下不断北撤，意海军基地距离地中海战场中心地带十分遥远。结果，一向被视为地中海战区中流砥柱的意大利海军的主力舰脱离了战争。从此，意大利海军不能使用小型军舰替运输船队护航了。

1943年1月30日，德国海军总司令由邓尼茨担任。邓尼茨上任时，突尼斯之战正如火如荼地进行着。

1943年3月17日，邓尼茨乘飞机抵达罗马。在意大利里卡尔迪海军卜将的陪同下他拜见了墨索里尼。最后，双方达成共识：一个德国参谋部进驻意大利海军总司令部，由对指挥护航运输队很有经验的将军领导。为了掩护运输船队，德国海军提供防空武器，掩护任务由意海军送给德海军的6艘法国鱼雷艇执行。

3月，盟军发动了攻势，决定首先把马雷斯防线摧毁。与此同时，盟军海空军再次联合作战，痛击"非洲军团"后方运输线和意补给舰船。3月18日，邓尼茨报告希特勒说，急需空军支援海上补给线，只靠海军将无法抵御盟军的空袭。

4月，被盟军空军击沉击伤的意补给船的损失高达60％。4月30日，共运送部队900人的3艘意大利驱逐舰也被击沉。

在美国战斗机的围追堵截下，德意被迫停止了空运。但德意不甘示弱，于5月3日夜晚派出1艘重达8000吨的商船，满载着弹药、地雷和炸弹，在1艘鱼雷艇的护航下向突尼斯进发。

结果，在邦角附近，意商船和鱼雷艇被3艘英国驱逐舰击沉。突尼斯的"非洲军团"无法得到补给，情况变得十分危急。

5月7日，"非洲军团"在北非的最后两个海港——突尼斯港和比塞大港被盟军攻占。"非洲军团"逃到突尼斯北部的邦角，向上级报告已经无力再接受船运补给任务。

二、"超级炸药"行动

1943年3月6日，在隆美尔离开的前几天，根据艾森豪威尔的命令，巴顿少将接管了第2军。巴顿决定提高美军的作战素质和能力，来提高美军的士气。

3月18日，盖塔尔被第2军第1突击营占领，"非洲军团"仓皇逃跑。美军终于可以扬眉吐气了。这次胜利被美国媒体大肆宣传，提高了巴顿的声誉。

3月20日，盟军第8集团军第30军在进行了大规模的炮击后，在海岸附近发动了正面进攻。由于地形复杂，易守难攻，进攻失败。

蒙哥马利改变了作战计划，将左翼的佯攻变为主攻。第10军和新西兰军负责主攻，地面部队则由空军强有力的火力支援。蒙哥马利将这一行动称为"超级炸药"。

3月21日，第1装甲师在沃德指挥下攻占了塞内车站。3月22日，又攻占了梅克纳西。当时，沃德的装甲部队离东多塞尔山口很近，占领山口是很轻松的事。但是由于沃德优柔寡断，迟迟不肯发动进攻，最终错过了进攻的最佳时间。不久，德军第10装甲师向东多塞尔山口增加兵力，挡住了沃德前进的道路。

这时，第1步兵师在巴顿亲率下顺着加贝斯公路朝盖达尔以东快速推进，开始时进展十分顺利。3月23日上午，第1步兵师突然遭受到德军第10装甲师的袭击。在卡塞林山口战役中第10装甲师曾经重创美军，这次还想击溃美军。但巴顿不甘示弱，指挥美军抵抗德军，战斗非常激烈。

下午，德军再次发起大规模进攻，但是第2军顽强阻击，寸土不让，表现得非常顽强。后来，德军被迫撤退，这充分证明了第2军已经不是以前那支不堪一击的弱旅了。

巴顿的战绩让亚历山大十分满意,他指出,巴顿的主要任务是拖住德军第10装甲师,使它不能增援马雷斯防线。

为此,26日,巴顿收到了亚历山大下达的新命令:停止对梅克纳西的进攻,从盖达尔发出第1、第9步兵师和第1装甲师进攻加贝斯,第34师占领东多塞尔附近的方迪克,以帮助第8集团军第6装甲师进驻海岸平原。

德军第10装甲师及其所属部队后路全无。他们明白,撤退就说明了"非洲军团"在北非战区的全面崩溃,因此他们只能拼死抵抗。

尽管双方都付出了极大的代价,但是战斗仍然残酷地进行着。30日,巴顿下令停止进攻,进行休整。很快,巴顿从第1装甲师中抽调精锐,组成特遣部队,由本森率领,再次发起进攻,计划打通加贝斯公路,但再次失败。经此一役,美军的攻势减弱。

4月7日,巴顿又来到前线督战,看到德军的地雷区挡住了本森的突击队。不顾部下阻挠,巴顿开着吉普车在前边开路,冲过了雷区,在巴顿的鼓舞下,突击队顺利通过了雷区。很快,蒙哥马利的先头部队与本森突击队进行了会师,打通了道路。

为了应对第2军的英勇进攻,精锐德军第2装甲师被调离马雷斯防线,阻挡蒙哥马利对阿卡里特河阵地展开的正面进攻。接着,双方准备决战。

4月14日,巴顿收到艾森豪威尔的通知:由副军长布莱德雷接替巴顿担任第2军军长,巴顿回到摩洛哥把进攻意大利西西里岛的计划制订出来。

就这样,突尼斯战役最后的进攻巴顿未能参与,对此他深感遗憾。

三、"非洲军团"放下了武器

为了突破"非洲军团"的马雷斯防线，1943年3月中旬，亚历山大制订了新的军事计划，盟军的兵力得到了重新的部署。

通过大量的侦察，蒙哥马利把有关马雷斯防线的许多情报整理起来，并在这个基础上制订了代号为"拳击家"的进攻计划。

根据"拳击家"计划，第30军的3个步兵师对防线东翼进攻，在近海地区打开一个防线缺口。第10装甲军在防线缺口处发起进攻。同时，从西翼绕到迈特马泰山的新西兰军发起进攻，威胁"非洲军团"后方，从而牵制"非洲军团"的后备力量。

3月20日晚，在接近海岸的狭窄沼泽地带，英军第30军发动了强攻，虽没有取得重大突破，但是德意军队的防线仍被打开一个很小的缺口。

3月21日夜间，增援部队赶到后，英军再次发起进攻，缺口稍微扩大。受到沼泽地及地雷的阻滞，反坦克炮没有跟上，由于英军的前沿步兵阵地没有得到支援，被德军的反攻摧毁。

由于从正面发起的进攻失败，英军不得不退回出发阵地。初战失败，蒙哥马利立即改变了原计划，主攻地点被转移至内陆侧翼。

蒙哥马利命令英军第1装甲师和第10军于3月23日夜增援受阻于普卢姆山峡的新西兰军。

印度第4师由梅德宁地区进发至内陆侧翼，以牵制"非洲军团"侧翼的兵力，打通另一条进攻线。"增压2号"是新计划的代号。

3月26日下午4时，增援部队赶到后，英军在空军的支援下发动突然进攻。"非洲军团"无法抵挡英军的强大攻势，在即将被歼灭的情况下，被迫向北退守瓦迪阿卡里特。

3月28日上午9时，英军越过马雷斯防线，并且英军打通了通向突尼斯的道路。

4月7日，瓦迪阿卡里特防线的"非洲军团"遭到了英军第8集团军的进攻，英军与美第2军先头部队会师，"非洲军团"被盟军包围。"非洲军团"主动放弃了阵地继续向北撤退。

4月13日，"非洲军团"退到在突尼斯的最后一道防线昂菲达维尔—蓬德法斯防线。就这样，在突尼斯东北部，"非洲军团"只剩一个南北130公里长、东西60公里宽的阵地。

4月14日，英军第8集团军追到昂菲达维尔防线。

4月16日，代号为"铁匠"的进攻行动在亚历山大的带领下开始。

1943年的时候，盟军根据亚历山大的"铁匠"计划兵分四路向"非洲军团"发起进攻。

4月19日，第8集团军的3个步兵师在蒙哥马利指挥下向昂菲达维尔防线发起突击，想把"非洲军团"彻底赶走。蒙哥马利认为"非洲军团"将调去增援突尼斯城，没有想到在昂菲达维尔防线上伏有"非洲军团"的重兵。

4月19日夜晚，已经有4个营的印度第4师参加激战，但仅占领了班加西山上一块很小的阵地。

为了占领这块阵地，该师阵亡500人。新西兰第2师在负责攻占泰克鲁奈地区的战役中也付出了惨重的代价。

4月23日，盟军总司令艾森豪威尔及其副官们来到第2军司令部督战，美军第2军发动进攻。

在整个战线上第2军进展迟缓，每前进一步都经过激烈的战斗，损失很大，最终突破了"非洲军团"的防御阵地。"非洲军团"边打边有计划地向后撤退。"非洲军团"一边撤退一边不停地埋设地雷，有一次仅在宽 15 米、长 30 米的地方就埋设了 600 颗地雷。

4 月 26 日，"非洲军团"两个集团军的油料补给已经支持不了一天了，仅剩的弹药也只能支持两天。

5 月 12 日，在亚历山大的精心组织下，德意残余部队被盟军完全消灭，德军司令阿尼姆被俘虏。投降的官员还包括意军第 1 集团军司令官吉奥凡尼·梅塞将军。至此，长达 3 年的北非战役结束了。俘虏"非洲军团"27.5 万人，其中德军占一半以上，被盟军的飞机、舰艇和潜艇击沉的舰艇为 43.3 万吨，但是，盟军也付出了伤亡 7 万人的代价。

通过连续 3 年的抗战，德国和意大利在非洲战场上共损失 240 万吨舰艇、95 万人、8000 架飞机、2500 辆坦克、6200 门火炮和 7 万辆汽车。

同盟国损失 26 万人，其中英军 22 万人、美军 1.9 万人、法军 2 万人。战争是残酷的，大量的人员伤亡是无法避免的。同盟国攻占了非洲，地中海的战局从根本上改变了，为以后在意大利西西里岛的成功登陆奠定了基础。

第八章

光复欧洲——黎明的曙光

第一节 西西里岛的登陆

"赫斯基"计划

1943年,第二次世界大战的战场局势急速逆转。斯大林格勒战役在苏德战场上已经告一段落,苏军转入反攻。在北非战区,阿拉曼战役让英国成为了大赢家,英美盟军登陆北非,德意军队被迫投降。至此,西西里战役打响。

"赫斯基"是英文 Husky 的谐音,"爱斯基摩人"或者"壮汉"都可以以这个单词表述,它作为代号,表示的是盟军登陆西西里岛的作战计划。

西西里岛是地中海地区最大的岛屿,它地处地中海的中部,面积2.5万平方公里,人口400万左右。该岛在军事上意义非常,它联通了北非与欧洲,是二者的海上交通要地。

经过几个月的反复沟通,英美终于确定了新的作战计划并将"赫斯基"作为计划的代号。

负责实施"赫斯基"作战计划的是亚历山大将军指挥的第15集团军群,由蒙哥马利指挥的英军第8集团军和巴顿指挥的美军第7集团军都统归第15集团军群指挥。该集团军群共有13个师和3个独立旅,加起来有47.8万人。

美第7集团军从西西里岛南线的利卡塔至斯科格利地区登陆,

占领杰拉和利卡塔后，将通过积极的行军策略配合英军向纵深发展进攻，英第8集团军在西西里岛东线帕基诺至锡腊库扎地区登陆，攻占此地之后进攻卡塔尼亚、墨西拿方向的地区。

海军上将坎宁安将统一指挥地处地中海战区盟军的海军部队。当登陆的部队在海上航渡的时候，海军必须及时派出战舰控制突尼斯海峡和墨西拿海峡南部海域的局势。当登陆部队登陆成功并和敌人发生正面交锋的时候，海军舰队应适时提供炮火支援。

英国空军上将泰德将负责对地中海战区的盟军空军部队进行指挥。空军的任务包括：对该战役产生影响的敌纵深方向的重要机场、港口和交通枢纽展开袭击；阻止敌人增援部队集结并向西西里岛方向行军；从空中为所有的盟军护航运输队做掩护，助其进入和通过地中海；找准机会进攻意大利的海上军舰、补给船等。

根据"赫斯基"作战计划，其整体作战意图是，盟军首先夺取西西里岛，以此作为攻进意大利的切口，此后寻找机会向意大利本土发动进攻，迫使意大利政府投降，以使得轴心国体系瞬间瓦解。与此同时，要以积极的攻击态势牵制大批驻意德军，在其他战场上配合盟军的战斗。在此基础上，意图解放整个意大利。

当时，在西西里参加登陆作战的盟军空军加起来一共有作战飞机3680架，此外还有900余架运输机和许多滑翔机。在西西里的空军兵力中，德意两国占有1400～1500架飞机，其中意军有600余架，德军有800余架。

为了在最短的时间里夺取制空权，确保盟军登陆的顺利进行，盟军空军从7月2日到9日，对岛上的敌机场和意大利亚得里亚海沿岸的福贾机场进行了猛烈的轰炸，特别是西西里岛上的机场。

7月9日，在登陆日的前一天，盟军的集中轰炸到了最猛烈的阶段。盟军空军集合了411架轰炸机，并在160架歼击机的护航下，重点对夏卡到塔奥米纳一带的机场进行了21次轰炸和扫射。这次战役持续时间长、轰炸密度高，德意空军的战斗力被大大削弱，盟军基本上夺取了制空权。

盟军在进攻西西里的过程中攻占了班泰雷利亚岛，该岛地处西西里岛与突尼斯之间，是意大利的空军基地和海军鱼雷艇基地，占领这个岛对于全局战役非常关键。当时盟军飞机的作战半径都不大，攻占这个岛，可以解决空中作战兵力"腿短"的问题。

在班泰雷利亚岛被攻占之后，邻近的两个小岛上的意军纷纷投降。至此，位于西西里岛西南面的前哨阵地被完全攻占。盟军在极短的时间里修复了班泰雷利亚岛上的机场，西西里岛完全被盟军占领。

巴顿和蒙哥马利进攻西西里岛

一、盟军的指挥失误

1943年7月10日凌晨2时45分，美英两军分别在杰拉和锡拉库萨地区登陆。在当天傍晚，锡拉库萨被英军第5师攻克。在诺托湾登陆的英军第30军也为战争必胜的局势打下了基础。英军第一天就占领了宽100公里、深10多公里的登陆场。

幸运却没有那么眷顾美军，在南部海岸登陆的美军受到了风和海浪的影响，并遇到了岸上敌人的顽强抵抗。不过，在10号之前，美军3个师的突击部队仍然登陆成功，杰拉和利卡塔被攻克，占领了3处各宽15公里、深5公里的登陆场。

根据"赫斯基"作战计划，美国第7集团军和英国第8集团军在登陆日之前应利用空降兵攻占登陆场，确保登陆部队成功登陆。

根据"赫斯基"计划，自1943年4月上旬起，后来参战的空降兵部队在摩洛哥的乌季达地区举行了空降模拟演习。

为了确保空降成功，1943年6月10日夜晚，盖文上校、2名营长和3名运输指挥官，在西西里岛上面乘坐飞机侦察地形。通过细心侦察，完全掌握了西西里岛的地形特点。

大约在1943年6月中旬，以突尼斯作为起点，美国空降兵第82师和英国空降兵第1师启程。空降兵部队到达出发地点后，仔细检查了伞兵的武器装备和物资装备，称量了所有物资，进行空投试验。

1943年7月8日傍晚，空降部队准备起飞。此时，天空一片乌云，但空降兵们战斗意志高昂。

1943年7月9日晨，空降兵们从睡梦中醒来，风力加强。他们忧虑地望着天空，内心急切地盼望着天气好转。下午，风力达到7级。

18时42分至20时20分，由希克斯将军率领的英军空降第1旅的2578名官兵，驾乘由运输机编队牵引的137架滑翔机启程了。

为了防止被西西里守军的雷达过早发现，飞行的运输机编队一直保持低空作业。因为云层过厚、风力太大，飞行员心中没底，运输机在接近西西里岛时没有依照计划升高，而是在距离海岸还有2700米的低空海面上解开了缆绳。在风中，137架滑翔机摇摆不定，其中69架滑翔机坠入海中，10架滑翔机消失，其他的滑翔机成功着陆，但一些被撞毁，一些离登陆地点还有些距离。

在彭德格朗大桥周边着陆的只有两架滑翔机，空降兵即刻整理好队伍，冲向大桥，守桥的意军全军覆没。盟军占领了大桥，并且就地构筑工事。10日早晨，有将近100名空降兵赶到大桥支援。

1943年7月9日20时45分，美军空降兵第1分队的3405人驾乘226架运输机起飞了。

在靠近海岸的时候，伞兵们脱掉救生衣，将降落伞背上。但运输机群找不到空降场，再一次飞回到海面上寻找，经过很多次反复，在高射炮火中盘旋1个多小时，最后8架运输机被击落，13架被击伤，3架返回基地，在10日0时30分，余下的飞机将伞兵分散空降在20个地点。

美空降兵与预先确定的空降地点最远的偏离了80多公里，空降散布面积很大。

盟军突击舰队抵达了预先确定的登陆点，月黑风高之下，盟军第一批登陆的8个师开始陆续在160公里长的海岸线上登陆。英军在锡提库萨以南海岸登陆，美军在杰拉湾登陆。意大利负责防守海岸的部队此时正忙着逃跑。

"赫尔曼·戈林"师次日清晨赶到杰拉平原，准备歼灭美军，这是美军第1步兵师的登陆地点，离海岸线32公里。海滩人挤人，风浪滔天，美军的坦克和大炮还没有运上岸。德军坦克剿灭了美军前哨，一马当先闯进沙丘地带。在这紧急时刻，盟军海军舰炮发射了猛烈的炮火，将德军坦克消灭殆尽。另一支德军部队和一支"虎"式坦克接连向美军第45师左翼发动攻击，但也被成功遏制。

在没有遇到强敌的情况下，英军十分顺利地登陆了。11日晚，盟军已经拥有纵深5至7公里的两个阵地，并且持续不断地向纵深突击。这时，阻止西西里岛登陆的27万德意部队都逃到了意大利，消灭他们是盟军承担的一个重要任务。墨西拿位于西西里岛东北角，离意大利本土仅仅5公里，这是德意部队的唯一退路。

在西西里岛的盟军空降作战，是自第二次世界大战开始以来盟军发动的最大规模的空降作战。在西西里岛的盟军加起来有官兵9816名、642架运输机、156架滑翔机。伤亡的人员多达1500人，在空降部队人数中占15%以上。

虽然盟军夺取了制空权，但并不代表着为盟军撑起了保护伞，制空权是相对的，这为德意飞行员增添了很多底气。

1943年7月10日凌晨，天刚刚泛白，德意空军就开始了进攻。在盟军防御力量不强的海岸附近，意机5次空袭盟军停泊的"莫拉"登陆突击队的舰船编队，"哨兵"号猎潜舰被炸沉了。4时30分，来自意大利本土的13架高空水平轰炸机，以及来自撒丁岛的一支鱼雷飞机中队联合作业，轰炸在伍德霍尔地区登陆的盟军，盟军"蒂尔曼"驱逐舰负伤。

5时左右，一艘在西西里岛南侧海域巡逻的"马多克斯"号驱逐舰被1架德国轰炸机炸沉，"游行者"号潜艇负伤。

为了加强突击力量，驻守在意大利本土的德意飞机不断地来到西西里岛。由于德意飞机只有很小的作战半径，所以全部是先飞到撒丁岛，在撒丁岛加油后，再去轰炸盟军的登陆舰艇。

德意空军的攻击一波强过一波，他们的攻击行动持续不断。

1943年7月11日6时35分，在撒丁岛的12架意军轰炸机起飞，空袭盟军海上运输队。盟军一艘运输舰被炸伤，并起火。中午，意轰炸机炸沉一艘盟军的军火船。恰在6时40分，20多架德军轰炸机凶猛炮轰盟军运输舰，将一艘运输舰击沉。傍晚，一艘在阿沃拉附近海域刚结束任务的盟军运输舰被德军炸伤。

当德意空军猛烈来袭时，盟军官兵们大声疾呼："我们的空军'老爷'在哪？"

盟军空军认为，既然已经拿到了制空权，就不需要对登陆部队和海上舰队实施保护了。由于存在这种战术思想，空军基本上对登陆部队实施的是远距离空中支援。这种做法致使对盟军的登陆部队和海上舰队的空中支援不起作用。

1943年7月12日,盟军空军对南部和东部的登陆部队加强了空中援助。12日9时30分,南部盟军战斗机和高炮部队的回击使敌机的空袭失败。

基于空中袭击的难度不断加大,德意空军只好集中兵力,发动重点进攻,以取得理想的效果。因此,德意空军将南部美军的登陆部队置于一边,而是集中兵力攻击东部的英军登陆部队。

从1943年7月13日开始,德意轰炸机从意大利南部各机场多次起飞,对英军登陆部队舰船中还没有卸完的舰船发动空袭,将盟军一艘驱逐舰和3艘运输船炸沉。

由于盟军的指挥失误,西西里战役逐渐步入艰难之地。

蒙哥马利意欲攻占卡塔尼亚的目标可能无法达到。为了实现英军在西西里岛战役中唱主角的愿望,蒙哥马利决定将进攻的重点向左转移。这样做就相当于把美军当成了一种翼侧护卫部队,蒙哥马利对巴顿的利益已经完全不管不顾了。

二、最后的墨西拿海峡

由群山和丘陵组成的埃特纳火山,位于卡塔尼亚平原的北面,西西里岛的东南角。如果想从南面或者西面接近和攻占墨西拿,埃特纳是必经之路。

1943年7月12日,蒙哥马利在发给亚历山大的电报中说:"我建议我军向北行进,目的是将西西里岛从中间截断。"亚历山大同意了。

1943年7月22日,美军攻占巴勒莫港,意军怕得不行,大约4.5万人投降。美军的胜利让德意军队的士气异常低落,德意军队只剩墨西拿港了。

当天，巴顿随第 2 装甲师耀武扬威地开进巴勒莫，在辉煌的王宫里建立司令部。

1943 年 7 月 23 日，美军第 45 步兵师向泰索米尼至梅雷塞以东的海岸地带发起进攻，分割了西西里岛。美军赢得了很高的荣誉。美军第 45 步兵师只伤亡 300 多人，却得到了 5.3 万名意军俘虏，击落 190 架敌机，缴获了 67 门火炮，还有绝大多数来不及逃走的意军船只。

1943 年 7 月 25 日，墨索里尼被赶下台，本来抵抗就不积极的意军更是大批量地投降。德军只好利用很少的兵力抵御强有力的敌军。同时，亚历山大要求巴顿从西向东进攻。这正中巴顿下怀，他号召美军赶在英军之前攻下墨西拿。巴顿命令第 2 军军长布莱德雷将军完成此重任。

这样，蒙哥马利面临着讽刺性的变化，在西路，巴顿的作用从助攻转换到主攻。

1943 年 7 月 27 日，凯塞林命令赫布抓紧时间从西西里岛撤军。

同日，美军自东推进，攻占了圣斯特凡诺和尼科西亚。

同时，英军在东、西两侧的攻势减弱，因为大部分英国士兵染上了疟疾，战斗力不足。美军主力将巴勒莫占领后，在 1943 年 7 月 31 日赶到圣斯蒂法诺与英军会合。巴顿的美军担负起了主攻任务。为了将德意军队的退路切断，亚历山大决定在 1943 年 8 月 1 日发动攻势，美军第 9 师和英军第 78 师也从北非被调来。

1943 年 8 月初，各路盟军开始进攻，在左翼的是巴顿的美军，英军第 30 军在中央，英军第 13 军在右翼。盟军你争我夺地攻占了西西里岛的东北角——墨西拿。

1943 年 8 月 5 日，英军进攻态势猛烈。第 13 军拿下卡塔尼亚，英军先头部队到达埃特纳火山与海岸之间的狭长地带，英第30军顺利抵达火山西北侧的丘陵地区。可是，英军第30军的后勤部队却掉队了，第13军的很多官兵又染上了疟疾，部队人员剧减。蒙哥马利呼吁全体将士坚持到底，一定要在美军之前占领墨西拿。

在美军方面，巴顿强令第2军持续地进攻，可是，在西西里北部沿岸地区到处都是陡峭的悬崖，地形复杂。德军利用丰富的山地作战经验和有利的地势，对美军进行多次反击。在特罗英纳的德军向美军发动了24次反击，使得美军损失惨重。

1943年8月7日至8月16日，仅仅12天里盟军就发动了4次进攻，意图加快进攻速度，堵住撤退的德意军队。由于德军的顽强阻击，盟军的预期目标无法实现。而与此同时，用稍大一些的舰船救出西西里岛上的德意部队，已成为完全做不到的事情。意大利海军努力尝试几次，但执行任务的舰船最后都沉没了。意大利海军把很多小型舰船集中在墨西拿海峡，命令它们经常性地在盟军的空袭下活动。

盟军使出浑身解数，意图从陆海空三面来拦截德意军队的撤退，但很多小型意大利舰船以及少数德舰，依旧从意大利本土撤回岛上的军队和装备。盟军的轰炸接连不断，但意大利以不多的防空武器持续反击。

1943年8月16日，盟军轰炸机持续不断地轰炸墨西拿港，而且所有德意部队装备已经被燃烧成灰，尽管在撤退的时候所有的小船都难逃盟军的轰炸，但很多意大利小船还是坚持把留在岛上的德意官兵运送出去。

截止到1943年8月17日，有超过10万的德意部队主力穿越墨西拿海峡回到意大利。其中，德军的3个师有将近4万人，意军有6万人。

1943年8月17日晨，美军第3师率先攻占墨西拿，英国一部也攻进墨西拿。当天，岛上德意部队的残余被盟军完全歼灭。西西里战役，德军损失1.2万人，缴械投降的意军超过14万；盟军损失2.2万多人。

西西里战役堪称历史上最大的突袭战，它的战斗规模大大超过著名的诺曼底登陆战。西西里战役的大部分目标都被盟军实现，虽然并没有获得所有胜利，但盟军在地中海的交通线上得到了保障。西西里战役告捷，大大提升了同盟国在中立国中的威望。不过由于亚历山大指挥不当，以及没有完全利用好制空权和制海权，最终还是有将近4万德军精锐逃脱。

墨索里尼下台后，意大利国王命令由巴多里奥组建一个包括军事首脑和文官在内的新内阁，巴多里奥即日起担任政府内阁总理。此外，国王还宣布将这一消息通告全世界。意大利人纷纷走上街头，大声疾呼立即结束战争。

巴多里奥上台以后，一方面向全世界宣布意大利与德国统一战线，同时宣布意大利将把战斗继续下去，并派人与德国外交部长进行会晤，试图使希特勒放松警惕，避免德国人的报复；另一方面，在暗处和英、美接触，做投降和谈判的准备。这表示意大利新政府要反戈一击，与同盟国联合起来对德作战。

为迫使巴多里奥在最短时间内投降，艾森豪威尔在与巴多里奥政府保持联系的时候，就指示蒙哥马利加紧做好战斗准备。9月3日凌晨，英军第8集团军强行渡过墨西拿海峡，进军意大利南部。迫于压力，巴多里奥最终下决心向盟军正式投降。

10月13日，意大利的巴多里奥政府对德宣战，此时英、美、苏三国政府联合发表公告，公开声明意大利加入盟国。意大利与德国分裂并对德宣战，这标志着法西斯轴心国的瓦解和反法西斯联盟的重大胜利。

三、营救墨索里尼

墨索里尼的下台让希特勒极为震惊。希特勒接连好几夜召集心腹们开会，决定将墨索里尼营救出来，并向罗马进军，支持业已垮台的意大利法西斯党。德国总参部很快制订了"橡树"计划，并组建特种突击队，营救墨索里尼的行动开始。

8月11日，根据希特勒的命令，德军中有90名精壮伞兵被挑中，组成空降突击队，由斯科增努中尉担任突击队队长；并且规定，90名伞兵乘12架滑翔机进行机降，将墨索里尼营救回来，然后乘一架轻型运输机返回。

9月12日清晨，在斯科增努中尉的率领下，90名空降突击队员在普拉特克德马雷机场，暗地里做好了出发准备。时隔不久，远处传来了马达的轰鸣声，机场内的沉闷气氛一扫而空，12架滑翔机由12架飞机牵引着终于来了。斯科增努定于下午1点钟起飞。

下午1时整，机场上声音轰鸣，12架滑翔机由12架飞机牵引着，开始起飞了。其中两架滑翔机被跑道上的弹坑撞坏，但剩下的10架滑翔机都顺利升空。在斯科增努的指挥下，飞机飞离机场后，径直往科尔诺山地区飞去。当飞机离目标上空不远时，10架滑翔机在3600米的高度上解缆。根据预设计划，5架滑翔机直接飞奔至悬崖顶部，准备着陆在饭店旁边的三角地，另5架滑向缆车站台附近的平地方向。

斯科增努乘坐的滑翔机第一个在饭店旁边降落，剩下的滑翔机大部分都顺利降落。

意军看守人员突然看见冒出来的德军突击队员，非常惊恐，不知如何是好。突击队员在很短的时间内控制了山谷，并收缴了意军官兵的枪械。然后，斯科增努中尉飞速地冲进坎普将军饭店，他找到了墨索里尼，并立即劫走了墨索里尼。整个行动的完成不超过3分钟。

但是，原先准备运送墨索里尼的轻型运输机在着陆时被撞坏了。这个时候，一架德国轻型观察机正盘旋在饭店上空。斯科增努好像碰到了救星，马上向观察机发出求救信号。

驾驶这架飞机的正是德军王牌飞行员格洛克上尉，他在收到斯科增努的求救信号后，精准地将飞机着陆于饭店旁边的三角平地上。斯科增努把身体臃肿的墨索里尼塞进飞机，他也立即挤进飞机。

12名突击队员在小飞机附近集合，用尽力气推动飞机，飞机缓缓加速。不一会儿，小飞机载着这三个人便起飞了，晃晃悠悠地向罗马方向飞去。

仅过了两天，墨索里尼便飞抵拉斯登堡的"狼穴"，和希特勒再次相见了。

9月17日，墨索里尼担任"意大利社会共和国"意大利北部萨洛傀儡政府的总理，和南部已被盟军控制的意大利王国分而治之。对于尝尽了法西斯苦水的意大利人来说，墨索里尼被"幸运"地抢劫回来的意义，只是延长了他们在战争中继续饱尝苦难的时间。

不过正是应了"不是不报，时候未到"之说，1945年，墨索里尼在逃亡米兰的路途中，成为意军游击队的阶下囚。1945年4月28日，由意大利北方解放委员会下令，墨索里尼以及其情妇克拉蕾塔被执行枪决，并在米兰市广场曝尸街头示众。

意大利投降

1943年5月5日，在西西里岛的意大利代表开始和盟国进行秘密谈判。意大利非常想立即与盟国讲和,但担心驻扎在意大利的德军发动军事政变,仍假装和盟军作战。 与此同时,意大利外长古阿里格利亚为了不让德国产生猜疑的心理,便在意大利北部与德国外长里宾特洛甫举行会晤。 会谈后,意大利发表的公报相较于从前更加明确地声称,意大利还是德国"最忠实的盟国"。 不过,这只是意大利为了顾全大局而表现出的一种假象。

这个时候,意大利所有阶层都热切地渴望和平,特别是希望更早地脱离德国的控制。 意大利政府希望盟军派兵在罗马北部登陆,并派一个空降师在罗马空降。

1943年8月初,由隆美尔率领的B集团军的8个德国师穿越边境驻扎到意大利北部。 此外,还在意大利南部设有凯塞林元帅率领的8个德国师。 没用多长时间,80万意军轻而易举地被16个德国师解除了武装,没遭到意军丝毫的反抗。

1943年8月15日,巴多格里奥试图使意大利取得盟国的身份,以图在战后瓜分时能有巨大的好处。 所以,他再一次派代表与盟国秘密谈判。 意大利示意,如果盟军在意大利登陆,意大利就立即加入盟国,联合起来与德对战。

8月31日,英国不赞成意大利加入盟国,意大利也因此收到了最后通牒:必须无条件投降,不然就只能面对战争。 为了攻占意大利,亚历山大下令英国第8集团军于9月2日晚穿过西西里海峡,并在勒佐登陆。

9月3日,盟国起草停战协定,意大利代表在上面签字,正式向盟国投降。 9月8日18时30分,艾森豪威尔在广播中宣布停战协定。 20时,巴多格里奥也宣读了停战协定。

9月8日晚,德军挺进罗马。 意大利国王、巴多格里奥、内阁成员和高级官员们纷纷藏在陆军部大楼,对外宣布戒严。 在紧张可怕的氛围中,巴多格里奥等人进行紧急蹉商。趁着月黑风高,他们驾乘5辆汽车,从罗马的东城门外驶出,停在亚得里亚海岸的佩斯卡拉港。他们乘上2艘盟军的快艇,绝尘而去。9月10日,巴多格里奥等人抵达意大利南方的布林迪西,在盟军占领区建立反法西斯的意大利政府。

10月13日,意大利的巴多格里奥政府正式宣布对德宣战。此时,英、美、苏三国政府相继对外表示,承认意大利是盟国的一方。

第二节　1943 年——第二次世界大战转折的一年

赫尔访问莫斯科

1943 年，是第二次世界大战重大转折的一年，同盟国在每个战场上都占有了战略主动权。

同盟国此后遇到的问题是：怎么才能利用战局的胜利转折，更好地加强各国之间的合作和协同作战，以最短的时间击垮法西斯侵略者，并做好战后和平和安全方面的安排。因此，同盟国首脑进行会商的重要性逐渐显现。

1943 年 8 月 19 日，美国总统罗斯福和英国首相丘吉尔联名给苏联政府首脑斯大林写信，建议三国首脑进行会晤，并提出阿拉斯加、巴士拉、巴格达、安卡拉等地，为斯大林提供开会地点的选项。

斯大林此时也想要与罗斯福、丘吉尔会晤，不过这个时候苏军正忙于和德军展开殊死搏斗，斯大林身为苏联武装部队的最高统帅，不能离开莫斯科。斯大林建议，会议地点以伊朗首都德黑兰为最远半径。

为了使得主要同盟国之间的了解和联系更为紧密，并做好召开首脑会议的预先安排工作，美、英、苏三国政府商讨后决定先举行外长会议。

1943年10月19日至30日，美、英、苏外长会议举行，地点放在了莫斯科克里姆林宫内的斯皮里多诺夫卡宫。

时任美国国务卿的科德尔·赫尔，新任驻苏大使艾·哈里曼和驻莫斯科军事使团团长约·迪恩少将出席会议；英国外相安·艾登，副外相助理威·斯特朗和国防部参谋长黑·伊斯梅将军作为英国代表；外交人民委员维·莫洛托夫，苏联元帅克·伏罗希洛夫，副外交人民委员安·维辛斯基、马·李维诺夫是苏联代表。

会议的首项议程，主要围绕着如何开辟第二战场的问题。此问题苏联已提出两年多了，并且强烈希望英美早日付诸行动。

在这次会议上，苏联代表提议确定开辟第二战场的时间。从美国的角度来说，1944年春天进军西欧已是箭在弦上。只是英国人生性小心谨慎，在莫斯科外长会议举行期间，丘吉尔曾经给艾登和伊斯梅将军电话，通知他们要延缓盟军进攻欧洲的时间。所以，后来在外长会议公报中仅仅写道："对于为加快对德国及其欧洲卫星国战争所应采取的行动方面的决议，曾有开诚布公和详尽的讨论。会议讨论了具体的军事作战计划，以及关于此项的作战计划，并做出决定，已经开始准备工作……"

会议的第二项议程是苏、美、英中对普遍安全的宣言。如下是《四国宣言》的全文：

> 苏联、美利坚合众国、联合王国及中国政府，一致决定遵守1942年1月1日联合国家宣言及此后的若干次宣言，对他们现正分而战之的轴心国保持敌对行动，直到各轴心国在没有任何条件投降的基础上，举手投降为止；深感有使他们自己及其同盟的人民在面临侵略威胁下获得解放的责任；并保证从战争快速而有秩序地过渡到和平并建立与保持国际和平与安全的

必要,使得全世界最小限度地使用军备上的人力与经济资源,特联合宣告:

第一,他们保证用联合行动对其中个别敌人发动战争目的是为组织及维护和平与安全而努力下去;

第二,他们当中将会和某一个同样的敌人作战者,对于敌人的投降、解除武装等所有相关事项,都将进行联合行动;

第三,他们将实施他们认为必须的所有方式,目的是防止所有破坏对敌人所规定的条件的行径;

第四,他们承认在尽快可操作的时间内,依据一切喜爱和平、国家主权平等的原则,建成一个普遍性的国际组织是有必要的,无论这些国家大与小,都必须加入而成为会员国,目的是维持国际和平与安全;

第五,为维持国际和平与安全起见,需重新建立法律与秩序及普遍安全制度,在此之前,各国将相互商讨,并于必要的时候与联合国家中的其他国家磋商,目的是代表国际社会实施共同行动;

第六,战事结束后,除非以本宣言内所预期的目的之外,并在共同商讨后,他们将不得在其他国家领土内使用其军队;

第七,他们将相互合作并和联合国家中的其他国家协商合作,必要时对战后的军备进行调节,达成一个实际可操作的普遍协议。

《苏、美、英三国关于意大利的宣言》《苏、美、英三国关于奥地利的宣言》和《苏、美、英三国关于德国暴行的宣言》在这次外长会议上一并通过。

此外,会议还有一个重要决定,即欧洲咨询委员会成立,用来研究战后的合作问题,伦敦成为会议地址。

10月30日，莫斯科外长会议落幕。

莫斯科外长会议有着极其重要的意义。同盟国的合作因此得以加强，为战后保卫和平的国际组织——联合国的建立打下了基础，并成为三国首脑会议召开的契机。

开罗会议

莫斯科外长会议结束后不久，几个主要同盟国政府首脑便决定举行会议。1943年11月22日至26日，美国总统罗斯福、英国首相丘吉尔和中国国民政府主席蒋介石（夫人宋美龄等陪同）举行会议，会议地点在埃及首都开罗，史称"开罗会议"。

开罗会议主要有两个议题：一是军事问题，即如何才能把日本侵略军从缅甸赶走。这原来是英国的事情，因为缅甸是它的殖民地；不过中国极其希望打通滇缅公路，以便取得美援；但是，美国的想法是中国坚持抗日，可以提升中国的国际地位。所以这个任务就成为了英、美、中三国的事情。第二个议题是借由蒋介石参加三大国首脑会议，商讨一些关于战胜日本以及亚洲国家的问题，以重树中国的大国地位。这是美国总统罗斯福的主要想法。

虽然缅甸作战的相关问题共同属于英、美、中三国，但在英帝国的宏大战略中，没有将小小的缅甸放在心上。德军就在英吉利海峡对岸，英国一直坚持"先欧后亚"战略，必须击败德国，先将英伦三岛自身的威胁解除。

开罗会议在11月23日正式开幕，蒙巴顿作为英国的东南亚战区司令代表向会议提出缅甸作战方案，寄希望于利用中国驻印军和云南的中国远征军在1944年初出师缅甸，扫荡日寇，将滇缅公路打通。不过蒋介石希望英国海军从孟加拉湾进行水陆两栖战争，南北双面夹击，痛击日军。后来通过罗斯福的斡旋，中英两国同意在1944年3月对缅甸发起攻势，南北夹击日军。不过这个决议其实没有任何实际意义，因为在德黑兰一周之后举行的会议上，美英决定1944年5月盟军在法国北部登陆，痛击德寇，所以丘吉尔再一次推翻了缅甸作战方案。罗斯福不得已把这个令人不高兴的信息告知了蒋介石。

开罗会议和政治相关的问题的洽谈主要以罗斯福和蒋介石作为主角。

11月23日晚上，罗斯福宴请蒋介石夫妇，宴后双方长谈一夜，主要内容如下：

第一，关于中国的国际地位——罗斯福总统认为中国理所应当获得四大国之一的地位，地位平等加入四强机构，并共同参与制定此类机构的所有决定。蒋介石答应说，中国愿意加入四强机构并参与其所有决定。

第二，关于日本皇族的地位——罗斯福总统寻求蒋介石的想法，战后是否应该废除日本天皇制度。蒋介石说，这个问题和战后日本政府形式等问题相关，应该由日本人民自己去决定，防止在国际关系中酿成永远的过失。

第三，关于对日本的军事占领——罗斯福总统表示，中国应该成为战后日本的军事占领中的主导角色。不过蒋介石表示，中国还不具备条件承担该重任，这个任务应该由美国来领导，如果有必要性，中国可以加入，从中协助……

第四，关于用实物赔偿——蒋介石提议，战后日本可以用一部分实物来支付对中国的赔偿。日本的一些工业机器、设备、军舰、商船、铁路车辆等等，可以由中国接手。罗斯福总统赞同了这个建议。

第五,关于归还领土——蒋介石和罗斯福总统一致认为,日本强占了中国东北四省、台湾和澎湖列岛,在战后日本必须将其归还给中国,这可以认为包括了辽东半岛及其两个港口,即旅顺和大连。

……

第七,关于朝鲜、印度支那和泰国——罗斯福总统认为,在朝鲜、印度支那和其他殖民地以及泰国的将来地位的问题上,中国和美国双方应取得相互谅解。蒋介石表示赞同,强调一定要支持朝鲜独立。他还指出,中美两国应一同努力来支持印度支那在战后获得独立,并且恢复泰国的独立地位。罗斯福总统表示赞同。

在开罗会议取得的所有成果中最重要的一项,就是美、英、中三国政府首脑发表的《开罗宣言》。该宣言由霍普金斯起草,经罗斯福、丘吉尔、蒋介石商讨并达成一致后,又被送到德黑兰去寻求斯大林的意见。斯大林完全赞同该决议。于是,《开罗宣言》在1943年12月1日于开罗正式对外公布:

三国军事方面人员,在日后对日作战的相关计划上已达成一致,我三大盟国表示,决心不放松任何从海陆空多个方面对残暴敌人施以压力的机会。这项压力已经在增加的过程当中。

我三大盟国此次打响战争的目的,是为了制止并惩罚日本的侵略之行……三国的最终目的是要解放日本从1914年第一次世界大战打响之后在太平洋所抢夺的或占领的所有岛屿,在逼迫日本归还窃取的中国领土于中华民国,例如满洲、台湾、澎湖群岛等。日本也将被驱逐出其通过暴力或贪欲所占领的全部土地，我三大盟国考虑到朝鲜人民所承受的奴役生活，决定在合适的时间，使朝鲜获得自由和独立。

我三大盟国坚持上述之各项目标并和其他对日作战的联合国家保持一致目标，将把获得日本无条件投降作为目标进行的必要的重大的长期作战坚持到底。

显而易见，此处的"中华民国"就是中国，《开罗宣言》是一份有关台湾地位的国际法律文件，它在法律上明确了日本非法侵占台湾，明确了台湾是中国领土的法律地位。

《开罗宣言》也是战后对日本问题进行处理的重要法律根据。

德黑兰会议——成立联合国

一、德黑兰三巨头会晤

开罗会议结束后，罗斯福和丘吉尔飞抵伊朗首都德黑兰。1943年11月23日下午4时，在苏联大使馆的会议室内，三巨头首次正式会议举行。 美国在太平洋有大部分海军设施，以及100万左右兵力，盟军以消耗战作为太平洋战事的战略。 美国如今击沉日本舰船的吨位，已远远高过日本的补充能力，这说明消耗战战略是成功的。 在西侧，美国的一个主要目标是继续和中国合作，为此，要有一支远征军计划从缅甸北部和云南省展开进攻。

在欧洲战场，罗斯福表示在这一年半多时间以来，他先后和丘吉尔举行了两三次会议，议题中所有军事计划的制订都与这样一个问题有关：如何缓解德国对苏联战场的压力。 目前已经将1944年5月1日确定为行动时间。 罗斯福还将法国南部的登陆计划知会了斯大林。

斯大林就有关太平洋战争表示，苏联政府欢迎英美对日作战。

因为苏联军队陷入与德国的缠斗之中，苏军迄今还无法对日本作战。在德国最终被击垮时，所需的苏联军队就可以前往西伯利亚东部。"那时候，"斯大林说，"我们就能形成一条战线共同痛击日本。"

斯大林详尽地分析了在苏德战场上德军的力量，指出苏军在行军中遇到的难以克服的困难之一是补给问题。由于德国人在撤退时将一切都破坏殆尽，所以即使前线的主动权大体还是由苏联人掌握，由于气候条件所限，那些地区的攻势已经渐缓。

然后是丘吉尔发言。他表示，美国和英国在很早之前就认为横渡海峡的战役是非常必要的，这次战役以"霸王战役"为名，当前正在调用同盟国共同的资源和绝大部分的兵力。他和罗斯福都非常清楚地知道，北非和意大利战役在性质上是不那么重要的……首次会议在当天晚上7时20分结束。

从11月28日下午到12月1日，三国元首举行了4天会晤。会议内容主要围绕着研究和制定对德作战方针展开的，也就是开辟第二战场。

斯大林对开辟西欧战场的"霸王"行动十分关切，要求马上将开始日期确定下来；丘吉尔首先坚持英国进军巴尔干的计划，后来又提出从巴尔干和西欧两路打入欧洲的新方案，强烈地回避开始"霸王"行动的准确日期；罗斯福则在二者中间保持中间态度调和，但倾向斯大林的意见，指出不想推迟"霸王"行动。三方最后就对德作战问题形成一致看法，签署秘密作战计划即《苏、美、英三国德黑兰总协定》，决定1944年5月同时发起"霸王"行动和进攻法国南部的战役；同时，苏军将在东线发动攻势，以阻拦德军从东线向西线调动兵力。

12月1日,会议最终以三国首脑发表的《德黑兰宣言》作为结束。宣言声称苏、美、英三国已经确定剿灭德军的有关计划,并已在从东面、西面和南面展开军事行动的规模和时间上完全达成一致;号召所有国家积极加入到对德作战的阵营中,并欢迎它们加入战后维护和平的国际组织中去。会议还通过苏、美、英《关于伊朗的宣言》,声称由于伊朗在对德战争中做出过贡献,因此同意给伊朗经济援助,并支持伊朗维护自身独立、主权和领土完整的主张。

二、"联合国"的设想、战后德国问题和波兰问题

在德黑兰会议举行期间,罗斯福曾经独自与斯大林会见,向他说明有关战后世界组织的建立情况,和维护长时间和平的设想,希望得到这位元帅的理解和支持。

罗斯福总统提议,世界组织在概念中计划由三个机构构成:

一是组建一个总组织,包括35个或50个联合国家(即后来的联合国),它将提出各种建议。在这个总组织里,所有的国家都可以畅所欲言,即使是小国也可以发表自己的意见。

二是建立执行委员会,包括苏联、英国、美国、中国,以及两个欧洲国家、一个南美国家、一个中东国家、一个亚洲国家(除中国外)和一个英属自治领地。这个执行委员会在农业、粮食、经济、卫生等方面的问题上进行处理工作。

三是组建警察委员会,由苏、英、美、中四国组成,当有侵略或破坏和平的危险情况出现的时候,能够在最快的时间里采取行动。

德黑兰会议还探讨了战后对德国的处置问题,不过没有形成具

体协议。美英的想法是将德国分割，美国希望将德国分成五份，英国则主张把德国东南部和其他的国家合并组成联邦。在这一问题上，斯大林的态度比较谨慎，他认为德国不应当被摧毁，摧毁的应该是"希特勒国家"。所以，斯大林提议，一定要完全肃清普鲁士的军国主义势力。这一问题在此次会议上没有得出结果，三国首脑决定将这个问题交给欧洲咨询委员会以进一步研究。

开罗会议和德黑兰会议的举行，使得国际反法西斯联盟前所未有地加强和巩固起来了。斯大林对此评论说："德黑兰会议是加强和巩固对德国联盟战线的一大鲜明标志。"

第三节 诺曼底登陆

欧洲第二战场的开辟

一、"霸王"计划的准备

1942年8月19日,第厄普被英军袭击,但英军遭到惨败,损失惨重。第厄普登陆为盟国的很多登陆提供了宝贵的经验教训。第厄普登陆的失败证明了很难对德军固如金汤的港口采取正面攻击并获得胜利,除非先派飞机和军舰实施轰炸和炮击,炸平整个港口,不过这样做,港口就不能再用了。

第厄普登陆带来的另一个好处是,在1942年兵力匮乏的情况下让美国参谋长联席会议计划进攻法国的热情极为低落。美国人开始想要听听英国人是如何计划盟军在北非登陆的。

战后,对于这种变化,英国海军元帅厄尔·蒙巴顿评价说:"诺曼底战役的胜利是在第厄普登陆的基础上取得的。"

由于美军陆军实力的日益加强,美国陆军内部希望美军可以重新返回欧洲的愿望越来越急切。1942年,有超过25万名美军来到英国,其中有15万多美军是乘坐英国舰船抵达的,还有12.9万人被送到北非作战。

1943年,在计划前往英国的98.3万名美军里,有25万本该在前6个月抵达。但在那个时候,美国海军对太平洋海战十分关切，其陆军航空兵正在忙于对德国进行轰炸。

丘吉尔提议第一批登陆兵力应至少增加25％，这就需要增加登陆舰艇的数目。而美国海军作战部长欧内斯特·金海军上将回复，美国海军没有办法提供所有的登陆舰艇。

1944年4月16日，丘吉尔对美国陆军参谋长马歇尔埋怨说："全部的难题都是因为坦克登陆舰数量少导致的，像英美这样的大国怎么会由于几千艘船只而缚手缚脚！"后来，英国设计了专门的登陆舰艇，并且交由美国进行大批量生产。

1943年10月，登陆计划工作开始交由拉姆齐主持，他的参谋长为克里西海军少将。

1943年11月28日，德黑兰会议举行，罗斯福、丘吉尔和斯大林参加。斯大林不满于英美拖延任命盟军最高司令一事，指出英美应在最短时间内在欧洲开辟"第二战场"。12月6日，罗斯福和丘吉尔提名艾森豪威尔作为登陆诺曼底作战的盟军最高司令。

1944年2月2日，艾森豪威尔返回英国后，立即催促修改"考沙克"计划。艾森豪威尔计划用2个最好是3个空降师发起进攻，而不是原先的2个空降旅，接下来用5个师而不是之前的3个师从海上发动第一波登陆战。此外，在海上还该有2个师紧随其后登陆。

登陆正面从之前的25英里增加到50英里，科坦丁半岛东部的海滩也在其中。拉姆齐赞同艾森豪威尔的意见，不过他指出，原来计划所需要的军舰和登陆舰艇的数目还不够，更别提新计划中所需要的舰艇了。

拉姆齐说，到5月1日他是没有办法准备好足够舰艇的。拉姆齐和蒙哥马利向艾森豪威尔提了一个想法，即推迟一个月登陆。该建议被同盟国参谋长联席会议获准，盟国可以在这一个月里再生产一批登陆舰艇。

1944年3月24日,美国参谋长联席会议赞同推迟原先计划和诺曼底登陆在一个时间里进行的法国南部登陆。这样,就彻底解决了登陆舰艇数量不足的问题。

在拉姆齐领导下的参谋部开始计划登陆的最终草案。通过计算,参谋部得出结论,新计划需要2468艘登陆舰艇。此外,登陆部队还需要1656艘驳船、拖网渔船、"犀牛"渡船等,它们将在那些大型舰船没有办法驶入的浅水区帮助卸载部队、军需、弹药、装备等。除了以上的船只以外,登陆部队还要423艘辅助舰艇(包括大量拖船、控制舰艇等用于人工港拖过海峡所用)、1260艘商船等为第二梯队运送弹药、燃油、军需和装备。

总的来说,在盟国海军的护送下大约有7000艘舰船要横渡英吉利海峡,并根据计划按时抵达登陆海滩。这支舰队将是人类历史上最大的一支。

在登陆计划最后确定之前,盟军需要认真分析每个登陆海滩。通过空中侦察、分析德军正加强海岸防御方面作用的原因,例如兵力的部署等,不过在照片上没有办法测定海滩的性质。

盟军最后确定了具体登陆位置,是位于奎内维尔以南半英里至韦斯特朗之间的海岸。盟军把登陆地域分成东西两部分。因为重型坦克和装甲车辆容易陷入流沙和软泥中,所以得到海滩泥沙的样品非常重要,盟军搜集了每个海滩可能得到的情报。

盟军建立了"联合作战向导组",包括一些海军和陆军军官。他们驾乘袖珍潜艇或者登陆艇,在月黑风高之时驶到登陆海岸,对海滩的坡度和水下障碍物进行研究,拿回海滩泥沙的样品。为了隐藏诺曼底的登陆地域,盟军在加莱海滩以及"大西洋壁垒"的许多海滩都进行了相同的海滩侦察。

登陆计划需要大量的人力。数量众多的登陆舰艇需要舰员，种种和登陆相关的任务都需要人力，在英国人力资源是稀缺资源，不足的部分只好交由美国解决。

登陆舰艇的问题克服之后，拉姆齐提出，英国没有办法提供担任火力准备和护航的全部战列舰、巡洋舰和驱逐舰。因为英国海军还要在北方海域抵御德国的海军。

为了解决这个问题，美国在1944年4月派出3艘战列舰和1个驱逐舰中队。在盟军登陆前几日，美国再次派出一个驱逐舰分队。于是，盟军登陆部队所需的支援军舰就都凑齐了。

盟军做了大量工作，包括训练登陆的海军和商船队人员、通信联络，以及登陆舰队的勤务、海滩勤务、指挥海军火力的准备等。通信联络工作非常关键，不但需要英美两国军队联合战斗，而且法国、波兰、荷兰、挪威等国也派部队加入战斗。

陆军部队不熟悉海上生活的习惯，因此必须在部队上船和下船时事先训练好。训练设施和登陆射击训练区是依据原先的"考沙克"计划设置的。如今，盟国很难为实现艾森豪威尔扩大的新计划而增加训练设施和扩大登陆射击训练区。

在苏格兰北部的莫里湾驻扎的S编队，由于恶劣天气的影响和地域所限，训练效果受到影响。1944年3月1日刚刚组成的G编队驻扎在韦默思，英舰"布洛洛"号是该编队的指挥舰，它于4月17日刚回到英国。虽然困难重重，但盟国各方面人员加紧努力工作，把训练工作完成得非常好。计划在波特兰和普利茅斯启程的美国O编队和U编队，改在德文郡南部沿岸开展训练工作。

登陆演习是登陆部队训练的重点，但许多登陆舰艇都在演习中被损坏了。但经过修理人员持续的努力，将登陆那天能参战的舰艇基本修理完毕。

二、盟国海军总动员

根据诺曼底登陆计划，盟国海军的主要任务是，保障登陆部队无任何差错且在规定时间内抵达敌岸。其次是保证在登陆开始后6周里，增援部队可以持续不断地登陆。

经过空中侦察和各式各样情报的搜集，盟军准确地对德军的实力和兵力部署进行评估。盟国海军的任务比陆军要轻一些，不过也不能低估。

除了运送登陆部队外，盟国海军还需要准备一定数量的战列舰、重炮舰、巡洋舰和驱逐舰以加入战斗，从而压制德军的岸防火力。此外，盟军海军为了给登陆舰船护航，还需要提供一定数量的护卫舰、护航驱逐舰和轻型护卫舰，同时还要准备巡逻艇和巡逻机应对德军的巡逻艇和低空飞机。

拉姆齐建议尽可能使用现有的指挥系统，不赞同建立新的指挥系统。虽然拉姆齐的经历比不上三位本土海军（诺尔、朴茨茅斯和普利茅斯三个海军军区）司令，不过他拥有充分的登陆舰队指挥经验。

拉姆齐的职责是指挥全部盟国的海军部队，他仔细地思考了指挥系统的问题。因为全部参战部队有良好的协作精神，所以盟国海军的指挥系统相当完好。

在陆军建立登陆场以前，海军负责指挥登陆舰队和登陆部队。登陆部队的海军指挥系统为：

东部登陆地段：

英国海军少将菲利普·维安任东部特混舰队司令，旗舰是英舰"女怪"号。

S编队（"斯沃德"区）：塔尔博特任司令，旗舰是英舰"拉格兹"号，负责对英国第3步兵师和第27装甲旅实施运送。

G编队（"哥尔德"区）：道格拉斯·彭南特任司令，旗舰是英舰"布洛洛"号，负责对英国第50步兵师和第8装甲旅实施运送。

J编队（"朱诺"区）：奥利弗任司令，旗舰是英舰"希拉里"号，负责对加拿大第3步兵师和加拿大第2装甲旅实施运送。

L编队归于第二梯队：海军司令是帕里，旗舰是英舰"信天翁"号，负责对第7装甲师、第49步兵师、第4装甲旅和第51苏格兰师实施运送。

炮火准备和支援：第2和第10巡洋舰中队承担该任务，负责人分别是达尔林普尔·汉密尔顿和帕特森。

西部登陆地段：

美国海军少将柯克任西部特混舰队司令，旗舰是美舰"奥古斯塔"号。

O编队（"奥马哈"区）：霍尔任司令，旗舰是美舰"安康"号，负责对美军第1师一部实施运送。

U编队（"犹他"区）：穆恩任司令，旗舰是美舰"贝菲尔德"号，负责对美军第4师实施运送。

B编队属于第二梯队：埃德加任司令，旗舰是美舰"马洛伊"号，负责对美军第2、第9、第79、第90师、第29师的剩余兵力实施运送。

炮火准备和支援：在若雅尔的指挥下，由"自由法国"海军舰队负责。

扫雷舰艇并不在全部登陆军舰内，不过扫雷舰艇的工作至关重要。德海军沿英吉利海峡在北纬50°以南到法国海岸10海里之间布设了雷区。德军在雷区以南预先留出了一条沿海运输通道，在这条通道上并没有布设水雷。

拉姆齐计划将该通道作为大型步兵登陆舰的换乘区。该通道靠近法国海岸的一侧，拉姆齐怀疑德军有可能布设了沉底水雷，所以参谋部在他的领导下制订了扫雷计划：

第一，给每个突击登陆编队开辟一条无雷通道。

第二，准备舰炮火力给支援的舰队使用，在靠岸一侧的通道开辟若干无雷区域。

第三，在最短时间内拓宽航道的宽度。

第四，计划清扫德军新布设的水雷。

盟国陆军认为在涨潮时登陆是最佳时间，这样能缩短部队抵达德军岸防工事的距离。不过涨潮会将水下障碍物淹没，登陆舰艇有可能撞到障碍物，这样会严重影响日后的登陆作战。拉姆齐考虑到海军的特点，所以计划在低潮时登陆。

诺曼底海岸周边的涨潮和落潮情况大约是大潮25英尺，小潮19英尺。海滩坡度平稳，小潮涨潮后还有很长一段海岸不会被淹没。拉姆齐与蒙哥马利对这个问题进行了研究，最后决定：在半潮时登陆，也就是在涨潮来临前3~4小时登陆，在第二波登陆部队登陆之前让爆破队排除障碍。当涨潮时，爆破队立即停止工作。为了尽可能将步兵的伤亡降到最低，第一波突击部应为水陆坦克，其次是特种装甲兵，最后才是步兵。

为了不让登陆艇、近海船、渡船和车辆堵塞，以及避免物资堆积所造成的积压情况，就一定要做好海滩勤务工作。拉姆齐指出，参加第一批登陆的海滩勤务主任的工作是沉重的。50英里的海滩过长，勤务主任很难全面兼顾。此外，海滩勤务工作队很可能受到攻击，完成任务并不简单。为此，拉姆齐计划成立了两个勤务机构：

一是海滩海军主管军官。在各自所辖的海滩上，最高长官就是各主管军官，他们直接负责突击编队。

二是渡船高级指挥军官。各渡船高级指挥军官与海滩勤务主任和海滩勤务大队长做协调工作，对海滩附近的全部渡船进行指挥。

所以，盟国海军应该训练对全部渡船的控制，以达到登陆部队的要求。在各个登陆区的海上，拉姆齐的参谋部特意安排两名军官承担渡船高级指挥军官，负责接收抵达登陆区的舰船，同时负责集结舰船和指挥返航的登陆输送队。

空中轰炸和舰炮轰击的有关问题，盟国研究决定了联合打击计划。

第一，登陆前对登陆部队特别有妨碍的德军进行猛烈轰炸。例如，轰炸勒阿弗尔以北的炮连以及科坦丁半岛上的炮连。为了隐藏诺曼底登陆地域，因此同时对其他地区的炮连进行轰炸，并减少对诺曼底海岸的轰炸威力。

第二，登陆前一天夜里轰炸 10 个炮连，盟军空军对每个德军炮连投掷了 100 吨炸弹，其中 4 个地处英军登陆的诺曼底登陆地域。

第三，在登陆前两小时，命令中型轰炸机轰炸诺曼底登陆地段的德军 6 个炮连。

第四，登陆过程中，盟军舰炮对对面的德军各炮连进行轰击。

第五，登陆过程中，盟军的小型军舰和炮火支援艇对德军的海滩防御工事进行袭击，重型和中型轰炸机群进行支援。

盟军战斗机由火力支援部队管理，负责对指定目标进行 35～45 分钟的猛烈轰击，并对临时目标进行强击。在摧毁或者夺取德军炮连后，舰炮由陆军指挥，对德军的机动炮连、德军的反突击进行轰击。

盟军一共有106艘负责炮火准备和支援的军舰，73艘部署于东部登陆地段，33艘部署于西部登陆地段。由于这些军舰将需要数目庞大的弹药，盟军决定利用驳船对弹药进行补充，驳船返港时应立即靠岸，并保证驳船很快就能回到发射阵地。

此外，拉姆齐的参谋部还考虑到了炮管更换的问题：凡是口径6英寸以下的火炮都需要到英国南部有造船厂的港口更换；15英寸火炮到英格兰北边港口更换。

对于集结各种登陆输送队和人员的有关问题，拉姆齐的参谋部通过研究决定了详细的计划，这需要各兵种间的密切配合才能完成好每个细节。例如，在指定的港口附近地区把部队、军需和装备集结起来。

登陆部队再往下可分为突击登陆部队、乘船预备队和第二梯队，拉姆齐的参谋部通过研究决定了详细的运输计划，将登陆舰艇安排好，尽一切可能把部队送上船，再及时将他们从港口送到登陆海滩。

英国制造了55块混凝土铺路板，从而解决了重装备的装载问题。在登陆舰或登陆艇的斜板上斜放这些铺路板，以方便坦克、装甲车和卡车开过去。

因为众多英国商船参加运输工作，广大船员们被战时运输部告知参战具有的危险，所以，都要求他们在志愿书上签字后才能参战。除了由于年龄、身体、家庭等原因而离开的少数船员外，大部分船员都留了下来，他们热切希望服务于反法西斯战争。

英国从1944年1月起建造人工港，为了不泄密，英国人将人工港命名为"桑树"。拉姆齐指认坦南特海军少将作为"桑树"和代号为"冥王"的海底输油管工作的负责人，他在敦刻尔克大撤退中表现得很有能力。恶劣天气给登陆部队带来了麻烦的4天，正是"桑树"救盟军于危难之中。

人工港以146个混凝土沉箱为主要部件，每个沉箱长61米，沉箱的大小依据所沉没处的海水不同的深度而定。建造这些沉箱需要33 000吨立方的混凝土和31 000吨钢材，沉箱都装配有浮箱。

因为建造时间很紧，又没有充分的船舱建造沉箱，坦南特海军少将决定在泰晤士河挖12个深坑，先把沉箱的基础部分建造在坑里，让其上浮后再建造剩余部分。深坑里建造了48个沉箱，57个沉箱建在干船坞，18个沉箱建在2个湿船坞，23个沉箱建在船台上。

坦南特认为人工港不能抵抗中等风浪，他决定把70艘废船当成沉船杯，帮助废船在突击登陆开始后沉下去，目的是为了在人工港组成之前提供避风水域。在盟军登陆两个星期后掀起的巨大风浪中，沉船所组成的防波堤在挽救人工港方面起到了重要的作用。

坦南特的计划就是留下许多十字形钢制构件，它们大约200英尺长，可漂浮起来，将它们首尾相连，为人工港开辟出一个深水锚地。在人工港里还有浮码头和码头头部，它们随着潮水的涨落而升降，小船、坦克登陆舰和坦克登陆艇通过码头卸载到岸上。

浮码头上设有发电机组、船员室和储藏室。登陆艇的艇首停靠于浮码头的倾斜跳板上，再把登陆艇的跳板放下来，这样车辆就可以径直开到海滩上。小船可以靠上浮箱，将货物卸载至卡车上。

盟军机械化部队消耗了大量的燃油，登陆计划为此准备了两个解决办法：

第一，铺设4条6英寸和10英寸的输油管，每个登陆区各铺有两条。辅油管从岸上一直铺到系泊设备上，每小时有600吨燃油通过输油管从油船输送至岸上。

第二，10条油管铺设于从英国的桑登湾到瑟堡以西的奎内克维尔区域。

因此，盟军决定将法国的交通切断，盟国确定了"交通战"计划：持续对72个目标进行至少3个月的轰炸，其中包括39个德国目标，33个法国和比利时的目标。艾森豪威尔和副司令泰德空军上将对该计划表示赞同。

不过，反对的也大有人在，英国轰炸航空兵司令哈里斯和美国战略航空兵司令斯帕茨就是其中之一，他们不想放弃各自的轰炸计划。

激烈的争论在盟军高层领导之间爆发，后来罗斯福赞同艾森豪威尔和泰德，丘吉尔表示对哈里斯和斯帕茨持支持的态度。最终，哈里斯和斯帕茨心怀不满地执行了"交通战"计划。实际上，英美联合轰炸取得了巨大胜利，效果非常理想。

在登陆前4个月，76 200吨炸弹被盟军轰炸机投到80个交通目标。在盟军登陆那一天，在距离诺曼底海滩150英里以内的所有区域中，有75%的德国车辆不能通行；欧洲西北部的整个铁路系统无法运作；重要地区的全部桥梁被毁坏，5000多架德机被击毁。

最终，德国空军没有办法阻挠盟军登陆，德军增援诺曼底地区的能力也被大大削弱。

三、登陆日期的确定

1944年4月2日，拉姆齐颁发了登陆作战计划的临时性副本给某些机构。由于计划非常复杂，所以计划内容都是按时间顺序进行编排，而不是针对每一个编队进行安排。登陆作战计划的打字稿加起来有1000多页，美国参谋们对此非议纷纭。

英国高层习惯将计划制订得详细具体，美国高层习惯将计划制订得概括宏观，而鼓励部下自己制订具体的计划。不过，登陆作战和往常不一样，美国参谋如果要在一个时间表里概括几千艘舰船每时每刻的运动，并且告知人们每艘舰船的工作，几乎是不可能完成的。因此，美国参谋们只能接受英国人的详细计划。

4月10日，开始复印登陆作战计划，两个星期后下发，不过仅有几个机构可以翻阅。考虑到一些小船的船长被告知在横渡途中才能打开副本，很可能短时间内不理解命令，所以指派清楚计划内容的参谋为他们做介绍。

4月26日，盟国海军司令拉姆齐和参谋们从伦敦搬到海军作战指挥部。

5月1日，盟军在最高司令部召开会议，针对侦察机近日拍到的海滩情况进行研究。德军正抓紧时间在海滩铺设水下障碍物。拉姆齐认为一定要在水下障碍物还没布到深于2英尺的水中时登陆。因此，拉姆齐希望在6月5日或6日登陆。最终将登陆时间确定为：

"犹他"和"奥马哈"区为06，30
"哥尔德"区为07，25。
"朱诺"区为07，35～07，45。
"斯沃德"区为07，25。

6月4日晚上9时30分，盟军高级将领们齐聚藏书室的餐室举行会议，斯塔格说："感谢上帝，忽然间天空发生某些变化，我们并没有预料到。星期二上午，登陆地域的天气情况都符合司令部提出的要求。"

如果盟军在6日冒险登陆,将会面临一个问题就是未来几个星期的快速增兵。这个问题显然成为了每个将领们的心头之患。拉姆齐问斯塔格,7日至9日的天气是否好一些。斯塔格说,假如低气压能向东北方向移动的话,那么云和风的情况就会比预报的好一些。

最后,艾森豪威尔决定:将于6月6日实施登陆诺曼底作战计划。拉姆齐和蒙哥马利都赞同这一决定,除了空军司令利·马洛里。

5日凌晨3时,气象人员举行了电话会议。5日4时15分,当斯塔格迈入藏书室的餐室时,气氛异常沉闷,所有的将军都铁青着脸,出奇地安静。这次,斯塔格带来了好消息。他说,在5日晚上整个英格兰南部都将会有好天气,甚至有可能持续到6日上午晚些时候或者下午,空气能见度较高,风力大概3级,在诺曼底海岸附近的风力将低于4至5级。他说,虽然6日之后几天的天气仍有反复,但最起码可以有一段是好天气。

5日深夜,云突然消散,风也停止了。过了午夜,美军伞降部队在诺曼底村庄着陆时,盟军司令部也收到报告得知诺曼底天气转好。

盟军向诺曼底大举进发

历史上最漫长的一天开始了。

1944年6月6日凌晨,美英盟军的2395架运输机和847架滑翔机,载着3个空降师从英国的20个机场起飞。飞机群向南快速飞行,伞兵空降着陆于法国诺曼底海岸后边的重要区域。黎明的时候，英国皇家空军的1136架飞机起飞，猛烈轰炸事先在勒阿佛尔和瑟堡之间选定的10个德军海岸炮垒。天亮后，美国第8航空队的轰炸机开始猛烈轰击，1083架飞机在德军海岸防御工事上投下1763吨炸弹，此时离部队登陆还有半小时。之后，盟军各种飞机同时发动攻击，炸弹有如雨注般倾泻到敌人的海岸目标和内陆的炮兵阵地。5时50分，太阳刚刚升起，盟国海军战舰开始以凶猛的阵势对沿海敌军阵地进行攻击。一时间，漫天都是炮火，天地震动，德国士兵像一个个缩头乌龟一样躲在钢筋混凝土的掩体内。

在距岸17千米（美军登陆区）和11千米（英军登陆区）的海面上停靠着利用运输舰送来的进攻部队，之后"换乘"大型登陆艇和小型登陆艇。小艇属于攻击艇，每艇可以乘坐30人。小艇排成一排前进，并在规定时间内抵达攻击滩头。运载重武器、大炮、坦克和工程设备的大型登陆艇紧随其后，登陆艇上还分别安置着大炮、迫击炮和火箭炮，靠岸时就可以对敌人的海岸防御工事进行面对面的射击。此外还有两栖坦克，它们一登陆上岸就能直接投入战斗。最后是登陆船，将径直上岸，卸下人员、装备和供应品。

6日早晨6时30分，美军在奥马哈和犹他滩头开始登陆。

在犹他滩，实际情况是盟军的登陆地点比预定地向东偏移了1.6千米，不过德军在登陆点部署的兵力并不多。攻击行动实施后，盟军部队仅花了3小时就成功跨越了滩头，控制了沿海的公路。当天上午，登陆部队和在5小时前空降于敌人后方的部队会合。到了当天午夜，盟军成功向内陆前进了6.5千米。历数所有登陆作战，犹他滩登陆战是伤亡人数最少的一场，2.3万名官兵中只伤亡了197人。

在奥马哈滩，美军的进攻就不是那么一帆风顺了，实际上它是诺曼底登陆战役中打得最为激烈的海滩。巨浪、晨雾、烟尘和侧面的气流让部队在登陆之前就没了力气，负载沉重的士兵晕晕乎乎地走下船来，随后便遇到猛烈炮火的攻击。一时间，海滩上到处都是阵亡的和负伤的盟军战士。同样的事情还发生在下一批进攻的部队。在这关键时刻，美军两个突击营借用绳梯爬上了海岸的陡峭山壁，攻下了敌人的海岸大炮，摧毁1座炮台。不过敌军的剩余火力点依然在猛烈射击，美军在海滩上依然寸步难行。美军第1步兵师师长许布纳立即决定，命令驱逐舰向德军炮群和火力点进行近距离的射击，尽管这有可能会让自己人受伤。驱逐舰果然有很大的威力，德军士兵从工事里走出来宣布投降。美第1师官兵经过浴血奋战，最终占领了一条纵深不到3千米的滩头阵地。截止到6日夜晚，先后有3.4万名美军登岸。

英国军队于7时20分开始登陆。

在金滩，英军第50师一开始就遭遇了一些困难，不过在皇家海军艾杰克斯号强大火力的掩护下，渐渐将德军的抵抗摧毁殆尽。到傍晚时已有2.5万名盟军顺利登陆。

在朱诺滩，加拿大第3师和顽强的敌人相遇了，在将滩头的敌军肃清了之后，他们急速推进，并取得了巨大进展，当晚就抵达卡昂—贝叶公路。

在剑滩上，英国第3师也遭遇了激烈的反抗，不过在傍晚时，他们就与第6空降师成功会合了。

到了6月6日傍晚，盟军在欧洲大陆已建立了巩固的登陆场，伤亡人数比预计中的少。到6日夜晚，差不多10个师的部队与坦克、大炮和其他武器已经登岸了，后来的部队陆续赶来，盟军对德国守军的优势不断增大。

6月5日的恶劣天气，让西线德军的大多数将领以为盟军此时不会选择进攻，所以防守变得消极。6日凌晨2时左右，报告送至巴黎的伦德施泰特总司令部，他才得知大规模的英美空降部队已经登陆。不过伦德施泰特却得出结论，空降伞兵只是一种掩盖真实意图的手法，加莱附近才是盟军的主要登陆地点。

没过多久，总司令部就收到来自西线德国海军部队的报告，报告说在海岸雷达站的荧光屏上发现大量的黑点，很有可能是一支正驶向诺曼底海岸的庞大舰队。西线总司令的参谋长却回复："什么，在这种鬼天气里？肯定是你们的技术员搞错了。那些黑点可能是一群海鸥吧？"

最终，当西线德军意识到盟军正在进行大规模登陆时，他们向希特勒请求获准出动2个装甲师和盟军空降部队决一死战。不过希特勒却下令，他们在白天侦察弄清形势之前，不能派出这支战略预备队，因为希特勒认为这不过是声东击西的佯攻。

这时，一贯认为将在海岸滩头让登陆盟军惨败而归的隆美尔，正在德国为爱妻露茜庆祝生日。在6日上午10时15分时，参谋长斯派达尔给隆美尔电话，希望他马上赶回指挥部。隆美尔收到消息之后"十分惊讶，震惊不已"，然后，他面无表情地自言自语道："我太笨了！我太愚蠢了！"站在他身边的露茜发现他已和之前判若两人。

6月7日，希特勒任命隆美尔指挥西线装甲集群的5个装甲师，隆美尔下决心利用这支精锐部队进行绝地反攻。不过由于局势严峻，首先，他不得不锁定阻止盟军将5个登陆滩头连成完整的大登陆场这一目标，其次，再保证卡昂和瑟堡不被摧毁。可惜在盟军的海、空军的绝对强势火力下，这支装甲部队根本不能成建制投入作战，也不能发动决定性的大规模反攻。

美英增加的后续部队陆续抵达，登陆场逐渐扩大，补给物资也滚滚而来。在战役打响的6天里，有326 547人、54 186辆军车和104 428吨物资通过海滩被运到岸上。到6月12日，几个滩头已连成一条完整的阵线。

不过与预期的计划相比，盟军的进展明显很慢。根据原计划，卡昂是第一天登陆要攻下的目标，但一直没有拿下。从6月6日到7月5日的1个月里，盟军实力逐渐大增，已有各种车多达17.7万辆，还有超过了100万人的登陆部队。尽管希特勒一直没有办法集结大规模的兵力来进行反攻，隆美尔一方投入战斗的兵力不到盟军的一半，不过在一个月内盟军一直在海滨游移，在卡昂—圣洛一线也只向前推进了30千米。

7月5日，艾森豪威尔向马歇尔提交报告，并指出盟军进展艰难的原因主要有三个：一是德国士兵的战斗素质较高；二是自然条件恶劣，到处都是沼泽，道路也不宽敞，敌人把火力点隐藏在灌木篱笆丛中，不容易突破；三是天气连日下雨，空军不能起到应有的作用。

解放巴黎——法国重建

盟军乘胜追击，直捣黄龙，直逼法国心脏地区。8月15日，由于法军和美军又从法国南部登陆，进展同预期一样。所以，此时的德军已经在整个法国全线溃退。盟军犹入无人之地，展现在盟军前面的是顺畅宽阔的公路，公路两旁青葱翠绿一眼望不到尽头。巴顿属下的法国第二装甲师师长勒克莱尔（因受戴高乐将军的命令，雅克·勒克莱尔在1942年底率领一旅法军从中非乍得湖畔启程向北行进，行程39天，于1943年2月初抵达突尼斯，此后加入盟军围剿德意参与势力的战斗。后经艾森豪威尔和戴高乐商议决定，勒克莱尔率领法国第二装甲师启程赴英国，参加诺曼底战役）返回祖国，他们不禁深有感触地说，这就像是"重演了1940年战局，只是胜负双方颠倒了过来，在我军出奇制胜的攻击下，敌人乱作一团，溃不成军"。

在8月19日盟军攻占了塞纳河西岸的芒特。这一天巴黎人民打响了武装起义的枪声，人们解放了首都。而盟国各路大军都奔赴塞纳河上，攻占渡口，使残敌落魄。1944年8月25日，法国第二装甲师从巴黎的南门和西门攻入首都。当天下午，奉艾森豪威尔的指令，法国的勒克莱尔将军荣耀地接受了德军的投降。

戴高乐一直与勒克莱尔保持着紧密的联系，此时，戴高乐也攻入了巴黎，在法国国防部大厦中建立了司令部。他要求艾森豪威尔将军暂时把两个美国师借给他，"这样方便显示他的威力和巩固他的地位"。艾森豪威尔没有答应，不过指示莱德雷陪同戴高乐，他们检阅了2个路过巴黎开往前线的美国师。此事在巴黎居民中引起了巨大反响，他们热情欢迎戴高乐这位民族英雄。

巴黎的解放宣告了诺曼底战役的胜利结束。"德国第7集团军和第5坦克集团军（7月间建立）彻底地宣告失败，第1和第19集团军的绝大多数战斗力也无力成军。从我们在6月6日登陆时起，在敌人高级指挥官中有3个陆军元帅和1个集团军司令被撤职或被击伤，1个集团军司令、3个军长、15个师长和1个要塞司令被我们当场打死或成为俘虏。

"截止到8月25日，有40多万敌人伤亡和被俘虏，其中一半是战俘。我方缴获或击毁敌方1300辆坦克，20 000辆军车，500

门迫击炮，1500门野炮和重炮，这还不包括在诺曼底海岸防御工事中被摧毁的大炮。"根据法国史学家亨利·米歇尔记载，德军损失将近50万人，其中有25万人被俘虏，德军损毁了约近2200辆坦克。

"盟军伤亡209 672人，其中有36 976名将士阵亡。"

正当法莱斯-阿尔让唐盟军将希特勒法西斯军队围剿痛击时，法美军队于1944年8月15日在法国南部登陆，德黑兰三国首脑会议的最后决议得以实现。

吉罗非常支持重建法国陆海空军，主要是因为吉罗是军人出身，对政治不熟悉。1943年7月，吉罗应邀访美，双方达成了美国提供武器装备重建法军之事的协议。

9月18日，戴高乐和吉罗又给罗斯福和丘吉尔致电（此时也告知斯大林），说明了有关建立法军的事情。这封电报的主要内容是表达要和盟国合作建立法国的武装力量。当需要法国军队或与法国的利益相关时，法军司令部一定要公平合理地出席盟国军事会议。

在这封电报里还附有备忘录，其中声称：法兰西民族解放委员会目前已经在北非召集必要的兵员组建以下部队：

7个步兵师，4个轻装甲师，以及各普通后备兵种，30个空军大队，4个伞兵部队。

依据所签订的协定，组建陆军和空军的必需物资，基本上是由美国政府来提供，部分由英国政府来提供。

1944年1月7日，戴高乐又下令，号召位于北非、科西嘉和法兰西帝国内1919—1925年出生的人应征入伍，同时还暂时性地集结全国熟悉机械的海员。

1944年6月3日，戴高乐将法兰西民族解放委员会更名为法兰西共和国临时政府,自己担任主席,此后基本上确立了他在解放后的法国的政治地位。所以在1944年8月25日解放巴黎时,戴高乐将军以临时政府主席的身份重返首都。

在这期间,戴高乐受到了美国政府和罗斯福本人施加的各种压力,甚至威胁会停止武器供应,不赞同他排挤吉罗。不过戴高乐决定顶住美国的压力和干涉,按照自己的意愿行事。而美国因为需要法国国内外的人力来参加反法西斯战争,所以也没什么办法,不得已继续为法军供应武器装备。最终,在1944年7月初,美国邀请戴高乐将军访问华盛顿。这次戴高乐和罗斯福总统进行了会谈,达成了谅解。7月11日,《芝加哥每日新闻》写道:"总统驱散了在我们与戴高乐将军的军队上空弥漫的云雾,完全扭转了自从我军北非登陆那天起所造成的至少是不合适的局势。"

这样,在自己的国土以外,法国建立和装备了56万人的队伍,包括在北非、西非、赤道非洲和南海各岛上的当地居民的30万人。其中后勤部队163 000人,预备队50 000人;256 000人组成远征军,征战各个战场。早在1943年11月,在朱安指挥下的法国第一军就开赴意大利战场,与德作战;在勒克莱尔将军指挥下的法国第2装甲师,穿过英国,和盟军一起重返巴黎。在德拉特·德·塔西尼指挥下法国第1集团军和美国第7集团军协同作战,从法国南部登陆,让自己的家园重获解放。

依据德黑兰会议上的决定,在实行"霸王战役"、登陆诺曼底时,盟军应该在法国南部配合进攻。

法军和美军共同实施了代号为"龙骑兵"(原名"铁砧")的作战计划,美国将领雅各布·德弗斯担任总指挥。盟军共有50万人,其中包括26万人的法国第1集团军,这个集团军的指挥官是法将德拉特·德·塔西尼,分为7个师(包括2个装甲师),都是摩托化部队；美军是亚力山大·帕奇指挥的第7集团军，全面的战术指挥由他统筹。由450艘货船和230艘军舰组成的这支盟国大军，分别从意大利的布林的西、塔兰托和阿尔及利亚的奥兰起航，共计5日，双方会合，过程中都没有被敌人发现。支援作战的飞机是1500架，大部分以科西嘉岛为基地，盟军在全长约55英里、两边遍布怪石的圣·特罗佩兹海岸上登陆。

德国第19集团军是负责防守法国南部海岸的军队，当时的兵力是10个师，其中1个师负责在阿尔卑斯山中应对游击队，另外1个师驻扎在波尔多。在此处德国海军只有8艘潜艇，空军有230架飞机。

8月15日凌晨，在海岸后侧一支英美伞兵空降，与此同时，突击队突然发动攻击，攻占了陡峭悬崖上的敌人炮台。在法国装甲部队的配合下由帕奇指挥的美第7集团军的3个师，从圣·特罗佩兹两边的5个地点登陆。因为没有涨潮，进展迅速，第一天就有86 000人、12 000辆车和46 000吨物资登岸。

盟军登陆之后，美军的几个师就从滩头铺开，重走拿破仑曾走过的路，他们一路向北，直奔格勒诺布尔，在8月22日控制该城。而法国第1集团军一路向西，最后，土伦和马赛被法国第1集团军攻下。8月27日，法军解放了土伦，第二天，马赛也被解放。

2周之内，盟军就把2个主要港口收入囊中，加起来俘虏德军57 000人。法军伤亡4000人，美军伤亡2700人。

盟军乘胜追击深入法国东北部，一直把德国法西斯军队逼到孚日山脉山脚，盟军提前2个月实现了"龙骑兵"全部战斗计划。在1个月的战斗中，仅俘虏的德军就有8万人，而盟军自身伤亡7200人。

此外，德军因为撤退及时，第19集团军半数以上的人都逃出了盟军的包围圈。

在盟军登陆诺曼底之际，在法国，共产党和戴高乐领导下的人民抵抗运动如火如荼地开展，义勇军和游击队（统称内地军）极大地协助了盟军登陆。6月6日以后，从布列塔尼到阿尔卑斯山，从比利牛斯到汝拉山，随处可见众多人民奋起抵抗的身影，人民自己也解放了很多个省。整个法兰西掀起了全民起义的浪潮。

8月15日以后，游击队的活动更为频繁，怠工和破坏行动愈演愈烈，瓦解了敌军的战斗力。小规模的战斗数不胜数，仅瓦尔一省，就发生了100多次。在吉安，还有158名德军向38名游击队投降。许多地方的政权发生转移，张贴在村镇大楼上的布告，都是由抵抗运动的代表所组成的地方当局签署的。盟军最高统帅艾森豪威尔高度评价了法国人民为抵抗运动所做出的贡献。当时在美国司令部工作的拉尔夫·英格索尔写道："如果历史只是在法国和比利时的盟国的胜利，而胜利的勋章仅仅归于大炮和飞机，那么这就是不完全的历史。事实表明，法国的抵抗运动至少相当于我们多加20个师，甚至还多一些。后来，我们坚信的一点是，当盟军的第一个战士出现在巴黎时，我们就已击垮了那里的德国驻军。"

因为从法国西北部和南部登陆的盟军已顺利会合，从9月15日起，南部盟军整编成第6集团军群（后称南方集团军群），在美将德弗斯的领导下，由最高统帅艾森豪威尔将军负责统一指挥。

刺杀希特勒计划失败

7月17日一大早，隆美尔还和以前一样驱车巡视前线。在返回司令部的途中，忽然发现两架"飓风"式飞机低空飞行，并直向他们俯冲而来。司机加大马力驶向前面的一片小树林，不过还没等下公路，飞机就开始了攻击。汽车被掀翻在地，隆美尔受到严重的脑震荡，被紧急送进医院治疗。从此，隆美尔负伤退出战斗，不过德国人对此一直封口不谈。

在西线的盟军仍然进展不顺利，蒙哥马利计划的"古德伍德"行动受到了广泛的批评。更让人不可思议的是，战役一开始6周里的伤亡数字表明，美军损失高达6万多人，而英军损失只有3万多，相差近一倍。这表明英军没有使出全力，而让美军去全力以赴。罗斯福坐不住了，一边对马歇尔抱怨蒙哥马利的消极行动，一边派陆军部长史汀生赶赴英国，催促艾森豪威尔在最短时间里过海接掌指挥权。

就在这个时候，从柏林发出的无线电波里，一件震惊全世界的消息被散播——有人刺杀希特勒！

7月20日中午发生了行刺事件。这天过了晚上9时，德国广播电台每隔几分钟就预先播出一次元首计划在深夜发表的广播演说。21日凌晨1时，希特勒那特殊的声音传遍全世界：

我的德国同志们！

今天我对你们讲话，首先，是让你们听到我的声音，明白我毫发无伤；其次，是为了使你们知道，在德国历史上发生的一次前所未有的罪行。

一小拨有野心、不负责任并且又愚蠢无知的军官计划想要谋杀我，以及和我在一起的武装力量最高统帅部的将领。

炸弹在距我右边两米的地方炸响，这是冯·施道芬堡伯爵上校放置的，炸弹让和我亲密合作的同事受了重伤，其中一人已经离世。我本人只受了一点不值一提的擦伤、碰伤和烧伤。

我认为这是天将降大任于我的证明!

所以,我现在命令,所有军事当局、所有指挥官和士兵都不可以服从这个阴谋集团发布的任何命令。我同时命令,每个人都有责任将任何发布或持有这些命令的人逮捕起来,如遇反抗,可就地将他们处死!这一次,我们将用我们民社党人习惯的方式来与他们算账。

的确,最终的结果是希特勒并没有死,甚至也没有负重伤。原因是施道芬堡放的皮包旁边站着一位名叫勃兰特的上校军官,他感觉皮包碍事,于是,就把它放到了桌子底座的外边。勃兰特不自觉的行为,救了希特勒一命。炸弹让几个德国军官丧了命,希特勒本人只稍微受了一点轻伤。

这次刺杀失败后,希特勒立即开展了镇压活动。他出动了党卫队,把施道芬堡、贝克、奥尔布里希特等人抓起来并就地处死。随后掀起了一场前所未有的彻底和残酷的大搜捕,凡是被怀疑和密谋相关的人都被抓了起来,审判、处决,仅被处死的就有4980人,此外,数以万计的人被关进集中营。

死者中,有一些是自杀的,其中最让人关注的当然是隆美尔了。"7·20事件"的秘密谋划者曾经很多次和隆美尔有过接触,而隆美尔此时也开始构想联合英美反苏的计划,因此他和希特勒的矛盾不断升级。8月12日,秘密计划刺杀希特勒的重要成员戈台勒被抓了起来,在他的箱子里搜查出的相关文件上发现了隆美尔的名字。此外,希特勒的秘密警察从一位参与这个组织的成员霍法克口中证实:隆美尔曾使得起义的人相信,假如阴谋得逞,他就加入。9月末,深受希特勒信任的马丁·博尔曼从元首大本营发出一份印有"帝国秘密事务"字样的呈文,向希特勒报告,隆美尔曾经许诺"暗杀成功后他将领导新政府"。最终,这些文件让希特勒对最欣赏的隆美尔将军下达了处死的判决。

10月14日,希特勒派人送给隆美尔毒药,并传达了希特勒的承诺:假如他服毒自尽,就会保密他的叛逆罪,并为他举行国葬,为其亲属发放陆军元帅的全部抚恤金;不然,将会受法庭审判。因此,隆美尔选择了自杀。希特勒依照承诺下令为隆美尔举行国葬,致悼词的是陆军元老伦德施泰特元帅,希特勒亲自为其送葬。希特勒甚至专门发电报给隆美尔的妻子露茜:"您丈夫的去世带给您重大的损失,请接受我最真挚的吊唁。隆美尔元帅的英名,就像他在北非的赫赫战功一样,都将永垂不朽!"

第四节　苏军与德国法西斯的最后较量

列宁格勒战役的胜利

一、打乱"北极光"计划

1942年夏秋，征战已经一年多，特别是在列宁格勒、莫斯科德军先后损失惨重后，德军全线进攻的火苗已经渐息，没有办法在同一个时间内对3个战略方向实施大规模进攻。不过这并不影响德军选择某一战略方向上发动突击的威力。

早在1942年春季，德军统帅部就在苏联南方集中火力发动声势巨大的攻势，目标是攻占斯大林格勒和高加索。而苏军最高统帅部错误地认为德军的主攻目标是莫斯科，所以，苏军接连失败。8月，德军军队靠近伏尔加河岸的斯大林格勒城下。

这时，列宁格勒地区的苏军两个方面军，还在德军建立的隔离带里无法突破。隔离带里的列宁格勒方面军，从西南到东南，把守着芬兰湾南岸的别杰尔科符—乌里茨克—普希金—雅姆伊若拉—拉多加湖南岸的施利谢尔堡一带地区。苏军沃尔霍夫方面军防线在德军隔离带外面，它从南至北，以诺夫哥罗德为起点，经过沃尔霍夫河，在基里希改变方向至拉多加湖南岸的里普卡。

苏军本来拥有装甲部队，因此，冲破16公里不是件难事。不过，这16公里的地带使得苏军备感头疼：森林、沼泽、泥泞的泥炭地、纵横的深沟，唯一的通道就是锡尼亚维诺高地，它比附近地形高出10至15米，因而德军在高地上修筑了牢固的防御工事。

德军统帅部分析苏军无法在这里发起进攻，而苏军统帅部一定要以这里为突破口突破德军对列宁格勒的封锁。

1942年8月初，总参谋长沙波什尼科夫在克里姆林宫，介绍了统帅部在实施锡尼亚维诺地区战役的战略构想："总的战略意图是，让列宁格勒方面军和沃尔霍夫方面军正面攻击，借助波罗的海舰队和拉多加湖区舰队的协助，将施利谢尔堡和姆加的德军粉碎殆尽，突破对列宁格勒的陆地封锁圈。这次战役的目的是牵制住德军，使德军没有能力把列宁格勒的部队调向南方。在斯大林格勒城下，双方正决一死战。"

斯大林说："统帅部批准了列宁格勒方面军和沃尔霍夫方面军制订的战略规划。戈沃罗夫同志和梅列茨科夫同志，你们要彼此清楚对方的计划，因为这次战役要联合行动。"

从莫斯科离开后，戈沃罗夫和梅列茨科夫加快安排了战役的准备工作。梅列茨科夫的想法是，把沃尔霍夫方面军的突击部队分成3个梯队，第8集团军是第1梯队；步兵第4军是第2梯队，它们需要突破德军的封锁；突击第2集团军是第3梯队，目的是将德军的后备队歼灭殆尽。3个梯队一共有13个步兵师、8个步兵旅和6个坦克旅，还包括20多个炮兵团。

在战役打响的前一个月，梅列茨科夫竭尽所能来迷惑德军。他在晚上调动部队，而当部队从原驻地撤走后，还将电台和指挥部留在原处，并和离开的各个部队继续维持"通信"。

8月，在诺夫哥罗德东北的小维谢拉苏军制造了部队大规模集结的幻象。梅列茨科夫特意派出一个步兵营和第30独立假装组成一个排，还有4部汽车、1辆拖拉机和4列循环装甲列车。并将步兵营划分为5个支队，从假装组建的排中给每个支队指派1位技术指导，前4个支队假装成步兵、炮兵和坦克兵齐集的样子，第5支队制造了大量模型，频繁活动。

苏军成功地迷惑了德军，德军没有察觉苏军调动的真正意图。8月26日，在沃尔霍夫方面军司令部召开了军事会议，会议决定将于8月27日早晨发动进攻。

就在列宁格勒方面军和沃尔霍夫方面军对新战役踌躇满志的时候，希特勒也密切关注着列宁格勒的局势。1942年8月20日，刚刚从罗马尼亚休假返回到第11集团军司令部的曼施坦因，收到了一封来自希特勒的信，德军统帅部的大印印在封面上。

在1942年春季打响的克里米亚半岛战役中，曼施坦因统率第11集团军攻克了公认固若金汤的塞瓦斯托波尔要塞，占领了克里米亚半岛。克里米亚战役的胜利为德军进攻斯大林格勒、高加索扫平了周边的障碍，重新燃起了希特勒要攻下列宁格勒的想法。

8月27日，第11集团军司令部在曼施坦因指挥下奔赴列宁格勒前线。

当天早晨，在布戈罗夫斯基角—沃罗诺沃一带的沃尔霍夫方面军第8集团军在两个小时的炮火准备后，发起了进攻。苏军官兵配有新式冲锋枪，冲劲凶猛。两天内苏军进攻十分顺畅，在主要前进方向上，苏军渡过了位于锡尼亚维诺东边的小黑河。

8月28日傍晚，苏军攻到锡尼亚维诺，这是德军的主要防御阵地。除了子弹的紧张外，苏联第8集团军并没有遇到太大的障碍。从发起冲击那一刻，苏军士兵的手指就和扳机连在一起，直到打光所有的子弹，再换新弹夹。苏军军官们经常告诫士兵不要浪费子弹，因此，他们看着枪口中不断喷射的火舌，心里就不会觉得那么紧张。

沃尔霍夫方面军的猛烈攻势，让屈希勒尔与曼施坦因很快地意识到苏军来者不善，这场战斗是苏军蓄谋已久的。如果苏军实现了目标，那德军的"北极光"计划就泡汤了。

双方在锡尼亚维诺地区展开激战。由于手里没有制空权，苏军显得十分被动。从8月29日起，苏军第8集团军被拦在了德军防线纵深7公里处迟缓地推进。

8月31日，苏军步兵第4军按照计划投入了战斗。尽管它把第8集团军的战线又向前推进了2公里，纵深突破达9公里，不过，仍然没能抵达涅瓦河。9月4日，步兵第4军耗尽了进攻的力量，推进再次停止。

梅列茨科夫不得已只好改变战役计划，很快下令方面军第3梯队——突击第2集团军加入战斗。根据希特勒的安排，曼施坦因被任命为锡尼亚维诺的指挥官。

曼施坦因在锡尼亚维诺南、北两个方向上安排了两个突击集团，试图从两侧夹击苏军。南边集团的组成是第24、第132、第170步兵师、第3山地师，北边集团包括第121步兵师、第5山地师和第28轻步兵师。

9月10日，在苏军突破口的根部，德军发起从两侧夹攻的战役，双方展开了长时间的激战。9月20日，德军举行了全线大反攻，苏军死死守住小黑河的西岸阵地。9月21日，德军包围了苏联第8集团军、步兵第4军和突击第2集团军。

梅列茨科夫立即集齐兵力组织救援，列宁格勒方面军也很快派出了8个师强行渡过涅瓦河。与此同时，梅列茨科夫还下令被围部队从小黑河东岸突围出去。

为防止部队遭遇重大伤亡，曼施坦因先命令对苏军只包围不进攻，接着尽最大可能调来炮兵，并请求陆军总部从其他战线、德国本土，甚至从斯大林格勒前线，调来几个轰炸机群，连续几天将包围圈内的苏军轰炸得焦头烂额。整个包围圈内炮火横飞，到处都是弹坑，苏军的7个步兵师、9个步兵旅和4个坦克旅全部被歼灭。

在锡尼亚维诺一役中，德军损失也很惨重，将近6万人死于这场战争，200辆坦克、200门火炮、400门迫击炮和260架飞机损毁。

二、打破陆地封锁

在列宁格勒的封锁战中，屈希勒尔已经竭尽所能保卫着拉多加湖旁的施利谢尔堡，不过这也让被包围的列宁格勒军民付出了惨重的代价。虽如此，但该市军民还是坚强地克服了重重困难，使民用和军工的生产都得以保证。

1943年1月12日，在拉多加湖以南的德军狭窄阵地上，苏军的沃尔霍夫方面军和列宁格勒方面军发起了内外夹击的强烈轰击。沃尔霍夫方面军的第2集团军和第8集团军的右翼部队从东至西展开了突击行动。

沃尔霍夫方面军以每公里135门火炮和迫击炮的密度向德军阵地进行了长达1小时45分钟的猛烈火力攻击。接着，突击第2集团军的5个师开始全面突击。20分钟后，苏联第8集团右翼部队也紧随其后。

在沃尔霍夫方面军右翼的步兵第128师进攻受阻后，德军的阻击更加凶狠了，特别是位于里普卡、第8工人新村和"圆树林地"的德军。最终，苏军没能攻下里普卡。

德军占领着至高点，以凶猛的火力阻挡住了苏军推进的道路。里普卡的德军在苏军的炮火打击下仍然顽强进攻，其强大火力使苏军损失惨重。突然，1名苏军士兵加速爬向德军的火力点，用胸膛把射击孔堵住。苏军士兵趁机蜂拥而起，击毙了该高地的近百名德军。

沃尔霍夫方面军的第372步兵和第256师被安排在中路进攻。1月12日当天，这两个师从北边和南边分别向第8工人新村推进将近2公里，而从南边进攻的第256师进展最大。

面对德军强大火力，苏联第372师的推进受到压制，德军躲在石质屋子、钢筋混凝土工事里，阻挠了苏联第372师的前进。1月13日，德军的后备队从这里调出，4支德军部队从多斯诺赶赴到姆加一带。

1月13日，苏联突击第2集团军将步兵第18师和坦克第98旅调到这里，命令他们从南边绕过第3工人新村，突击第5工人新村。就在此刻，列宁格勒方面军第67集团军的第136师，正在对第5工人新村发起突击。

沃尔霍夫方面军左翼的步兵第327师占领了"圆树林地"的绝大部分阵地。在第327南边进攻的第376师和第8集团军的右翼部队，却由于德军的猛烈火力寸步难行，他们屡次发起强攻，但都没能成功。

到现在为止，通过两天的激战，沃尔霍夫方面军在里普卡至盖托诺沃的12公里地段上，部分的里普卡、第8工人新村的德军阵地被攻下；大部分"圆树林地"被苏军攻下了；苏军在中路向纵深推进2~4公里，已接近第4和第5工人新村。

在德军阵地的另一面，1月12日，沃尔霍夫方面军开始进攻，列宁格勒方面军也启动了强大的攻势。

这一日清晨，涅瓦河在冬日阳光的照耀下静静地流淌于油松和白桦林中。河面上覆盖着厚厚的冰雪，在寒风中雪粒被吹动得四下飞舞，零下23℃的严寒，河面被冻得很结实。

9时30分，在涅瓦河右岸列宁格勒方面军第67集团军的阵地上，将近2000门火炮和迫击炮在长达13公里长的阵地上统一打响。

苏军的炮兵阵地上空，到处充斥着厚厚的白雾，炮口喷出的火光，从远处看上去好像一串串大的火球。成百吨炮弹从天而降，德军阵地处处燃起熊熊的烈焰。滚滚的浓烟中，伸手不见五指，德军受到了最猛烈的突袭。

为了保护河上的冰面，苏军炮轰的目标定在离岸边200米以外的地方。因为在岸边的德军火力点完好，所以，他们马上向苏军还击。德军的火炮和迫击炮弹飞过涅瓦河，苏军阵地上炸雷四起。

11时45分，身穿白色军服的苏军强攻小组和清障小组直扑东岸。这时，苏军的"喀秋莎"火箭炮万炮齐发，短短的5分钟内，火箭弹划破空气的声音，淹没了所有爆炸声。很快，两岸瞬间安静下来，然而寂静只是保持了半分钟。之后，数以万计的苏军呼喊着冲上了涅瓦河东岸。苏军第67集团军发起了进攻。

面对人山人海的苏军，德军显然不是对手。随着苏军炮火的延伸，不到10分钟，地处战线中央的德军被苏军赶出了前沿阵地。苏军步兵和坦克兵充满了整个宽约5公里、纵深3公里的登陆场。夜晚，苏军相继出动部分兵力强攻。

1月13日10时至日终，德军向苏联第67集团军左翼第45师发起了进攻，每次进攻都使苏军45师2至3个步兵营发动了4次反攻。至此，苏军第45师不能向前推进。

这一日，苏联第67集团军的第2梯队也加入到战斗中，不过只在一些地段上他们推进了1公里，其他地段都没有办法继续推进。而苏联第67集团军中路部队拿下了德军的一些火力点，往前推进了1到1.5公里，和自东向西进攻的沃尔霍夫方面军突击第2集团军相隔只有4~5公里。这时，苏联第67集团军第86师开始进攻施利谢尔堡，不过在强行渡过涅瓦河时，遇到了德军强大炮兵火力的阻隔，仅仅只有几个营冲到了对岸，因此，86师主力部队不得已返回到出发阵地。

1月13日下午，苏军第86师凭借战友第136师获得的战果，杀向施利谢尔堡以南的方向。

1月14日，苏军第86师往前推进了1~1.5公里，抵达第3工人新村和普列奥布拉任斯基山周边，在那里德军设置了猛烈的火力支撑点，由于德军的强大火力，苏联第86师无法前进。

德军竭尽所能坚守施利谢尔堡至锡尼亚维诺一带，为了阻止列宁格勒方面军与沃尔霍夫方面军会合，德军第16步兵师赶赴第6工人新村附近做了布置防护。与此同时，德军也紧急调来一些其他地方的步兵、坦克和炮兵部队。

列宁格勒方面军第67集团军的进攻目标渐渐主要围绕3个方向：第5工人新村，第1和第2小镇，还有施利谢尔堡。

在列宁格勒方面军第67集团军中路，第136师和坦克第61旅主要承担起进攻第5工人新村方向的任务。1月14日—17日，苏军又往前推进2~2.5公里，从西边抵达第5工人新村。距离近到他们甚至隔着德军阵地都能目睹沃尔霍夫方面军的部队。

德军命令从施利谢尔堡撤离，不过为时已晚。1月18日9时30分，在第1工人新村东侧，列宁格勒方面军第123旅和沃尔霍夫方面军第372师步兵1240团会合在一起，这意味着德军对列宁格勒长达17个月的陆地封锁以失败告终。

1月18日中午12时，在第5工人新村以南列宁格勒方面军第136师，和沃尔霍夫方面军第18师胜利会师，很多官兵激动地流下了泪水。下午 2 时，施利谢尔堡的德军被列宁格勒方面军步兵第 86 师歼灭。此后，沃尔霍夫方面军将里普卡的德军一网打尽。不过，苏军最关键的进攻锡尼亚维诺城计划宣告失败。

在施利谢尔堡与列宁格勒之间苏军建立了一条宽 10 公里的细长走廊，并继续往南突击。屈希勒尔为了保全部队，命令马上撤出杰米扬斯克。

2 月 21 日，德国第 16 集团军各师一面和苏军缠斗，一面艰难地撤离。屈希勒尔的指挥战术十分巧妙，他时常以进为退，好几次将持续进攻的苏军击退，使德军各师很快就从洛瓦季河以东的狭窄走廊撤离出来。

3 月初，霍尔姆—旧鲁萨一带的德国第 16 集团军新建了防御阵地，在那里阻止苏军向旧鲁萨两侧推进，苏军伤亡惨重。

因为德军极大地缩短了防线，所以部分缓解了兵力严重不足的状况，而德军第 18 集团军对列宁格勒的封锁还在继续。后来，在沃尔霍夫河，苏军建立了宽 35 公里、纵深 10 公里的登陆场。

7 月底至 8 月初，苏军两个集团军发起了对列宁格勒至沃尔霍夫河之间的德军阵地进攻，两个星期的激战中，德军通过防御拦阻住苏军，坚守了用来围攻列宁格勒的突击部，使得苏军不得已暂停了对那里的攻势。

在涅韦尔苏军对德军第 16 集团军右翼发起的突破获得胜利，把德军中央集团军群和北方集团军群的联系切断了。德军第 16 集团军右翼和中央集群第 3 坦克集团军的左翼不得已只好选择后撤，那里的苏军离陶格夫匹尔斯仅仅 120 公里，构成了北方集团军群的整个防线致命的威胁。

在北方战线上，激战持续了两年多，德军第 18 集团军失守施利谢尔堡，第 16 集团军撤离了杰米扬斯克。

三、解放列宁格勒州

1943年8月以后，屈希勒尔转变战略，坚决主张收缩防线，他不顾希特勒的指令，指挥部队撤过了卢加河，试图在卢加河沿岸长时间阻挡苏军的前进。

不过，德国第18集团军左翼部队很快出现了新危机：列宁格勒方面军的兵力渐渐强大，他们从列宁格勒地域启程，向西南方向推进了很远。此后，苏军占领了金吉谢普。苏军一直向西推进将主力转移到芬兰湾与楚德湖之间，而另一部一直往西南推进。

德军退守至芬兰湾与楚德湖间的筑垒地峡上，凭借有利的地形阻挡了苏军发起的进攻。在纳尔瓦河，列宁格勒方面军还占领了巨大的登陆场，并在这个登陆场打响了许多次突击，但纳尔瓦以南的突击德军都将其挡住了。苏军继续向西南方向推进并给卢加河阵地的德军侧翼造成了严重的威胁。

沃尔霍夫方面军也连续不断地进攻卢加河阵地的德军东翼，位于伊尔门湖以南旧鲁萨一带的德国第16集团军北翼还遭到了苏军的进攻。

为了长时间阻止苏军的进攻，防守卢加河防线，在第16集团军和第18集团军接合部，屈希勒尔建起了由弗里斯纳指挥的战役集群。屈希勒尔借用弗里斯纳战役集群协助第16、第18集团军阻挡了希姆斯克一带苏军的进攻。

此后，德国弗里斯纳战役集群历经苦战，拦截了卢加至普斯科夫铁路的苏军部队，短时间内缓解了德军第18集团军的危机。不过德国第18集团军的兵力不足，无力坚守楚德湖东面的整个防线。并且，苏军还在继续发动对楚德湖东岸的猛烈攻势。

1944年1月，列宁格勒方面军和其他部队发动了更大规模的反攻，目的是完全破解德军对列宁格勒的威胁，为进一步将波罗的海沿岸国家解放出来打下基础。

为了获得在北线的胜利，苏军统帅部制订了很多作战方案，其最根本的作战目的是将列宁格勒州彻底解放出来，将德军从波罗的海沿岸赶走。

此时，列宁格勒方面军管理着第23集团军、第2突击集团军第42、第67集团军和空军第13集团军，256公里宽的正面防线被该军防守；沃尔霍夫方面军管理着第8、第54、第59集团军和空军第14集团军，这些军团在冈托瓦亚利普卡至伊尔门湖一线担任防守之责，并坚守着沃尔霍夫河西岸诺夫哥罗德的巨大登陆场；波罗的海沿岸第2方面军管理着第1、第3突击集团军，第4、第6、第10集团军和空军第15集团军，在宽320公里的伊尔门湖和涅舍尔多湖间的地域驻扎下来。

苏军3个方面军将德国北方集团军群的两翼紧紧包围起来，战略形势对苏军非常有利。

希特勒命令北方集团军群：守住目前的地区，继续攻占列宁格勒州，必须把守住波罗的海沿岸地区和各港口，保证整个苏联战场左翼的稳定。

为此，德军花了两年多的时间在列宁格勒州和诺夫哥罗德建起了一道坚固的弧形防御工事，这道防线就是"北方壁垒"。北方壁垒的防御线长达230~260公里。

依据战略计划，列宁格勒方面军和沃尔霍夫方面军将担负起进攻德军第18集团军的重责。而波罗的海第2方面军负责缠住德军第16集团军和北方集团军群的预备队，使他们无法出力。

列宁格勒方面军抢先一步发动攻势，出动了2个集团军向罗普沙方向发动进攻：

1944年1月11日，在威力巨大的海军航空兵掩护下，列宁格勒方面军第2突击集团军向德军第3坦克军发起进攻。经过激战，苏军于1月13日闯过德军主要防线，并把突破口扩大到23公里，推进8~10公里，继续向罗普沙加速前进。

1月15日，在普希金南面，列宁格勒方面军第42集团军开始进攻红村、罗普沙方向。1月17日，苏军闯过了德军主要防线，推进大概10公里。

1月19日，苏军第2突击集团军解放了罗普沙，苏军第42集团军解放了红村，这两个军团并联合包围了那里的德军。1月20日，溃不成军的德军残部完全被苏军歼灭。

至此，通过6天的激战，列宁格勒方面军向前推进超过25公里，这为继续向金吉谢普、卢加河方向进攻创造了条件。

就在这个时候，沃尔霍夫方面军从北、南两个方向向诺夫哥罗德进攻。

1月16日，该方面军第59集团军北翼部队，在诺夫哥罗德以北突破德军防线，而第59集团军南翼部队切断了该城南面的丘多沃—希姆斯克公路。

1月20日，沃尔霍夫方面军第59集团军攻占了诺夫哥罗德市，该市的德军完全被歼灭。

为确保以上两个方面军的攻势顺利进展，在1月12日，波罗的海沿岸第2方面军于新索科利尼基地区连续发起了9天9夜攻势，使德军第16集团军和北方集团军群的预备队没有办法对第18集团军进行增援。

苏军攻占罗普沙、红村和诺夫哥罗德之后，在金吉谢普、赤卫军城方向的进攻交由了列宁格勒方面军负责，他们全面包围德军第18集团军的左翼部队，把德军向西的退路拦截住；沃尔霍夫方面军进攻卢加河方向，斩断德军第16集团军与第18集团军之间的沟通,并协助列宁格勒方面军将第18集团军的左翼部队一网打尽。

1月24日,列宁格勒方面军继续进攻,先后解放了普希金、斯卢茨克。 1月25日,位于金吉谢普方向上的赤卫军城也获得了解放。 1月30日,该方面军抵达卢加河地区,并先后将位于河西岸的波列奇耶、希洛克解放。 此外,在1月30日以前,其左翼部队又将锡韦尔斯基和季温斯基解放。

沃尔霍夫方面军不甘心落后,1月26日,右翼部队解放了托斯诺。 1月28日,又解放了柳班。 1月29日,丘多沃也得到解放。

至此,莫斯科至列宁格勒的铁路干线彻底解放,德军彻底解除了对列宁格勒市的封锁。 为庆祝这一重大胜利,列宁格勒市鸣20响礼炮。

列宁格勒战役的伟大胜利表明,一个将军可能打赢一次战役,不过只有人民才可能获得全部战争的胜利。

到1月底,列宁格勒方面军和沃尔霍夫方面军彻底击毁了德军的北方壁垒,并向前推进了大约60公里,为解放列宁格勒州全境奠定了基调。

当苏军行军至德军的卢加河防线时,可能斩断德军第18集团军的退路。 千钧一发之际,德军统帅部命令:北方集团军群继续保守卢加河防区,拦截苏军的攻势;同时,要保证第18集团军后退时一定要路过卢加至普斯科夫的交通线。

于是,德军统帅部为增援第18集团军,从中央集团军群调遣1个摩托化师和1个装甲师。 屈希勒尔也为增援第18集团军从第16集团军调来1个步兵师。

希特勒任命莫德尔上将为北方集团军群总司令。 此后,屈希勒尔再也没被任命。 在德国被盟军占领以后,屈希勒尔被美军抓获,并被关在美军的战俘营。1948年10月28日,屈希勒尔被纽伦堡国际军事法庭以战争罪处以20年徒刑。1951年,美国缩减屈希勒尔的刑期至12年。然而只过了1年多,他就被释放了。此后,他一直在加米施—帕滕基兴隐居。1968年,屈希勒尔去世。

1944年2月初,列宁格勒和沃尔霍夫两个方面军开始着手打破德军的卢加河防线的包围。列宁格勒方面军基本以3个方向进攻为主:第2突击集团军向金吉谢普、纳尔瓦方向突击;第42集团军向格多夫、红斯特鲁吉方向进攻;第67集团军向卢加方向突围。虽然道路条件十分恶劣,不过苏军的推进速度还是比较迅猛。

2月1日,列宁格勒方面军第2突击集团军强行跨过卢加河,攻占金吉谢普,节节追击败退的德军。2月3日,第2突击集团军强行渡过纳尔瓦河,进军爱沙尼亚。

列宁格勒方面军第42集团军强渡卢加河之后,于2月4日攻占了格多夫。2月中旬,第42集团军抵达普斯科夫湖和红斯特鲁吉附近。

在2月8日前,列宁格勒方面军第67集团军从西南和北面两面夹攻位于卢加河地区的德军。

这时,沃尔霍夫方面军第59集团军自东南大举进攻卢加河地区,因为遭遇德军顽强抵抗,第59集团军的进攻极为缓慢。在2月12日之前,第59集团军刚刚到达卢加河,之后发起攻势进军卢加市,而其他兵力从南边发起进攻。

沃尔霍夫方面军第8集团军向乌托尔戈什、红斯特鲁吉方向发起进攻,并成功击退德军多次反攻。

2月12日,借助沃尔霍夫方面军第59集团军的部分兵力和游击队的援助,列宁格勒方面军第67集团军攻占了卢加市。

2月15日，德军的卢加河防线完全被苏军摧毁，德军自西败退。从1月31日至2月15日，列宁格勒和沃尔霍夫方面军同时从多个方向向前推进50～120公里，抵达纳尔瓦河、普斯科夫湖以北、谢列德卡、普柳萨、希姆斯克一带。

2月15日，沃尔霍夫方面军被下令解散，列宁格勒方面军接收其所属的各部队。这时，苏军统帅部命令：列宁格勒方面军派出右翼部队解放纳尔瓦市，打破纳尔瓦的筑垒地域，此后，向波亚尔努方向、维利杨迪、瓦尔加方向、塔尔土、威鲁方向发起进攻；其左翼部队向普斯科夫、奥斯特罗夫方向追击节节败退的敌军，再返回普斯科夫，强行渡过韦利卡亚河，向里加方向进攻。

这时，波罗的海沿岸第2方面军承担的责任是：左翼2个集团军打破位于普斯托卡东南的德军防线，强占伊德里察北面韦利卡亚河上的渡口，此后，攻占奥波奇卡、齐卢佩一带，并和列宁格勒方面军右翼部队合作，共同剿灭位于奥斯特罗夫的德军；右翼2个集团军把面对面的德军牵制住。

2月下半月，苏军第2突击集团军把位于纳尔瓦河西岸的登陆场扩大，拓宽登陆场至35公里，纵深15公里。而第42、第67集团军保持追击德军的攻势，从北面和东面向普斯科夫发起进攻。

姆沙加河和舍郎河中间阵地的德军被第8、第54集团军剿灭之后，波尔霍夫继而被解放，两集团军进抵奥斯特罗夫。至此，列宁格勒方面军左翼部队将德军的抵抗完全粉碎，又向前推进了50～160公里，抵达普斯科夫至奥斯特罗夫筑垒地域，但没能将德军防守的筑垒地域突破。

3月9日，列宁格勒方面军左翼部队向普斯科夫发起进攻。激战一直僵持至4月中旬，苏军才成功地闯过普斯科夫南侧的德军防线。苏军推进大概13公里，斩断了普斯科夫通向奥斯特罗夫的交通线。

自2月15日到3月中旬，在600公里宽的区域里苏军正面突破了德军的防线，把德军从列宁格勒州赶至220~280公里外。在伊尔门湖从南向西，苏军大概推进了180公里，列宁格勒州绝大部分地区和加里宁州的部分地区相继解放，苏军攻入爱沙尼亚。

列宁格勒方面军和波罗的海沿岸第2方面军没能成功地向瓦尔加、威鲁、里加、卡拉萨等方向进军。但总体来说，苏军还是获得了军事上极具分量的胜利，并为他日解放波罗的海沿岸国家奠定了基础。

在苏军花了很长时间做好了炮火准备和航空火力准备后，6月10日早晨，苏军第21集团军第一个发起进攻，成功攻破了芬军防线。当日，苏军成功闯过芬军第1道防御地带，并向前推进了14公里，打开了宽度为20公里的突破口。此时，苏军第23集团军也加入了战争。

两天的激战让苏军向前推进了24公里，打开了正面宽度为40公里的突破口。6月13日，苏军到达芬军第2道防御地带，但没能再继续向前突破。那是整个卡累利阿地峡防御体系的核心之地，芬军修建的工事固若金汤。

苏军将主力齐集于维堡公路一带，于是，苏军决定调转主攻方向于左翼。6月14日，苏军转向芬军第2道防御地带发动强攻。一番血战之后，不到6月17日，苏军就闯过了第2道防御地带，并以全力迅速从芬军防线纵深和翼侧推进。芬军马上从南卡累利阿派遣2个师和1个旅，对维堡和武奥克萨河的守军进行支援。不过，芬军还是没有办法拦截苏军装甲部队的强大攻势。

6月19日，苏军最后将芬军第3道防御地带和维堡外围的防御地带一举突破。6月20日，苏军攻占维堡城，并往维堡西北方向推进了10多公里。

6月21日，卡累利阿方面军强行渡过斯维尔河，打破了芬军的主要防御地带，在拉多加湖从纵深方向推进了6公里。该方面军的一个部队还对梅德韦日耶哥尔斯克方面发起了攻势，向前推进约16公里。6月22日晚前，拉多湖周边的芬军开始撤退至后面的第2道防御地带。

6月23日清晨，在图克萨河与维德利察河之间的地域，苏军海军第70、第3旅成功登陆，斩断了芬军撤退的公路和铁路。为此芬军不得已从乡村土路后退。

6月25日，苏军闯过了芬军第2道防御地带，奥洛涅茨城被攻陷。6月28日，苏军攻占了卡累利阿首府彼得罗扎沃茨克城。

7月，卡累利阿方面军还在继续保持攻势。7月9日，苏军攻抵洛伊莫拉地区。7月10日，苏军攻占皮特凯兰塔。7月21日，苏军到达伦贡瓦拉东侧的苏芬边界线周边。

在一番血战之后，苏军的战线于8月9日稳定于库达姆古巴—库奥利斯马—洛伊莫拉东侧—皮特凯兰塔一线。

8月10日，斯维尔河至彼得罗扎沃茨克之战宣告结束。

从1941年7月10日到1944年8月10日，共三年零一个月后，列宁格勒战役最终以苏军的伟大胜利告终。

苏联全线大反攻

一、苏军占有压倒性优势

1943年下半年，苏军为缠住德军中央集团军群的左翼，阻拦其转向苏军，发起主攻的乌克兰战场。在苏德战场中路，德军向西对苏军西方面军和加里宁方面军发起了大反攻。

苏军统帅部主力加紧集中攻击南方集团军群，所以，不得已给中部战场的苏军调拨为数不多的兵力。而德军中央集团军群提前就做了一系列的防御措施，加上受到冰雪的限制，苏军的进攻进行得异常艰难。

1943年8月7日，苏军西方面军发起了斯帕斯杰缅斯克之役。德军拼命坚守，双方不分胜负，直到第4天，苏军才攻破德军的主要防御阵地。在此后的两天里，苏军将德军的抵抗粉碎，继续向前进攻，斯帕斯杰缅斯克的德军深陷包围的险地。

8月12日，德军中央集团军群的司令克鲁格下令，要求斯帕斯杰缅斯克突出的部队撤离至西南。苏军侦察到德军撤退后，马上下达追杀令，找准机会将德军的后卫部队击溃殆尽。8月13日，苏军攻占了斯帕斯杰缅斯克市。

8月20日晚，西方面军发起了猛烈的攻击，成功地突破了斯帕斯杰缅斯克周边的德军防线，在那里，德军的一些师深受重创。克鲁格马上从奥廖尔—布良斯克方向调遣来11个师，削弱了苏军的进攻势头。

为了全面攻击叶利尼亚的德军，8月28日，苏军西方面军向叶利尼亚方向进攻。8月30日，苏军突入乌格拉河西岸的德军防线，将叶利尼亚市收入囊中。

此时，西方面军左翼部队强行渡过第聂伯河。晚上，德军从多罗戈布日附近撤离。9月1日，多罗戈布日被苏军占领。

9月16日，苏军西方面军拓宽主攻方向上的突破口至20公里宽。与此同时，苏军左翼各部队强行渡过迭斯纳河，继续往罗斯拉夫利方向进军。

9月19日，加里宁方面军和西方面军驰骋在250公里宽的战场上，继续保持攻势，西方面军以较快的速度推进，短短的5天至少推进了40公里。

9月23日,在波奇诺克地域,斯摩棱斯克与罗斯拉夫利的联系被西方面军斩断。9月24日晚,四面八方的苏军纷纷攻入斯摩棱斯克。9月25日凌晨,苏军收复该地,这也是德军最重要的中部战场的交通枢纽。此时,西方面军的左翼部队将罗斯拉夫利收复,继续向莫吉廖夫方向推进。

此外,9月15日,布良斯克方面军强行渡过迭斯纳河,在9月17日将位于布良斯克地区的德军击垮,成功解放了布良斯克和别日察,继续向前推进。10月2日,军队抵达普罗尼亚河和索日河。

10月2日,西方面军和加里宁方面军继续向前推进,来到了利鲁德尼亚、克里切夫以西一带,遭遇德军反击。苏军多次向维帖布斯克、奥尔沙和莫吉廖夫等方向发起猛烈攻击,不过都被德军打退。于是,斯大林下令中路停止进攻,在此处转成防御。此时,在宽达400公里的战场上苏军继续向西推进了超过200公里,将加里宁州部分地区和斯摩棱斯克州全境解放,接下来将解放白俄罗斯。

此次战役,德军7个师溃不成军,14个师伤亡过半,损失惨重。

1943年下半年,在苏联北方战场上,德国北方集团军群在屈希勒尔的指挥下,局势并没有扭转。列宁格勒市的苏军穿过拉多加湖的一条细长地带和后方取得了联系。不过,双方的战线自始至终都处于沃耳霍夫—伊尔缅湖—洛瓦特一带的地域。苏军列宁格勒方面军、沃耳霍夫方面军与西北方面军负责与北方集团军群作战。

1943年,在卡萨布兰卡举行的会议中,盟国发表了有关德国无条件投降的宣言。宣言声称,在全面占领德国之前,盟军拒绝和德国进行任何形式的议和。

为了收缩防线,增加预备队的实力,德军必须立即从波罗的海三国、白俄罗斯、乌克兰、克里米亚半岛、意大利、法国、斯堪的纳维亚半岛和巴尔干半岛撤出。

目前,英、美、苏等很多国家已合力包围德国,即使德国的将领们能够从希特勒手中抢回指挥权,也只不过是拖延战争的时间,没有办法扭转法西斯德国灭亡的命运。

10月,克鲁格因车祸离职,中央集团军群司令一职的继任者是布施。

11月8日,由赖因哈特指挥的第3装甲集团军遭遇来自第1波罗的海方面军的激烈强攻,苏军迅速插入德军的后方。赖因哈特的两个军陷入全军覆没的险地,他屡次向中央集团军群新任的司令布施请求撤退,而布施的答复却是原地死守。

第1波罗的海方面军进一步扩大战果,将突破口的宽度成功扩大到80公里时,才停止前进。在圣诞节前夕,苏军斩断了维切布斯克西侧的铁路线,德军竭尽所能将防线稳住,最终保住了维切布斯克。

11月25日—26日,戈梅尔的德军被白俄罗斯方面军全部剿灭。11月底,白俄罗斯方面军强行渡过别烈津纳河。

12月,轴心国中坚持顽强抵抗的法西斯国家只剩德国和日本。参战后的芬兰将原芬兰国土收复后,就不愿意再向苏联推进。

墨索里尼垮台后,意大利军队从苏联和巴尔干半岛撤离,当下,意大利政府已经正式向德宣战,意大利南部被英美占领。匈牙利非常羡慕意大利能够脱离轴心国组织。日本丢失了太平洋的霸权,被美国海军杀得丢盔弃甲。罗马尼亚与德国之间产生了严重的信任危机，罗马尼亚军队不想再充当德国军队的炮灰。

早在这一年秋季，匈牙利驻苏部队在没有经得希特勒授权的情况下，就进行了大规模的调动，并要求从苏联撤出。9月6日，斯洛伐克国防部指出：此后没经过斯洛伐克政府授权，德国不得擅自动用斯洛伐克的两个师。

10月，西班牙要求德国将蓝色师的指挥权归还；葡萄牙接受了盟军把亚速尔群岛作为基地的要求。原本对德国有求必应的瑞典，现在突然宣布：拒绝德军经瑞典边境到挪威。迫于英美的压力，土耳其与德国的关系也急转直下。

这一年，德军在苏联战场上连连失败，死伤达400多万人，其中战死的至少有180万人，损耗1.4万架飞机、2.5万辆坦克和4万门大炮。德国在大西洋发动的潜艇战也受到重创。英美在战争中使用了大批的远程战斗机，夺取了德国本土的制空权，对德国城市进行24小时的地毯式轰炸。

战争持续时间超过4年，希特勒感到势态十分严重，德国的政治、经济和军事状况日趋恶化。法西斯德国出台了战略防御和总动员等举措后，依然不能扭转颓势，反而正一步步地迈入坟墓。

在1944年，希特勒提出战略计划是："死守东线的每一寸土地，在战略防御时发起局部反攻；将东线稳住，凭借新建的部队在西线歼灭即将登陆西欧的盟军，使苏军踏不上德国本土。此后再将西线的部队派遣至东线和地中海战区，以便取得战争的最终胜利。坚守住位于芬兰、挪威、丹麦、意大利和巴尔干半岛的阵地。"

二、1944年南路苏军反攻

1944年，在苏德战场南路，有两个至关重要的战区，它们位于第聂伯河右岸的克里米亚半岛和乌克兰地区。这里资源丰富、人口稠密、工业发达，是不可多得的战略要地。苏德双方对这里虎视眈眈，都想趁早下手，取得有利的战机。对苏军来讲，解放这两个地区，就可以推进到喀尔巴阡山脉，攻入东欧国家，然后，顺势推进，直至攻占巴尔干半岛。而对德军来讲，他们只有死守住这两个地区才能够获得一丝喘息的机会，否则，无论在军事、政治和经济上，德国都将陷入绝境。因此双方拉开破釜沉舟、一决死战的阵势，一场集中最大力量的生死之战就此拉开帷幕。

战争进行到此，德军在乌克兰地区的形势每况愈下。而希特勒一意孤行，将南方集团军群部署在自科罗斯田至第聂伯河的弯曲部，形成了脆弱的突出部，这引起了曼施坦因等将领的强烈不满。这种孤注一掷的命令使得南方集团军受到越来越大的威胁，朱可夫的第1乌克兰方面军继续向西南方向推进，如此一来，南方集团军群与中央集团军群就会被迫分开，德军的战斗力将被严重削弱。

事实正如众人所料想的那样，1944年1月3日，苏军占领诺沃格勒—沃伦斯基一带。1月4日，拉亚泽尔夫也被苏军占领。紧接着，在1月5日那天，别尔季切夫成为苏军的盘中餐。同一天，苏军第1坦克集团军和第38集团军参战，与第40、第27集团军共同向南推进，德军的处境越来越不容乐观。

胡贝的德军第1装甲集团军被曼施坦因调到整个集团军群的北翼，去援救遭到围攻的第4装甲集团军。尽管如此，德军似乎已无力回天，苏军的强大攻势逼迫德军的两个装甲车集团军节节败退。苏军的进攻已威胁到利沃夫至敖德萨的铁路线，对于南方集团军群的右翼部队和A集团军群来说，这条铁路线是至关重要的。

1月10日至11日，文尼察、日梅林卡、赫里斯提诺夫卡、乌曼、日阿什科夫先后被苏军各集团军占领。由此，在整个西北方向，卡涅夫的德军已被苏军重重包围。

1月11日，16个师和大量的航空兵被希特勒调来，部署在文尼察、日梅林卡和乌曼方向。1月11日至12日，仰仗着空军力量的支持，德军向苏军第1、第38和第40集团军发动反攻。

1月14日，德军在乌克兰的全线开始了战略大反攻。因为苏军进攻势态受阻，所以开始集结兵力抵抗德军。半个月的激战过后，德军的反攻势头衰竭，仅推进了20多公里。苏军屡次发起的人海战术有效地牵制了德军的前行，重创了德军第4装甲集团军和第1装甲集团军。

苏军又推进到西南方向80～200公里处。第1乌克兰方面军中路部队从北面深远合围南方集团军群；第1乌克兰方面军右翼部队与之相呼应，先是占领萨尔内，然后，推进到罗夫诺、舍佩托夫卡一带，由此切断了中央集团军群与南方集团军群的联系，并威胁着南方集团军群通往德国的退路；第1乌克兰方面军左翼部队则使卡涅夫突出部的德军遭受了重重包围。

为了巩固当前所取得的作战攻势，苏军调集乌克兰第2方面军的主力攻打基洛夫格勒、彼尔沃迈斯克，而其他部队辅攻什波拉、赫里斯提诺夫卡，这样一来就与乌克兰第1方面军形成了一道严密的防线。

通过无线电侦听和空中侦察，德军分析，苏联的进攻又要开始。更使德军恐慌的是，苏军无线电通信甚至没有采取任何保密措施。先是进行半个小时的炮击，再出动重型坦克群，最后，是步兵的人海战术，这是苏军一贯的作战方式。

不得不承认苏军在很多方面处于劣势，如炮火仍缺乏灵活性，各级指挥官缺乏主动性，广大士兵素质很低。但苏军的兵力长期在数量上占到绝对优势，以8∶1的比例超过德军。

1月5日，基洛夫格勒战役率先由乌克兰第2方面军发动。苏军 3 个集团军和 1 个坦克集团军从西北和西南进攻基洛夫格勒,而德军第 8 集团军的防线被竟顺利地一举突破。1 月 10 日,苏军占领了基洛夫格勒,又成功地向西推进了 50 公里。

然而战神似乎并不总是眷顾苏军,他们向彼尔沃迈斯克方向的进攻遭受到了打击,向什波拉方向只推进了 40 公里。为防止卡涅夫的部队陷入重围,希特勒火速调集南方的两个装甲师,向苏军发动反攻,于 1 月 10 日,在斯美拉、基洛夫格勒西南一带挡住苏军。德军对村庄和沟渠的巧妙利用起到了实效。

同时,西面的第 1 乌克兰方面军继续向第 1 装甲集团军和第 4 装甲集团军的接合部发动猛烈攻势,直到突破口达到 64 公里宽时才善罢甘休。

1 月 10 日至 11 日,乌克兰第 3、第 4 方面军开始向尼科波尔、克里沃罗格地区发动进攻。但是,苏军遭受了德军第 6 军的顽强抵抗。

1 月 15 日,苏军停止了对乌克兰南部各方面军的进攻,进行队伍休整,补充兵员和装备,准备进攻卡涅夫、尼科波尔-克里沃罗格的突出部。1 月 24 日,乌克兰第 1、第 2 方面军部分兵力发动了科尔孙-舍甫琴柯夫斯基战役,卡涅夫再次迎来猛烈的攻击。卡涅夫的德军共 9 个步兵师,1 个装甲师、1 个摩托化旅和部分加强师。

乌克兰第 1、第 2 方面军投入了 7 个集团军和 3 个坦克集团军,南北夹攻,对德军实施打击。乌克兰第 2 方面军部分兵力抢先开始攻势;两天后,乌克兰第 1 方面军开始进攻。德军薄弱的防线已经不起打击,迅速被攻破。1 月 28 日,两个方面军在兹韦尼哥罗德卡地区会师,包围了卡涅夫的德军。

紧急情况下,曼施坦因请求调集一支部队立即展开突围行动,因为时间拖得越久，突围就越困难。然而，德军的一切重大调动都必须报告希特勒，1月28日下午，希特勒接到电话，得知德军被包围的事实，不禁怒火中烧，拒绝派兵解围。

曼施坦因不顾希特勒的反对，偷偷调出第聂伯河弯曲部的第24装甲师前去解围，但遭到了希特勒的阻挠，第24装甲师被调回并被派往增援尼科波尔地区。该师竟往返约805公里，到达尼科波尔已经为时太晚，它在卡涅夫和尼科波尔所能发挥的作用就这样被消解了。

一连三个月的时间，苏军不断西进，而德军却节节败退。5月6日，苏军统帅部命令乌克兰各方面军转入防御。至此，苏军向西推进了250~450公里，抵达喀尔巴阡山山麓，乌克兰德军被拦腰斩断。

4月初，苏军在克里米亚半岛取得了辉煌胜利，下辖5个德国师，7个罗马尼亚师，2个强击炮兵旅等部队，共19.5万人，拥有3600多门火炮，200多辆坦克，148架飞机的德军第17集团被苏军围困了。

在克里米亚战役中，苏联乌克兰第4方面军和滨海集团军兵力加起来共47万人，近6000门火炮，500多辆坦克和1250架飞机。

4月8日，苏军发动了进攻。经过两天的战斗，苏军成功突破彼列科普地峡。捷报频传，4月10日晚前，苏军在锡瓦什湖地域突破了德军的防线。4月11日，铁路枢纽占科伊有被苏军控制。

4月11日晨，刻赤半岛获得解放。4月12日，德军所封锁的刻赤半岛的阿克莫纳伊阵地被苏军突破。5月7日，苏军向塞瓦斯托波尔要塞发起主攻，当天就占领了萨蓬山战役要点。5月12日，德军在克里米亚的最后一道防线被苏军成功击溃，克里米亚半岛全境获得了解放。

在克里米亚战役中德军损失惨重,其第17集团军在陆地作战中损失了10万人,其中被俘的有6万多人,德军装备几乎全被苏军缴获。苏联黑海舰队航空兵和舰艇击沉了大量德军船只,仅5月3日~13日,就有4.2万名德军在海中淹死。在战役中,苏军空军所出动的飞机达3.6万多架次,为陆军作战提供了有力支援。

三、1944年北路苏军反攻

从1944年1月开始,在苏德战场北路,为了彻底解除德军对列宁格勒的威胁,列宁格勒方面军及其他部队开始了更大规模的反攻。

苏军制订了相互支持的作战计划,一方面,列宁格勒方面军和沃尔霍夫方面军负责进攻德军第18集团军;另一方面,波罗的海沿岸第2方面军负责牵制住德军第16集团军和北方集团军群的预备队。

1944年1月11日,在海军航空兵的强大火力掩护下,列宁格勒方面军第2突击集团军重创德军第3坦克军。经过激战,苏军取得辉煌战果,1月13日,他们突破了德军主要防线,并将突破口扩大到23公里,突入3~10公里向德军实施打击,快速向罗普沙进军。

1月15日,列宁格勒方面军第42集团军从普希金以南向红村、罗普沙方向进攻。1月17日,苏军突破了德军的主要防线,突入约为10公里。

1月19日,罗普沙被苏军第2突击集团军解放,红村则被苏军第42集团军解放,由此,苏军成功地包围了那里的德军。1月20日,溃散的德军残部也被苏军成功歼灭。

与此同时,沃尔霍夫方面军从北、南两个方向向诺夫哥罗德实施夹击:

1月16日，该方面军第59集团军北翼部队在诺夫哥罗德以北把德军防线突破，而第59集团军南翼部队切断了该城南面的丘多沃—希姆斯克公路。

1月20日，沃尔霍夫方面军第59集团军占领了诺夫哥罗德市，该市的德军全军覆没。

为配合上述两个方面军作战，波罗的海沿岸第2方面军于1月12日在新索科利尼基地区发起了持续9天9夜的进攻，使德军第16集团军和北方集团军群的预备队无法对第18集团军予以增援。

苏军把罗普沙、红村和诺夫哥罗德占领之后，列宁格勒方面军负责向金吉谢普、赤卫队军城方向进攻，合围德军第18集团军的左翼部队，阻断德军西退的道路；沃尔霍夫方面军向卢加河方向进攻，切断德军第16、第18集团军之间的联系，并配合列宁格勒方面军将第18集团军的左翼部队歼灭。

1月24日，列宁格勒方面军继续推进，先后解放普希金、斯卢茨克。1月25日，该方面军使金吉谢普方向上的赤卫队军城获得解放。1月30日，该方面军到达卢加河地区，又解放了河西岸的波列奇耶、希洛克。另外，其左翼部队于1月30日以前，解放了锡韦尔斯基和季温斯基。

沃尔霍夫方面军也没有闲着，其右翼部队相继于1月26日解放了托斯诺，1月28日解放了柳班，1月29日解放了丘多沃。

至此，莫斯科至列宁格勒的铁路干线获得全线解放，苏军彻底解除了德军对列宁格勒市的封锁。列宁格勒市为欢庆这一伟大胜利献上了20响礼炮。

至1月底，德军的北方壁垒被列宁格勒方面军和沃尔霍夫方面军成功摧毁，苏军向前推进了60公里左右，为解放列宁格勒州的全境奠定了基础。

这时，德军统帅部下令：北方集团军群继续坚守卢加河防区，以此牵制苏军的进攻；同时，要确保第18集团军退向后方必经的卢加—普斯科夫的交通线通畅。

为此，德军统帅部从中央集团军群调来1个摩托化师和1个装甲师，以增援第18集团军。屈希勒尔也从第16集团军调来1个步兵师，对第18集团军进行增援。

就在屈希勒尔为如何防守卢加河防线犯愁时，很多资深而富有经验的陆军将领曾遭遇的不幸命运也向他伸来魔爪。2月1日，一意孤行的希特勒解除了他的军权。

莫德尔上将被希特勒任命为北方集团军群总司令。1944年2月初，列宁格勒和沃尔霍夫两个方面军开始致力于突破德军的卢加河防线。列宁格勒方面军的主要进攻方向有三个：第2突击集团军向金吉谢普、纳尔瓦方向突击；第42集团军向格多夫、红斯特鲁吉方向突击；第67集团军则向卢加方向突击。在当时糟糕的道路条件下，苏军的推进速度仍然比较迅速。

2月1日，列宁格勒方面军第2突击集团军强渡卢加河，将金吉谢普据为营盘，乘胜追击败退的德军。接着他们一鼓作气，于2月3日强渡纳尔瓦河，攻入爱沙尼亚。

强渡卢加河以后，列宁格勒方面军第42集团军于2月4日占领格多夫。进入2月中旬时，他们已经成功地推进到普斯科夫湖和红斯特鲁吉一带。

列宁格勒方面军第67集团军于2月8日前，从西南和北面对卢加河地区的德军进行包抄。

与此同时，沃尔霍夫方面军第59集团军从东南扑向卢加河地区，但是面对德军的负隅顽抗，第59集团军的进攻受到阻碍，速度迟缓。直到2月12日以前，第59集团军才能抵达卢加河。抵达后，第59集团军出动部分兵力攻打卢加市，其他兵力则被分派向南进攻。

沃尔霍夫方面军第8集团军没有坐地不动，而是继续向乌托尔戈什、红斯特鲁吉方向发起进攻，成功地扑灭了德军的多次反攻。

2月12日，由于得到了沃尔霍夫方面军第59集团军部分兵力和游击队的有力支援，列宁格勒方面军第67集团军占领了卢加市。

2月15日，卢加河防线被苏军彻底摧毁，德军接连向西败退。从1月31日至2月15日，列宁格勒方面军和沃尔霍夫方面军在多个方向上实现了50至120公里的突入，到达纳尔瓦河、普斯科夫湖以北、谢列德卡、普柳萨、希姆斯克一带。

2月15日，苏军撤销沃尔霍夫方面军，将其所属各部队编入列宁格勒方面军，以增强打击力量。此时，苏军统帅部制订了严密的作战计划：命令列宁格勒方面军以右翼部队解放纳尔瓦市，突破纳尔瓦筑垒地域，继而向波亚尔努方向、维利杨迪、瓦尔加方向、塔尔土、威鲁方向发起进攻；以左翼部队追击普斯科夫、奥斯特罗夫方向的败退之敌，再转回普斯科夫，强渡韦利卡亚河，以进攻里加。

与此同时，苏军统帅部向波罗的海沿岸第2方面军布置任务：左翼2个集团军粉碎普斯托卡东南的德军防线，夺取伊德里察以北韦利卡亚河上的渡口，接着将奥波奇卡、齐卢佩一带攻下，再与列宁格勒方面军右翼部队协同，歼灭奥斯特罗夫的德军；右翼2个集团军则担当起牵制德军的任务。

2月下半月，苏军第2突击集团军使纳尔瓦河西岸的登陆场得到扩大，至此，登陆场宽达35公里，纵深15公里。第42、第67

集团军继续追击德军，他们从北面和东面向普斯科夫发起进攻。

在消灭了姆沙加河和舍郎河中间阵地的德军后，第 8、第 54 集团军又解放了波尔霍夫，继续向奥斯特罗夫推进。 至此，列宁格勒方面军左翼部队粉碎了德军的抵抗，又向前推进了 50～160 公里，到达普斯科夫—奥斯特罗夫筑垒地域，但是德军防守的筑垒地域仍然固若金汤。

与此同时，在伊德里察方向，波罗的海沿岸第 2 方面军合围了德军第 16 集团军。 然而苏军的进攻不总是那么尽如人意，由于苏军未能及时识破德军的撤退企图，给了德军有组织撤退的机会，大量德军部队向奥斯特罗夫以东、诺沃尔热夫、晋斯托什卡一带撤退，并在那里实施了有组织的抵抗，这样一来，苏军的推进计划只能成为泡影。

3 月 9 日，列宁格勒方面军左翼部队向普斯科夫推进，并持续展开了激战。 直到 4 月中旬，苏军才突破了普斯科夫以南的德军防线。 至此，苏军推进约 13 公里，将普斯科夫通往奥斯特罗夫的交通线拦腰切断。

至 3 月中旬，列宁格勒州绝大部分地区和加里宁州的部分地区获得了解放，苏军成功地攻入爱沙尼亚。

在进攻芬兰时，为了实施有效的作战手段，苏联列宁格勒方面军和卡累利阿方面军集结了 45 个师，若干坦克和海军陆战旅，共计 50 万人。 火炮和迫击炮达到了 1 万多门，坦克和自行火炮达 800 辆，另外还有 1500 多架飞机以及波罗的海舰队的大口径舰炮。

苏军主力从卡累利阿地峡向维堡发动主攻，而第 23 集团军负责把芬军主力牵制在拉多加湖和芬兰后方的小湖群，这是苏联方面制订的作战计划。

在当时，芬兰第 3 军和第 4 军负责防守 48 公里宽的卡累利阿地峡。芬军把3个步兵师和1个旅部署在前方阵地,剩下的2个师和1个骑兵旅在后方阵地驻扎。前方阵地由第一道防线和间隔16公里处的第二道防线组成,在后方阵地所设立的第三防线位于横跨地峡的咽喉部维堡东部。尽管芬军设置这3道防线的初衷在于土木工事,但就当时的地形而言是有利于防守的。

苏军统帅部已经充分考虑到了这些攻占的艰巨性。在进攻前的一段时间内,苏军保持着无线电静默,这种信息假象使得芬军放松了对苏军采取其他作战计划的担心。

6月9日,苏军调动空军对芬军进行猛烈轰炸。6月10日,苏军实施了芬军从未见过的猛烈炮击。苏军第21集团军强渡谢斯特腊河,苏军坦克插入芬军防线16公里,对芬军构成最大威胁。

6月11日,苏军第23集团军开始发动进攻。6月13日,苏军推进到到芬军的第二道防线。

借助于第3炮兵的掩护,主攻西侧沿海方向的苏军于6月14日突破了芬军的防线。6月18日,苏军推进到维堡附近。

芬兰唯一的装甲师投入战斗,与此同时,部队从拉多加湖以东的卡累利阿向维堡方向撤退。遭遇了苏军的持续攻击后,芬军全部撤到维堡以北。

6月20日,维堡落入苏军手中。6月21日,苏军在卡累利阿东部向拉多加湖以东、奥涅加湖以北、斯维尔河一带的芬军阵地发动猛攻。芬军主力早就撤走了,驻守士兵所剩无几。

芬兰第5军被调到卡累利阿地峡,第6军和奥勒内茨集群取道斯维尔河一带对苏军实施攻击,第2军在奥涅加湖以北与苏军对峙。芬军边撤退边布雷,与苏军的激战一直没有停歇。7月底,苏军停止进攻芬军,调头南下向波罗的海地区的德军发动进攻。7月29日,德军第122步兵师被希特勒从芬兰调回。

至8月9日，苏军在库达姆古巴、库奥利斯马、洛伊莫拉以东、皮特凯兰塔一带的战线稳定了下来。

四、1944年中路苏军反攻

在苏德中路战场上，1944年初，苏军波罗的海沿岸第1方面军、西方面军和白俄罗斯方面军遭遇德军中央集团军群的攻击，双方展开搏斗。

德军修建了许多防御工事，配置了各种火器和障碍物，还在很多城市和大的城镇建立了环形防御工事，以守御阵地。

1944年1月，苏军3个方面军选取维捷布斯克、博布鲁伊斯克作为春季攻势的两个方向。经过浴血奋战，在维捷布斯克的进攻方向上，波罗的海沿岸第1方面军突破了德军在维捷布斯克以北的防线，占领了重要的交通枢纽哥罗多克，还击退了德军6个师。该方面军乘胜推进到维捷布斯克郊区，打算从西北方向入手攻打维捷布斯克。

苏军由此形成了两方面军的配合攻坚战，西方面军则猛攻维捷布斯克市的西南方，而波罗的海沿岸第1方面军猛攻该市的西北方。2月初，两方面军从西北和东南包围了维捷布斯克市，由于德军的负隅顽抗，苏军付出了极大的代价。苏军推进到维捷布斯克—奥尔沙铁路只有6公里时，再也没有足够的兵力进攻，只好坐地等待新的援兵。

在博布鲁伊斯克方向，白俄罗斯方面军发动了进攻。1月8日，在苏军第65、61集团军的猛烈进攻下，德军第2集团军的防线被苏军成功突破，这是一场血战。1月14日，苏军占领了莫济里和卡林科维奇。2月21日，罗加切夫遭到白俄罗斯第1方面军的第3、第50集团军的偷袭，德军第9集团军的防线由此突破。苏军各集团强渡第聂伯河，攻下了博布鲁伊斯方向的罗加切夫，切断了莫吉廖夫—日洛宾的铁路。此时德军的抵抗极其顽强，因此，苏军向博布鲁伊斯克、明斯克、卢尼涅茨的推进计划受阻。

1944年4月中旬，苏军3个方面军全线转入防御，蓄积力量以备发动夏季的攻势。

5月22日—23日，在苏军统帅部召开的会议上，苏军制订了实施白俄罗斯战役，歼灭德军中央集团军群，从而解放白俄罗斯的计划。战役计划为：苏军在6个地段一齐向德军防线猛烈突入，然后，围歼德军中央集团军群。

6月23日，在白俄罗斯，苏军把各方面军的兵力集结起来，沿波洛茨克—维捷布斯克—奥尔沙—莫吉廖夫—博布鲁伊斯克以东一带展开，并沿普里皮亚季河向科维利一带延伸。

包括德军中央集团军群、北方集团军群的第16集团军左翼部队和北乌克兰集团军群的第4装甲集团军左翼部队在内，共计63个师又3个旅，与苏军相对峙。

苏军发动的一次次猛烈进攻迫使德军进入防御阶段。德军修建了大量的防御工事，防御纵深为250～270公里，在河流的西岸和高地上构筑的都是阵地，就连防区内的居民点都建有环形防御工事。德军在白俄罗斯的兵力严重不足，预备队的兵力仅有11个师。

6月23日清晨，苏军的1000多架飞机和大量的炮兵部队，以强大的火力攻势扑向德军。三十分钟后，苏军地面部队发动总攻。在维捷布斯克以北，波罗的海沿岸第1方面军向什维奇、列比尔方向猛扑；在维捷布斯克以南，白俄罗斯第3方面军猛攻奥尔沙方向，而白俄罗斯第2方面军猛攻莫吉廖夫方向。6月24日早晨，白俄罗斯第1方面军向博布鲁伊斯克迅猛推进。

经过一天的激战，波罗的海沿岸第1方面军向纵深推进了16公里，把突破口扩大至30公里。6月24日，波罗的海沿岸第1方面军强渡卢切萨河向西北方向突入，切断了德军第53军的后方交通线；同时，该方面军追退了德军第6和第9军相邻的两翼，使两者之间形成了约25公里宽的大缺口。6月25日黄昏前，推进到格涅兹季洛维奇的波罗的海沿岸第1方面军，与白俄罗斯第3方面军会师；另一部分兵力从东面攻入维捷布斯克，由此对德军第3装甲集团军的5个师实施了分割包围。6月26日，维捷布斯克市成功地获得了解放。

白俄罗斯第3方面军一部猛攻博古舍夫斯克；另一部分兵力向鲍里索夫发动突击，并与白俄罗斯第2方面军的一部一道将奥尔沙地域的德军击溃。6月24日，苏军击退德军，占领了博古舍夫斯克市。当天下午，苏军推进到先诺，从行进间占领先诺市，在先诺以西切断了奥尔沙—列佩利的铁路。6月26日，白俄罗斯第3方面军占领托洛钦市，向奥尔沙一带推进。

然而在奥尔沙方向的苏军运气可不是那么好，在德军的顽强抵抗下，推进速度明显下降。6月26日，苏军向前推进了20公里到达奥尔沙附近，其速度加快了。6月27日，苏军占领奥尔沙市。同一天，波罗的海沿岸第1方面军和白俄罗斯第3方面军，将守卫在维捷布斯克的德军全部围歼。

与此同时，共同粉碎了莫吉廖夫地区德军的抵抗后，白俄罗斯第1、第3方面军推进到了别列津纳河。白俄罗斯第2方面军一部向莫吉廖夫、别列津诺一带发动猛攻，其第33、第50集团军负责防守新占领的地区，并准备追杀打算撤逃的德军。

在主攻方向上，白俄罗斯第2方面军集结了庞大的兵力，大大增加了重武器的密度：每公里正面火炮和强击炮达180门，共20

辆，苏军的火力优势是德军的3倍。

白俄罗斯第2方面军主力于6月25日推进到列斯塔河地区。6月26日，突破列斯塔河的德军防线后，该方面军主力向什克洛夫、莫吉廖夫方向推进，而德军第4集团军被迫撤退。6月26日晚，在向莫吉廖夫以北的第聂伯河地区推进的同时，白俄罗斯第2方面军又分出部分兵力从普列希齐以西强渡第聂伯河。同一天，白俄罗斯第2方面军第33、第50集团军向溃败的德军展开追击。6月27日中午，苏军在第聂伯河上架起了两座桥，实现了登陆场的有效扩大。

6月28日，白俄罗斯第2方面军的大部分兵力已渡过第聂伯河，他们强力挺进并控制了明斯克接近地的莫吉廖夫。很快，苏军又攻下了什克洛夫市和贝霍夫市。

6月28日晚前，白俄罗斯第2方面军推进到德鲁季河和第聂伯河之间的地区，做好了与其他方面军共同包围明斯克的准备。与此同时，白俄罗斯第1方面军一部于6月26日向格卢斯克附近的普季奇河方向推进，在某些地段强渡普季奇河。6月26日晚，该方面军迂回突入成功，切断德军从博布鲁伊斯克向西和向西北的交通线。苏军航空兵不断空袭溃退的德军和别列津纳河上的渡口，强大的火力进攻有效地辅助了陆军作战。

6月27日晨，白俄罗斯第1方面军一部猛攻博布鲁伊斯克北部，并与该方面军的其他部队会合，对博布鲁伊斯克东南地域的4万德军形成包围态势。该方面军的部分兵力负责歼灭被围的德军，其他部队则继续对明斯克和斯卢茨克发动进攻。其中一部分苏军部队向合围的德军正面推进，而另一部分苏军部队正面进攻合围的德军。

由于步兵师跟进迟缓，在向内正面的西北地段，苏军只有2个坦克军承担进攻任务。而被围的德军正好在西北地段突围，妄图与德军第4集团军实现会合。

以25～30架飞机为一编队，白俄罗斯第1方面军紧急调动的520多架飞机，连续向突围的德军发动了一个半小时的空袭，重创了突围的德军部队，使其走向溃散。6月28日，苏军把包围的德军歼灭。

6月29日，苏军解放博布鲁伊斯克市。长达6天的猛攻给苏军带来了辉煌的战绩，防守维捷布斯克和博布鲁伊斯克的德军被击溃，莫吉廖夫方向的德军防御阵地也被突破。德军遭到重创后，立即从西德维纳河—普里皮亚特河一带撤退。

白俄罗斯第1方面军趁机向前追击了100～150公里，继而向斯普利波文茨杨内、明斯克和斯卢茨方向发动进攻，以便在明斯克地区合围德军第4集团军。

战争进行至此，希特勒仍不死心，他决定不惜一切代价阻挡苏军的推进。然而，在苏军的猛烈攻势下，希特勒的指挥似乎起不到任何作用。德军面临被围歼的危险，只有向西撤退才能保存实力。

这时，在鲍里索夫卡、奥西波维奇一带的苏军坦克部队，只有100公里就逼近明斯克。尽管德军撤到距离明斯克市130～150公里的地方，但要摆脱从东南追击的白俄罗斯第2方面军只能是妄想。6月28日，斯大林向各方面军下达命令，围歼德军第4集团军。

苏联的作战方案如下：白俄罗斯第3方面军左翼部队、白俄罗斯第1方面军右翼一部猛攻明斯克方向，并在白俄罗斯第2方面军的配合下，包围德军第4集团军主力，目的是解放白俄罗斯的首都明斯克；波罗的海沿岸第1方面军、白俄罗斯第3方面军右翼部队、白俄罗斯第1方面军一部，对西面的德军预备队进行穷追猛打，并准备向希奥利艾、考纳斯、华沙等方向发动进攻。

6月29日—30日，白俄罗斯第3方面军已经在别列津纳河列阵，多处强渡别列津纳河，向明斯克方向发动猛攻。7月3日，苏军第2坦克军攻入明斯克。白俄罗斯第1方面军向明斯克方向和巴拉诺维奇方向追击，整个推进过程都保持了较快的速度。

7月2日晚，从南面进攻明斯克的白俄罗斯方面军坦克第1军，已经推进到东南郊区，并在那里与白俄罗斯第3方面军会师。至此，德军第4集团军主力、第9集团军部分兵力已经陷入苏联编织好的巨大包围网中。

同时，白俄罗斯第2方面军推进到明斯克，分割和歼灭德军其他部队，阻止德军西逃。

这时，苏联空军牢牢地掌握了制空权，发动了猛烈的空袭攻势，德军在狂轰打击下走向溃散。此时，德军已经难以采取任何有效计划以实施撤军或调动支援。苏联游击队在德军撤退的许多地方设伏，不仅偷袭德军指挥部和一些部队，甚至还抢占了德军撤退道路上的渡口。这种作战方式对德军的处境无疑是雪上加霜。

7月3日晚前，明斯克的德军全部葬身于苏军的炮火中。7月4日，白俄罗斯第3、第1方面军推进到纳罗奇湖—莫洛杰奇诺—克拉斯诺耶—斯托尔布齐—涅斯维日一带。

与此同时，波罗的海沿岸第1方面军向德军北方集团军群第16集团军和中央集团军群第3装甲集团军一部发动猛攻。为牵制苏军前行，德军在波洛茨克市接近地了所投入的步兵师共有6个。苏军从东北和南面对德军发动向心突击，纵深包围了波洛茨克的德军。

苏军第4集团军左翼部队向科特利亚内、波兹德尼亚基、多赫纳里方向发起进攻，以便从西北迂回攻击波洛茨克。苏军第6集团军右翼部队突入波洛茨克西南方向，而苏军第6集团军主力与第43集团军猛攻格卢博科耶、希文恰内方向。

6月29日，苏军第4、第6集团军强攻波洛茨克，先是击退附近的德军，继而攻击波洛茨克的德军两翼。7月1日，苏军攻入波洛茨克的东郊和南郊。7月1日黄昏前，苏军第6集团军主力和第43集团军已经攻入格尔马诺维奇、格沃兹多沃、多克希齐一带，而苏军各坦克部队推进到季斯纳河一带。

经过两天的巷战，7月4日凌晨，波罗的海沿岸第1方面军解放了波洛茨克。而该方面军左翼部队趁机追杀溃退的德军，到7月4日晚前，又从奥普萨—科贾内—纳罗奇湖一带，实现了多达110多公里的推进。

7月初，由于苏联统帅部的预备队迅速地补充了个方面军的兵力损失，因此，苏军各方面军一直持强劲攻势。经过几天的激战，苏军各方面军又推进了225公里，而德军中央集团军群却伤亡惨重，主力被分割包围，大有无力回天之势。

7月30日，苏军第3机械化军以强大的攻势获得了图库姆斯市控制权。7月31日，苏军第51集团军占领了叶尔加瓦。苏军强力挺进，隔绝了德军北方集团军群与德国本土的联系。波罗的海沿岸第1方面军右翼到达瓦内—梅莱河一带，其左翼到达库尔谢奈—凯代尼艾一带。至此，波罗的海沿岸第1方面军解放了拉脱维亚和立陶宛的大部分领土。

东线中路战场的正面进攻宽达1000多公里，经过不断激战，苏军在此取得了巨大的胜利，打了一个个漂亮的围歼战，德军中央集团军群也惨遭重创。苏军解放了白俄罗斯和立陶宛、拉脱维亚的一部分，并攻入波兰东部，向普鲁士边境挺进。

苏军在东欧痛击德军

一、华沙起义

在苏军解放波兰东部、进抵维斯瓦河的基础上，波兰国家军遂于1944年8月1日在华沙举行了起义，力图控制住波兰首都。

早在1942年1月的时候，波兰共产党建立了华沙波兰工人党，同时建立的还有武装司令部，人民近卫军也进入了筹建阶段，以此抵抗德国侵略者。除此之外，由一些流亡在苏联的波兰共产党人和爱国人士所组成的"波兰爱国者联盟"建立起来，他们请求苏联政府帮助建立波兰军队，以便打回老家，光复祖国。

1943年5月，新型的波兰军队在苏联国土上得以建立。到1944年7月，这支军队已达到10多万人的规模。1943年12月31日至1944年1月1日，由波兰工人党和人民近卫军的代表、波兰社会党左派、农民党和党的代表以及知识分子左派的代表等出席的"全国人民代表会议"，在华沙秘密召开，大会决定把国内的武装力量统一起来，正式组成人民军。

德国在华沙地区的军队约有4万人，而波兰国家军约有3.8万人，包括4000名妇女在内。他们虽然拥有步兵的轻重武器，但数量严重不足，弹药也仅能勉强地维持7天的战斗之需。

7月31日下午，华沙地区司令蒙特尔上校在国家军司令部做出报告，称德军在维斯瓦河东岸的桥头堡已被苏军坦克突破，德军的防御机制犹如一盘散沙，已陷入瘫痪。华沙郊区若干地段也已经为苏军先遣部队所占领。但后来查明，这个消息是不准确的。

早在起义之初，华沙3/5的地区掌控在波兰国家军手中。直到8月4日华沙城才宣布全城戒严，这得"归功于"华沙德军防卫司令施塔赫尔的迟钝反应。与这种迟钝相反,希特勒可谓嗅觉灵敏,当华沙起义的消息一传到希特勒的耳朵里,他立即在8月2日任命党卫军的高级将领巴赫·齐列夫斯基为华沙城防司令,力图及早地扼杀起义。德国陆军司令希姆莱也火速派出了增援部队,重炮、火箭和火焰喷射器源源不断地输往华沙德军所在地。此外,党卫军"赫尔曼·戈林"坦克师和另外两个师也部署到华沙的南郊,目的在于镇压起义的同时增强自身对红军的防御能力。

从8月4日起,德军对起义者发动的进攻越来越猛烈,随着战斗的升级,手段也越来越残酷。大量战俘、和平居民和医院里的伤病员死在德军的血腥屠杀之下。他们甚至把几百名妇女儿童赶到前线,让这些人组成防御波兰起义者的人墙,走在进攻的德国坦克前面充当炮灰。

但波兰人坚贞不移,他们说:"一旦拥有武器,我们就要他们以血还血!"伤亡日多,弹药匮乏,粮食不济,饮水困难,到9月份,死神一步步向起义者逼近。他们频频向苏军发出求救的信号,渴望得到紧急的支援。

8月底,白俄罗斯第1方面军的部队由华沙背面推进到那累夫河,在塞罗茨卡地区占领了一个登陆场。苏军几次试图在华沙附近强渡维斯瓦河,但均被德军的坦克和步兵的炮火所击退,他们在遭受重大牺牲后被迫重回原地。

尽管如此,起义者还是得到了白俄罗斯第1方面军和波兰第1军指挥部所提供的炮击和空袭形式的支援。从9月13日至10月1日,苏联空军先后出动的飞机达4821架次,直接袭击华沙的敌军,并将大量急需的武器、子弹、军用物资、药品及粮食空投向起义军。与此同时,英国空军也向华沙投入了一些补给品,但这些依然远远不够。

9月底,华沙的起义者弹尽粮绝。10月2日,起义军与德军签订了停火协定。同日,德军司令部内,波兰代表团在投降书上签字。在长达两个月的战斗之后,波兰国家军终于放下武器,在这次起义中,德军损失了2.6万人,而3.8万人的波兰国家军中,壮烈牺牲的就多达1.5万。据波兰方面统计,大概有15~20万人的平民死亡。

在华沙巷战正酣时,罗马尼亚于1944年8月23日,保加利亚于1944年9月9日相继发起了反德的武装起义。罗马尼亚和保加利亚的解放,为苏军进入匈牙利和南斯拉夫开辟了道路。1944年9月21日,苏联领导人在莫斯科会见了南斯拉夫人民解放军最高统帅约瑟普·布罗兹·铁托,会谈过后,双方领导人就苏军暂时进入南斯拉夫达成协议,同时缔结了苏军同南斯拉夫人民解放军协同作战的协定。

二、进军东欧

9月28日,得到南斯拉夫军队和保加利亚祖国阵线军队的配合与支援后,苏军再次向德军发起了进攻。

10月20日,苏军解放了南斯拉夫首都贝尔格莱德,将两个重要的战略据点掌握在自己的手中,由此切断了德军的退路。苏联也为南斯拉夫提供了相当数量的军事援助,并帮助他们装备了12个步兵师和两个空军师。经过几个月的激战,南斯拉夫人民解放军终于在1945年5月15日彻底击溃了德国的侵略军,获得了民族解放。

解放了贝尔格莱德之后,苏军和保军便开赴匈牙利战场,打算将那里的德军一举歼灭。此时的德军完全处于被动防守阶段,但他们企图凭借多瑙河的天然屏障,把出产石油的匈牙利守住,以此保护德、奥南翼的安全。所以,德军调遣大量军队,又增强"南方"集团军群的力量，妄图阻止苏军在匈牙利的攻势。

经过艰苦奋战，苏军于1945年1月将匈牙利首都布达佩斯的德军重重包围住。为了避免不必要的流血牺牲，苏军建议被围德军投降，但是投降条件被德军拒绝，两位苏方军师也被德军残忍的杀害。既然和平道路被德军堵死，攻打布达佩斯就成为苏军的唯一选择。

1月18日，苏军解放了佩斯，并全线进抵多瑙河。2月13日，苏军攻下了位于多瑙河对岸的布达佩斯。这一仗打得十分漂亮，共歼灭敌军18.8万人。

布达佩斯解放后，苏军进一步打击匈牙利、奥地利和捷克斯洛伐克德军的计划变得顺理成章。不过德军可不是乖顺的小绵羊，他们调集了43万人马，于1945年3月初，在匈牙利的巴拉顿湖地域进行疯狂地反扑，企图通过这垂死的一击有力地阻止苏军前进。

经过一个月的激战，苏军将德军杀得片甲不留，于4月4日解放了匈牙利全境。德国残部仓皇西逃。苏军乘胜前进，4月13日，维也纳迎来了解放。

1944年底，罗马尼亚、保加利亚相继解放。在这种情况下，希特勒派重兵直接占领了捷克斯洛伐克以巩固战线的南翼。1945年1月中旬，苏军发动了西喀尔巴阡战役，于两个月后解放了斯洛伐克大部分地区和波兰南部地区。

1月中旬，东普鲁士战役拉开帷幕。至1月底，盘踞在东普鲁士的78万德军被苏军分割为3个孤立的集团。苏军采取各个击破的战略，苦战三个月，将德军一举歼灭。

在白俄罗斯第1方面军主力进抵奥得河后，德军最高统帅部迅速集结兵力，准备从北面击溃奥得河的苏军。岂料，德军的意图被苏军识破，苏军立即派出白俄罗斯第2方面军向西挺进，将东波美拉尼亚之敌消灭干净。

苏方战胜之势越来越明朗化。3月初,抵达波罗的海,3月底解放了格丁尼亚和但泽,苏军的进攻使得昭告胜利的波兰国旗当即在两座名城上空飘扬。

4月9日,占领哥尼斯堡,4月下旬,击溃了德军残部,苏军顺势而进。而东波美拉尼亚战役解除了白俄罗斯第1方面军所受的威胁,使人心大受鼓舞,攻打柏林成为可能。

第五节　德国——盟军进攻的下一个目标

盟军挺进德国边境

在解放巴黎之后，盟军最高统帅于夏末迁到凡尔赛，后来又迁到法国东部的兰斯。

从9月1日起，艾森豪威尔对盟军的指挥系统做了相应的调整，他自己直接享有地面部队的指挥权，而蒙哥马利不再负责协调第21集团军群（后称北方集团军群）和第12集团军群（后称中央集团军群）的作战行动，他仅对北方集团军群进行指挥。布莱德雷指挥中央集团军群，下辖美国第1、第3和新建的第9集团军（辛普森任司令）。由南部登陆的法美军队所改编的第6集团军群（后称南方集团军群），从9月15日起也由艾森豪威尔统一指挥。

9月1日，一个重要的新的集团军司令部在盟军内部成立了：盟国第1伞兵集团军（布里尔顿任司令），它由美国的3个伞兵师和第9空运大队，英国的2个伞兵师和2个空运大队组成。

艾森豪威尔厉兵秣马，指挥几路大军同时向德国边界挺进。他对整个战略进行了如此谋划，即蒙哥马利的北方集团军群从沿海一带向东北推进，消灭德军有生力量，对德国V-1飞弹（"V"是德文Vergeltungswaffe"复仇武器"一词的字首）发射基地实施毁灭性打击（从1944年6月起，这种武器已开始袭击伦敦），并夺得安特卫普这个重要的港口，以改善盟军供应条件，继而挺进德国北部平原，从北面包围鲁尔。与之对应，布莱德雷的中央集团军群要突破德国边界防线（所谓齐格菲防线），强渡莱茵河，直指卡塞尔，将鲁尔收入包围圈，消灭西部德军主力，摧毁德国工业潜力，然后，再继续东进。

在诺曼底战役胜利之后，盟军各路东进之势极其顺利，艾森豪威尔兴致勃勃，满怀必胜的信心，认为柏林已成为囊中之物。9月15日，在写给手下的两员大将蒙哥马利和布莱德雷的信中，艾森豪威尔对未来的战事提出了自己的看法，并征求两将的意见。在信中他明确地指出柏林是主要攻打目标。艾森豪威尔写道："很明显，主要的战利品便是柏林。……毫无疑问，在我看来，我们必须集中全部精力和资源对柏林发动突击。但是，我们的战略要同苏联的战略协调起来。"在这封信的结尾，艾森豪威尔写道："简言之，我的愿望是，采取的路线要最直接最迅速，使美英兵力联合起来并在其他部队的支持下，通过关键性的中心城市，占领两翼的战略地区，向柏林推进。"

在兵力的部署上面，两国军事首脑间出现了分歧。这时蒙哥马利极力主张艾森豪威尔应把主要的兵力和物资向部分战线上集中，最好是集中到北部，迅猛地、持续不断地攻入德国，直捣柏林。但这引起了巴顿的强烈不满，他认为，只要给他适当的支持，第3集团军就可以在几天之内占领莱茵。而艾森豪威尔与他们的意见又有不同，他主张在"宽大的正面"上向莱茵河推进。不过，他虽然反对上述的两个建议，但蒙哥马利的一项空降作战计划还是得到了他的批准，即用3个空降师去帮助英国第2集团军克服荷兰境内的3个障碍：马斯河、伐耳河和下莱茵河。抢先占领这些河上的主要桥梁，使英军取得一些阵地，进而前出德国北部平原，迂回"西壁"（即齐格菲防线），包围鲁尔。可见，蒙哥马利打算早日攻进柏林的心情是急切的。

经过紧锣密鼓的准备，盟军于1月中旬在全线发动了猛烈的进攻，以突破齐格菲防线。面对敌人的激烈反抗，盟军从疯狂的纳粹守军那里哪怕夺得一寸德国土地所付出的代价都是惨重的，所以，他们进展不大。到11月底，美第3集团军将梅斯地区以及摩泽尔河和塞勒河沿岸敌军的防御摧毁后，准备向萨尔进军。南方集团军群也一举攻入阿尔萨斯-洛林。这时改属美第7集团军指挥的勒克莱尔率领的法国第2装甲师，于11月23日将斯特拉斯堡拿下，总计15 000名德军被俘。到27日，法军肃清了城外四周堡垒里的敌军，这座法国历史名城获得了完全解放。这个胜利对法国军民的鼓舞作用无疑是巨大的，而德军却龟缩到科耳马尔城（所谓科耳马尔口袋），在莱茵河西岸守住了一个强大的桥头堡。

到11月底，盟军已增加到300万人。加拿大第一集团军投入到艰苦激烈的斗争中，以伤亡13 000人的惨重代价，肃清了舍尔德海口一带的敌人，使安特卫普可供盟军使用。这个大港虽然时常遭到德国V-1飞弹和V-2火箭的袭击，但平均每天的卸货量达到25 000吨，从而大大改善了盟军的供应条件。事实上，由于全线（450英里）都保持攻势，艾森豪威尔仍然有着兵力不足的忧虑，一旦敌人发现了可乘之隙，就能够在薄弱的阵线上实行反扑。

希特勒在阿登地区的反扑

一、反击战计划的形成

自从1944年11月进攻以来，三路盟军希望通过这些进攻来削弱德军的防线，以达到日后击垮 G 集团军群的目的。这时恰巧希特勒从 G 集团军群正面防线上调走不少部队用于阿登反攻计划，尤其是 G 集团军群仅剩 1 个坦克师，恐怕连他本人都没想到自己竟然给盟军帮了个大忙。

面对严重的部队减员问题，美军指挥官对后勤部门进行了整编，以增强所属部队的战斗力。除了尽量用女兵将各级指挥部的男子替换出来以外，还从空军中调来多余的勤务人员，并把他们统统派到前线作战。

另外，美军也从美国调来了大量的步兵部队。经过 5 年多的战争，英国已难以挖掘战争潜力，英军已不指望从英国获得补充，况且英国也急需劳动力。

12 月中旬，希特勒宣布将巴尔克革职。看在古德里安求情的份上，希特勒让巴尔克担任驻匈牙利的第 6 集团军司令。为了发泄不满，希特勒还撤换了一批高级军官的职务，他似乎是病急乱投医。

盟军的攻势渐渐沉寂下来，而希特勒新的作战计划却在酝酿着，他想竭尽全力向盟军发动一次强大的反攻——阿登反击战计划。

为确保反击获得成功，德军的保密措施堪称严密之极。德军更换了部队的番号，更换了兵种制服；使用木炭烧饭和取暖；为了掩盖坦克发动机的声音，到晚上德军还派运输机、战斗机沿前线飞行；马匹在路过碎石山路时，马蹄都用布裹住。车辆走过后，后勤兵还得负责将车迹清除。

在白天，德军根据预定计划频繁地调动部队，以此来迷惑盟军。趁盟军毫无准备，德军利用自身非常熟悉阿登地区地形地势的优势秘密调兵。

让西线的指挥官过早知道他的企图是希特勒所不情愿的，他更不想听他们的意见。因此，他只与最高统帅部人员一同制订反攻计划。直到1944年10月底，伦德施泰特和莫德尔才从希特勒口中得知一丝反攻计划的消息。

在阿登反攻计划中，由28或30个德国师（包括12个坦克师和摩托化步兵师）组成的2个坦克集团军从蒙绍和埃希特纳赫间发起突袭，而第7集团军发动突击以配合进军，到达列日与那慕尔强渡马斯河后，再迂回攻占布鲁塞尔、安特卫普，切断突破地段以北盟军的退路，并歼灭盟军。

希特勒最初将反攻战役定在11月25日。希特勒向伦德施泰特和莫德尔保证：油料完全够初期使用，后期应在盟军那里夺取储备油。戈林说："空军可供出动的飞机达3000架，包括现代化的喷气式战斗机。"希特勒自信满满，认为有800架飞机就足够。

伦德施泰特和莫德尔对反攻计划感到震惊，而准备并实施整个战役的任务就落在莫德尔肩头。两个人虽原则上没有反对反攻，但基于现有的薄弱兵力，他们认为应该把战役限制在小范围内。按照希特勒的计划，要发动纵深达200多公里的大反攻，30个师的兵力显然太少。另外，他们甚至对那些师能否按期到达出发阵地，在进攻时能否保障突击兵团的西翼提出了质疑。

在部队有把握获得突破的地段发起反攻最为必要，所以，就应该选择一个美军部队兵力比较薄弱的地段。突破后，还需要继续扩大战果，以保证西线局势对德国有利。

根据阿登反攻计划，这些目标一旦达成，德军就能在西线作战中处于极其有利的战略地位。阿登反攻胜利的理想结果是，德军将歼灭盟军25至30个师，缴获大批物资和装备，特别是德军急需的燃油。这些如山般堆积在盟军后方的物资和装备，是盟军为摧毁德军的西壁防线和进军柏林所做的准备工作。

根据反攻计划，德军在反攻方向的突破将由步兵师来进行。突破时，步兵的推进速度要快，要能为装甲部队扩大战果创造有利条件。趁着美军惊慌失措和混乱，向西推进的德军装甲部队也要保持较快的速度。但是关键在于，德军装甲部队向马斯河推进时，千万不能让补给问题拖垮；还要绕过防御坚固的美军阵地，保障侧翼安全。总之，这些都是德军能驾轻就熟的战术。希特勒明确指示，德军应占领巴斯托尼。

二、希特勒拒绝纳谏

约德尔宣布的反攻的深远目标，使在座的指挥官们大为疑虑。他们一致认为，被指派执行这次反攻任务的3个集团军即使得到希特勒所许诺的兵力，战役目标同样可望而不可即。他们认为，以反攻部队的兵力、武器、装备、机动性和补给根本不能负责一场长达200多公里的正面攻势，而完成歼灭25至30个盟军师的任务更是天方夜谭。

30个缺乏装备、兵力不足、机动性差和补给困难的师无力完成如此大的目标。在几个星期内，各部队就算将进攻计划的各个部分（比如，按时进入出发阵地、炮火准备等）做好准备也是异想天开。

希特勒将"修改方案"指斥为"胆小鬼的方案"，并拒绝参与讨论。同时，希特勒拒绝了关于由第15集团军北翼发动辅攻的建议。他还拒绝向第7集团军派出增援部队，因为几年来所有的前线指挥官都在对他说这种增援是必需的。

虽然参谋们对希特勒的反攻计划意见很多，但大规模的反攻准备还是在各集团军展开了。经计算证明，战役不可在11月25日开始，反攻最早将在12月10日发起。为了集结30个师的兵力组成预备队，德军必须从本来就难以守住的正面防线撤下部队以组建强大的反攻部队。组建突击集团和补充从防线撤下的装甲师和摩托化步兵师，相比而言并不算难。最难的是补给工作，德军不仅需要建立强大的后勤网，保障炮兵部队和突击集团辎重队的机动性，还要凑齐反攻部队渡河所需要的大量器材。为了保密，只有选取既要保证反攻部队的突破，又不能因炮火准备过早使盟军发觉时机，才能集结各师和调集炮兵部队。经过连续几个星期的争论，德军这才确定调兵的时机。

在这种周密的反攻战役准备中，用于反攻的部队已经不再执行真正的防御任务。为了使反攻部队在进攻时发挥强大的战斗力，对他们加紧训练是十分必要的，然而这种训练只能在防御战中发动反突击时进行。

德军参谋部希望反攻开始后能有足够的卡车及时出动以保障运输。可以预见的是，如果没有足够的卡车，反攻部队将很快陷入困境。因此，有经验的参谋向希特勒提出警告：关于燃油的计划，只够初期使用，未留任何余地。但希特勒不予理睬，因为对这个难题他也手足无措。

11月27日，参谋部所有关于缩小反攻战役任务的建议都被希特勒拒绝，希特勒下令于12月7日发动反攻。随后，由于准备上的严重不足，德军被迫3次推迟开战日期，直到12月12日才确定，12月16日为开战日期。

对于在进攻地区是否使用伞兵和执行"狮鹫"计划的斯科尔兹内特种部队，希特勒缄默其口。只是在12月15日，曼陀菲尔等高级将领才把一个关于使用这些特种部队的笼统说明拿到手。直到进攻开始后，这些伞兵的人数和使用的时间、地点等具体信息才被曼陀菲尔等人获知。

三、德军的疯狂进攻

按照希特勒的指示，每个知道反攻内情的高级将领都要签署一个文件，保证若稍有泄漏，他们愿受严厉惩处。事实证明，这是效用极佳的保密措施。

1944年12月16日，德军在阿登山区发动反攻时，美军毫无防备，而且这次进攻也没有引起美军指挥部的重视。德军的突然进攻，与1940年5月10日在阿登山区的行动，几乎如出一辙。仅从战术上来说，阿登大反攻是希特勒的最后一次重大胜利。

不可否认的是，从战略上看，这次反攻不仅是一场赌博，更是一个严重的战略失误。不管战后人们如何谴责希特勒这个不称职的战略家，但绝不会有人否认他丰富的想象力。

希特勒从各个防线上抽调了一些部队，组织他们进行最后一次猛烈的反攻，企图向由美军第1集团军第8军防守的艾弗尔山至蒙绍的阵地推进。

党卫军第6装甲集团军在右翼担任主攻，第5装甲集团军在左翼辅攻，第7集团军则向卢森堡方向进攻，以掩护两个装甲集团军的南翼。这显示了希特勒的勃勃野心，他不仅想夺回安特卫普港，而且还想将加拿大第1集团军、英国第2集团军、美军第1集团军和第9集团军一举歼灭。

12月16日那天，重重浓雾掩护了德军的进攻，盟军庞大的空军无法出动。

下辖4个装甲师和4个步兵师的党卫军第6装甲集团军，在蒙绍、艾佛尔高原北端地段的山路上发动进攻。由美军防守的山脉阵地易守难攻，构成了美军战线的突出部。

党卫军第6装甲集团军所取得的突破很小。党卫军集团军的北翼部队在蒙绍以南向前推进时遭到强大阻击，因而只向前挪动了一小步。德军摩托化步兵第12师经过两天的激战后在洛斯海姆西北地段突破美军防线，使得党卫军第1装甲军在前行道路上的阻力更小。

党卫军第6装甲集团军中路部队和南翼部队经过激战后，艰难地向蒙绍、马尔梅迪、特鲁瓦蓬一带推进。在那片地区，距德军的第一个进攻目标列日还有很远的里程。

在12月18日，党卫军第6装甲集团军的攻势被严重消解。

无论党卫军如何进攻，他们再也没有推进的动力。党卫军距离美军在鲁尔河流域的强大战线很近，惊慌失措的美军第8军各师很快得到了鲁尔河流域美军的有力支援。因此，党卫军无力赢得战役的胜利。另外，党卫军失去了像德军第5装甲集团军那样，对进攻进行周密研究和准备的时机。

德军第5装甲集团军的进攻，起初比较顺利，它的突击力很强，使得盟军遭受了严重的威胁。这时，德军第5装甲集团军下辖的3个装甲师，有1个满员但缺乏训练的"元首卫队"旅，除此之外还有4个步兵师。一些步兵师和坦克师根本没有做好进攻的准备。

战前，一份详细的进攻计划早已由冯·曼陀菲尔制订，集团军发动进攻时，第一梯队出动了4个步兵师和2个装甲师。在经过猛烈的炮火准备以后，盟军弱小兵力防守的地区突然间渗入了曼陀菲尔出动的部分兵力。

进攻前两天，德军第5装甲集团军强渡乌尔河，在某些地点的盟军的防线甚至没能经得住突破。曼陀菲尔抽调重兵向美军的道路防御枢纽圣维特发动了进攻，对于第5装甲集团军和党卫军第6装甲集团军日后并肩实施机动作战而言，圣维特无疑有着十分重要的意义。

到 12 月 17 日黄昏时，尽管美军仍顽强地坚守着圣维特，但德军第 5 装甲集团军已经突破了美军在乌尔河以西的大片阵地。所有不利的条件，都阻碍了德军第 5 装甲集团军的推进计划，结果德军浪费在战役第一阶段的时间大大超过了预计的时间。

德军各装甲师在 12 月 17 日傍晚到达马斯河是希特勒希望看到的壮观景象。然而这是不可能的，即使沿途没有这么多的障碍物，德军各先头部队在两天内到达马斯河的设想也是妄谈，更何况还要在该河找到没有美军防守和没有被炸毁的桥梁。

德军第 7 集团军没有一个机动部队，卡车也奇缺，自行火炮和坦克更是奢望。该集团军根据计划，在菲安登与埃希特纳赫之间发动进攻，它的北翼部队所取得的战果颇丰。然而，由于缺少渡河器材和架桥器材，要扩大这些战果就显得非常困难。

兵力空虚的德军第 7 集团军只能靠士兵的两条腿赶路，致使第 5 装甲集团军左翼向南和向西推进的部队无法得到及时的掩护。

12 月 18 日，德军的这次进攻是有限的反攻这一秘密被艾森豪威尔发现，于是他立即调动 2 个没有使用过的空降师参与战斗。

12 月 19 日，美军第 101 空降师到达巴斯托涅，德军的进攻路线被及时堵住。在此以前，德军"教导"装甲师几乎全部歼灭了在巴斯托涅市接近地防守的美军坦克第 10 师。

同时，党卫军第 6 集团军第 116 装甲师在中路向乌法利兹方向推进。在巴斯托涅以北的地区，由于只遭遇美军少量兵力的抵抗，党卫军第 6 集团军"班克"第 2 师推进速度很快。

而党卫军第 6 集团军的其他师已经被牢牢地牵制在两翼。当时，德军还没有攻占圣维特。战事表明，包括 1 个装甲师在内，巴斯托涅市竟牵制了德军 2 个师。看来，美军第 101 空降师的战斗力不容低估。

当时，在中路推进的党卫军的两个装甲师前出马斯河希望很大。在随后几天，巴斯托涅仍然是德军其他师继续进攻的目标，党卫军的两个装甲师则推进到乌尔特河。德军"教导"装甲师被调往南翼，德军"班克"第2装甲师已向马尔什推进，而德军第116装甲师在马尔什以北的乌尔特河弯曲部遭遇了美军的拦截。为了避免耗费时间，德军第116装甲师从拉罗什向"班克"第2装甲师北翼转移。

德军第5装甲集团军各装甲师的推进也遭遇了崎岖山路的阻碍。当时，像1940年5月那样在晴朗和干燥天气中通过山路只是德军的一个美梦。由于一路上遇到了很多困难，致使德军强渡马斯河彻底无望，经常中断的燃油供应对德军也构成了极大威胁。如果德军能够攻下巴斯托涅，同时增强南翼攻势，并适时将新的部队投入到突破口，那么装甲部队的战果就有可能得到发展，并在推进到马斯河以后北上，再调受阻的北翼部队和党卫坦克第6集团军随后进攻，威胁盟军就不会是幻想。

当时，盟军的飞机已经零星出现，糟糕的天气让盟军无法大量出动飞机。

12月20日，豪法莱兹被德军占领，德军趁势向缪斯河渡口快速推进，并在迪南一带强渡缪斯河。当时，如果位于北面的党卫军第6装甲集团军能够为德国第5装甲集团军提供强有力的支援，那将会取得较大的战果。然而，事实正好相反。党卫军第1装甲师推进速度较快，前两天就突破了20英里，但其他各师进展缓慢得出乎意料。

执行主攻任务的是党卫军第6装甲集团军，而它的司令官泽普·迪特里希对坦克战却一无所知。在巴斯托尼一带拼命死守的美军王牌第101空降师和第10装甲师，使党卫军部队难以前进。尽管德军最初有些小胜利，但伦德施泰特早就预计，甚至不到12月22日德军进攻就将惨败，这种看法得到了莫德尔的认同。

在南翼的反突击攻势由美军第3集团军发起，该集团军的突击力很强，迫使党卫军第6装甲集团军抽调兵力，去支援德军第7集团军。这样使得德军对迪南方向的主攻力量进一步削弱。

在冰冻而狭窄的阿登山路上，挤满了德军的坦克和卡车。这时，在北翼美军第9集团军各师拉开强大的反突击攻势。

虽然德军坦克第5集团军士气很高，希特勒所期望的推进速度却没有实现。为了占领圣维特，冯·曼陀菲尔又派"元首卫队"旅向其发动进攻。结果，更加削弱了德军本应向马斯河方向推进的装甲部队的力量。

12月21日，即经过连续数日的激战后，德军占领圣维特的同时遭到三面围攻。盟军在圣维特的抵抗牵制了德军的2个步兵师和1个装甲旅。德军已无力在美军重兵到来之前抢占重要的道路枢纽——巴斯托涅市，这让希特勒大失所望。在某些进攻地段，德军指挥官甚至犯下了一些具有预见性的错误。

盟军统帅部以坚决的防御措施使得德军的进攻受挫。在德军发起进攻以后，美军当天就调去2个步兵师去拦截党卫第6装甲集团军，还把1个美军坦克师部署在德军第5装甲集团军两翼以对其进行拦截。

这2个美军坦克师分工明确，1个在圣维特担任阻击任务，另1个用于拦截德军第7集团军，同时还以一部兵力对巴斯托涅市进行掩护。

希特勒摆在右翼的党卫军第6装甲集团军以及德军第5装甲集团军的右翼部队，都不可能实现向马斯河的推进。盟军在蒙哥马利的指挥下，已经在马斯河做好了迎战准备。

12月21日晚,美军撤出圣维特城并抢占了城西高地。

夺取巴斯涅城已成为德军第5装甲集团军的最后退路,阿登战役由此进入最后阶段。在接下来的几个星期里,一场场血战在巴斯托涅城展开,双方损失惨重。双方的一个个师被调到巴斯托涅地区,参加城市的争夺战。最多时,达9个师的兵力被德军投入到城市的争夺战中。

党卫军第6装甲集团军被迫分出部分兵力对第5装甲集团军进行支援,就这样,希特勒的反攻计划胎死腹中。这场艰难的巴斯托涅防御战,最终为盟军防御战的获胜起到了决定性作用。

12月22日,伦德施泰特向希特勒请求停止进攻,他认为把两个装甲集团军从西线撤走,紧急调往德国东部堵截过于庞大的苏军集群是迫在眉睫的事情。

盟军的战斗机和轰炸机越来越多地从云层中向下俯冲、轰炸和扫射,德军一切的白天活动就这样被剥夺。同时,盟军战略空军所属各兵团开始空袭莱茵河以西的德军补给线,德国各机场也没能躲过猛烈的空袭。

到12月23日黄昏,德军第5装甲集团军在马斯河以东的推进变得无望。因为日后几天的天气将逐渐好转,德军要想在战机的嗡嗡声中调动预备队简直是送死。极其匮乏的燃油条件,竟使得德军的大部分炮兵部队在12月16日以来没有离开过出发的阵地。

一场强大的反攻突然降临到从马尔什向迪南推进的德军第2装甲师右翼部队面前,美军坦克部队和英军坦克部队对其侦察营和随后跟进的部分兵力进行分割包围。随后几天,这些部队几乎都被盟军歼灭,而能侥幸逃到德军第2装甲师其他部队的兵力少得可怜。

德军第5集团军在巴斯托涅以南的侧翼掩护部队疲于攻占该

市。几天下来，又有 1 个伤亡过半的步兵师被德军调离进攻该市。事实证明，进攻巴斯托涅、坚守该市南翼和继续向马斯河推进的目标，对于德军第 5 集团军来说难以企及。

除了把最近几天到达巴斯托涅的党卫军 2 个师和另外 2 个步兵师投入到南面，恢复巴斯托涅包围圈的战斗，希特勒迟迟不肯把现有全部兵力投入到德军第 5 集团军的突击方向。

这 4 个德军师的部分兵力还要对向西推进的德军第 5 集团军进行增援，这些师与乌尔特河一带的党卫第 6 装甲集团军左翼部队相邻，罗西弗尔仍然被他们牢牢控制。

在空中活动受到极大限制的条件下，从 12 月 24 日起，德国空军为支援德国陆军作战已尽了最大的努力。

曼陀菲尔眼巴巴地等待着进一步的行动命令，但收到希特勒的训令时，已经是 12 月 25 日。希特勒命令第 5 装甲集团军占领马尔什地域的山区，并承诺再把两个师调来。然而，在天气好转的情况下，两个师的顺利到达可没什么保障。

12 月 26 日，美军第 3 集团军向巴斯托涅一带推进。天气晴朗，数千架轰炸机被盟军调集参战，可怕的大空袭整整持续了一天。

经过多日的战斗，美军对突入的德军各装甲师施加的压力越来越大，经过一番血战，这些德军师勉强守住了马尔什—罗希福尔一带的阵地。

由于得到空中的补给，在巴斯托涅附近的守军击退了德军的一次次进攻。

当天，在巴斯托涅以南地区，美军第 3 集团军迅速突破德军第 7 集团军的阵地，又从南面将德军对巴斯托涅的包围圈撕开。

12 月 28 日，希特勒不得不下令暂停进攻，但没有哪个部队接到撤退的命令。

12月29日,德军第9装甲师在豪法莱兹西北的山林区防守。盟军飞机铺天盖地而来,把冰冻的山路上很多地方都炸坏了,并且对德军交通线和补给站进行轰炸和扫射,天空中已经没有一架德国飞机。

1945年1月1日,戈林出动了900多架飞机,将盟军在比利时和荷兰的机场作为袭击目标。大量美军和英军飞机被摧毁在地面上,盟军战斗机在空战中也损失惨重,而约有300架德军飞机在空袭中被摧毁。

德军曾经长期在苏联作战,他们积累了丰富的冰雪地带作战经验。这一点,恰恰是盟军装甲部队需要学习的地方。白天,德军的坦克躲在阵地里抵抗。在夜间,他们才进行一切撤退活动,以防止盟军战斗机和轰炸机的空袭。由于盟军集中炮火轰击德军的侧翼,德军损失惨重。

1945年1月15日,德军第5装甲集团军撤到奥尔河一带,这里曾经是阿登大反攻开始的地方。

很明显,阿登反攻失败使德军在兵力和装备方面损失都非常大,但也为他们争取了几周的喘息时机。这次战役中,德军伤亡为22万人,美军损失7.7万人,其中2万多人成了德军的俘虏。

阿登反攻再一次证明,在盟军拥有绝对制空权的情况下,德军装甲部队的战斗力是难以得到发挥的。消耗掉了最宝贵的装甲部队,希特勒再想去拦截东线的苏军早已晚了。

四、众兵云集莱茵河

德军在阿登反攻失败后,一份周密的进攻计划已在艾森豪威尔头脑中产生。进攻的第一阶段,西进以歼灭部署在莱茵河以西的德军；进攻的第二阶段，在莱茵河东岸建立大的登陆场；进攻的第三阶段，夹攻鲁尔工业区，再向德国北部推进，同时进攻德国的南部。

1945年1月，盟军有70个师，阿登战役重创了其中的一些师。

西线德军部分装甲部队被调到东线后，地图上就有了65个步兵师和8个坦克师的番号，事实上他们的兵力连盟军的20%都不到。德军的补给越来越困难，而盟军的巨大空中优势对地面作战的影响也是不可言喻的。

在亚琛以东推进到鲁尔河以后，盟军包围了特里尔与鲁尔蒙德之间的德军突出部。一旦盟军在莱茵河与普法尔茨森林之间取得重大的突破，那么莱茵河与摩泽尔河之间的德军也将难逃被包围的厄运。

党卫军第6装甲集团军先撤退，使得西线德军只剩下7个集团军。坚守上莱茵河与科尔马地域的第19集团军与莱茵河与摩泽尔之间的第1集团军一起，将G集团军群组建起来。

B集团军群防守摩泽尔河与马斯河之间的特里尔、鲁尔蒙德一线，第7集团军、第5装甲集团军和第15集团军都在其下辖范围内。

由布拉斯科维茨率领的H集团军群，由坚守马斯河地区的伞兵第1集团军和坚守下莱茵河地区的第25集团军组成。

1945年1月20日，法军扑向阿尔萨斯和科尔马登陆场。盟军分派他们从南面发动进攻，占领科尔马，同时从北面进攻登陆场。而德军第19集团军拼命反击，使得法军的进攻任务难以完成。

后来，有4个美军师从西北面攻打科尔马，这给法军提供了支援。法军发动的科尔马战役终于有了进展。2月3日，盟军占领科尔马。盟军将科尔马登陆场的德军分割包围在几块阵地，经过猛烈围攻，将该登陆场的德军歼灭。

希特勒认为，英军很有可能在芬洛南北强渡马斯河发动进攻，而不太可能在狭小的奈梅亨地域发动进攻。因此，他将几个弱小的预备队靠南部署。

德军在赖赫斯瓦尔德森林修筑了大量工事，当然也没有轻易放过在莱茵河与马斯河之间毗邻的森林地段。在经过赖赫斯瓦尔德森林的最北面的一段西方壁垒，德军把永备工事与野战工事相结合。在雷斯与格尔德恩之间，德军还建立了一个阵地。由于德军没有料到盟军会在这里进攻，因此，那个阵地部署了很少的兵力。

无论是进攻前还是进攻时，盟军要实现推进计划所面临的困难都非常大。因为在赖赫斯瓦尔德森林与莱茵河之间的许多地方，只允许水陆两栖坦克通过。

2月7日，各莱茵河的渡口遭受了盟军航空兵的猛烈轰炸，韦瑟尔地域的大桥和门桥渡口以及德军后方的一些地段，同时也遭到了盟军的重点轰炸。

2月8日，新一轮强大攻势由盟军发起。首先，由加拿大第1集团军进攻莱茵河与荷兰边境之间的雷赫斯瓦德森林，准备沿莱茵河一直向施特拉斯堡方向深入。在加拿大第1集团军内编成的英军第30军，借助于猛烈攻势获得掩护扑向雷赫斯瓦德。

英军惨遭德军伞兵第1集团军的拼死阻击，在森林沼泽地带攻打了两个星期，所收到的进展微乎其微。这场战斗使德军想起1916、1917年的西线战斗，尽管那时德军阵地内的所有公路和设施在英军的猛烈炮击下破坏了，其结果反而影响了英军自己的推进。

加拿大第1集团军的10个师猛烈攻击在此防守的一个德军师。英军的炮火打击给德军带来惨重的伤亡，但德军负隅顽抗，在赖赫斯瓦尔德森林最西边的战斗最为激烈。最终，德军寡不敌众，英军在许多地方取得了突破。

然而，大量的雷区，越来越泥泞的道路，给英军和加拿大军的推进速度带来不利的影响。几天后，德军首批增援部队赶到，一场激烈的森林争夺战又展开了。2月13日，加拿大军占领了克莱沃，向赖赫斯瓦尔德防线后方推进，森林争夺战就此结束。

在森林地带以南，德军各部队击退了沿赫内普—戈赫公路推进的加拿大集团军，加拿大军的行军路径也被德军掐断。

蒙哥马利对南面发动的引诱突击的成功翘首以盼。美军第1、第9集团军发动进攻前，德军炸开了乌尔夫特水坝。水位大涨的鲁尔河迫使美军推迟进攻，等待水位下降，德军趁机抽调部队去支援伞兵第1集团军。2月14日，德军增加到9个师用以阻挡加拿大集团军，其中包括2个装甲师。

加拿大第1集团军继续顽强地进攻，越过赖赫斯瓦尔德森林后，转而进攻东南方向，它在赫内普以南强渡马斯河时动作迟缓。

2月23日，美军第9集团军受蒙哥马利之命强渡鲁尔河，并向杜塞尔多夫和克列费尔德方向进攻。当时，德军第5装甲集团军正准备接收第15集团军从都兰至鲁尔蒙特的阵地。在如此紧急的时刻换防，正是莫德尔下达的命令。这样做的错误是显而易见的，第5装甲集团军要想发挥战斗力，还是有必要对新阵地做一定时间的了解。

美军第9集团军推进速度很快，在进攻的前两天，美军在鲁尔河对岸的几个登陆场已经完成建立。2月25日，美军坦克部队从林尼赫登陆场发动强大的突击，德军党卫军第12军和第81军之间的联系被迅速切断。党卫军第12军伤亡惨重,想封住缺口的德军第338步兵师,也被美军坦克部队击退到莱茵河一带。

德军伞兵第1集团军将"教导"装甲师调往格拉德巴赫城。3月1日,美军向格拉德巴赫城发动了强大的攻势,并于当晚顺利攻下该城。3月2日,德军从翼侧攻打美军的突出部,却没能扛得住美军的反击。3月3日,美军坦克部队快速推进,赶到杜塞尔多夫以南的莱茵河一带。

德军在莱茵河下游的防线崩溃了,各集团军进一步扩大战果的打算被蒙哥马利所拒绝,蒙哥马利坚持必须等到他精心策划的进攻准备好,才能按计划渡河。结果,盟军的拖延终于使德军重整旗鼓,西线战争经受了几周的无奈拖延。

而莱茵河中游的战况就大不一样。布莱德雷和巴顿对机动行事的推崇,使得美军第3集团军的推进速度很快。面对艾森豪威尔令人恼火的严格控制,布莱德雷命令巴顿可以伺机而动。

3月5日,美军第3集团军突破德军在艾弗尔山的防守。3月7日,美军第3集团军推进到科布伦茨附近的莱茵河一带。一周后,美军第3集团军强渡莫塞尔河,并迅速越过洪斯吕克山向帕拉廷内特突入。

与美军第3集团军的推进互相策应,美军第7集团军向莫塞尔河与莱茵河之间推进。两个美军集团军使得德军第1集团军在美因茨以南地区惨遭败北。3月22日晚,美军第3集团军在美因茨以南夺取了一块登陆场。

与此同时,德军第5装甲集团军奉命保卫鲁尔。德军认为盟军发动夹攻的可能性较大,盟军会以强大兵力从杜伊斯堡、杜塞尔多夫渡过莱茵河,同时进攻雷马根登陆场并以此相呼应。德军因此设立起一套防御体系,第5装甲集团军在杜塞尔多夫—齐格堡一带进行防御，党卫军第12军御守右翼，第81军防守在中央部位，第58坦克军御守左翼。

继3军遭受重创之后，党卫军第12军把大部分重装备都丢在河对岸。此时，德军竭尽全力来补充步兵，兵员主要是被打散的民防队，高炮团和炮兵团则向他们提供武器。因此，德军在兵力上的损失得到了一定的补充，然而没有接受过军事训练的新兵们，没有人愿意充当步兵。

阿登反攻的失败和苏军攻入德国东部，极大地影响了德军士气，但此时德军仍在负隅顽抗。

美军第3集团军的坦克集群正由北面追击撤退的德军残部，部分德军遭到合围。盟军空军不间断地对德军进行轰炸和扫射，使德军的作战更加被动。很多燃烧的车辆阻塞了德军撤退的道路。美军第3集团军已经推进到路德维希港，美军第7集团军从南面推进并顺势将皮尔马森斯—兰道的公路切断。因而只有一条狭窄的走廊留给可怜的德军，被美军击溃的德军各部队只好沿着走廊向盖尔梅尔斯海姆、卡尔斯鲁厄以西的桥头堡撤退。

五、盟军的最后一击

1945年3月下旬，美军两个集团军在摩泽尔河以南取得胜利，推进到莱茵河后，受艾森豪威尔之命强渡莱茵河。在几个月以前，盟军强渡莱茵河是要付出很大的代价，但希特勒这几个月的战略，大大减轻了盟军强渡莱茵河的困难。当时，希特勒未能果断地实施阿登反攻，随后又未进行机动防御，组织德军向莱茵河撤退，结果使德军各集团军在马斯河与莱茵河之间、摩泽尔河以南地区和科尔马登陆场损失惨重，实力大降。加上争夺雷马根登陆场的战斗大量消耗了德国B集团军群的兵力，由此带来的结果是B集团军群在科布伦茨与科隆之间撤退到莱茵河后，几乎没有多少兵力。其实只需在几个地方集中兵力,盟军突破德军薄弱的防线就不会是梦想。

盟军最初强渡莱茵河时,丘吉尔仍然一厢情愿地尝试通过战役为政治服务。他选择向艾森豪威尔而不是向华盛顿的罗斯福提出自己在政治方面的见解。丘吉尔认为,当战争快要结束时,取得军事胜利比较容易,政治利益应当高于军事行动。使他感到非常失望的是,蒙哥马利并未采取必要的手段在苏军进攻以前占领柏林。这一次,丘吉尔显然有些盲目。

蒙哥马利的第21集团军群得到艾森豪威尔新调来的5个美军师的补充,兵力由此增至29个盟军师。在这种情况下,蒙哥马利可以奉命完成战役的最复杂部分,在广阔的莱茵河下游进行强渡。德军有1个集团军部署在那里进行防守。德军在3月的激战结束后,获得了一些准备时间,已经在右岸建立了新的阵地。盟军第21集团军群选取韦瑟尔一带的宽大正面作为强渡场,蒙哥马利已经做了好几个月的准备工作。蒙哥马利的军群将在鲁尔蒙德与奈梅亨之间的马斯河上架设大桥,他们准备了大量的架桥器材和材料,以及渡河器材,为重型坦克的强渡提供了保证,其所属各集团军正在马斯河一带加紧训练以备渡河。

早在2月中旬,盟军的航空兵就开始了火力准备,对德国北部科布伦茨、不来梅以西的所有铁路和公路交通进行了长期轰炸。德国铁路设施和交通枢纽遭受了盟军重型轰炸机达1.1万吨重的掷弹轰炸,歼击轰炸机长期对德国的施工队伍进行轰炸,德国人直到此时仍在抢修被炸毁的铁路和公路,以此为补给线提供某些支持。

为了摧毁德军的防御阵地,盟军发动了一次次的大空袭向德军阵地逼近。3月20日,即盟军渡河开始前3天,大量盟军飞机开始轰炸德军阵地，致使德军失去了与后方的联系。盟军战斗机群持续空袭德军机场，一旦德军喷气式战斗机的长跑道进入空中侦察视野，他们就马上发动密集的空袭将跑道炸毁。

为了保证渡河胜利，蒙哥马利将美军第9集团军调到利珀河口以南，将英军第2集团军调到利珀河以北。布莱德雷的部队被派往莱茵贝格以北，蒙哥马利的部队被派往韦瑟尔和雷斯两地域，分别尝试强渡。莱茵河的水位大大下降，因此，两岸距离也越来越短。对盟军的重型车辆，尤其是坦克而言，2月渡河时遇到过的那些困难已不足为虑。

3月23日21时，受蒙哥马利之命，盟军在雷斯地域强渡莱茵河。1小时后，盟军又在韦瑟尔渡过该河。但盟军在东岸只遭到德军的微弱抵抗，因为盟军早已清除了德军的炮火威胁。

3月24日凌晨3时，在蒙哥马利的指挥下，盟军在莱茵贝格完成了快速强渡莱茵河任务。而德军投入了预备队，进行了激烈抵抗。

为了夺取更多的登陆场，蒙哥马利特别青睐发动空降战役，他要求各空降团应与正面进攻盟军保持密切的战术协同，即直接在德军阵地后面着陆，利用盟军炮兵作为支援。

3月24日晨，在法国和英国的盟军两个空降师分别登机，10时，空降部队首批分队出现在韦瑟尔以北和东北地域的德军后方。当运输机靠近空降地域时，盟军空降分队遭遇了德军猛烈的高射炮火力威胁，小有损失。同时德军对着陆的盟军空降兵也实施了打击。

从总体上来看，这是一次成功的空降作战，盟军出动了大量的运输机，得到2000多架战斗机的掩护，空降作战在3个小时内结束，使得盟军在韦瑟尔地域强渡的阻碍大大减小。

德军难以清除盟军的登陆场，因此，盟军在强渡莱茵河后只需压制住德军的个别火力点，并快速架桥，主力部队就能轻松渡河。

几个月的渡河训练，使得盟军在短时间内完成强渡任务成为现实。相对来说，德军的抵抗在雷斯地域以北也非常顽强，但当盟军向东和东北进攻时，很快就粉碎了这些抵抗。

3月28日，一个贯穿盟军在博特罗普—多尔斯滕—博霍尔特—埃梅里赫一带的巨大登陆场被盟军建立。

相对于英军第21集团军群来说，美军渡河似乎是顺理成章。美军在达姆施塔特以西的奥彭海姆地域早就有了一个登陆场，在雷马根地域也有一个大的登陆场。与美军相对垒的德国兵力，比在英军第21集团军群进攻时面临的兵力少得多。

从3月初以来，德军各集团军无法建立新的防线，一直处于激战状态。美军第3、第7集团军在曼海姆与美因茨之间强渡莱茵河。在此向南方放眼而去，美军第1集团军从雷马根登陆场向东北和东南方向进攻时，法军第1集团军在施佩耶尔以南强渡莱茵河。美军将在海德尔贝格—哈瑙—吉森—锡根一带形成巨大的完整登陆场。

在摩泽尔河以南的围歼战中，美国第3集团军于3月22日跨越莱茵河。3月24日，第3集团军占领了达姆施塔特。3月25日，第3集团军向阿沙芬堡推进，几座莱茵河大桥又成为他们的囊中物。

3月26日，随着美军第7集团军在沃尔姆斯强渡莱茵河，并于北部达姆施塔特地域与第3集团军会合，登陆场进一步向曼海姆扩大。

与此同时，美军第1集团军从雷马根大登陆场发动进攻，使得德军从北面发动的反攻遭到粉碎。这一带的德军展开了最为激烈的抵抗。为了保住鲁尔州，德军第5装甲集团军迅速在锡根市以西的锡格河建立了新防线，希望能够以此减缓美军的推进步伐。

美军第1集团军向东南快速推进，在林堡地域推进到拉恩河，又选择吉森作为向马尔堡推进的通道。在博帕尔德的狭窄地段强渡莱茵河后，美军迅速粉碎了德军在阵地的防守。

这时，美军第3集团军通过陶努斯山向威斯巴登推进，并与从法兰克福发动进攻的盟军合作，将陶努斯山与奥登瓦尔德山之间的德军一举歼灭。

美军进攻规模的不断加大，德军第15集团军和第5装甲集团军又被美军第1、第9集团军包围在鲁尔地区。

德军越来越觉得胜利无望，战斗只是徒劳。但是，经过德国政府多年的强化宣传，德军顽固到了极点。在局势越来越恶化的情况下，抵抗到底并非德军本愿，他们只是怕被俘虏。这促使德军继续抵抗。在德国政府的感召下，他们认为，继续抵抗是免遭"东方敌人惨无人道的报复"的唯一手段。

事实上，对德国来讲，鲁尔地区防御战没有任何经济上甚至政治上的意义。盟军持续几个月的轰炸几乎切断了鲁尔地区与大后方的联系，发挥德国经济基地的作用只能是它的历史。

莫德尔作为德国B集团军群的司令，被迫奉命防守鲁尔地区，但他没有执行希特勒摧毁工业区的命令。

美军进攻鲁尔地区的同时，4月4日，蒙哥马利的加拿大第1集团军在韦瑟尔一带向德军伞兵第1集团军发起猛攻。德军在北翼部署了伞兵师，在南翼部署了第9装甲师和摩托化步兵第15师。起初，德军的抵抗很顽强，但是加拿大军的不断推进使这种抵抗逐步衰竭。

布施被仍然不甘心灭亡的希特勒任命为西北德军总司令后,负责指挥驻荷兰的第25集团军和撤到埃姆斯河与威悉河之间的伞兵第1集团军,还有司徒登特的集团军。由几乎丧失了战斗力的德军组成的这些集团军,他们的任务是在威悉河与阿勒河之间建立新的防线。

在埃姆斯河、威悉河、阿勒河一带,由于德军的抵抗及被炸毁的大桥使得英军第2集团军中路部队前行受挫。英军第2集团军右翼部队于4月7日从策勒地域向阿勒河推进,又在尔岑发动了连续数日的猛攻。

4月19日,英军第2集团军左翼部队在丹嫩贝格地域向易北河方向推进。这时,英军第2集团军中路部队经索尔陶向吕纳堡荒地发起进攻,并于4月23日占领了哈尔堡。

英军左翼部队到达林根以东后,与德军第1伞兵集团军在不来梅以东酣战一场。后来,另一支英军在德军防线以南强渡威悉河,打算对德军背部实施包围打击。4月26日,英军占领不来梅。到此,英军肃清德军的战斗在易北河口与威悉河口之间展开。

与此同时,加拿大第1集团军以一部兵力与英军第2集团军协同作战,不仅抢占了威悉河与埃姆斯河之间的地域,而且还占领了须德海以东的荷兰北部地区,对荷兰西部的德军第25集团军形成了合围的态势。

在北海地区,加拿大军的推进再次被德军第1伞兵集团军推迟。很快,先是奥尔登堡被加拿大军占领,紧接着是荷兰北部地区。加拿大另一个军从埃梅里赫向西推进,占领阿纳姆,又强渡艾瑟尔河,参加了围歼德军第25集团军的战争。迫于无奈,德军第25集团军向格雷伯线出逃。至此,德军第25集团军已经无法威胁英军第 21 集团军群的后方。

美军第 1、第 9 集团军通过鲁尔地区向东推进，顺势突入拉恩河与利勃河之间无人防守的地区。继而，美军第 3 集团军越过该地区。

自北面迂回的美军第 3 集团军转攻图林根林山，沿公路干线扑向爱森纳赫方向。

这时，美军第 1 集团军正向卡塞尔方向进攻，美军第 9 集团军则向威悉河岸的哈默尔恩方向进攻。4 月初，3 个美军集团军全部完成对富尔达河和威悉河的强渡任务。4 月 13 日，美军主力推进到耶拿—哈雷—巴尔比—维滕贝格一带，包围了德军第 11 集团军及哈茨山的德军。

4 月 25 日，盟军将西线德军和东线德军的防线拦腰斩断，与此同时，美军第 1 集团军在托尔高与科涅夫的苏军胜利会师。

4 月 26 日以后，美军在多瑙沃尔特、因戈尔施塔特和雷根斯堡发起了多瑙河强渡战，法美两军从乌尔姆围歼德军西翼，德军残部逃进阿尔卑斯山谷地，并一直坚持到德国投降。

同时，美军经帕滕基尔亨向因斯布鲁克推进，德军第 1 集团军残部惨遭美军的围歼。另一部美军将布伦纳山口据为营盘，5 月 4 日，他们在该山口与从意大利进攻的美军胜利会师。

沿多瑙河两岸翻越波希米亚林山后，美军第 3 集团军继续向恩斯河下游和林茨、捷克布杰约维采、比尔森、卡罗维发利一带推进，封锁了东面与苏军作战的德军各师的退路。战局如此惨烈，迫使德军于 5 月初争先恐后地向美军投降。

六、无言的空战结局

从 1942 年 8 月起，美军飞机开始参加对德国的空袭，从根本上扭转了局势，空袭越来越猛烈。

德国在空袭中遭受了重大的损失，但直到战争结束前德国仍能大量制造潜艇。德国潜艇战的战果下降，盟军的轰炸虽然起到了效用，却不是主要原因。

德国及其占领区的工业区、默内河与埃德尔河大坝都遭到盟军的轰炸，但德国仍未消亡。比如，为了瓦解德国的军心民心，盟军曾于7月24至30日向汉堡发动大规模的空袭。

随着盟军空袭的力度不断加大，德国的损失越来越大，这迫使希特勒采取一切可能的措施，将德国居民从柏林以西的所有工业区疏散到东部地区，几乎要实现"民族大迁徙"。当时，德国国土防空部队已经难以得到可靠的空中保护。

这时，盟国的航空技术（几乎一切领域，包括航程、火力和技术装备，尤其是雷达）占据着绝对优势。大量的先进机型，特别是远程轰炸机和歼击机盟军已装备到位。同时，盟国空军的数量优势愈来愈大。

德国以高射炮兵的数量和高射炮的射程，与先进的盟国空军作战无益于螳臂当车。然而德国却普遍采用高射炮部队来支援地面战斗，在对付敌军坦克时，88毫米高射炮平射十分有效。在德国军工生产各个领域的原料都非常紧张的情况下，想增大高射炮口径极其困难，但实际情况是，只有增大口径才能增加射程，有效的空防也才能建立起来。

盟军派出大量的轰炸机，几乎每天都要"光顾"德国机场，德国战斗机的行动备受牵制。

在这种情况下，德国空军对有效装备的渴求日趋强烈，这迫使德国统帅部不得不重视这一问题。尽管此类试验工作早在1940年就禁止了，但几家飞机公司，尤其是梅塞施米特公司，还是研制出了几种喷气式飞机，其中的Me－262喷气式飞机就是最具代表性的。

德国的Me-262喷气式飞机航速很快,英美的活塞式飞机无论如何改进,都只能望其项背。如果德国能大范围使用这种喷气式飞机,将带来极其可怕的后果。德国空军不仅在空战时占有很大优势,还能追上并歼灭返航的盟军轰炸机。

德国的战斗机专家对喷气式战斗机带来的价值极度自信,这使希特勒意识到大量使用喷气式飞机有可能使德国夺回战略的主动权。而一味迷恋进攻的希特勒,并不满足于把喷气式飞机当作战斗机使用,这恰好与飞机设计者的实践相左。希特勒要求把战斗机改成轰炸机,以此打破盟军的空袭,同时使盟军的登陆准备陷于瘫痪。

尽管设计修改花费了大量的时间,希特勒却顽固地拒绝将Me-262喷气式飞机作为战斗机投入批量生产。飞机设计者们被迫把Me-262改成轰炸机,由此,他们所做出的时间与精力的牺牲就更大了。

4月,德军战斗机在与盟军的10次空袭对垒中,平均每次损失50架飞机和40名飞行员。随着时间的推移,盟军在空战中越来越占据压倒性优势。德国用新飞行员去代替战死的老飞行员,但这操作起来有些困难。

直到盟军登陆法国诺曼底之前,德国仅有的20架喷气式轰炸机都难以发挥效用,既不能当战斗机使用,又不能当轰炸机使用。最关键的是,飞行员们还没有掌握起飞和着陆的技术。

阿登反攻前,在希特勒许可下,每月约有20架Me-262飞机编入战斗机部队。如此少的喷气式战斗机,用以在德国全境上抵挡盟军上万架飞机的压倒性优势攻击,显然是没有胜算的。

意识到喷气式战斗机的优势后,盟军迅速对德国机场的长跑道进行持续的空袭，并加强了对德国飞机燃油工厂的轰炸力度。

尽管喷气式战斗机性能较强，战绩却少得可怜，因为德国空军总共只有240架，加上备用的涡轮喷气式发动机不足，因此，只有约120架能勉强发挥作用。

德国没有合成燃料，就难以继续作战。盟军深谙其道，所以，盟军仅向莱纳韦尔凯厂就发起了22次大规模的轰炸，出动轰炸机达6552架次，投弹多达18 328吨。

燃油不足在德国日益严重，1944年，德国飞机产量达4万多架。但因燃油太少，训练飞行员是德国空军难以承受的任务。

在盟军的轰炸打击下，德国合成橡胶的产量也从年产12 000吨降到2000吨。虽然各煤矿的产量仍然很高，但已经失去意义，因为铁路瘫痪，煤炭出山无路。1944年，每月发给鲁尔州的车皮从21 400节降到12 000节，到1945年1月，降至9000节。战争结束前德国的经济几近瘫痪。

艾森豪威尔战略性放弃柏林

美国第1和第9集团军渡河以后，迅速从南北两面对德国主要的鲁尔工业区以及退守在那里的B集团军群进行包抄。

面对即将完成的鲁尔包围圈，蒙哥马利于3月27日向部下发出一道命令，同时报告给了艾森豪威尔和英帝国总参谋长艾伦·布鲁克。其关键点在于，英国第2集团军和美国第9集团军（从阿登战役以来归他指挥）必须用最快的速度和干劲进攻易北河，直指汉堡到马格德堡一线。其中，他特别强调的"突然出击"是指以快速装甲部队为先导，沿途占领飞机场，以备随时进行强有力的空中支援。

然而，第二天，即 3 月 28 日，蒙哥马利的部队还未来得及出发，就发生了一件爆炸性的事件。"艾森豪威尔不仅完全改变了计划，而且还直接通知了斯大林（1945 年 1 月，空军上将泰德曾被艾森豪威尔派往莫斯科，就东西两线互通情报、协调作战行动达成了协议。2 月间，在雅尔塔会议上又进一步明确规定，关于军事问题，艾森豪威尔享有直接同苏联总参谋部联系的权力），以便他的作战行动能同苏军的作战计划协调起来。他给蒙哥马利的信息表示了对他计划中一点的赞同：同意蒙哥马利在鲁尔东面同布莱德雷会师。然后，除了不让蒙哥马利指挥美国第 9 集团军外，还清楚表明，盟军的主要突击方向不是柏林，而是莱比锡和德累斯顿。"

这使得丘吉尔和英国军界人士大为光火，他们纷纷指责艾森豪威尔越权与斯大林直接联系。但艾森豪威尔的行动却得到美国政府马歇尔等要人的支持，他们认为在纯军事问题上，盟军最高统帅有权直接与苏军最高统帅进行联系。其实引来英国人指责的不是艾森豪威尔同斯大林进行的直接联系，而是他对计划所做的改变，即不让蒙哥马利担任主要突击力量去攻占柏林。蒙哥马利在盟军内部担任副统帅，全面指挥盟军所有的地面部队，这是英国人一直以来所打的算盘，但美国方面不同意。围绕着这个问题，英美之间常有争论。

然而，这引起了丘吉尔的极大不满，在他的心目中，"柏林是头等重要的政治目标"。这位资产阶级政治家懂得，欧洲是大国争霸的重点，并且他已经看到，在苏联同英美等西方国家之间必将展开争夺欧洲的斗争。因此，对西方来说，对抗的起点越靠近欧洲东部越好。由此，丘吉尔强调柏林是"英美军队主要的和真正的胃口所向"。他在 3 月 11 日写给艾森豪威尔的信中称："美国第 9 集团军应该和第 21 集团军群一同向易北河前进并越过柏林，也就是说，我宁愿十分坚持我们渡过莱茵河所根据的是计划而不是其他……"当丘吉尔得知盟国最高统帅已改变计划，取消蒙哥马利攻打柏林的任务时，他急得像热锅上的蚂蚁，立即于4月1日打电报给罗斯福，反复重申自己的主张："我认为就政治形势而言，我们在德国应当尽可能地向东推进，如果条件许可，我们首先应拿下并占领柏林。"

在这封电报中，丘吉尔还向罗斯福抱怨说："总之，我们的主张与艾森豪威尔的新计划……似乎存在着这样一点分歧，就是，究竟重点应该放在指向柏林的轴线上呢，还是放在指向莱比锡和德累斯顿的轴线上？"

从雅尔塔回国之后，罗斯福已经筋疲力尽。3月2日，他在国会两院联席会议上说："继克里米亚会议后，我们有理由坚信，我们在实现世界和平的道路上有了一个良好的开端。"

在4月4日给丘吉尔的复电中，罗斯福表示全力支持艾森豪威尔的决定。他说："然而，在我看来，艾森豪威尔将军4月2日的指令，能够为我们实现在马耳他的预期目的提供完全之保证，可能还稍微更靠北一点。据柏林不远的莱比锡，正好在我们联合努力所要达到的中心之内。同时，英军在北翼的目标在我看来也是处于缜密的逻辑考虑。"

这时，虽然欧洲和太平洋前线传来的战报令人欢欣鼓舞，但战争问题已不再是罗斯福需要费神考虑的。"他绝大部分精力集中考虑的是他想参加当月晚些时候在旧金山举行的联合国会议，以及在5月同埃莉诺（罗斯福夫人）一起对英国进行国事访问的打算。"

1945年4月12日下午3时35分，噩耗传来，富兰克林·德拉诺·罗斯福与世长辞。这位美国任期最长的总统（1933—1945

年），曾4次连选连任，前无古人。他气宇轩昂，高瞻远瞩，很早就看到德、意、日法西斯侵略的危险，并挺身而出，联合丘吉尔一道发表《大西洋宪章》，拟定租借法案，坚决援助一切反侵略的国家，他为反法西斯战争胜利所做出的贡献是不可磨灭的。

全世界一切反法西斯的国家和人民陷入无比的悲痛中，苏联最高会议苏维埃开会时，全体代表起立默哀；英国下议院开会时，在丘吉尔的建议下，会议只开了8分钟便宣布休会……

然而，事实上，联合参谋长委员会并没有向艾森豪威尔下达占领柏林的指示，艾森豪威尔也没有再改变自己的计划。

第六节 雅尔塔会议——为战后重建做准备

马耳他会议

一、准备——马耳他会议

1945 年初，德日法西斯大势已去。随着大战进入收尾阶段，亟待解决的是因结束战争和安排战后世界而产生的一系列政治问题。其中最重要的几个问题是：把盟军在反希特勒德国战争中，最后阶段的协同一致的军事行动计划确立起来；确立处置战败的德意志"帝国"的基本原则；宣布对日作战；制定实现战后世界国际安全问题的基本原则。适时呼求美、英、苏三大国举行新的最高级会晤。

1944 年 7 月 19 日，由美国总统率先提出举行新的最高级会晤的建议。通过信函信件来往，美、英、苏三国政府首脑随即召开新的三国最高级会议问题交换意见，决定"三巨头"于 1944 年 11 月，在苏联沿海城市雅尔塔举行会议。因为罗斯福总统要参加就职典礼，所以，会议延期到 1945 年 1 月底至 2 月初举行。

在胜利面前，英美军方领导人之间出现了严重分歧，会议几乎不欢而散：艾森豪威尔将军的正面扩大战略得到了马歇尔将军的支持，即在蒙哥马利担任主攻的同时，给予南翼的安全以必要保证。实质在于允许布莱德雷的第 12 集团军群和德弗斯的第 6 集团军群发动助攻。英国人则坚持说，"只要蒙哥马利从北面渡过莱茵河、直捣北德平原就行"。在马歇尔的强烈要求下，英国人被迫妥协，以艾森豪威尔保证北面的进攻为主攻，而且将要在彻底歼灭莱茵河以西的德军之前就过河作为条件。

这样激烈的争执出乎丘吉尔的意料。但与解决这些争执相比，丘吉尔更希望罗斯福总统能早日到来，制定出两国在雅尔塔会议上的共同政策。

2月2日9时35分，"昆西号"巡洋舰缓缓驶入马耳他瓦莱塔港，会议终于迎来了罗斯福。午饭前，在女儿萨拉和外交大臣艾登的陪同下，丘吉尔首相登上"昆西号"。眼前罗斯福的形象不禁使丘吉尔暗暗一惊。只见那个著名的"罗斯福式宽下巴"消失了，取而代之的只是两片毫无生机地挂在腮上的松弛皮肤。不仅是罗福斯总统，丘吉尔消瘦的面庞也使得马歇尔将军和美国海军作战部长欧内斯特·金海军上将大吃一惊。

丘吉尔想跟罗斯福就东欧的政治问题、战后德国问题和波兰等问题好好讨论一下。面对这几个话题，罗斯福却保持缄默。

二、罗斯福身体状况恶化

1945年2月2日晚，英国首相丘吉尔和美国总统罗斯福向马耳他的卢卡机场方向赶去。23时30分，20架美制C-54"空中霸王"式运输机和5架英制"约克"式运输机腾空而起，载着英国、美国首脑和政府随员向东飞去。飞到苏联克里米亚的雅尔塔后，他们将与苏联部长会议主席的斯大林会晤。

相比之下，罗斯福更关心眼下太平洋上的战事，而不是战后国际秩序。

太平洋上的日军，在美国军队打击下节节败退。美国舰艇已将日本本土通往东南亚的海上生命线拦腰切断，美国B-29型"超级空中堡垒"巨型轰炸机更是对日本本土展开了越来越猛的轰炸。美国军队很快就要在日本的冲绳岛登陆,距离进攻日本本土的日子也已不远。 罗斯福不应再担心战局出现反复,面对日军的疯狂表现他也没必要坐卧难安。

日本人发明了"自杀式"攻击,组织起"神风特攻队",为了毁掉美国军舰,他们竟驾驶装满炸药的飞机采取自杀式袭击。"一起玉碎"的口号从陷入疯狂的日本大本营中传了出来。

与1919年的美国总统伍德罗·威尔逊的观点不谋而合,罗斯福总统坚信,人类需要一个超越国家的有效国际组织来规定国与国交往的基本准则,制止战争,对未来的侵略国进行制裁或出兵打击。 然而威尔逊总统倡议成立的国际联盟并没有对遏制德、意、日法西斯扩张起到任何作用,最终以悲剧而告终。 这正是罗斯福要竭力避免重蹈的覆辙。

坚信正义、法律、道义力量的罗斯福,对大国在国际事务中起着举足轻重的作用表示认同。 因此,他认为美国需要苏联的合作,才能共同缔造和平。

遗憾的是罗斯福没能亲眼看到他愿望的实现。 直到1944年8月21日至9月28日,在美国华盛顿的敦巴顿橡树园,与会的美、英、苏三方才签署了关于建立维护和平与安全的普遍性国际组织的"建议草案"。 1945年4月25日,联合国成立大会在美国旧金山召开,与会的有50个国家的代表。 经过两个月的讨论协商,于6月26日,与会国一致通过了联合国宪章,联合国组织随之诞生。

承载着700余名英美两国政府要员的25架大型运输机,经过7个半小时的飞行,穿过南斯拉夫、保加利亚和罗马尼亚,在苏联克里米亚机场着陆。 随后,早就在机场等候的苏联外交人民委员莫洛托夫,接待并驱车将丘吉尔和罗斯福送往130千米以外的雅尔塔。

雅尔塔会议的召开

雅尔塔会议在以前沙皇尼古拉的避暑行宫——利瓦吉亚宫（美国代表团被安排在此下榻）举行。穿插进行的是全体会议、两国领导人的私下会议、参谋长或外长的分组会、还有午宴和晚宴，所讨论的问题涉及各个领域，气氛时而紧张，时而活跃。

在第一次全体会议上（2月4日），斯大林提议，开幕式由罗斯福来主持。首先，罗斯福对斯大林大元帅的殷勤接待表示深切的感谢，接着说，"我们相互之间已经进行了进一步的良好沟通"，建议通过采取非正式的会谈，使每个人都可以"坦率和自由地说出心里话"。接着，他又建议第一次会议的议题为讨论军事和"所有战线中最重要的那条战线：东线"。然后，由苏联副总参谋长阿历克谢·安东诺夫大将对苏德战场上苏军的攻势进行了详细介绍。继而，美国陆军总参谋长乔治·马歇尔上将对西线的军事形势做了报告。

此后，三国领导人就德国战败后将要产生的政治问题进行了讨论，并商定了强制德国履行无条件投降的各项条款的计划以及处理德国的一般原则。把德国划分为几个占领区是盟国计划的首要规定。会议批准了欧洲咨询委员会拟定的《关于德国占领区和管理"大柏林"的协定》，它对三国武装部队，在占领德国进程中所占的区域进行了严格的规定。德国东部由苏联武装部队占领，德国西北部由英军占领，德国西南部由美国占领。"大柏林"区应由苏、美、英三国军队共同占领；苏军应占领"大柏林"的东北部；美英军队则占领其西南部。《英、美、苏三国克里米亚（雅尔塔）会议公报》《克里米亚（雅尔塔）会议的议定书》和《苏、美、英三国关于日本的协定（雅尔塔协定）》的签署，都是在这为期8天的会议中签订的。

第七节　德国法西斯投降

苏军攻打柏林

一、德国本土大军压境

1944年下半年至1945年初，法西斯德国随时都可能在激战中覆没，即使把它比成大海上的一艘千疮百孔的航空母舰都不过分。

伴随着苏军在东线战场上发起的强大攻势，以及盟军在西线的不断胜利，第二次世界大战的主战场转移到了德国本土。盟军东西两面围攻德军，迫使其陷入腹背受敌的战略困境。

1945年1月，在东线抵抗的德国装甲师共有18个，其中有7个部署在匈牙利，2个部署在库尔兰，4个部署在东普鲁士，而部署在维斯瓦河的仅剩5个装甲师。

1月9日，古德里安向希特勒提出撤回西线和匈牙利的德军，以对付将从波兰中部攻来的苏军。古德里安解释说，"维斯瓦河沿岸的防线只要有一处被突破，整个防线的命运将被颠覆"。

情报处的盖伦将军对苏联的能力所做的评估与古德里安特的看法相同，这被大为恼火的希特勒指责为白痴行为。

希特勒仍然固执己见，阿登战役与匈牙利攻势都已表明了他不想放弃正在发动的进攻，甚至还要准备一场他想象中的进攻。

结果，德国驻守维斯瓦河沿岸的部队又被缩减了，部队仅有50

万人，分为30个师，重组为两个集团军，即第4集团军和第9集团军。1136辆坦克和自行火炮，5000门野战炮，515架作战飞机，这些就是第4集团军和第9集团军的所有装备了。

这时，苏军正在源源不断地沿维斯瓦河输送部队。

为了彻底打败德国，苏军谋划了一份毁灭性的进攻计划，准备把主力集中在华沙方向。华沙方向是苏军各方面军进入德国柏林的捷径，对东线战场至关重要。

1945年，白俄罗斯第1方面军（朱可夫）和乌克兰第1方面军（科涅夫）已经向维斯瓦河一带推进，在河西岸苏军建立了马格努谢夫、普瓦维和桑多梅日的3个大登陆场。

白俄罗斯第1方面军调集了31个步兵师、5个坦克军、3个坦克兵团（驻扎在马格努谢夫）和另一个集团（驻扎在普瓦维），以备向奥得河中游方向发动进攻。

乌克兰第1方面军下辖60个步兵师、8个坦克军、1个骑兵军和8个坦克兵团，打算经由巴拉努夫登陆场发动进攻，其主力从西里西亚首府布雷斯劳推进到奥得河，另一部兵力经过克拉科夫突入到西里西亚工业区方向。

这2个方面军，共计16个兵种合成集团军、4个坦克集团军、2个空军集团军，另有大量独立机械化军、坦克军、骑兵军和方面军直属部队，总共有220多万人的兵力，装备33 500门火炮、71 300多辆坦克和自行火炮、5000多架飞机。

斯大林将柏林定为这次进攻的最终目标，并下达了赶在盟军之前占领柏林的命令。

维斯瓦河-奥得河战役开始前，苏德双方在兵力和重武器上就对比鲜明，苏军的白俄罗斯第1方面军和乌克兰第1方面军占据着绝对优势地位。

如同1944年夏季突破中央集团军群的防线时一样，苏军采取了波浪式的突击方式，时间间隔很短，1945年1月12日，苏军先是发动5个小时的猛烈炮击，紧接着从桑多梅日—马格努谢夫的大登陆场向德军第4装甲集团军发起攻势。

　　面对苏军强大的突击，德军节节败退。苏军占领了第一堑壕，并向第二堑壕逼近。在第二堑壕德军的防御最为坚固。10时，苏军发动了长达2个小时的炮轰，德军的防御火力被压制住了。在此基础上，乌克兰第1方面军的步兵部队和第3、第60集团军的一些部队开始进攻。

　　在强大的炮火掩护下，苏军攻下了德军的主要防御阵地，但德军的顽抗使得苏军接下来的进攻速度逐渐减慢。天黑前，苏军各坦克部队和步兵部队粉碎了德军的抵抗，突破了德军的防御阵地，推进了15~20公里。晚上，苏军似乎没有停止进攻的意思。

　　苏军坦克第4、第31军和近卫坦克第4军的部队，在向前推进的同时，占领了德军的第二堑壕。天亮时分，近卫坦克第3集团军的先头部队渡过尼达河并在对岸建立了登陆场。然而，苏军的2个坦克集团军的主力无法快速通过雷区，前行受阻，各先头部队无法迅速扩大战果。

　　1月13日，乌克兰第1方面军各集团军的先头部队撕开波德边界的防守。同一天，克拉科夫的德军被乌克兰第1方面军左翼各部队击退，该市获得解放。就这样，苏军通向西里西亚的道路打通了。

　　为了守住西里西亚工业区，希特勒调往西里西亚各地将近12个师。德军在凌晨出动了2个坦克师和1个摩托化师反攻，想挡住苏军的攻势，但击退苏军无望。经过一番激战，德军被迫向基埃尔策一带撤离。

1月14日，越过了德军的防御阵地后，乌克兰第1方面军的坦克部队继续向纵深地区快速推进，击溃了德军少量坦克。苏军将突破口迅速扩大到60公里宽，为日后继续进攻奠定了基础。此时，苏军主力沿着西面的方向推进，有两个集团军从行进间渡过了皮利察河，为第52、第13、近卫第5集团军提供了增援。

1月14日，白俄罗斯第1方面军从马格努谢夫—普瓦维大登陆场发动进攻。面对被围歼的危险，桑多梅日—普瓦维大登陆场间的德军撤向后方。

乌克兰第1方面军第6集团军乘胜挺入。1月18日，白俄罗斯第1方面军和乌克兰第1方面军会合。

与之相配合，乌克兰第1方面军第60集团军和1月14日开始进攻的第59集团军向西南方向推进。1月15日，乌克兰第4方面军也开始了进攻，由此将防守在乌克兰第1方面军和乌克兰第4方面军接合部的德军合围。德军被迫向后撤退。

1月15日，听说苏军在德军第4装甲集团军正面突破的消息后，希特勒把两个装甲师从东普鲁士经过铁路紧急调到罗兹地域，承担向南反攻的任务，以堵住A集团军群正面的苏军突破口。第9集团军在布祖拉河一带挡住苏军的进攻，然后，他们使两个装甲师的翼侧与第9集团军的防线相衔接，这正合希特勒之意。

从马格努谢夫登陆场发动进攻的苏军，先是粉碎了发动反攻的德军第40坦克军，紧接着，一举突破了德军的防御阵地。苏军近卫第1坦克集团军发起进攻，以加强突击兵力。与此同时，苏军第47集团军强渡维斯瓦河，进一步向华沙以北推进。

1月16日，苏军近卫第2坦克集团军和近卫第2骑兵军，经由皮利察河登陆场向前推进。在苏军的凶猛攻势前，德军不断后退。而苏军近卫第2集团军快速推进到华沙德军的后方。苏军第47集团军也同时进攻华沙的德军，使华沙的德军面临合围的灾难，被迫溃退。

1月17日晨，华沙德军遭遇了波军第1集团军、苏军第61、第47集团军各部队发起的巷战。中午，苏军解放了华沙。

第一阶段的进攻战役结束后，乌克兰第1方面军和白俄罗斯第1方面军突破德军的防御纵深150公里，使打击面宽达500公里，并准备向奥得河推进。

斯大林下令：白俄罗斯第1方面军攻下比得哥熙、波兹南一带的时间不得迟于2月2日—4日；乌克兰第1方面军向布雷斯劳方向发动进攻，推进至奥得河一带的时间定在1月30日前，彼时在河左岸建立登陆场；右翼各集团军的任务是攻下西里西亚和克拉科夫工业区；各集团军的推进速度要越快越好。

第21集团军和近卫骑兵第1军受乌克兰第1方面军司令科涅夫之命发动进攻，乌克兰第1方面军的左翼部队攻势很强。推进到奥得河的近卫第3坦克集团军，奉命转头进攻奥佩林方向的西里西亚，以便从德军后方发动强大的攻势，并配合近卫第5集团军歼灭奥得河—琴希托霍瓦的德军。

苏军近卫第3坦克军向奥得河右岸发起攻势。1月23日，苏军攻下了奥佩林。近卫第5集团军在1月22日前向布雷斯劳以南的奥得河一带紧逼。

继粉碎了德军的顽强抵抗之后，于1月22日—25日，乌克兰第1方面军主要突击兵力推进到奥得河一带，在此只有少数德军驻守。苏军第5集团军安全渡过奥得河，并在布雷斯劳以北和以南一带建立了大登陆场。

与此同时，白俄罗斯第1方面军一直保持着较快的推进速度，于1月19日攻下了罗兹。德军刚从东普鲁士调来的两个装甲师在罗兹命亡苏军之手。

希特勒派人征召当地居民仓促组成了几个营，企图以此抵挡苏军攻势，但最终失败。1月22日，苏军各坦克集团军突破了德军的第4道防御阵地。希特勒企图依靠驻扎在波兹南、托伦、比得哥煦、什涅伊杰缪利、布雷斯劳等要塞城市的兵力对苏军主力进行牵制，以削弱苏军向纵深地区推进的突击集团的锐势，却以失败告终。

白俄罗斯第1方面军的各坦克集团军，以及机械化步兵部队对各个城市的要塞实施包围，而坦克部队则绕过了每个要塞，接着纵深向前突入。1月25日，白俄罗斯第1方面军坦克部队占领了比得哥煦、波兹南一带。

1月26日，白俄罗斯方面军各坦克集团军主力向波德旧边界推进，其中近卫坦克第2集团军冲过波德旧边界。1月28日，该近卫坦克第2集团军以迅雷不及掩耳之势突破波美拉尼亚的筑垒地带。

1月29日，粉碎了德军的梅泽尔季茨基筑垒地带以后，苏军近卫第1坦克集团军，近卫第8、第69、第33集团军各部队继而攻入德国本土。

2月3日，白俄罗斯第1方面军主力向奥得河西岸的屈斯特林地域推进，并在此建立了多个登陆场。

此时，白俄罗斯第1方面军第一梯队距离柏林只有60～70公里，继续向前推进将使其陷入被动。1月底，已经推进到奥得河的白俄罗斯第1方面军，与向北推进的白俄罗斯第2方面军左翼各集团军之间的间隔长达200多公里，很明显这个战线拉得太长了。而希特勒在维斯瓦河一带集结了28个师和5个旅，他们谋划着从波美拉尼亚向白俄罗斯第1方面军的后方发动反攻。

白俄罗斯第1方面军司令朱可夫及时识破了德军的阴谋，他立即向两个方面军的间隙投入了波军第1集团军和苏军第3集团军，并紧急调动47、第61集团军北上以填补间隙。与此同时，为进一步填补两个方面军的间隙，朱可夫于2月初，又把近卫第2和第1坦克集团军北调。

朱可夫指挥各集团军击退了德军的反攻，这时只剩4个集团军兵力的白俄罗斯第1方面军才能够及时进攻柏林。

然而用4个集团军的兵力去进攻柏林显然是不够，尤其在这4个集团军已经遭受重大损失，燃油和弹药消耗得差不多的情况下。另外，苏军暂时丧失了在柏林接近地上空的制空权，苏军的补给工作举步维艰。

这时，斯大林果断下令：在彻底消灭波美拉尼亚的德军以前，苏军停止向柏林方向推进。

至此，维斯瓦河—奥得河战役结束。维斯瓦河—奥得河战役的胜利当归功于白俄罗斯第1方面军和乌克兰第1方面。战役结束后，苏军在波军第1集团军的配合下解放了波兰的大部分国土，与此同时，苏军向接近柏林的方向推进。

希特勒放弃在西线向盟军发动反攻的计划，从东线战场其他战区、德国内地和西线调来了29个师又4个旅，他们被部署在白俄罗斯第1方面军和乌克兰第1方面军的正面，以此阻挡苏军的推进。

然而，德军为挽救法西斯政府免于彻底灭亡而做的一切准备都是徒劳的。在维斯瓦河—奥得河战役中，德军35个师被苏军消灭，25个师遭受重创，14万多德军被俘，大量武器装备也都落入苏军手中。

德军的力量明显衰竭，这预示着德国末日的临近。苏军取得了重大的战果，这为下一步歼灭波美拉尼亚、西里西亚的德军，以及最后歼灭柏林的德军建立了基础。

几乎在维斯瓦河-奥得河战役发起的同时，在东普鲁士作战的苏军2个方面军也发动了进攻。苏军的战略目的在于：切断东普鲁士与德国其他地区的联系，为维斯瓦河-奥得河战役的胜利提供保障。1月13日和14日，白俄罗斯第3、第2方面军先后发动了强大的攻势。

白俄罗斯第3方面军从马祖里湖区以北进攻柯尼斯堡方向，后人称之为柯尼斯堡战役。德军迅速被苏军击退。1月18日，苏军在贡宾嫩以北一带突破了德军的防线，与波罗的海沿岸第1方面军胜利会师。蒂尔西特-因斯特堡的德军葬身于苏军的炮火，因斯特堡也为苏所占。1月29日，苏军推进抵波罗的海沿岸，从北面、西北面和西南面向柯尼斯堡的德军展开围攻。

罗科索夫斯基的白俄罗斯第2方面军，向维斯瓦集团军群所辖的第2集团军和新组建的第11集团军发起猛攻。2月10日，向新什切青方向推进的白俄罗斯第2方面军，却在10天里遭遇严重阻碍。300辆坦克和45个步兵师，这是白俄罗斯第2方面军的可怜兵力。很多苏军部队都疲于应付，每个师的兵力已经不足4000人。

二、波美拉尼亚的战斗

从1945年1月起，在东普鲁士、柯尼斯堡、萨姆兰、弗里舍湾南岸的部分地区的德军，在伦杜利克指挥下阻挡了苏军长达几个月的进攻。与此同时，1945年2月初，斯大林命令苏军实施波美拉尼亚战役。苏德双方展开了波美拉尼亚争夺战。

铁路的铺设和维修跟不上部队的推进，这使得苏军各集团军在弹药和燃油补给上出现了短缺。但令人庆幸的是，苏军各集团军大量的野战机场，为食物的供应提供了空运保证。

在奥得河的朱可夫的白俄罗斯第1方面军，向北突入并占领了波美拉尼亚西部，向前推进了40多公里，沿途所遇抵抗微乎其微。苏军歼灭了在德意志-克隆和阿恩斯瓦尔德的德军。

希姆莱下令，要求德军在施奈德米尔地域挡住苏军，但失败了，而在施洛佩、德意志克罗讷、霍伊尼采一带暂时挡住苏军则是有可能的。

这时，苏军改变了进攻波美拉尼亚的计划，白俄罗斯第1、第2方面受命实施新计划。白俄罗斯第2方面军将向北进攻波美拉尼亚的中部和东部，以科夏林作为主攻地段。

白俄罗斯第1方面军的部分部队选择一周后进攻，从阿恩斯瓦尔德向北进攻波美拉尼亚西部，以阿恩斯瓦尔德至波罗的海沿岸的科沃布热克为主要地段。

从东普鲁士赶到波美拉尼亚的德军第3装甲集团军司令劳斯还没坐稳，就被希特勒派往接管新组建的第11集团军。

巡视了用于防御的某些部队的情况后，劳斯对他们能否守住波美拉尼亚产生质疑。事实上，波美拉尼亚师是由工兵、空军地勤、海军测绘队、民防队组成的杂牌部队，这个师竟没有火炮、反坦克炮、通信器材和后勤供应，最要命的是，没有连团、营级的指挥官。

根据希特勒的计划，之后，希姆莱将发动施塔加尔特反攻。希姆莱对劳斯说，希特勒对施塔加尔特反攻能扭转德国的不利态势深信不疑。与此同时，希姆莱开始选拔军官填补团级和营级的指挥官，这些人员是在波美拉尼亚战役打响后，才由希姆莱匆忙派车向各团、各营调遣的。

然而，希特勒决心摧毁尽可能多的欧洲城市，他深信文明是建立在城市的基础上，他想制造普遍的混乱。很明显，希特勒认识到注定难以统治欧洲的命运后，希特勒想让整个欧洲文明与他共同灭亡。

驻库尔兰的各集团军主力并未撤出，所以，希特勒所能调回的只是本土的几个师。德军从挪威撤军太困难，企图经过西线或意大利把军队撤回德国，根本就没门儿。

有这样一项计划曾被抬上希特勒的讨论桌：德军通过从古本、格洛高地域和阿恩斯瓦尔德地域发动两面突击，切断突破奥得河的苏军。然而德军兵力不足，这迫使他们只能从阿恩斯瓦尔德向兰茨贝格发动有限的翼侧突击。这种突击顶多能保障德军向屈斯特林以北奥得河的苏军后方进攻。

为了提高突击成果，在希特勒的允许下，古德里安派文克将军暂时到希姆莱司令部工作。文克将直接在前线向突击部队提供有保障的最适当的指挥。然而，2月15日，希姆莱发动的施塔加尔特突击为苏军挫败。

2月20日，除了希特勒和他身边的顾问外，没有一个德国人能否定，战争输了。在奥得河中游地区，乌克兰第1方面军和白俄罗斯第1方面军直接威胁着柏林；在维斯瓦河下游，埃尔平和马利英堡附近的苏军正向但泽和格丁尼亚推进。

2月21日，希特勒命令，在西里西亚的第17集团军做好向乌克兰第1方面军发动进攻的准备，这显然是自不量力。希特勒下令，德军必须要镇守奥得河—尼斯河防线，尤其是什切青—但泽铁路。相反，参谋总长约德尔和古德里安则主张从库尔兰、东普鲁士和波美拉尼亚撤退。

2月15日，德军第11集团军湮没于苏军的炮火中。一周以后，白俄罗斯第2方面军从但泽和比德哥什之间的地域发动进攻，这预示着波美拉尼亚的德军败局已定。

2月28日，苏军占领新什切青。3月1日，白俄罗斯第1方面军的部分部队，经由阿恩斯瓦尔德向波美拉尼亚发起进攻，为此，朱可夫投入了4个集团军、两个坦克集团军和其他的军队，只留下3个集团军扼守在奥得河—柏林的方向。

苏军第19集团军于3月5日推进到科斯林，包围了德军第2集团军，而苏军其他集团军冲向科尔贝格、格丁尼亚。

中央集团军群中有5个装甲师被希特勒北调赶往什切青。但因燃油的不足，只能依靠铁路的调动。等德军装甲师刚赶到什切青，就受到了苏军从奥德河以东和什切青湾发动的进攻。坚持了几周后，德军第2集团军和第3装甲集团军就被分割包围了。第10党卫军和特陶军级集群在巴特波尔金一带也被包围。

3月5日，苏军占领了施塔加尔特。3月6日，被围困在格鲁琼次的德军全部葬身于苏军的炮火。

在巴尔登堡，有15辆德军坦克偷袭苏军，同时，一批50岁以上的德军步兵向苏军发动进攻，击退了苏军坦克群的进攻。无疑这些非正规部队积极支援了德军，但缺乏军官作为骨干，他们的抵抗无法持久。

2月25日下午，希特勒命令第3装甲集团军死守在科尔贝格要塞。劳斯对此大发抱怨，称市区伤兵累累，难民人满为患，德军缺乏守城的武器和指挥官。希特勒给他发电报说，将有一名上校乘飞机赶去指挥，并将有12门反坦克炮空运过去，然而这点反坦克炮根本起不到多大作用。

在两天内，所有的德国难民和居民被组织成冲锋队，他们将一直坚守到3月18日。

一眼望不到头的难民群混在一起，这些难民试图拼命抓住任何西逃的可能。混乱不堪的难民群向但泽湾溃退，从东波美拉尼亚、西普鲁士和东普鲁士逃出的难民也潮水般涌向但泽和格丁尼亚，这使得两市的难民人数比在科尔贝格多103倍左右。这里挤满了从各战线甚至从库尔兰逃来了难民。

3月28日，苏军攻下格丁尼亚。3月30日，苏军占领但泽。在此以前，两市早就在苏军的猛烈炮火和不停顿的大轰炸下变成了火海，许多难民撤到了维斯瓦河三角洲的狭小地带。因为该地带正面有一小块水域做掩护，所以，难民们暂时栖身在此，而德第2集团军残部也在此坚守了一个月的时间。

2月10日至4月4日，白俄罗斯第2方面军俘虏德军达6万多名，第1方面军俘虏德军达2.8万。波美拉尼亚战役将德军从北翼进攻白俄罗斯第1方面军后方的危险解除。

训练不足、兵力溃散使得德军已经无力在任何地方发动强大的攻势了。在波美拉尼亚战役结束后，苏军的防线大大缩短，节省了大量兵力，这又为进攻柏林增加了10个集团军。

1945年3月，在科涅夫元帅指挥下，乌克兰第1方面军越过波兰南部，强渡奥得河并建立了桥头堡。乌克兰第1方面军的进攻，对德国西里西亚地区的工业产生了严重的影响。由朱可夫率领的白俄罗斯第1方面军，由华沙取道罗兹越过波兹南，也向奥德河一带推进。

此时的德国在军事、政治与经济上已都处于崩溃的边缘，但这些似乎没能影响到希特勒阻挡苏军进攻柏林、拖延战争的妄想。为此，他在西线仅部署了59个师，而将214个师又14个旅的兵力部署在柏林负隅顽抗。

1945年3月31日，艾森豪威尔向斯大林保证，英美军队不准备向柏林进军，这让斯大林感到恐慌。斯大林认为这是西方盟军的欺诈。第二天，他故作友好地说，他认为柏林已没有重要的战略意义，已经降级为次要的目标而已。而暗地里，却向苏联的4个方面军下达了命令，为进攻柏林进行全方位的部署，并要求最晚不迟于4月16日发起进攻。

4月的前两个星期，接连不断的坏消息使希特勒与他的最高指挥部疲于应付。西面的英美军队强行渡过莱茵河，包围了鲁尔，现在那里已成为了激战的中心。希特勒准备在击败苏军以后，向西反攻对鲁尔进行援助。

为了达到这个目的，一支由瓦尔特·文克将军指挥的新集团军奉希特勒之命在哈尔茨山组建起来。在与苏军战斗中取得胜利以后，这支部队作为先遣部队向英美进攻。

但是，东部的消息却令人沮丧，虽然维也纳失守不出德军预料，这座曾一度被指定为要塞的奥地利首都，在苏军抵达前没有修筑多少防御工事，战斗也并不十分激烈，仅为中等冲突，可当事实发生后还是让德军很失望。

更加让人担心的消息则来自柯尼斯堡，在这里，德军的防御最为坚固。4月6日，苏军恢复了对柯尼斯堡的进攻。

在柯尼斯堡，华西列夫斯基元帅集中了4个集团军，近14万名士兵，5000门火炮与重型迫击炮，538辆坦克和自行火炮，近2500架飞机。

战斗开始了，第一天，苏联的突击部队就从八个地点向德军阵地突入，推进到港口的四周。苏军运来了203毫米与280毫米口径的重型火炮，近距离向德军阵地开火，发射的炮弹多达500发，可这并没能让守军的反击沉寂下来。

第二天，苏军的轰炸机发动了更为猛烈的轰炸，246架重型轰炸机与300架伊尔-2型飞机向要塞投下了550吨弹药,把整个城区夷为平地。借助几组装备喷火器的工兵作为开路先锋,苏军逐街攻入了柯尼斯堡。

4月8日,天气晴朗,苏军派出的飞机多达6000架次,德国守军所能镇守的范围变得越来越小。战斗使多达25 000名居民罹难,因此,柯尼斯堡的德军指挥官拉施,在4月9日21时30分宣布投降。

据华西列夫斯基的官员统计,此次战役德军战死达42 000名,被俘人数达92 000人。

4月,斯大林下令尽早占领维也纳和西里西亚。当时,作为德战区交通中心的维也纳,具有非常重要的战略意义。

苏军制订了严密的维也纳攻占计划:苏军第46集团军投入一个坦克军和一个机械化军,以及乌克兰第2方面军各集团军,向维也纳东面发起进攻;第4和第9近卫集团军,以及乌克兰第3方面军的第6近卫坦克集团军,向维也纳南面和西面发起进攻。

为达到苏军第46集团军渡过多瑙河东岸的目的,苏军的多瑙河区舰队在5天内运过多瑙河和摩拉瓦河的人数就达7.2万人,而火炮就有500门。

4月6日,德军党卫军第6装甲集团军在维也纳郊区遭遇苏军,双方展开了激烈的巷战。但是守军兵力不足,再加上奥地利西北部的齐斯特斯道夫产油区、维也纳以西的开阔地更需要得到防守,德军4月10日从维也纳市区撤退。4月13日,苏军占领维也纳。

在北翼,维斯瓦集团军群在海因里希的指挥下坚守在奥得河下游一带。4月,古德里安的处境更艰难,克雷布斯接替了古德里安的参谋总长职务。因为经常激怒希特勒的古德里安在希特勒的眼里不是个唯命是从的人。

4月，西里西亚的局势使德国处境更加凄惨。4月20日，舍尔纳继任中央集团军群（A集团军群改名）司令时，中央集团军群就只剩下第4装甲集团军、第17集团军和第1装甲集团军。事实上，他们是在被乌克兰第1方面军击溃后，刚刚从克拉科夫以东上维斯瓦地域和东捷克斯洛伐克退下来的。

为使部队保持有组织状态，舒尔茨的第17集团军和海因里希的第1装甲集团军做了最大的努力。而伤亡过半的格雷泽尔的第4装甲集团军，急需大量的冲锋队和警察部队来补充。

舍尔纳的中央集团军群向奥德河一带撤退，使得从与维斯瓦集团军群相接的尼斯河河口，延伸到维也纳以北中央集团军群与南方集团军群相接的地方，距离超过483公里。

格沃古夫、布雷斯劳、奥佩伦以西的西里西亚工业区，由第4装甲集团军和17集团军共同守卫。在捷克斯洛伐克南部的大突出部则是第2方面军的第1装甲集团军守卫。

此时，西里西亚工业区担负着德国军火生产的主要任务。舍尔纳的兵力相当于18个步兵师和6个装甲师。尤其在没有预备队的情况下，靠他们扼守483公里长的防线难于登天。

早在2月15日，奥得河以西的西里西亚就遭受了乌克兰第1方面军的部分兵力的进攻，他们一直推进直捣勃兰登堡的尼斯河一带。3月3日，苏军切断了柏林与西里西亚的铁路线，为了夺回这条铁路线，格雷泽尔的第4装甲集团军发动了反攻。德军的反攻是勉为其难的，整个部队是把互相不认识的指挥官、参谋人员和士兵临时拼凑到一起。

德国冲锋队又是如此不堪一击。不仅德军坦克和车辆没有燃油，也没有通信联络，缺乏空军和炮兵。

随着苏军的进攻，西里西亚的德国居民严重流失。原有的470万居民，到1945年4月中旬，只剩62万留在西里西亚地区。

无出其右，作为西里西亚首府的布雷斯劳也被定为要塞。当苏军包围布雷斯劳时，德军第17和第269步兵师奉命突围，而第609步兵师和一支杂牌部队则留下守城。

几个星期前临时拼凑的第609步兵师勉强称得上是一个师。该师的所有军官中，除了师长外，曾在师参谋部工作过的只有一人。有些士兵是第269步兵师突围失败而留下的，有的是掉队的士兵，还有的是警察和军校生，这些都足以显示这支部队薄弱的战斗力。该师有1个党卫军训练团，1个空军地勤团，另有3个杂牌陆军团。

要塞炮兵有32个炮兵连，装备着各国的火炮。要塞部队没有坦克也就罢了，而仅有的自行火炮连，所拥有的自行火炮型号竟也参差不齐。

这样的守军竟顶住了苏军的强大攻势，拼命死守着布雷斯劳，这足以令人吃惊。在德国的一些部队投降后，该城的守军仍在顽抗。德国法西斯的宣传支撑了他们抗争的意志，比如，故意给守军播放假新闻，让他们坚信希特勒一定会派援兵来救他们。苏军7个机械化师的所有进攻都被他们击退。他们甚至相信德国就要研制出神奇的武器了。市内谣言四起，有的人希望一旦英美与苏联的联盟瓦解，就能得到盟军的营救。

该城守军竟坚守了近3个月，在守军和8万名居民中，死亡人数多达2.9万。他们中的大多数人没有受过训练，战斗经验更是没有，他们是在巷战中边打边学的。

5月6日，苏军统帅部向被围困的守军进行劝降：对他们做出了不屠杀战俘、不强奸妇女、不抢劫、不放火以及战争结束立即遣返战俘的保证。5月7日，西里西亚的德军全部放下了武器，苏军获得了对布雷斯劳的控制权。

柏林陷落

一、分割包围柏林集团军群

1945年初，德国武装部队处于一片混乱之中，从军事上来讲，投降是德国的唯一出路。可是，德军没有做出这样的选择。因为他们一旦放下武器，等待他们和家庭的就不知道是什么样的命运。

不甘心认输的希特勒，下令后卫部队摧毁一切对前进的盟军有价值的东西。结果，德军将基础设施中最重要的公路、车辆、桥梁、铁路、通信和工厂等全部炸毁。希特勒对阿尔波特·施佩尔说："一旦战败，德国将会灭亡，这是德国不容置疑的最终命运。不要再考虑最原始的物质基础。相反，最好连最原始的物质基础也毁掉，亲手把它毁掉。"

这种观点在他的脑海根深蒂固，而希特勒更无法从战地指挥官带给他的失望中摆脱出来。他认为，士气不振正是由这些战地指挥官所犯的错误引起的。

为充分激发士兵潜在的战斗精神，德国统帅部设立了新的奖章。除了突围和返回前线的勋章外，甚至还赠予士兵冯·龙德施泰特的签名照片，以表彰士兵的勇敢行为。

然而德军士气却更加低落了，面对这种不利的情况，德国统帅部动用了刑警队。在许多的过错中，没有炸毁桥梁和逃跑是其中的两条，犯错军官所面临的将是死刑。

结果，到了1945年春，一支非常忠诚而且英勇无畏的军队已经变得毫无战斗力可言，只能通过铁血手段防止官兵的逃跑，逼迫军队发动勉为其难的抵抗。

兵员和补给严重匮乏,这使德军变得软弱无力。很少的空中支援和大范围的士气低落对战斗力造成了严重的影响。当德军与对手对峙时,无论在地面还是在空中,德军都是手下败将。

1945年3月,德国的钢产量仅为1944年平均月产量的15%,采煤量只达可怜的16%。1944年,德国月平均坦克生产量为705辆。1945年第一季度,月平均生产333辆坦克。1945年4月初,德国的装备、武器和弹药产量急剧下降。汽油匮乏导致许多飞机和坦克难以参战。

苏军攻打柏林以前,德国就已经失去了所有欧洲的盟国,在政治上被孤立,内部矛盾加剧,经济崩溃,一片混乱。德军军事物资和兵员严重匮乏,通过征召的"童子军"来弥补兵员损失只是杯水车薪。德军的武器装备严重缺乏,补给陷入困境,士气难振。

德国面临被分割的厄运,死神在向德国逼近。

早在1945年2月,德国政府就已经开始加强对柏林的防守。为了守住柏林,3道纵深为20至40公里的防御阵地在柏林地区的奥得河—尼斯河一带开辟出来。

柏林市区防御阵地是沿着环城铁路修建的。市内修筑了许多街垒防御阵地,在许多临街房屋的窗户上还修筑了射击孔,柏林地区俨然成为一座巨大的要塞。

后备力量不足的事实,迫使许多公务员和法西斯团体会员成立了国民挺进队。为了对付坦克,由德军建立起许多青年团员组成的敢死队。

由第3装甲集团军和第9集团军组成的维斯瓦集团军群,在哥特哈德·海因里希的领导下,坚守北部和中部,其中第9集团军的14个师在柏林的正东方向负责御守。

中央集团军群由舍尔纳指挥，柏林南部由第4装甲集团军坚守。同时，一支城防部队即第56装甲军，正在柏林加紧组建。

在前线的很多阵地上弹药只能维持14天的激烈战斗，这与驻守柏林的德军装备形成巨大反差。燃油的储备不足严重地限制了坦克的行动，燃油储备勉强满足战斗机群发动一次空中打击。而且大炮有四分之三是高射炮，要对付苏军的装甲部队很是困难。

熟悉普鲁士历史的希特勒及将领们，发现德国现在的处境与1760年发生的"勃兰登堡圣殿奇迹"有着相似之处。

那时，普鲁士面对奥地利—法国—俄国联盟竟绝处逢生，那是因为俄国沙皇的突然死亡瓦解了三国的同盟。

4月13—14日，传来了令德军振奋的消息：文克的新集团军的混合特种部队将美军在易北河以东的桥头堡摧毁了，俘获数百名美军。

相对于维也纳的失败，这一胜利似乎更能显示出未来局势发展的征兆，因为维也纳一直没有成为一座真正的要塞。

在4月的第二个周末，德军制订了一个连贯的防御计划。在沿着奥得河从波罗的海至苏台德山脉间322公里的德军防线上，德军部署了两个集团军进行防守。

哥特哈德·海因里希上将指挥，由第3装甲集团军与第9集团军组成的维斯瓦集团军群防守在北部与中部，使第9集团军的14个师守卫柏林的正东方向；舍尔纳的中央集团军群里的第4装甲集团军在南部担任防守任务。与此同时，柏林正在形成一支城防部队，即第56装甲军。

在武器装备上，守卫在奥得河与柏林的德军有着优良的装备，大炮与重型迫击炮总计10 400门，坦克与自行火炮达1500辆，飞机达3300架。

4月中旬，希特勒将指挥部搬进总理府的地下堡垒，以此躲避盟国空军的轰炸。希特勒一直在地下堡垒领导德军的防御部署。

希特勒恢复了很多信心，他已准备好与苏军在奥德河一决高下。他甚至为自己编织了一个美梦——击退苏军后，德军会将盟军击退，或者把盟军赶回莱茵河，或与盟军结成新的同盟，他们将一道把苏军赶回老窝。

4月上半月间，斯大林进行了战争史上规模最大、最复杂的军事重新部署。

他先是将朱可夫的白俄罗斯第1方面军18个集团军，从波罗的海沿岸快速调到了柏林的前方地区。

与此同时，将罗科索夫斯基的白俄罗斯第2方面军所辖8个集团军调往奥得河。

此外，科涅夫的乌克兰第1方面军有7个集团军，从苏台德山脉的正南与西南阵地沿尼斯河向山区西北方向转移。

在一个南北长达322公里，东西宽达48公里的范围内进行的这项军事调动，涉及了250万军队、6250辆坦克，以及近45 000门大炮、重型迫击炮与火箭发射车。

从位于波兰东部与东普鲁士的军火库到前线方向，弹药运输以庞大的规模络绎不绝地进行着。

根据统计，苏联军官认为，白俄罗斯第1方面军需7 147 000枚炮弹用来突破德军的防线及柏林战役。

在这14天里，每小时都有载满士兵、供给与弹药的苏联卡车不停地穿梭在波美拉尼亚与西里西亚拥挤的公路与小道中，它们得绕开德军坚守的要塞，这使运输行动受到了限制。再往东，数百万加仑的航空汽油与33万吨的炸弹，被成千列火车与几万辆卡车运往前方近100个机场，将有7500架苏联飞机在那里起飞。

4月中旬，苏军已拥有了绝对的优势。

白俄罗斯第2方面军的33个步兵师，4个坦克与机械化军，3个炮兵师部署在北部，与他们对垒的将是德国第3装甲集团军的11个师。

罗科索夫斯基的部队拥有6642门大炮，941辆坦克，而德军则只有700门大炮与242辆坦克。

在正对柏林的地方，更突出了苏军的压倒性优势，朱可夫的77个步兵师，7个坦克与机械化军，8个炮兵师，所辖坦克3155辆，大炮17 000门，而德军的第9集团军仅有14个师，512辆坦克与800门大炮。

在东南部，科涅夫所辖的40个师，拥有2100辆坦克与自行火炮，14 000门大炮与火箭发射车，而德军的中央集团军群里舍尔纳的第4装甲集团军，仅有5个师，他们所拥有的坦克大约700辆，大炮约500门。

"在宽阔的前线发动几处强有力的攻击，分割、包围柏林集团军群，然后，再各个击破。"这是苏军大本营为歼灭柏林守军所做的计划。

分派给朱可夫的任务是从奥得河西岸拥挤的屈斯特伦桥头堡进行突击，然后，向桥头堡的西北进发，直捣柏林。

而与此同时，因不能带领乌克兰第1方面军攻打柏林而妒恨交织的科涅夫，则要在横渡尼斯河后夺取科特布斯，推进到柏林西南部，并对德累斯顿进行辅助性攻击。

在北面朱可夫的右翼，罗科索夫斯基的白俄罗斯第2方面军向什切青-施韦特发起进攻，以阻止第3装甲集团军对柏林守军进行增援。

二、历时23天的柏林战役

1945年4月16日，柏林战役爆发。5月8日，苏军占领了柏林，前后历时23天。

1945年4月16日凌晨4时，朱可夫发出号令，吹响了柏林战役的号角："同志们，现在立即开始！"

三道赤红火焰闪过漆黑的夜空之后，朱可夫所率部队的140盏大型探照灯，坦克与卡车上的灯光，将德军阵地照射得雪亮。这是朱可夫"吓唬和压制敌人"的战术。

随着三道绿色火焰的升空，炮兵开始射击。轰隆的炮声响彻天际、撼动大地，排山倒海似地向德军阵地射去，这在苏德战场上是闻所未闻、见所未见的。

狂泻的炮弹把村庄炸得瓦砾翻飞，森林化为火海，掀起的一波波冲击变成火的风暴，尘土与碎片散落四野。

苏军开始匍匐前进，发动进攻，然而却发现自己的处境愈发危险。步兵发现他们趴在齐腰深的泥沼之中，原来德军正在从322公里远的人工湖放水，曾经的平川如今已是一片沼泽。

此外，士兵们发现探照灯不但不能帮上忙，反成了绊脚石，因为浓烟把光束反射回来后，晃花了他们的眼睛。他们在泥泞之中前进时，身影却被探照灯衬托得一清二楚。

几分钟内苏军的战斗队被消灭殆尽，没死的伤员则淹没在了泥水之中。第二与第三梯队踏着成堆的尸体竭力前进，但也没能逆转形势。

拂晓时，桥头堡成了巨大的交通堵塞。紧接着，这一局面在德军炮火准确的攻击下进一步恶化。

中午时分，原计划在突破阵地后使用的第6装甲军，在朱可夫的命令下投入了战斗。

就这样，1400辆坦克与自行火炮同时发起猛烈的冲锋，试图将通往泽洛高地的道路迅速扫清。

然而苏军的坦克却受困于有限的几条道路上，许多坦克在德军的88毫米口径反坦克炮下被击碎；而那些费尽千辛万苦到达泽洛高地低坡狭窄的通道与反坦克篱前的坦克，也没能逃过被德军近距离火箭发射器摧毁的命运。

泽洛高地上，朱可夫遇到了哥特哈德·海因里希，德国著名的防守专家。

苏军发动炮火准备前，海因里希放弃了阵地，而炮弹烟幕升起后，他又返回了阵地。

这一过程仅在短短11个小时内完成，实属一场非凡的战术胜利。

这夜，斯大林与朱可夫进行了两次愤怒的电话长谈。

斯大林对他的首席指挥官训话，要求他必须在次日将泽洛高地攻克，语气如同对待犯错误的下士一般。

他还补充，如若这项任务朱可夫无法完成，大本营将会指派科涅夫调动他的两个坦克集团军自南面向柏林发起进攻。

出于对丧失柏林这个巨大战利品的恐惧，这个夜晚，朱可夫与他的参谋们开始了疯狂的行动。

黎明前，800多架轰炸机向德军阵地进攻，上午10时，无数大炮的炮弹狂风暴雨般开始在泽洛高地上肆虐，紧接着苏军飞机开始了一轮接一轮的轰炸。

一刻钟后，第8近卫集团军的主力联合第1近卫坦克集团军同时发起进攻。

德军用反坦克炮从斜坡上向下进行射击，苏军的坦克部队瞬间化为一堆扭曲燃烧的废铁。

苏军的进攻并未因此停下，后续梯队把无能的同志挤到了路边，坦克的履带碾过受伤的步兵与坦克乘员的身躯。

在"福克沃尔夫"190轰炸机与"梅塞施米特"262喷气式战斗机的空中支援下，德军第18装甲掷弹师切入了苏军第1近卫坦克集团军的侧翼，使得敌方的坦克只能在步兵屁股后面缓慢前进，从而给对方造成了巨大的损失。

刚过下午，苏军的人力资源已经接近枯竭。军官们只得集结起后勤中那些合适的人，作为步兵送到一线。

在南面与中间地带，高地的顶端处对进攻部队来说仍旧遥不可及；在北面，坦克旅攻入了泽洛镇。坦克乘员们将百姓家中带有铁丝网的床垫缠到了坦克的前装甲上，以求使反坦克火箭与榴弹能够偏离方向，或提前爆炸。

傍晚时，苏军虽然将该镇控制，但还是没能成功突破。

4月18日晨，朱可夫告诉军官们，次日12时，苏军将发起一轮规模更大的进攻，届时，会有援兵相助。然而如若新的攻势依旧未能突防，军官们将会降为列兵，并送进惩罚营。在那里，军官们很可能与普通士兵共同冲锋陷阵，会在进攻时牺牲。

很快，朱可夫再次下令对泽洛高地发起进攻，步兵中凡是未能渡过奥德河的一律枪决论处。可是，许多步兵是后勤人员，严重缺乏作战经验。

入夜，苏军还是没能突破德军的防线，每发动一次进攻都因德国步兵和反坦克火箭兵的反攻而不得不停止。

4月19日的早晨，一辆接一辆满载着人民冲锋队的德军汽车从柏林出发，浩浩荡荡地扑向泽洛高地。

4月19日10时30分，历经半个小时的炮火和飞机轰炸后，苏军第8近卫集团军又发起了进攻。

德军的预备队参加了战斗，虽然其中大多数是老人和孩子，但他们都坚持战斗着。过了中午，德军的防线开始变得松垮。

右侧的苏军第5突击集团军一举将德军第9伞兵师的阵地摧毁，而北侧的第3突击集团军找准时机撕开了德军的防线，在上面打开了一个巨大的缺口。

4月18日，北侧罗科索夫斯基的白俄罗斯第2方面军开始进攻。次日，该部队渡过东奥得河，从而对柏林以北地区的德国"维斯瓦河"集团军群形成有力的牵制。

这样，苏军成功摧毁了德军在奥得河—尼斯河的整个防御体系，苏军的3个方面军继续向前进攻，柏林市区遭到了重重包围。

4月20日，这一天是希特勒的生日，也是他出现在公众面前的最后一天。希特勒给在奥得河上英勇抗击苏军坦克的希特勒青年团成员授予勋章。

不久，希特勒回到了地下避弹室，从此之后人们就再也没有见到过他的身影。事实上，希特勒早已失去了对于事态的发展控制。

4月20日，朱可夫命令第3突击集团军第79军以远程大炮轰炸柏林。

4月21日，苏军第2集团军、第3集团军、第47集团军突破柏林郊区防线。

朱可夫的第3集团军和第5集团军率先攻进柏林，4月21日晚，他们成功将柏林市区东北的威森西和荷恩斯施努豪森攻占。

4月22日，第3突击集团军的第12军将潘可夫一举拿下，并向姆博德特曼高射炮台接近。炮台坚不可摧，高射炮以平射的方式开炮，导致其方圆几公里内苏军的冲锋演变成一场集体的自杀。

4月24日，白俄罗斯第1方面军与乌克兰第3方面军会师柏林东南，将德军第9集团军包围。

4月25日，白俄罗斯第1方面军从北面绕过柏林的部队与乌克兰第1方面军在柏林以西会师，包围了柏林市区。

柏林以北地区的德军在苏军的双面夹击下，处境十分艰难。

4月25日，白俄罗斯第1方面军和乌克兰第1方面军成功地攻陷了波茨坦。

4月26日，苏军向柏林发起猛攻，肉搏激战处处可见。希特勒下令，让德军统帅部撤出柏林，自己则留下"与柏林共存亡"。

希特勒命令所有军事机关的参谋和文职人员都必须参战，违令者在5小时内枪决，对逃兵也一律处以枪决。

这一天，苏军的数千架飞机投下数以万吨的炸弹和汽油弹。在地上，平均每公里部署了近千门的大炮集中轰炸，柏林刹那间成为修罗场。

柏林市内的街道不但狭窄无比而且遍布各种障碍物，导致苏军的装甲部队行驶其上时很难发挥优势。朱可夫命令装甲部队紧密配合各兵种合成集团军，利用突袭以及自身密集的火力来对抗柏林的守军。

在攻打柏林市内的各个据点时，苏军先是持续不断地轰炸和炮击；接着，再利用其坦克部队与装备了喷火和破坏装置的工程兵，将德军的据点逐个摧毁。

苏军有计划地消灭每个建筑物内的德军，无数躲在地下室中的难民看不清自己前方的命运。党卫军警察和宪兵队经常光顾地下室，一旦发现有疑似逃兵的就立即处决。

在德军的占领区，街边灯杆上吊着许多尸体，他们的脖子上都挂着一个牌子，上面写着谴责他们的字句。

4月27日，苏军推进至柏林市的第9区，凯特尔发给希特勒一封电报，实话实说道："第12集团军无法继续前进，第9集团军被苏军包围，突围无望。"

此刻，希特勒才终于看清了现实。柏林守备司令魏德林向希特勒提出了从柏林突围的计划，并保证"元首安全离开柏林"。魏德林说，"所剩弹药只能再支撑两天，粮食和药品都没有了"。

德国陆军总参谋长克莱勃斯也对他的这一突围计划表示支持，认为从军事的角度看，这个计划可行。

4月27日夜，在15公里宽、16公里长的狭窄地带，苏军包围了驻守柏林的德军。

4月28日，希特勒的亲密战友墨索里尼连同其情妇克拉拉·佩塔奇一起逃至意大利北部的栋戈，在这里被意大利共产党游击队逮捕。次日，意大利游击队将墨索里尼处决，并将其曝尸于米兰的洛雷托广场。

4月29日，苏军将德军从两处切断，仍在抵抗的德军被分割在3个包围圈内。

为了抵抗苏军，希特勒下令水淹柏林地铁，这一举动淹死了不计其数的在地铁里避难的妇女、儿童和伤兵。

4月30日，苏军成功打入"堡垒地区"，向国会大厦，即由5000名党卫军、希特勒青年团和人民冲锋队坚守的德军最后的据点发起猛攻。在那里，苏德双方展开了最残酷的攻坚战。坚守国会大厦的德军是希特勒第三帝国的"御林军"，他们誓死抵抗，使苏军为每前进一寸付出了极高的代价。

30日深夜，德军通过广播请求临时停火，提出与苏军进行谈判的要求。5月1日凌晨3时55分，德国陆军总参谋长克莱勃斯将军打着白旗从帝国办公厅的地下暗室钻出，前往苏军第8集团军的前线指挥所谈判。克莱勃斯首先提出苏军先停战的要求，然后，等到德国组成新的政府后再进行谈判。苏军第8集团军司令员崔可夫立即把情况用电话向朱可夫做了报告。十几分钟后，斯大林从莫斯科发出最高指令："德军只能无条件投降，不许进行任何谈判，不同克莱勃斯谈，也不同任何其他法西斯分子谈。"

9时45分，朱可夫根据斯大林的指示精神，代表苏军向柏林德军发出最后的通牒：德军必须彻底投降，否则在10时40分，苏军将对德军实施最后的强攻。崔可夫让克莱勃斯把这份通牒带回给戈培尔等人，戈培尔见到通牒后，知道已经没有任何讨价还价的余地，于是在傍晚与妻子及6个孩子自杀。

5月2日15时，驻守柏林的德军奉命投降。至此，柏林战役以德军的战败而宣告结束。

这就是第二次世界大战中规模最大的战役之一的柏林战役。在柏林战役中，苏军消灭了德军100多个师，包括70个步兵师、12个坦克师、11个摩托化师和大部分航空兵。俘虏了德军约48万人，缴获了坦克和自行火炮1500多辆、火炮和迫击炮近万门、飞机4500架。

苏军以伤亡30万人的代价消灭了德军的主力，控制了德国腹地和柏林，法西斯德国就此灭亡。

1945年4月20日也就是希特勒生日的那天夜里，所有人劝告他离开柏林，但希特勒拒绝。不久，大批德国官员和将领们从柏林撤离，就连他一向宠信的希姆莱也离开了。

夜幕降临，希特勒命秘书把档案里的文件烧掉，他和爱娃在私人住处共度了好几个小时。

4月30日凌晨2时30分，希特勒走出了私人房间，依次与随行人员告别，与每个人握手，嘴里还在咕哝着没人能听清的话，他眼里充满了泪水。

4月30日中午,希特勒在得知苏军突破波茨广场,离总理府只有一排楼房时,他最终下定了自杀的决心。爱娃则躺在希特勒的身旁,服毒自杀。他们的尸体在总理府花园内火化。

由于苏军的炮弹炸平了掩埋尸骨的弹坑,因此,希特勒和爱娃的尸骨最终也不知去向了。

1945年4月30日,不但是希特勒56岁生日后的第10天,而且还是他担任德国总理,第三帝国建立整整12年零3个月的日子。

第三帝国仅比他苟延残喘地多活了一个星期,然而,又有几千人在这一星期里战死。

第九章

日本投降——第二次世界大战结束

第一节　菲律宾战场的反攻

美军进攻中太平洋

在中太平洋上，美军海、空军主体是以珍珠港为基地的尼米兹指挥的部队。由于美国经济和工业潜力比日本强大得多，到1942年底，美国经济完全转入战时轨道以后，蓬勃发展了军工生产。美国海军（包括陆战队）已扩充到200万人以上，到1943年底，其中有130万人在海外。

在1943年5月底，由尼米兹派遣一个特混舰队夺回了阿留申群岛中的阿图岛；8月中旬又收回了基斯卡岛。日军占领以上两岛是在1942年6月初。

因为盟军在阿留申群岛和西南太平洋的进攻，日本统帅部被迫重新规划它在太平洋上的战略行动。

与此相对立，在魁北克会议（1943年8月）上，美国战略计划人员寻求打败日本的途径是从始至终的议题。

美军在中太平洋的指挥系统是：尼米兹是最高指挥，全面负责整个作战任务；斯普鲁恩斯是中太平洋部队司令，负责作战指挥；中国、美国第五舰队是太平洋部队的作战主力。

吉尔伯特群岛中的马金、塔拉瓦是太平洋美军进攻的第一个目标。美军计划人员认为，盟军进军太平洋的这些作战行动是太平洋战争的一个新阶段，主要是海战阶段。

马金和塔拉瓦都是珊瑚小岛，由珊瑚礁和很低的长条陆地组成，仅有800多名日军在马金岛上，因此，防御较差。而塔拉瓦驻有日军5000人，在岛上还安置了海岸炮、高射炮和反坦克炮，所以，防守坚固。

在盟军攻占马金的突击舰队中，有4艘旧式战列舰，4艘重巡洋舰，13艘驱逐舰，3艘护卫航空母舰。此外，还有由3艘战列舰，3艘重巡洋舰，21艘驱逐舰，5艘护卫航空母舰组成的攻打塔拉瓦的特混舰队。

1943年11月13日，美军对马金和塔拉瓦发动了预备性进攻，这次进攻主要是空袭。

11月20日凌晨，2支特混舰队分别到达目的地，开始登陆。步兵27师进攻马金的部队，指挥是拉尔夫·史密斯。经过3天的激战，到11月23日中午，史密斯发出电告给特纳："马金拿下来了。"

塔拉瓦岛上的5000名日军中，3000人是战斗士兵。该岛防御坚固，海滩障碍物、铁丝网、木桩、水泥建筑等应有尽有。塔拉瓦是太平洋上日军防守最牢的岛屿，只有硫黄岛堪与之比。由美军派出的5个营先后登陆塔拉瓦岛，在海空军的支援下，经过艰苦的努力，付出很大的牺牲，才在激战4天后击溃了日军的抵抗，占领了塔拉瓦岛。这次进攻中美军伤亡和失踪者达3301人，损失巨大。与此同时，美军还轻易地把附近的另一个小岛即阿腊马马岛拿下。

美军夺取塔拉瓦岛的代价是很高的。但从战略上讲，它具有很重要的意义：首先，是空军基地的获得，到1943年年底，美国飞机已能从塔拉瓦和上述2个小岛上起飞。其次，由美军用血的代价换取很多经验教训,为以后在横越太平洋的进军中避免了更大的牺牲。 此外,美军攻陷了吉尔伯特群岛,这就迫使日军放弃了攻打埃利斯、斐济和萨摩亚群岛的计划。

美军攻下塞班岛

塞班岛四季都是夏天,终年遍地鲜花,是南海的乐园,最优美的旅游、疗养胜地。 它的面积为 120 平方公里,距东京 2000 多千米,笠原群岛 700 多千米,第一次世界大战后,日本委任统治地的政治中枢便在这里。 塞班岛的战略位置十分重要,占领了它,就等于把日本的防卫大门攻破。 如果从岛上机场出发,美国的超级空中堡垒飞机便可以直接轰炸日本的本土。

司令官小烟英良率领的第 31 军,在塞班岛上担负防守任务。而小烟英良当时出差,不在岛上,由第 43 师团长斋藤义次中将指挥。 在岛上,参加指挥的也有中部太平洋方面舰队司令长官南云忠一海军中将和第 6 舰队司令长官高木武雄中将。

日本陆、海军首脑在连续惨败之余,已经乱了手脚,意见出现分歧,一会儿把右边的兵力往左调,一会儿又把左边的兵力往右调。 再加上战线拉得太长,都在锐减陆军和海军的实力。 而且在塞班岛这样重要的战略要地,防卫兵力甚少,构筑的野战阵地也不完整。

塞班岛上日本守军计有陆军 27 500 人,海军 1 万人,兵力明显不足。 为了拼死挣扎,日本守军也征集了岛上的日本冲绳县人、朝鲜人共 2.1 万余人及岛上原住民 4000 人来参加战斗。

在 1943 年 7 月,新组成了日本陆军第 43 师团,驻防在名古屋附近。 5 月 9 日,主力由名古屋港秘密出发,5 月 19 日到达塞班岛。第二次输送了一个联队共计士兵4000名，途中运输船被击沉，只有约1000名士兵在海上漂浮中获救，6月9日这些获救的士兵才到达塞班岛。这个师团只剩下1.3万能够担当防卫的士兵。

由于塞班岛海岸边都是珊瑚礁，土质疏松，很不牢固。再加上时间仓促，建筑材料不足，粮食和弹药的准备也不充分，因此，防卫能力十分单薄。

在第43师团后续部队到达塞班岛的第4天，6月11日午后，美舰载机200架对塞班岛进行了猛烈的轰炸，又派出140架轰炸提尼安岛，140架轰炸关岛。

第二天早晨，480架美机铺天盖地飞临塞班岛上空，炸弹密如雨下，塞班岛的中心城镇加拉潘大部分化为灰烬。

6月13日，又有120架次飞机轰炸港湾、飞机场，并且新构筑的阵地马上变成弹坑，美军战舰完全包围了塞班岛。

经过几天激战，6月26日，日军严密防线遭到美装甲部队突破，美军占领了塔波乔山山顶。部分残余日军仍躲在山北麓进行顽抗。

美军三个师由南向北稳步推进，日军的抵抗越来越顽强，并决心死守。美军也有很大的伤亡。美总指挥官特纳少将对进攻速度太慢很不满意，因此，做出了亲临阵前指挥的决定，战况变得十分激烈。

7月7日傍晚，日军仅只剩下3000多人，其中还包括伤病员在内。到这时，自杀性的总攻击由日军向美军阵地发起，发了疯的日军一面高喊万岁，一面往前冲，直至死亡殆尽。守军指挥官斋藤义次中将自杀，偷袭珍珠港的联合舰队司令官南云忠一中将也用手枪自杀在岛上。

据战后统计，塞班岛上共有约44 000名日本陆海军，战死41

000多名。20 000多非战斗员中，有日本人、朝鲜人，有些被强迫自杀，有些被日军处死，共死亡8000到10 000人。这次战役中，美军付出的代价也很惨重，战死2053人，受伤及失踪约13 000人。

美军在拿下塞班岛和打垮了日本舰队的舰载机群之后，便取得了马里亚纳地区的制空权。

美军重返菲律宾

日本舰队在遭受这次惨败之后，分途逃回各自的锚地。但在莱特岛上，日本陆军却做出了决战的决定，迅速从菲律宾其他岛屿调集4个师团的援兵，还把精锐的第一师团从上海调回。

美国克鲁格指挥的第6集团军也迅速增加到7个师：在北翼作战的第10军拥有3个师，在南翼作战的第24军增到4个师。美军迫使日军在极为艰苦的战斗中逐渐后退。到1945年1月1日，基本结束了莱特战役，但美军还要进行小规模的战斗，以肃清残敌。在莱特战役中，日军地面部队伤亡的人数是70 000，而美军地面部队总共伤亡15 000多人。

还在莱特战役期间，美军就在民都洛岛登陆，以便取得吕宋基地。 进攻吕宋的日期定为1945年1月9日，这个战役由克鲁格指挥的第6集团军负责进行。 艾奇伯格指挥的第8集团军接防莱特、萨马和民都洛，做出了肃清吕宋以南诸岛日军的准备。 在新几内亚、新不列颠和布干维尔被孤立的日军由澳大利亚第1集团军负责消灭，并夺回婆罗洲（现名加里曼丹）及其丰富的油田。 第6集团军计划在仁牙因湾登陆，攻陷吕宋平原，并拿下马尼拉。海、空军将在吕宋南部海岸显示其力量，菲律宾的游击队要把吕宋南部的交通线破坏。金凯德指挥的第七舰队定名为吕宋特混舰队，运输、掩护和支援登陆部队由其负责，它有850多艘大小舰艇。哈尔西的第三舰队对台湾和吕宋北部的目标发动空袭，进行战略支援。

山下奉文的第14方面军已在吕宋增至25万人。岛上只有70架日本飞机，这时日本第一航空舰队司令大西泷次郎，便利用青年愿意拼命的心理，越加倡导神风突击战术：飞机满载炸弹猛扎敌舰的甲板，撞得机毁人亡，引起敌舰大爆炸而将其摧毁。此时，大西正式成立神风（"神风"之名出自元朝。1273和1279年，忽必烈两次派舰队远征日本，都因台风袭击而失败。故强台风被日本人称为"神风"）特攻机队。于是，一大批这种亡命徒式的"神风特攻机队"便在日军中出现，使美国军舰遭到可怕的损失。从1月4日开始到13日，最后一架日本飞机完蛋，10天之中共有17艘美国舰艇被炸沉，重伤的有20艘，而轻伤的也有30艘。山下失去海、空军支持，孤立无援，守住吕宋的希望很渺茫，因此，他计划进行拖延战术，尽量阻挠美军得到吕宋。他把部队分为3组：尚武集团，在北部，14万人，防止盟军从仁牙因登陆；建武集团，在中部，3万人，使克拉克机场设施得以保全；振武集团，在南部，11万人保卫南吕宋。

1945年1月9日，美国第6集团军的4个师在仁牙因湾登陆，31日，克拉克机场及其要塞等设施被占领。2月3日，美军进抵马尼拉外围，但经过1个月的苦战，菲律宾首都的敌军才由美军肃清。日军败退时恼羞成怒，残杀了数以万计的无辜居民。此后，吕宋的日军退往东部山中负隅顽抗，有的甚至到1945年9月才投降美军。

美军在莱特登陆时（1944年10月），为了配合盟军的攻势，菲律宾人民向日军开始了大反攻，使得许多地方获得解放，其中包括邦板牙省首府圣费尔南多，打拉省首府打拉，内湖省首府克鲁斯。省级政权由人民抗日军在新怡施夏、邦板牙和内湖等三省建立，并且还任命了省长。在人民抗日军中，非常活跃的当属华侨抗日游击支队（共6个大队，最多时达700余人），他们和菲律宾人并肩战斗，一起反抗日本侵略者，用鲜血结成了战友情谊。

1945年1月，人民抗日军在八打雁进行牵制战，以配合美军在仁牙因湾的登陆。人民抗日军还切断了日军后方的重要交通线，从而使日军在马尼拉周围基地防御线瓦解的速度加快。美军重返菲律宾之后，美国帝国主义者的本来面目重新露出，他们不但不感谢人民抗日军3年抗战和协同美军最后打败日本占领军的功劳，相反的，他们把人民抗日军视为独占胜利果实的最大障碍。1945年2月5日，美军按预定计划包围了参加攻打马尼拉的人民抗日军，还解除了人民抗日军的武装。

但在世界人民心里，将永远铭记菲律宾人民抗日军为解放祖国、打击日本侵略者而建立的不朽功劳。

1945年3月3日，马尼拉市由美军完全占领，菲律宾自治政府也随之宣布恢复。

菲律宾人民依靠自己的力量，通过武装斗争，付出了巨大的牺牲，为民族的独立做出了很大的贡献。

东条英机下台

1944年初，日本伊势神宫社务所收到一封来信，它来自塀市金冈陆军医院内的一位伤残军人，受压迫、受奴役的日本人民再也不能忍受东条等一小撮军国主义分子的欺凌。信中这样写道：

"我希望能看到日本战败,天皇成为美国俘虏、成为奴隶时的模样。喜好战争的日本,命中注定要遭到老天爷的惩罚,一定失败。立即和美英谈判,拯救一亿国民吧!只有这样做,我们的丈夫、儿子、父亲才能不再被运往战场,不再在空袭下担惊受怕,肚子也能吃饱。我们厌恶战争,东条英机能不能成为第二个平清盛呢?"

日本历史上的源平之战的战败者是平清盛,在此把东条英机比作平清盛第二,由此可见日本国民对他的愤怒。 东条英机内阁执掌日本朝政两年零四个月,最初只是首相兼陆相兼内相,后来还兼外相、文部大臣、商工大臣,到1944年2月,又兼任参谋总长,最后,集军政大权于一身,一人专横独裁。

及至塞班岛全军覆没,盟军完全掌握了太平洋的制海权、制空权,不仅是日本国民怨声载道,连朝野上下都迫切盼望着东条英机下台。 于是,日本统治阶层内部也发生了倒东条英机运动。

日本统治阶层内部倒东条的运动发生在1944年2月,即空袭特鲁克等岛屿的时候。 这座"不沉的航空母舰"成为了日军的葬身之地。 紧急关头,日本大本营内部的军务局长、作战科长、战争指导科长等主要决策人员一致认为,依靠作战来挽回败局是不可能的,应该想想结束战争的办法。

7月3日,大家的意见由大本营第一部作战的指导课长松谷诚大佐在陆军大臣室向东条陈述,并且指出一旦德国崩溃,结束战争是日本的首选。 在战况最不利的情况下,只要能保持国体不改变就可以,并且派遣使者去苏联,加紧对苏的外交。

对于东条来说,谁敢反对,他就治理谁,这已成为惯例。 他对松谷的直言大为不悦,第二天便下令把松谷贬到中国派遣军去当参谋。 在这种淫威之下,结束战争的建议再没有人敢提出。

由于海军内部和众多元老重臣都失望于东条的战争指导、国务处理。7月17日下午，两位次长、次官、军务部各部长会议在陆军部召开，会议讨论了今后的战争指导方针，会议中提出了四条可供选择的方案：

1. 不管后果如何，年内动员所有力量进行决战；2. 年内把主要国力和战斗力投入到决战中去，尽可能保证国内有自给存活的能力；3. 作战和国内存活两个方面都必须得到兼顾；4. 以自给存活为重点，尽最大努力作战。

日本陆军内部的高级官员已无法克制对战局和政局的忧虑，纷纷要求东条辞职，日本政局更加不稳。当天，陆军部次官的富永恭次如实地将陆军部会议的内容报告给东条，要求他不再担任参谋总长，由梅津美治郎继任。

7月17日0时20分，重臣会议否决了东条改组内阁的方案。17日晚，重臣会议要求东条内阁下台，并让内务大臣木户直截了当地传达给东条。

18日上午10时，东条召开内阁会议，做出了内阁全体辞职的决定。19日，新内阁成立，由朝鲜总督小矶国昭陆军大将任首相，杉山大将任陆相，任海军大臣的是米内光政海军大将。

8月19日，裕仁天皇出席了新内阁首届最高战争指导会议，在判断世界形势后，内阁认为德国的失败已经成为必然，但他们回避讨论如何收拾本国战局的问题。会议认为，不管欧洲形势如何演变，击败敌军仍然是日军一直努力，为完成最终战争而奋斗的目标。

然而，日本政府和大本营对新内阁的夸张语调和一厢情愿的梦想都处于六神无主的状态中。

中国战场的形势对日军也越来越不利。诱降蒋介石已不可能，日本已经注定失败。在中国战场一百多万日本军队被困抽不出身来；使得美英盟军在太平洋战场上严峻的战斗形势得到了极大的缓解；日本对苏外交也严重受挫。

与中国政府停战谈判事宜由小矶首相来主持，以便从中国战场腾出手来挽救局势。对此，不仅中国政府不理睬，在日本国内也几乎无人支持。新内阁不久便被取消。

第二节 盟军在太平洋上的最后攻势——日本投降

美军攻陷硫黄岛

硫黄岛是一个没有完全冷却的火山岛，位于该岛南端的折钵山的火山口喷出的雾气和硫黄在全岛弥漫。岛的中部是一片低洼，向右逐渐隆起，有几个孤峰包含在其中，海拔约120公尺。折钵山山脚下有向北和向东延伸的海滩，两海滩约长3.2公里，其余海岸线多为悬崖峭壁。很厚的棕色火山灰烬和黑色的火山岩烬覆盖了岛的大部分地区。这些灰烬看起来像沙，但比沙轻得多，人很难在上面行走，即使是轮带车辆和履带车辆通行也得铺上垫板才行。岛上缺少淡水，有一股浓烈的硫黄味充斥在仅有的几处地下水源流出的水中，即使这种水能喝也不好喝。一次，日本海军联合舰队第一航母舰队司令官大西泷治郎海军中将上岛视察，栗林忠道作为守岛最高司令官、第109师团师长一边为其端过一杯有硫黄味的苦水，一边解嘲说："非常抱歉，这里连水都有股火药味。即便如此，我一天才仅能分得一杯。"由此可见岛上缺水的程度。

1944年9月，日军开始加强了硫黄岛的防御，担任该岛主要防御的是栗林及他的第109师团、第2独立混成旅团和加强第145步兵联队共2.3万人，另外还有海军陆战队约7000人、飞机30架也归他指挥。

1945年2月19日，22万名美军官兵，在800余艘舰艇、2000架飞机的支援下，由曾在中途岛、吉尔伯特、马绍尔和马里亚纳登陆战役中大显身手的第5舰队司令斯普鲁恩斯指挥，浩浩荡荡地向硫黄岛杀来。岛上一山头横写着一幅巨大的标语，他在海上遥望到："决死一战！"他不禁轻蔑一笑："既然你们要决死，我就遂你们愿，让硫黄岛变成一座活地狱！"

6时40分，美舰编队开始进行着登陆前的直接火力准备工作。舰载飞机同时用火箭、炸弹和凝固汽油弹实施了航空火力准备。登陆滩头、机场和折钵山的防御阵地是主要的突击目标，直接火力准备持续到9时，炮弹共发射3.85万发。

这时，美军登陆第一梯队陆战第4、第5师在舰炮火力准备的掩护下按预定计划，顺利进入了各自阵位。7时30分，出发线由控制组在离岸3600米处建立，车辆登陆舰在离岸5000米处展开，放下道板，卸下了载满军队的履带登陆车。第一登陆波由68辆水陆坦克组成，于8时30分离开出发线，9时到达滩岸，其后23分钟内，后续各登陆部队完成登陆工作。

栗林正在隐蔽部与市丸相商守岛大计之时，犹如排山倒海般的炮声呼啸而来，栗林侧耳一听，意识到敌人开始准备登陆，于是赶快给各部下达命令："放敌上岸，待敌向纵深推进500公尺时再开火。任何人必须抵抗到底，自己的坟墓就是阵地，要以战死之前杀敌10人为己任！"

首批登陆8个营的美军未遇抵抗，认为敌滩头阵地已被炮火摧毁，便放心大胆前进。陆战第5师立即向折钵山和另一机场发起分兵进攻；陆战第4师一部向一号机场进攻，另一部沿海岸向北发展。诡诈的栗林见时机已到，下令在地下坑道躲避炮火的日军官兵出击，只见日军犹如大螃蟹似的从地底下钻出来，进入精心构筑的永备火力点和暗堡，阻击猛烈，打得美军四处逃窜，伤亡严重。

幸好美军每个登陆营都有数艘炮舰担任掩护，岸上舰炮火力控制组随时引爆炮火，用来有效压制射击，战列舰"内华达"号甚至用穿甲弹直接命中摧毁了一个隐蔽的混凝土地堡。美军的两栖坦克也不停地喷吐火舌，敌的明碉暗堡遭受一一击毁，掩护步兵逐米向前推进。当日傍晚时，美军约有3万人登陆，伤亡2420人。

夜间美军又猛烈地突击了岛上的敌阵地，至次日上午，基本把敌海岸地带的全部工事摧毁。登陆部队乘机挺进岛内，到22日傍晚，南部码头、元山机场北侧、千鸟部落一线都被美军占领，深入岛内达2公里并使桥头堡得以建立。

从2月23日至3月3日，在硫黄岛主阵地一带，日美两军进行了寸土必争的殊死攻防战。美军登陆部队在包围孤岛的美国舰队和早已同时使用陆上基地的美军航空兵的支援下，以其优势的炮兵、坦克，像碾滚一样来回反复进攻。这种如同翻耕土地似的破坏，炸得日军阵地荡然无存。至3月2日，美军摧毁了日军大部分炮火和坦克，日军指挥官死伤达65%，兵员只剩下3500人，此时日军只能进行零星的战斗。

3月5日，栗林将残存兵力之主力集结于北面的第二道防线，进行最后的抵抗。此时，日军已经水断粮绝。3月13日，美军向日军发起总攻，栗林下令把军旗烧毁，决死一战。3月17日，美军冲上阵地，插上星条旗。3月26日，栗林见大势已去，遂向天皇拍发诀别电："当此弹尽粮绝，生存的全部将士拟作最后战斗之时，痛感皇恩浩荡，虽粉身碎骨，亦在所不悔。兹告永别。"

当日，美军终以伤亡2.1万人的代价，占领了硫黄岛，击毙日军2.3万人，俘虏1000人。

牛岛满闻得硫黄岛陷落、栗林忠道以下2万多名官兵全部战死的消息时，心中异常悲伤，默默不语。他站在霸港，眺望一望无际的大海：眼前的海，温柔恬静，把无边的碧波展现在阳光下。他知道，这是风暴前的宁静，即将爆发一场恶战！

冲绳岛陷落

琉球群岛中的最大岛屿是冲绳岛，它位于日本西南560千米，形似一只大香蕉，全长94千米。琉球王国在中世纪时曾为中国的藩属，自1879年日本帝国将其占据。

在硫黄岛战役尚未结束时，美国第58特混舰队便开始对冲绳发起空袭和进行空中摄影，为进攻该地做好准备。

1945年3月20日，日本海军下达了"以冲绳作战为当前作战的重点，应彻底地集中航空兵力，消灭前来进攻之美军主力"的作战计划大纲。

日本大本营统统划归联合舰队司令长官统一指挥，另有海军的航空部队。这样一来，联合舰队共拥有飞机七八千架。

牛岛满中将指挥的第32军是冲绳岛上守军，总兵力约10万人。由于冲绳中部和北部的地势比较平坦，难以防守，南部陡峭的山冈和狭窄的山谷才是其立足点。

为了严守冲绳岛，牛岛命人深挖地堡、碉堡、洞穴以及壕沟和坑道，使其相互贯通，构成地下防御体系，并且把大炮、迫击炮以及坦克都隐蔽在山洞里。

牛岛告诉将士们："我们的炮火必须由我们耐心、谨慎地掌握，当敌军全部人马登陆，把他们逼进内陆，把他们一直诱入得不到海军大炮和空中轰炸的后援的地方，然后，猛然行动起来，我们就能消灭敌人。"

美国称呼攻占冲绳作战行动为"冰山计划"。按照这个计划，特纳中将指挥的登陆部队，分别从太平洋上的很多岛屿以及旧金山、西雅图出发，至4月1日凌晨，到达冲绳附近的预定水域。

就像进攻太平洋上其他岛屿一样，打先锋的还是美国的海空军。

3月中旬，第58快速航空母舰特混舰队离开尤里斯基地，使盟军新的攻势得到支援和掩护。

为了给进攻冲绳的部队扫清道路，3月18、19日，对日本九州的飞机场和内海的舰船第58特混舰队连续发动了大规模的空袭。虽然美国重型航空母舰"富兰克林号"受重创，800多名舰员丧生，而且损失飞机116架，但却重创好几艘日本军舰，击落和炸毁日本飞机211架，重击了九州地区的各种设施和交通枢纽。

3月24日，美国第五舰队的几十艘战斗舰开始对冲绳发起炮轰。

25日，第77师等部队把冲绳西面24千米处的庆良间列岛占领了，这是整个"冰山计划"的一部分。这些小岛兵力薄弱，日本人认为它们没有什么用处，事实上庆良间列岛对美军进攻冲绳起了很大的作用。

3月27日，美军第一批供应船、油船、修理船、弹药船和其他辅助船只便开进庆良间锚地，开始为舰队服务。这样一个浮动的补给和修理基地就在作战区域内建立起来，它为第五舰队顺利完成作战任务立下了汗马功劳。

在海空军对冲绳实施炮火准备的期间，出动了第五舰队的3000架次飞机进行轰炸，炮舰发射了5000吨炮弹。

扫雷舰艇把冲绳海岸四周4800平方公里的水域扫清，使支援舰艇能安然靠近海岸，做近距离的轰击。

水下破坏小组的蛙人也把西海岸事先选好的登陆海滩一一侦察，炸去日军布下的预防登陆艇靠岸的障碍物木桩大约2900根。

参加冲绳战役的除美国第五舰队以外，还有伯纳德罗林斯海军中将指挥的被称为第57航空母舰特混舰队的英国太平洋舰队，由其负责对冲绳西南翼进行掩护，以防日本海军及航空兵从台湾来支援。

冲绳的东北翼则由第58特混舰队掩护，以抗击来自日本本土的海军及航空兵。

4月1日，美国第10集团军开始在冲绳西海岸登陆。

这一天，海军陆战队第2师也同时在东海岸登陆，实行佯攻，以分散日军的注意力。

两个机场当天就被登陆部队占领，第二天登陆部队推进到东海岸。

开始几天非常顺利。特纳给尼米兹发去电报说："我也许疯了，但是看上去日军好像放弃了战争，至少在这个区域。"

尼米兹到底是帅才，他复电说："全部删掉'疯了'以后的字！"

果然，当美第24军推进到牛岛的第一道防线嘉数高地时，美军的去路被日军用密集的炮火挡住。这时，天气又下起了大雨，道路泥泞不堪。

在4月12日的激战中，美军的坦克陷入困境。美、日两军陷入了可怕的僵持苦战。

直到4月24日，日军在美军连续不断的猛攻之后才退出嘉数。

5月1日，美军向冲绳增派部队，攻打南部日军阵地的兵力增加到5个师，而日军人数不够，只能重新调整了部署。

同时，美国各军、兵种协同作战，海、陆、空相互支援，海军陆战队和陆军航空兵以及海军陆战队和陆军炮兵的交替使用，强大的威力慢慢显示出来，使日军无法阻挡。

5月4日，最后攻势由日本第32军发起，但因没有充分掌握战况，加上遭到美军炮击和轰炸，第二天攻势即告失败，退入阵地进行防御。

这次攻势，日军第24师团的战斗力将近一半受到重创，其他部队损失也很大。

到5月20日前后，日第32军兵员减少到3万人左右，火炮减少了40%，机枪减到30%。

美军攻势却越来越猛烈，5月24日，牛岛做出了放弃首里的决定；29日，开始向冲绳本岛南端喜屋武半岛的新阵地做最后的退却。

6月初，有关新阵地的部署基本由日第32军完成；从11日起开始在新阵地进行最后的挣扎，日军一直顽抗到6月22日。

这天早上，牛岛从设在冲绳南部第89号山洞深处第32军司令部里，向东京发出最后一份电报："我们的战略、战术、方法都已用到头了。"

22日傍晚，牛岛满中将与参谋长长勇中将一起，在面对海岸的坑道入口处下跪。长勇让别人杀死自己，牛岛剖腹自杀。

于是，"拼命"战术经日本大本营采用，用特攻机、特攻艇携带炸弹、炸药向美国军舰上硬撞，以炸毁美舰。

同时，4月6日，最后一次海上特攻由日军展开。6.4万吨级的"大和"号战列舰驶出日本内海，准备冲进冲绳附近的美国舰队之中，打算尽量多地击毁美国舰船，然后，靠到岸边支援冲绳日军。

4月7日早，美国潜艇发现了这支舰队。美第58特混舰队立即派出约300架飞机猛烈攻击这支舰队。

中午时分，巨舰"大和"号身中鱼雷10枚，重磅炸弹5枚，小型炸弹无数。下午2时23分，这艘超级战列舰终于在九州西南50海里处沉没，舰上3332名官兵，只有269人生还，其余舰员都葬身海底。

从中日甲午战争以来，在太平洋上作威作福整整五十年的日本海军到此才完全被消灭。

在冲绳战役期间，以日本本土和台湾为基地的日本陆、海军航空兵活跃异常。

从4月6日到6月22日，日机先后10次总攻第五舰队，总共出动飞机7852架次，其中包括特攻机2393架，但也有好几千架飞机损失。

日机轰炸攻击没完没了，使美国军舰上的战斗警报不停，枪炮炸弹声不绝于耳，水兵们被搅得神经高度紧张，有的甚至得了精神分裂症，但第五舰队的指挥官们一直在岗位上坚守。

5月底，尼米兹被迫调换指挥官：哈尔西接替斯普鲁恩斯，米切尔由麦凯恩换下，希尔替换特纳。第五舰队又改称第三舰队。

6月10日，美国舰队撤离冲绳海域，开赴菲律宾的莱特湾。

日本飞机的狂轰滥炸，也重创了美国舰队。在将近3个月的频繁攻击中，总计炸沉美军舰艇36艘，炸伤368艘；炸死海军官兵4907人，炸伤4824人。美军也为此付出了惨痛的代价。

这次战役，自4月1日美军登陆到6月22日战斗结束，在陆上整整打了83天。

据不完全统计：包括由岛上居民组成的义勇军在内，击毙日军约9万人，俘获日军约7800余人，其中有一半是伤员，美军超过10万非战斗人员牺牲。

《波茨坦公告》

为了处置德国和解决欧洲问题，苏、美、英三国于1945年7月17日到8月2日，在德国柏林西郊的波茨坦召开了一次重要会议。苏、美、英三国政府首脑斯大林、杜鲁门和丘吉尔以及三国外长等参加了这次会议，会议包括首脑会议、外长会议和全体会议，全体会议共举行了13次。

波茨坦会议讨论的问题比较多，有关战后占领德国的基本政治、经济原则是这次会议的主要内容，如德国和意大利的赔偿，德国的商船队和军舰的分配，对待意大利和罗马尼亚、保加利亚、匈牙利、芬兰的政策（包括外交承认和参加联合国组织等），波兰西部疆界，控制黑海海峡，哥尼斯堡地区"让与"苏联以及"委任"处置战败国领土等一系列问题。经过多次讨论，三国政府首脑在一些主要问题上基本达成一致，而有些问题还有待进一步的协商，因为一时还不能完全消除分歧。8月1日，《柏林会议议定书》由三国政府首脑在柏林签订，由斯大林、杜鲁门和艾德礼分别代表苏、美、英三国政府签署。关于苏、美、英、中、法五国外长会议缔结和约的准备工作正在进行，在盟国管制初期关于处置德国的政治及经济原则、德国的赔偿、如何处置德国舰队和商船，哥尼斯堡及其附近地区"让与"苏联，惩处战争罪犯，奥地利问题、波兰问题，缔结和约与吸收意、保、芬、匈、罗加入联合国组织以及其他许多有关战后处置的问题，在三国政府首脑的协议中都有明确记载。这个议定书，实际上把苏、美、英三国在波茨坦会议期间达成协议的最后结果做了公示，对于战后处置德国和欧洲问题定了调子。

就在波茨坦会议举行期间，1945年7月26日，苏、美、英三国首脑就结束对日作战的条件和有关对日本战后处置方针进行了讨论，并通过了一项决议，这就是著名的《波茨坦公告》。因为苏联并未对日宣战，故没有签字。事后，以美、英、中三国发表共同宣言的形式公布了这项公告。当时中国政府虽然没有参加讨论，但在公告发表之前曾征得中方的同意。后来苏联出兵对日作战时，也正式签字于公告上，所以，又成了四国对日的共同宣言。

《波茨坦公告》说："日本必须决定一途，彼将继续受其一意孤行、计算错误而使日本帝国陷于毁灭边沿之军人统制，抑或走向理智之路？"还说："必将实施《开罗宣言》之条件，而日本之主权必将限于本州、北海道、九州、四国及吾人所决定其他小岛之内。"最后，严厉地告诫日本说："吾人通告日本政府立即宣布所有武装部队无条件投降，并适当及充分保证此种行动之诚意。除此一途，日本即将迅速完全毁灭。"

《波茨坦公告》实际上是反法西斯同盟国对日本法西斯发出的一份敦促投降书，这沉重地打击了日暮途穷的日本法西斯。

美国向日本投射两颗原子弹

一、"小男孩"首袭广岛

1945年5月8日德国投降后，在太平洋战场上，日本依然负隅顽抗。7月16日美国成功爆炸第一颗原子弹。此时，以美国陆军部长史汀生为首的临时委员会和参谋长联席会议认为：虽然日本败局已定，但其陆军尚有200万~300万人在本土，在中国也还有同样数量的兵力，其空中力量尚存各型飞机6000~9000架，而且日本大本营正积极准备"本土决战"，美军登陆日本将损失巨大。

如果美国使用原子弹迫使日本丧失抵抗的意志，不待美军登陆就投降，可避免更多美国人丧生。于是，史汀生与临时委员会一起向杜鲁门总统提出建议：尽快把日本具有军事和非军事双重性的目标用原子弹轰炸。此次核突袭的具体目标拟定为广岛、长崎和小仓。杜鲁门思量再三终于采纳了史汀生的建议，决定对日本进行核突袭。于是，这次非同寻常的任务由美国陆军航空兵的核突击部队——第509混合大队派往太平洋的提尼安岛执行。第一次原子弹突袭以广岛为主要目标，小仓和长崎为预备目标；第二次的主要目标为小仓，长崎为预备目标。

1945年7月25日，美国当局下达了作战指令：8月3日以后，只要气象条件允许目视轰炸，第509大队即可把第一颗原子弹投向日本。

8月1日，执行原子弹突袭任务的B-29机组人员进行了最后一次的演习准备。8月2日，第20航空队司令特文宁中将下达了作战指令，他命令7架B-29型轰炸机组成突击队，"13号特别轰炸任务"开始执行，对日本实施了首次原子弹突袭。其中1架载有原子弹的轰炸机，由大队长蒂贝茨上校亲自驾驶；1架装有精密测量仪的观测机由中队长斯韦尼少校驾驶；1架装有高级照相机的侦察机，由马夸特上尉驾驶；而直接担任气象侦察任务的便是这3架飞机，它们提前抵达目标区上空。另外，还有1架B-29作为原子弹载机的备份机，在硫黄岛机场待命。

8月6日凌晨，3架先遣气象侦察机提前1小时从提尼安基地升空，当巨大的轰炸机隆隆地沿着提尼安机场的跑道吼叫，升向夜空时，蒂贝茨上校慢慢向后移动空中堡垒的手柄。B-29的银色、香肠形的机体，亮光闪闪，"小男孩"原子弹在机上装载着，它蓝色的铁皮上，涂着送给天皇的粗鲁的字句以及驰名的女电影明星丽塔·海沃思的照片。 这架 B-29 已远远超过安全起飞重量，起飞时炸弹没有装炸药，因为万一失事，就会从太平洋上炸毁整个岛屿以及岛上的几百架飞机。 斯韦尼少校和马夸特上尉驾机尾随其后。 "埃诺拉·盖伊"号安全升空后，随机核武器专家帕森海军上校从座舱爬进弹舱，为外号"小男孩"的核弹安装"枪法"引爆装置，使它进入了战斗状态。

飞机巡航速度为每小时 300 公里，在无战斗机护航和严格无线电静默的情况下，飞抵硫黄岛上空，此时为 5 时 45 分，它们组成三角形编队，向西北方向继续飞行。 两个多小时后，它们爬升至 1 万米高空，神不知鬼不觉地以每小时 525 公里的航速向日本飞去。

早上 7 时 9 分，广岛地区日军第二军总司令部发出警报，让美军侦察机迅速离去。 7 时半警报解除，广岛市内车来人往，络绎不绝。 就在人们感到太平无事的时候，前方气象侦察机发回的电讯被蒂贝茨上校接到，来自广岛气候侦察机的电报上说："一切高度被云遮盖处不到十分之一。 建议：先在这里投弹。 目视轰炸预定的主要目标完全与广岛相适合。"他当机立断，把原计划第一方案实施：轰炸广岛。

8 时 12 分，蒂贝茨驾机飞抵离目标约 24 公里预定投弹识别点，未遇炮火袭击，敌机也没有起飞拦截。 他们俯瞰广岛，只见工厂上空清烟袅袅，水面上船舶蠕动。 这时，预定瞄准点让他们找到了——广岛市中心的"T"字形大桥。

而下面拥挤的城市里，100 万人中的三分之一已经开始新一天的工作，甚至没有人听见或注意到从东方飞来的这么高的飞机轰鸣声。 美军飞机两天以前就在广岛撒了传单，警告他们应提前撤离城市，以免在大进攻中遭殃。 进行气象侦察的"超级堡垒"使空袭警报在黎明时响了起来，但是警报在 3 刻钟以前就"解除"。

有些人抬起头来,他们看见的只有3架飞机,因此,并没有引起注意。

"注意,戴上防护镜,各就各位,做好最后准备。"蒂贝茨提醒。 8点9分,美军机队抵达目标瞄准点上空。 观测机上的测量操作手做好了测量准备,原子弹载机上的投弹手向各机发出了30秒投弹的准备信号,并为其打开了弹舱门。信号一结束,"小男孩"跳出弹舱。 此时,斯韦尼少校在蒂贝茨的右翼,间隔至多10米。他亲眼目睹了"小男孩"跳舱的身影,心想:"它像一只断了线的风筝一样自由。 不管它工作与否,已经来不及后悔,如果一切正常,战争可能由它结束。"蒂贝茨和他的同伴们做完一切后,赶紧掉转机头,加速撤离现场。

"小男孩"像一个幽灵,徐徐下降。 53秒后,它突然凶相毕露,巨响惊天动地,一个五光十色、光芒四射的火球在广岛上空出现,随之巨大的蘑菇烟云冲天而起,吞没了整个广岛城。

"我的上帝!""埃诺拉·盖伊"号上小组的一员大吃一惊地喊了起来,传入了蒂贝茨的耳机里,这时候蒂贝茨以强力俯冲,把轰炸机从扔弹区向右转去。 "在天空突然出现一道刺眼的带白色的粉红色光,伴随着一种奇异的震动,一股令人窒息的热浪和风立刻出现,把一切都卷走了。"这是一个观察者所记录下来的爆炸时刻的情景。

几分钟后,"埃诺拉·盖伊"号悄悄返航。 马夸特上尉驾着侦察机观察了一会儿,把几个惊心动魄的镜头——世界军事史上第一次核战争的照片拍完后,也返航了。 归途中,核武器专家帕森海军上校把一份密电向正在提尼安基地的"曼哈顿工程"副指挥官法雷尔准将发出:"目视一清二楚,突袭圆满成功,机上情况在投弹后正常,现正在向基地返航。"

蒂贝茨上校驾着"埃诺拉·盖伊"号，首先在提尼安基地北机场着陆。全体机组人员由他带着走下飞机，向等候在这里的陆军战略空军司令斯帕茨上将行了个军礼："报告将军！我们完成任务回来了！"随即由斯帕茨给他挂上"服役优异十字勋章"。

次日凌晨，即原子弹突袭16小时后，杜鲁门总统发表声明，他警告日本政府，"这是原子弹"，并且督促日本政府赶快无条件投降，否则将遭到"来自空中的毁灭"。美国武装部队电台马上对日广播，"广岛已被原子弹摧毁，更多的原子弹将接踵而来"，并向日本空投了数百万张传单以示警告：一颗由美国最新研制成功的"原子弹的威力就相当于2000架B-29巨型轰炸机执行一次任务所携带炸药的威力""你们赶快结束战争"，否则"这种炸弹和所有其他超级武器将被我们使用来加速战争的结束"。

8月7日和8日，美国第21轰炸航空兵联队司令李梅将军先后追加了152架和375架B-29轰炸机，对日本城市发起更猛烈的袭击，但日本政府仍无意投降。

二、"胖子"摧毁长崎

为此，美国当局做出了8月9日对日本实施第二次原子弹袭击的决定，目标选定为长崎。由5架B-29轰炸机组成的突击队执行此次任务，其密码代号为"16号特别轰炸任务"。斯韦尼少校驾驶载有原子弹的"博克斯卡"号轰炸机，机上增加了3名核武器专家，原子弹引爆系统的安全保险工作由他们负责；博克上尉驾驶"大技师"号观测机，报道工作由《纽约时报》记者劳伦斯随机负责；霍普金斯中校驾驶"大斯廷克"号照相侦察机；气象侦察任务由88号飞机和95号飞机负责。

第二颗原子弹叫"胖子"，引爆系统的是复杂的"内爆法"，由气压、定时、雷达和冲击4个不同引信组成。当然，不能在空中安装这种引爆系统,必须在执行任务之前,在地面的一个特殊的绝密车间里,由几个专家合作组装。这就意味着,必须是安装好引爆系统的"活钚弹"才能被斯韦尼少校的"博克斯卡"号飞机载着上天,万一起飞时发生重大事故,提尼安岛就会变成美国的"广岛"从地球上消失。

为确保万无一失,美军当局决定演习,以"胖子"模拟弹空投。8月8日9时左右,斯韦尼少校驾驶"博克斯卡"号带着一颗水泥重配弹"南瓜",从提尼安岛外海的2400米空中爬升到1万米高空。次日投掷"胖子"的程序由机上的投弹手模拟,它把"南瓜"从弹舱里弹了出去,按预定弹道落至600米高度,"南瓜"引信爆炸了。1个小时后,专家们一致评定,演习成功。美国当局做出了按原计划行动的决定。

8月9日,当地时间2时56分,完全处于战备状态的"胖子"由斯韦尼少校驾机载着,从提尼安基地起飞,尾随其后的是博克驾驶的侦察机。正当霍普金斯中校驾机滑向跑道时,他察觉到随机照相专家瑟贝博士没带降落伞,便勃然大怒道:"给我下飞机。"随后,"大斯廷克"号腾空而起,而瑟贝博士下机后只能眼巴巴地望着。

10时50分,他们飞临长崎上空,在1800~2400米高度,发现云量为"八",只有雷达轰炸能进行。几分钟后,他们从西北方向进入投弹识别点。30秒钟的投弹信号响了,"咯嗒"一声打开了弹舱门。就在20秒钟时,投弹手目光穿过云层裂隙,下面不是第一个轰炸目标——三菱重工业公司长崎造船厂,而是第二个轰炸目标——三菱重工业公司长崎兵器制造厂,便马上用目视轰炸,于当地时间10时58分将"胖子"投出了舱外。"咯嗒"一声把弹舱门锁上,斯韦尼立即驾机飞离现场。"胖子"跳出弹舱后,穿云直下，于当地时间 11 点 01 分在离地 500 米空中爆炸，顿时就形成了一个闪烁的火球。

机上所有人员都看到了这个形如"胆囊"的火球悬在长崎上空，它从"胆心"向上喷出沸腾的"胆汁"，形成一条巨大的彩虹。几分钟后，机上人员从 20 公里外看到一个擎天蘑菇烟云，吞没了整个长崎城。斯韦尼下令赶紧拍下这罕见的场景。

当长崎蘑菇烟云以惊人的速度从 7000 米升到 1.4 万米高空时，斯韦尼上校向提尼安基地报告："袭击长崎，效果良好。"返航途中，由于与提尼安基地失去联系，加之飞机燃料不足，在冲绳美军机场，斯韦尼驾机紧急着陆。

苏联向日本宣战

根据雅尔塔会议期间的协定，在德国法西斯战败投降的三个月后，即 1945 年 8 月，苏联开始进行对日作战。8 月 8 日下午 5 时（莫斯科时间，东京时间为 8 日晚上 11 时），日本驻苏大使佐藤尚武接到苏联外交人民委员莫洛托夫召见，并交给他一份苏联对日宣战的通告，而且当面宣布，苏联同日本从 8 月 9 日起将处于战争状态。

早在德黑兰会议上，斯大林就对美英领导人说："一旦德国最后垮台，增援部队就由苏联调到西伯利亚，与盟国共同打击日本。"

1944 年 10 月，在丘吉尔访问莫斯科期间，斯大林同英国军政领导人以及美国驻苏大使哈里曼、驻苏军事使团团长迪恩少举行会议。迪恩奉华盛顿指示，急于了解苏联在打败德国之后何时能对日本作战，并向斯大林直接提出了这个问题。第二天，斯大林的答复非常明确。他说，苏联有60个师在远东的时候，苏联就已对日开战。也就是说，除已在那里的30个师，还需要再增加30个师。如果美国肯帮助增加这样一支军队所需的物资供应，同时就必须使苏联参战在政治方面获得的结果明确化。10月17日，斯大林交给美国人一份清单，为苏联军队拟议对日干预所需的物资——一支由30万军队、3000辆坦克、7.5万辆机动车辆和5000架飞机所组成的兵力所需的两个月的粮食、燃料和运输装备以及其他物资。总数为860 410吨干货和20.6万吨燃料油，这些物品要在1945年6月30日以前全部交货。

除了物资准备之外，1945年4月，苏联政府向日本发表声明，废除1941年4月13日签订的《苏日中立条约》，理由是在新的条件下，该项条约已毫无意义可言。同时，在雅尔塔会议之后，苏联着手军事准备。4月间，从原驻守远东的两个方面军（后贝加尔方面军、远东方面军）中，抽出一部分兵力组成一个滨海军队集群。5月，苏联从西线抽调大军来增强远东的部队。7月，苏联正式开始准备对日作战，并且制订具体的作战计划。8月2日，远东第一方面军是滨海军队集群的改称（司令员麦列茨科夫），原来的远东方面军改称远东第二方面军（司令员普尔卡耶夫），以及后贝加尔方面军（司令员马利诺夫斯基），这样一共就有了3个方面军。所有军队都由苏联远东军队总司令华西列夫斯基指挥，他统辖由11个诸兵种合成的集团军、由1个坦克集团军和3个航空集团军组成，共有131个师，117个旅，总计1 747 000人。此外，还有太平洋舰队和红旗黑龙江分舰队协同地面部队作战。苏军拥有强大的武器装备，仅作战飞机就有5170多架，坦克和自行火炮5250辆。而日本关东军的兵力远远落后于苏军，因此形成极大的优势。此外，蒙古人民共和国还有一支机械化的骑兵部队参战，它由后贝加尔湖方面军统一指挥。

根据1945年7月苏联军事当局拟订的对日作战计划，从蒙古的东突出部和滨海州东西两面对盘踞在中国东北的日本关东军实行主要的突击，并从北面实行辅助的突击，以便速战速决，把关东军在东北的腹地分割并围歼，不让战争旷日持久。

8月9日0时一过，苏联红军百万雄师便以迅雷不及掩耳的凌厉攻势，在中国东北的中苏边界突入，对日本发动全线总攻击。苏联红军分四路进军：第一路是后贝加尔方面军，担任主要的突击任务，从西面突入东北的中部平原，还同远东第一方面军相呼应，形成一大包围圈，切断关东军同华北日军的联系，分割和围歼关东军第三方面军的主力于长春、沈阳地区。第二路是苏蒙联军，进攻承德、锦州和张家口。第三路是远东第一方面军的北翼部队，任务是从东面突入东北的中部平原，分割和围歼关东军第一方面军的主力于牡丹江、敦化地区，然后，向吉林、长春、哈尔滨地区进攻。第四路是远东第二方面军，任务是策应后贝加尔方面军和远东第一方面军北翼部队，担任辅助的突击，在红旗黑龙江分舰队的协同下，强渡黑龙江和乌苏里江，进击哈尔滨、齐齐哈尔方向，牵制并歼灭关东军的独立第四军。此外，第一远东方面军南翼部队在太平洋舰队的配合下，切断了关东军和日本本土的联系，并向朝鲜北部进击，歼灭了那里的日寇。

经过几天的突击，由于红军健儿的英勇奋战，各路苏军的进攻都有了很大的进展。在进军途中虽然遇到一些关东军部队的抵抗，但阻力不大。到8月11日，鲁北、突泉、洮南、化德、多伦等地已被后贝加尔方面军攻占。远东第一方面军北翼部队到8月14日已攻占牡丹江等地；南翼部队在太平洋舰队配合下，于8月12日，攻陷了朝鲜北部的雄基、罗津两港口，不久又攻占了清津港。在8月14日前，远东第二方面军把饶河、宝清攻占，并封锁了孙吴。

8月14日，《波茨坦公告》终于被日本政府所接受；15日，日天皇广播投降诏书。关东军士气更加低落，整个防御体系瞬间便瓦解了。17日，关东军总司令官山田乙三，向华西列夫斯基提出建议停战；18日，他将同苏军交战的日本第一方面军、第三方面军、独立第四军和第二航空军的参谋长召集到长春，命令日本停止作战、向苏军投降。19日，苏军要求关东军停止全部战斗、缴械投降不得迟于20日12时。除若干通信联系断绝的部队外，到指定时间内，关东军全部缴械投降于苏军。

19日，后贝加尔方面军进占齐齐哈尔之后，进逼长春、沈阳，并于20日进驻。苏蒙联军也于19日进占承德和张北。20日，远东第一方面军的北翼部队向吉林、哈尔滨两个重要城市发起进占。远东第二方面军还进占了佳木斯，并向哈尔滨开进。22日，后贝加尔方面军的坦克部队官兵大约200人，分乘10架运输机才到达旅顺、大连，23日、24日，苏军坦克部队乘火车进占大连和旅顺。远东第一方面军南翼部队继攻陷朝鲜北部的雄基、罗津、清津、元山等港口之后，24日进占平壤。

到8月下旬，进入东北腹地的几路苏军，在中国出关作战的八路军和东北抗日联军的协助下，顺利进占所有重要城镇。在朝鲜北部，在金日成领导的人民武装配合下，苏军推进到三八线附近。到8月30日止，在中国东北和朝鲜北部的关东军各部队，武装全部被解除。

在南库页岛方面，8月11日晨，苏联远东第二方面军所辖部队发起攻势，它越过北纬50°分界线，进入库页岛南部，13日开始对日本守军发起攻击。当时日本在南库页岛的守军为日本北部军管区第五方面军的第八十八师团,大约有1.8万人的兵力。经过一番战斗后,22日,双方签订停战协定。25日,苏军进占落合、丰原等地,太平洋舰队的一支陆战队还把大泊等地占领,南库页岛的战事便告结束。

在千岛群岛方面,8月15日夜,远东苏军总司令华西列夫斯基,下达了远东第二方面军和太平洋舰队立即准备实行登陆作战的命令。第九十一师团和一个独立混成联队(团)驻守北千岛,一个独立混成旅团驻守中千岛,第八十九师团驻守南千岛,总计兵力大约五六万人。这是当时日本在千岛方面的守军部署。18日晨,远东第二方面军所辖部队在海军舰艇的协同下,开始对千岛群岛最北端的占守岛发起攻占。经过战斗,23日,日本守军同苏军签订停战协定。从24日起,苏军部队从北往南依次进占千岛群岛的各岛。9月1日苏军又进占国后、色丹两岛,苏联当局宣布千岛战斗结束。

就这样,苏军自8月9日对日作战以来,经过三周便取得全部胜利。苏联的军队和人民,在击败德国法西斯后挥戈东进,配合着中国人民和朝鲜人民的战斗,把霸占中国东北多年的关东军和其他日军一举打垮,在打败日本帝国主义的战斗中建立了巨大的功勋。在整个远东战役中苏联军队击毙日军共83 737人,俘敌59.4万人,缴获大炮和迫击炮4300门,坦克686辆,飞机861架以及许多轻武器。

日本宣布无条件投降,第二次世界大战结束

1945年8月,美国在日本广岛和长崎投下两颗原子弹,这引起日本当局及国民的巨大恐慌。加之苏联出兵对其作战,日本政府

一度陷入绝境，8月14日，被迫宣布接受美、英、中、苏《波茨坦公告》的条件。

8月15日，日本天皇宣布了投降诏书，但武装部队并没有收到大本营下达的停战令。因此，日军部队不肯放下武器，不断进行反攻。针对这种情况，苏联最高统帅部发出了各个方面军继续进攻的命令。

连续几日激战后，关东军难抵苏军的强大攻势，苏军基本上击溃了日军有组织的抵抗。

8月17日，关东军总司令官山田乙的三大将把停战建议向华西列夫斯基元帅提出。这时，关东军司令部才向全军发布停战命令。

到8月19日，中国东北大部分地区和朝鲜北部的关东军都停止了抵抗，因而俘虏了成千上万的关东军人。

为了加快解除投降的日军武装和接收俘虏，为了使破坏工业企业和其他重要设施的情况得到阻止，不让日本人把贵重物资运走，在中国东北、朝鲜、南库页岛和千岛群岛的一些大城市，苏军都实行了空降。

三个方面军的部队于8月20日在东北中心地区会师，中国的哈尔滨、吉林、长春、沈阳等大城市和工业区都获得了解放。

8月23日苏军占领辽阳、旅顺，24日，又占领了大连。至此，整个内蒙古和东北完全解放。

从8月9日到14日，日本最高战争指导会议和内阁全体会议连续召开，会议讨论了投降或继续作战问题。

主和派认为，只要能维护天皇制度，日本民族便能再次复兴，因此《波茨坦公告》可以接受。外相还提出了日本政府准备接受《波茨坦公告》诸条件的议案。但主战派坚决反对。两派争论不休,最后,御前会议勉强召开,并请天皇圣断。

8月14日上午10时50分,在皇宫防空洞举行御前会议。

铃木首相首先把近日最高战争指导会议和内阁会议的情况向天皇上奏,并说在阁议中,赞成外相议案的约占八成,但并没有达成一致。

首相发言后,主和派声泪俱下,"恳请陛下准予再照会",希望维护天皇制度能得到同盟国的同意。如果不允许,那就只有继续战争,死里求生。会场在这时一片沉寂,气氛凄惨。

最后发言的是天皇裕仁:"我的异乎寻常的决心没有改变,它是根据内外形势、国内情况和彼我双方的国力和战力来判断的。如果继续战争,我们根本看不到国体或者国家的将来,就是母子都会丢掉。如果现在停战,将来发展的基础就可以得到留下……希赞成此意。"

裕仁讲完话后,铃木首相上奏:当即起草终战诏书。

日本政府根据这次御前会议的决定,赶忙拟就一份宣布接受《波茨坦公告》无条件投降的诏书,以及向反法西斯同盟国发出日本最后接受《波茨坦公告》的电报稿。

从这时起到9月的中旬止,散布在远东、南亚各国、南洋地区和太平洋诸岛的330多万日本军人,陆续在各地分别投降于同盟国。

1945年8月15日,日本面对内外交困的形势,天皇召开了御前紧急会议,为了保存实力,会议决定无条件投降。

由麦克阿瑟上将的司令部负责进行日本政府正式签署投降书的准备工作。

8月19日,日本代表到达马尼拉听取如何签署投降书,并收到同盟国拟定的投降书全文。

8月26日，日本帝国大本营收到麦克阿瑟上将的通知，美国舰队已开始向东京湾进发。

28日，美军先头部队降落在东京附近的机场。

30日，麦克阿瑟上将到达东京，控制了东京的广播电台，建立了自己的新闻局。

1945年9月2日，日本向盟国投降，在日本东京湾的美国海军最大的战舰"密苏里号"上，举行了隆重的受降仪式。

签字用的桌子是从军官食堂搬来的长方形餐桌，上面还铺着绿色呢子台布。

同盟国受降代表在桌子靠里的一面站着，靠外的一面则留给日本代表。

桌子前左方是身着白色制服的50位美国海军将领，而身着黄色制服的50位美国陆军将领在前右方。

8时30分，乐声大起，一位军官宣布，同盟国代表团已经来到。稍后，麦克阿瑟和尼米兹上将到达。

8时55分，以日本外相重光葵为首的由11人组成的日本代表团被一艘驱逐舰送上"密苏里号"。

重光葵是一个老牌军国主义分子，是侵略朝鲜和中国的罪犯。由于1932年在上海虹口庆祝胜利时，一条腿被朝鲜义士投掷的一枚炸弹炸断。因此，他走起路来一瘸一拐，在登上扶梯时非常困难。

第二个日本代表是陆军参谋总长梅津美治郎，他代表日本大本营签署投降书。

日本11个代表站在签字桌向外的一边排成三行，与联合国代表团隔桌对立。

盟军的签字代表是赫赫有名的美国五星上将、盟军最高统帅麦克阿瑟。

上午9时，签字仪式开始。麦克阿瑟从舱内出来，神情严肃地走到扩音器前，发表简短的演说。随后，日本方面的代表重光葵、梅津美治郎接到麦克阿瑟的命令在投降书上签字。这两个平时耀武扬威、一脸杀气的军国主义分子，这一天却神情沮丧，狼狈不堪。

重光葵缓慢地走到桌边，把大礼帽放到桌上，他坐入椅中，脱下手套，然后，把一支自来水笔从衣袋里取出，在两份投降书上分别签了字。

日本陆军参谋总长梅津美治郎站着，欠身签了字。

之后，麦克阿瑟邀请温赖特将军和白西华将军去陪同他签字，麦克阿瑟请二人陪同是有原因的。这两位将军都刚从日本集中营里出来，骨瘦如柴。麦克阿瑟的副手是温赖特将军，他曾在菲律宾向日本投降，而白西华将军也是一名曾在新加坡向日本投降的英将。

这次麦克阿瑟邀请两人一同参加受降仪式，麦克阿瑟让他俩签字就是想让这两位死里逃生的战友享受一下胜利的喜悦，也让他们在全世界人民面前能够挺胸抬头。

麦克阿瑟走到签字桌边代表盟军签字。有意思的是，他用了5支笔来签字：第1支写了Doug（道格），然后把笔送给了温赖特；用第2支笔写了las（拉斯），然后把笔送给了英国白西华将军，使这两位受尽日本人折磨、蒙受奇耻大辱的盟国将领得到抚慰。

他用第3支笔写完MacArthur（麦克阿瑟），把笔交给美国国家档案馆保管。接着又用另外两支笔签署他的官衔。

他把第4支笔交给他的母校西点军校。西点军校系美国的著名军校，走出了许多高级将领，被称为"将帅的摇篮"。麦克阿瑟当年以全班第一名的成绩在该校毕业，然后由少尉一路晋升到五星上将，并成为二战中的盟军统帅，西点军校的师生一直自豪于该校出了一位闻名世界的名将。他将签字笔送给母校，自然有其特殊意义。

他从自己衣兜里掏出来的红色小笔是第5支笔，用后送给了他的妻子琼妮·费尔克洛思，用来感谢她这么多年来的辛劳及对他真挚的爱。因为，自从他从军以来，东奔西走，南征北战，在枪林弹雨、炮火纷飞的战场出生入死，费尔克洛思除承担了所有家务外，还为他的安全受够了惊吓，操碎了心。

然后，盟国代表分别代表自己的国家在降书上签字，接受日本代表投降的各国代表是：美国代表尼米兹海军上将、中国代表徐永昌将军、英国代表布鲁斯·弗雷泽海军上将、苏联代表杰列-维扬科中将、澳大利亚代表托马斯·布莱梅将军、加拿大代表穆尔·戈斯格罗夫上校、法国代表雅克勒·克莱尔将军、荷兰代表赫尔·弗里希海军中将、新西兰代表艾西特空军中将。

签字完毕后，麦克阿瑟说："让我们祈祷，世界已经恢复了和平，祈求上帝永远保佑它。仪式到此结束。"反法西斯的第二次世界大战也到此结束。

麦克阿瑟用5支笔签署战败国日本投降书，这段"二战"中的佳话至今仍在全世界广为流传。

第三节 正义的审判

纽伦堡审判

1945—1946年欧洲国际军事法庭在德国纽伦堡对第二次世界大战期间纳粹德国的首要战争罪犯和犯罪组织进行审判。1943年10月30日的苏、美、英三国《莫斯科宣言》规定，战后将把战犯押往犯罪地点，由受害国根据国内法审判。1945年8月8日，苏、美、英、法四国签署的《伦敦协定》和《欧洲国际军事法庭宪章》进一步规定，由四国各指派一名法官和一名预备法官组成国际军事法庭，对无法确定其具体犯罪地点的纳粹德国首要战犯进行统一审判。国际军事法庭第一次审判于1945年10月18日在柏林举行。从1945年11月20日开始，移至德国纽伦堡城举行。经过216次开庭，于1946年10月1日结束。法庭对24名被告中的22人做了宣判：H.戈林、M.博尔曼、H.弗兰克、W.弗里克、A.约德尔、E.卡尔滕布龙纳、W.凯特尔、J.von里宾特洛甫、A.罗森贝格、F.绍克尔、A.赛斯－英夸特、J.施特赖歇尔等12人被处绞刑。其中10人被执行（戈林刑前自杀，博尔曼被缺席审判）。W.冯克、R.赫斯、E.雷德尔等3人被判无期徒刑，B.von希拉赫、A.施佩尔、K.邓尼茨、K.F.von纽赖特等4人被判10～20年徒刑，H.弗里切、F.von巴本、H.G.H.沙赫特等3人被释放。在被起诉的组织和团体中，党卫军、特别勤务队和国家秘密警察以及纳粹党元首兵团被宣布为犯罪组织。德国内阁、参谋总部和国防军最高统帅部以及冲锋队被判无罪。

美国军事法庭在纽伦堡城对在纳粹德国政治、经济和军事机构与组织中身居要职的177名被告进行了12项后续审判，即：①医生审判（针对在战俘和集中营囚犯身上做医学试验）；②米尔希审判（针对E.米尔希元帅）；③法官审判（针对利用法律迫害犹太人和纳粹党反对派的高级司法官员）；④波尔审判（针对党卫军集中营管理机构的领导人H. von 波尔）；⑤弗里克审判（针对大量使用外国强制性劳工的F.弗里克总裁和他的康采恩）；⑥法本公司审判（针对法本公司在占领区的活动）；⑦杀害人质审判（针对在东南欧反游击战中杀害人质的将军）；⑧种族和移民局审判（针对党卫军的种族计划）；⑨党卫军特别行动部队审判（针对奥伦多尔夫及其他特别行动部队的指挥官）；⑩克虏伯审判（针对克虏伯·康采恩及其领导人）；⑪威廉大街审判（针对外交部高级官员及几个政府部长的破坏和平罪）；⑫国防军最高统帅部审判（针对最高统帅部的高级军官）。后续审判判处24人死刑（其中12人被执行），释放35人，其余被判有期徒刑。但到1956年即全部被释放。

纽伦堡审判根据下述4条罪行起诉和定罪：①策划、准备、发动或进行战争罪；②参与实施战争的共同计划罪。以上两条罪行合起来被称为破坏和平罪。③战争罪（指违反战争法规或战争惯例）；④违反人道罪（指对平民的屠杀、灭绝和奴役等）。纽伦堡审判为以后对破坏和平罪的审判奠定了基础，标志着国际法的重大发展。

东京审判

即远东国际军事法庭审判。第二次世界大战后，远东国际军事法庭对日本首要战犯的国际审判，因在东京进行，故名。根据《波茨坦协定》惩处战犯的规定，1946年1月19日，同盟国授权驻日盟军最高统帅部发布特别通告，宣布在东京成立远东国际军事法庭，审判及惩罚被控以个人身份或团体成员身份犯有破坏和平罪（策划、准备、发动或进行侵略战争）、破坏战争法规罪（违反战争法规和惯例的犯罪行为）和违反人道罪（对平民进行杀害、灭种、奴役和放逐，或以政治、种族和宗教为理由对平民进行迫害的行为）的日本战犯。法庭由在日本投降书上签字的国家（中、苏、美、英、法、加、澳、新、荷）及印度、菲律宾11国委派的法官组成，澳大利亚法官W. F. 韦布任庭长，美国律师J. 基南任检察长。中国委派法学家梅汝璈为法官。1946年5月3日，检察官团对28名首要战犯提出起诉书，开始审判，1948年11月12日宣布判决，历时两年半。在此期间，美国操纵审判，并在审判过程中庇护和释放了不少重要战犯，最后在甲级战犯中宣判25名有罪（另2名病死，1名生病，中止审理）。其中东条英机、广田弘毅、土肥原贤二、板垣征四郎、松井石根、武藤章、木村兵太郎被判处绞刑，木户幸一等16人判处无期徒刑，东乡茂德判处20年徒刑，重光葵判处7年徒刑。7人绞刑于1948年12月23日在东京巢鸭监狱执行。其余被押战犯，除病死者外，从1950年起，陆续假释出狱。这次审判并不能代表所有被侵略国家人民的意志。但确认侵略战争为国际法上的犯罪，策划、准备、发动或进行侵略战争者被列为甲级战犯，是对国际法战犯概念的重大发展。

附：第二次世界大战大事记

一九三九年

九月一日：德国首次使用闪电战术，入侵波兰。全世界首次了解到闪电战是怎么一回事。

九月三日：英、法对德宣战。

九月十七日：苏联与德国取得默契，从东面进攻波兰。

九月二十七日：波兰向德无条件投降。

十一月三十日：苏联军队侵略芬兰，轰炸首都赫尔辛基。

一九四〇年

三月十二日：芬兰与苏联在莫斯科签署和约，割让土地给苏联。

四月九日：德国侵入丹麦与挪威，丹麦不予抵抗，挪威则奋起迎敌。

五月十日：德军席卷荷兰、比利时以及卢森堡。英国首相张伯伦辞职，丘吉尔继任首相。

五月十四日：德军越过法国边境。荷兰军队停止抵抗。

五月二十八日：比利时国王利奥波德三世下令军队投降。

五月二十六日：战局急转直下，约有三十四万英、法以及其他盟国的军队，开始自法国撤退到英国本土，亦即著名的敦克尔刻奇迹。

六月十日：意大利对英、法两国宣战。

六月十四日：希特勒的军队进入不设防的巴黎。

六月十六日：法国总理雷诺辞职，贝当元帅继任。

六月二十二日：法国接受纳粹征服者的一切要求，在康白尼与德国签署休战协定。

七月十日：德国首次大规模袭击英国本土，不列颠战役开始。

九月七日：伦敦第一次遭到德国飞机猛烈空袭。

九月二十七日：日本参加柏林—罗马轴心，缔结三国盟约。

十二月十五日：英军将意大利军队逐出埃及。

一九四一年

一月十日：美国国会提出租借法案，触动了孤立主义者与干涉主义者的激烈辩论。

三月十一日：美国国会通过租借法案，授权总统全面援助英国及所有对抗轴心国的国家。

三月二十七日：南斯拉夫领袖为防止国家加入轴心国组织，发动政变，推举彼得二世为国家元首。

三月二十八日：英国舰队于马塔班角大败意大利海军，夺得地中海的制海权。

三月三十日：希特勒的非洲军队在北非发动反攻。

四月六日：南斯拉夫的军队向德国投降，但游击战则继续进行。

五月十日：纳粹德国第二号头子鲁尔夫·赫斯，秘密飞抵苏格兰，企图私下与英国进行和谈。

五月二十日：德军进攻位于地中海东部由英国据守的克里特岛。

五月二十七日：德国重型战列舰"俾斯麦"号于北大西洋被英国皇家海军击沉。

六月一日：英军弃守克里特岛。

六月十四日：罗斯福总统宣布冻结轴心国在美国的资产，国务院下令关闭所有德国驻美领事馆及宣传机关。

六月二十二日：德国对苏联宣战，沿着自波罗的海至黑海的一千六百公里长战线，进攻苏联。

七月二十六日：罗斯福总统下令冻结日本在美国的资产，并停止对日贸易。

八月九日至十四日：丘吉尔与罗斯福在一艘船上进行秘密会议，随后发表联合声明，陈述战争的共同目标，是为大西洋宪章。

九月八日：德军开始围困列宁格勒，达九百天之久。

九月十九日：纳粹军队攻陷苏联乌克兰首都基辅。

十月十七日：军人极端领袖东条英机被委任为日本首相。

十月三十一日：美国驱逐舰"鲁本·詹姆斯"号护送军火运输船的时候，被德国潜艇击沉。一百一十五人丧生。

十一月十四日：日本特使来栖三郎从东京到达美国，商谈美日关系。

十一月十八日：部署于北非的英国第八军在利比亚的沙漠发动攻势。

十二月七日：夏威夷时间早上七时五十分，日本发动空中奇袭，猛炸停泊于珍珠港的美国军舰，重创美国太平洋舰队。日本对英、美宣战。

十二月八日：美国国会通过对日宣战。丘吉尔在英国国会宣布，英国即对日本作战。

日军入侵泰国和马来亚。

日本第一批部队登陆菲律宾，大规模空袭菲律宾群岛。当地守军由麦克阿瑟将军指挥

十二月十日：英国战舰"威尔斯亲王"号及"却敌"号在马来亚被日机炸沉。

十二月十一日：德国及意大利对美国宣战。美国国会声明该两国与美国已处于交战状态。

十二月十三日：匈牙利及保加利亚对美国宣战。

十二月二十五日：驻香港的英国皇家军队向日军投降。魏莱特将军和少数美军撤退至柯里基多岛。

一九四二年

四月十八日：由杜立特上校率领的美国军机轰炸东京。

五月八日：美、日双方均宣称在珊瑚岛海战役中大捷。美航空母舰"勒星顿"号和日航舰"祥凤"号沉没。

五月六日：魏莱特将军在柯里基多岛向日军投降。

六月六日：日本大批飞机袭击中途岛，在海空激战中损失惨重，日本共损失四艘航母、一艘重巡洋舰和三百多架飞机，而美军只损失了一艘航母和一艘重巡洋舰与两百多架飞机。

六月二十一日：德国隆美尔将军攻陷北非重镇托布鲁克。

六月二十五日：艾森豪威尔将军被任命为欧洲战场的美军统帅。

七月一日：苏联的黑海要塞塞瓦斯托波被围困二十五天之后，终被德军攻陷。

八月七日：美国海军陆战队在所罗门群岛的瓜达坎纳岛登陆。

八月十九日：英国及加拿大的突击队，袭击位于英伦海峡的法国海岸城市狄厄普，损失惨重。

八月三十一日：蒙哥马利中将指挥的英军，在埃及的阿蓝哈尔法战役中，击败隆美尔的非洲军团。

十一月五日：隆美尔部队在亚拉海恩战役中大败之后，朝突尼西亚方面撤退。

十一月八日：盟国海陆空三军部队在最高统帅艾森豪威尔将军指挥下登陆北非。

十一月十一日：纳粹军队向尚未被占领的法国领土进攻。

十一月十三日：英军击退德军，夺回托布鲁克。

十一月二十二日：苏联军队在朱可夫将军率领下，在斯大林格勒之战中反攻。

一九四三年

一月二十四日：罗斯福总统与邱吉尔首相会同军事领袖，在卡萨布兰加举行会议。

一月三十日：英国空军对柏林进行第一次白昼空袭。

二月二日：筋疲力尽的德军投降，斯大林格勒之战结束。德军统师保卢斯在投降前两天被俘。

二月七日：日军从瓜达卡纳岛撤退，终止历时六个月的顽抗，至此瓜岛战役结束，日军至少有十万陆军战死。

五月十一日：美军在阿留申群岛的阿图岛登陆。

五月十二日：轴心国军队在突尼西亚停止有组织的抵抗，显示盟军在北非取得全面胜利。

七月九日：盟国军队在最高统帅艾森豪威尔将军指挥下，进攻西西里岛。

七月二十五日：意大利总理墨索里尼辞职，巴多格里奥元帅继任。

八月一日：美国"解放者"战机轰炸普洛耶斯的罗马尼亚油田。

八月十七日：盟军完全占领西西里岛。

九月三日：盟军越过麦西那海峡，进攻意大利南部。

九月八日：意大利宣布向盟军投降。

九月十日：德军炮轰并夺取罗马。意大利海军由盟国接管。

十月一日：美国第五军攻占那不勒斯。

十月十三日：意大利对德国宣战。

十月十九日：联合国主要成员国的外交部长在莫斯科举行会议。

十一月一日：美军在所罗门群岛的布肯维尔登陆。

十一月六日：苏联军队从德军手中夺回基辅。

十一月二十日：美军在吉耳贝特群岛的塔拉瓦及马晋登陆。

十一月二十三日：罗斯福、邱吉尔及蒋介石在埃及首都举行第一次开罗会议。

十一月二十八日：罗斯福、邱吉尔及斯大林"三巨头"在伊朗首都德黑兰举行会议。

十二月二十四日：艾森豪威尔被委任为盟国远征部队的最高统帅，负责策划和指挥进攻欧洲大陆的行动。

十二月二十六日：德国的战舰"香霍斯特"号在北角被英国海军击沉。

一九四四年

二月二日：苏联军队进入爱沙尼亚，并向拉脱维亚进军。

美国海军陆战队攻克马绍尔群岛的洛尔拿穆岛，五天之后，美军又占领瓜加林岛。

二月二十一日：东条英机获任命为日本陆军参谋总长，成为军事独裁者。

三月二十日：纳粹为了解除巴尔干半岛所受的威胁，挥军进入匈牙利。

四月五日：戴高乐将军成为设在伦敦的法国临时政府领导人。

四月二十二日：麦克阿瑟将军率领美军登陆荷属新几内亚的荷兰第亚岛。

五月九日：苏联军队收复塞瓦斯托波海军基地。

五月十八日：纳粹军队从卡辛诺修道院撤退，为期三个月的大包围于是结束。

五月二十三日：盟军从意大利安齐峩的滩头阵地发动攻势。

五月二十五日：德军放弃由安齐峩至德拉西纳整段意大利海岸。

六月四日：英、美军队拿下未受德军摧毁的罗马。

六月六日：欧洲登陆日。以艾森豪威尔为首的盟国大军登陆诺曼第，对希特勒的欧洲堡垒发动筹划已久的大攻势。

六月十三日：德军首次用 V-1 火箭攻击英国。

六月十四日：戴高乐将军巡视诺曼第。这是他四年以来第一次重临法国。

六月十五日：美国首次派出 B-29 型超级空中堡垒轰炸机轰炸日本。

六月十九日：在菲律宾海大战中，美国的舰载机袭击位于马利安纳群岛与菲律宾吕宋岛之间的日本舰队。

六月二十七日：在法国瑟堡港的德军停止抵抗。

七月九日：经过二十五天的激战之后，美军攻占马利安纳群岛的塞班岛。

七月十一日：苏联红军突破拉脱维亚及立陶宛两国的边境。

七月十八日：英国第二军在法国的康尼攻破德军防线。

七月二十日：拉斯敦堡的希特勒东普鲁士总部发生爆炸，希特勒仅受轻伤，行刺计划失败。

七月二十一日：美国海军陆战队及步兵在关岛建立滩头阵地。

七月二十六日：美军在法国圣罗以西突破德军防线。

八月十日：美军苦战三个星期，终于占领关岛。

八月十一日：盟军迫近佛罗伦萨，德军弃守，该城安然无损。

八月十五日：盟军在法国南部的康城与土伦之间发动攻势。

八月二十一日：美军装甲纵队到达巴黎南面及北面的塞纳河地区。

八月二十三日：罗马尼亚向苏联投降，并加入盟国阵营。

八月二十五日：巴黎获解放，德军司令向勒克莱克将军投降。

八月二十七日：艾森豪威尔将军在布德雷中将陪同下进入巴黎。

九月三日：陆军中将邓普绥麾下的英国第二军解放了比利时首都布鲁塞尔。

九月四日：芬兰及苏联宣布休战。

九月五日：苏联向保加利亚宣战。

九月八日：德国发射第一批 V-2 火箭炮袭击英国首都伦敦。

九月九日：保加利亚与苏联签署双边休战协定。

九月十日：罗斯福与邱吉尔在魁北克举行大战期间的第九会议，也是两巨头在该城举行的第二次会议。

九月十七日：盟军空运部队深入荷兰。

九月二十四日：苏联军队从波兰出发，深入捷克三十二公里。

十月三日：在波科莫洛斯基将军指挥下的华沙抵抗军，经过两个月的苦战后，终于向德军投降。

十月二十日：美军在菲律宾中部的莱特湾登陆。

十月二十三日：莱特湾战役，日本舰队损失惨重，美国航空母舰"普林斯顿"号被击沉。

十一月六日：斯大林宣布废除与日本签订的中立条约。

十一月七日：罗斯福连续四次当选美国总统。

十一月十二日：德国战舰"提匹兹"号在挪威特罗素对开海面被英国皇家空军炸沉。

十一月二十四日：驻塞班岛的美国 B-29 型轰炸机轰炸东京。

十二月十六日：德军在阿登区发动大规模反攻，是为"突出部之役"。

十二月二十六日：在突出部之役的要塞巴斯托涅，麦考利夫少将指挥的美军由从南方推进的盟军先锋部队接替。

一九四五年

一月九日：麦克阿瑟将军麾下的部队在吕宋岛马尼拉以北大约一百六十公里的林嘉延湾登陆。

一月十七日：苏联派出军队攻占波兰首都华沙。

一月二十日：匈牙利临时政府与同盟国签署休战协定。

一月二十七日：立陶宛的麦美耳获得解放，苏联完全控制该国。

一月三十一日：邱吉尔与罗斯福在英属马尔他岛上会面，此次会谈是雅尔达会议的前奏。

二月三日：美军进入马尼拉。

二月四日：罗斯福、邱吉尔、斯大林举行雅尔塔会议，策划如何控制德国及其他已被解放的东欧国家。

二月十九日：美国海军陆战队登陆距东京一千二百里的琉璜岛。

二月二十三日：美国海军陆战队夺得琉璜岛的折钵山。

三月四日：芬兰对德国正式宣战，实际的宣战日期则追溯至一九四四年九月十五日。

三月七日：美国第一军在里马坚渡过横跨莱茵河的鲁登道夫大桥。科隆落入盟军手中。

三月九日：空前庞大的B-29型轰炸机轰炸东京，炸平市内四十二平方公里土地。

三月二十六日：美国海军陆战队稳握琉璜岛。

四月一日：美军进攻东京以南五百四十多公里的冲绳岛。

四月十二日：罗斯福逝世，杜鲁门继任为美国总统。

四月十三日：奥地利首都维也纳落入苏军手中。

四月十六日：苏联军队沿着七十二公里长的战线推进，对柏林作最后一击。

四月二十五日：美国及苏联的军队在易北河畔的土高会师，互相庆祝此一历史性时刻。

四月二十八日：墨索里尼和他的情妇，以及十六名笃信法西斯主义的亲信在意大利科木湖略的一小村默齐格拉被枪决。

四月三十日：希特勒于柏林总理公署地下室中自杀。

五月二日：柏林落入苏军手中；意大利北部的残余德军部队投降。

五月三日：英军收复缅甸首都仰光。

五月七日：德国在法国里姆斯举行的一项仪式中，向各同盟国及苏联正式无条件投降。

六月五日：美、英、苏、法四强，共同宣布德国战败。四强接管德国，将该国划分为四个占领区。

六月二十一日：冲绳岛战役结束，美军获全面胜利。

六月二十六日：五十个国家的代表在旧金山签署世界安全宪章，成立联合国。

七月四日：麦克阿瑟将军宣布菲律宾全国光复。

七月五日：邱吉尔在英国大选中失败，艾德礼领导的工党上台。

七月十六日：首枚原子弹在新墨西哥州的亚拉摩戈多市试爆成功。

七月十七日：波茨坦会议在德国举行，杜鲁门、邱吉尔（后由艾德礼取代）、斯大林出席会议。

八月二日：发表波茨坦宣言。

八月六日：美国第一颗用于实战的原子弹投落广岛，几乎毁灭整个城市。

八月八日：苏联对日本宣战，并且进军东三省。

八月九日：美国把另一枚原子弹投落在日本长崎。

八月十四日：日本宣布无条件投降，天皇裕仁向全国人民宣布日本战败。

九日三日：日本投降仪式在停泊于东京对岸海面的美国军舰"密苏里"号上举行。日本外相重光葵及一些军事领袖签署投降书。